ABRÉGÉ
DES SCIENCES
ET DE
GÉOGRAPHIE,

A L'USAGE

DES ENFANS DES DEUX SEXES;

NOUVELLE ÉDITION,

Mise dans un nouvel ordre, considérablement augmentée
et l'une des plus complètes qui aient paru jusqu'à ce jour ;

ORNÉE D'UN GRAND NOMBRE DE FIGURES.

AVIGNON,

LAURENT AUBANEL, Imprimeur-Libraire de
l'Archevêché.

1833.

AVIS

SUR CETTE NOUVELLE ÉDITION.

Nous offrons au public une nouvelle Édition de l'*Abrégé de toutes les Sciences*. On croit assez généralement que cet ouvrage peut être utile à la Jeunesse, en lui donnant, sur les principales sciences, des notions simples et abrégées, mais nécessaires à quiconque ne veut pas être pris au dépourvu, et convaincu d'ignorance dans les matières les plus communes. Nous partageons volontiers cette opinion. Qu'il nous soit permis seulement d'avertir la Jeunesse, que pour avoir lu et étudié ce livre, elle ne doit pas s'imaginer n'avoir plus rien d'essentiel à apprendre, et se croire en état de parler de tout. Qu'elle se persuade au contraire, que parmi le nombre prodigieux d'articles dont cet ouvrage est composé, il n'y en a presque pas un qui, pour être approfondi suffisamment, ne demandât un ou plusieurs volumes plus considérables que celui-ci.

Nous n'entrerons pas dans le détail des corrections, des augmentations et des changemens nombreux que nous avons faits à cette Edition, la table les indiquera en partie, mais on ne les retrouvera en entier qu'en lisant l'ouvrage. Nous croyons cependant faire plaisir à nos lecteurs, en leur disant, que nous avons réclassés toutes les matières de ce volume en mettant chaque article à la place qu'il doit occuper naturellement. Les principales augmentations que nous avons faites et qui sont toutes très-intéressantes, sont sur la *Religion*, l'*Art militaire*, l'*Agriculture*, la *Fabrique de papier*, la *Lecture*, la *Poudre à canon*, la *Chronologie*, l'*Ecriture*, la *Poësie*, la *Géométrie*, la *Navigation*, l'*Histoire naturelle*, la *Géographie*, l'*Histoire*, la *Mythologie* et le *Blazon*.

D'après les augmentations et les corrections faites à cette nouvelle Edition, nous avons lieu de croire qu'elle sera préférée à toutes celles qui ont paru jusqu'à ce jour.

ABRÉGÉ DES SCIENCES,

PAR DEMANDES ET PAR RÉPONSES,

POUR SERVIR A L'INSTRUCTION DE LA JEUNESSE.

DE LA RELIGION.

D. *Quelle est la plus importante de toutes les connoissances?*

R. C'est celle de la vraie religion, qui est, sans contredit, la plus nécessaire, puisqu'elle est essentiellement liée à la bonne éducation. En vain sans religion prétend-on se parer du beau nom d'honnête-homme : pour mériter ce titre, on ne doit pas moins rendre à Dieu ce qu'on lui doit, que ce qu'on doit aux hommes.

D. *Qu'est-ce que la Religion?*

R. C'est un culte que l'on rend au vrai Dieu, créateur de tout ce qui existe, par le sacrifice du cœur et de l'esprit, et par la pratique des devoirs et des cérémonies que Dieu lui-même a enseignés et ordonnés aux hommes par ses prophètes et par Jésus-Christ.

D. *Faites-nous connaître les principaux objets de notre croyance?*

R. Il existe un Dieu qui a créé le ciel et la terre par sa toute puissance, qui gouverne le monde par sa sagesse et qui rendra à chacun selon ses œuvres. Ce Dieu éternel est tout puissant et infini dans ses perfections, indépendant, immuable, présent partout, il connaît tout jusqu'aux plus secrètes pensées de nos cœurs

(8)

D. Ce Dieu n'existe-t-il pas en trois personnes?

R. Oui, et on les nomme le Père, le Fils et le Saint-Esprit. Ces trois personnes qui sont égales en toutes choses, ont la même substance, la même nature, la même divinité, un même entendement, une même volonté, une même puissance, elles ne forment pas trois Dieux, mais un seul Dieu.

D. Quelles sont les œuvres de Dieu?

R. Dieu qui n'a point de commencement, a fait commencer quand lui a plu le temps et le monde; il a fait toutes choses de rien et il n'y a rien que Dieu ait fait et qu'il ne conserve. Il a créé les choses invisibles, c'est-à-dire les anges qui sont de purs esprits et séparés de toute matière.

Les uns dans la sainteté, le voient et le louent sans cesse dans le ciel. Il se sert de quelques-uns pour veiller sur les hommes, et chaque homme a un ange gardien qui l'accompagne partout, pour le préserver du mal et le porter à la vertu.

D. Une partie des anges, n'a-t-elle pas déplu à Dieu après leur création?

R. Ils pouvaient tous assurer leur félicité en se dévouant à leur créateur; mais comme tout ce qui est tiré du néant est défectueux, une partie de ces anges s'éleva par orgueil; ils furent précipités du ciel et condamnés à des tourmens éternels dans l'enfer. La haine qu'ils ont contre Dieu, augmente l'envie qu'ils portent aux hommes: ils les attaquent, ils les tentent et ils tâchent de les séduire et de les faire tomber dans le péché.

D. Quelles sont les autres œuvres de Dieu.

R. Il a créé le ciel, la terre tout ce qu'ils renferment, et l'homme enfin, formé de deux substances, l'une *matérielle* par laquelle il ressemble aux animaux, l'autre *spirituelle* qui par ses facultés l'élève beaucoup au-dessus d'eux et le rend l'image de son créateur. Dieu donna une compagne à Adam, et la nomma Eve; ils furent créés tous deux saints, éclairés et exempts de passions.

D. *Persévérèrent-ils dans cet état?*

R. Non, le démon, jaloux de leur bonheur, les porta à désobéir à Dieu; ils en furent punis et chassés du Paradis terrestre, assujétis eux et leur postérité aux maladies et à la mort; mais Dieu leur promit d'envoyer son fils pour être le réparateur du genre humain.

D. *Comment est-on certain de ces faits et de l'ancienneté de la Religion.*

R. Par l'impossibilité où l'on est d'assigner une autre époque de sa naissance que l'origine même du monde,

Adam l'a reçue immédiatement de Dieu, Noé l'a sauvée du déluge. Les Patriarches, à qui Dieu même a parlé, l'ont conservée jusqu'à la loi écrite qui fut donnée avec appareil au peuple de Dieu et qui a subsisté jusqu'à la venue de J. C. N. S.

D. *Qu'est-ce que N. S. J. C. ?*

R. Il y a plus de 1800 ans que dans la Judée et sous le règne de l'Empereur Romain Auguste, parut J. C. l'auteur de la Religion Chrétienne ; il enseigna une doctrine sublime, il forma des disciples, il parla en son nom, annonçant sa parole comme étant la parole de Dieu, et prouvant sa mission par des miracles. Il mourut à l'âge de 33 ans, ressuscita trois jours après, comme il l'avait annoncé, et par la prédication de sa doctrine fit changer de face à l'univers.

D. *Où est contenue l'histoire de N. S. J. C. ?*

R. Dans le Nouveau Testament qui contient les quatre Evangiles de S. Mathieu, de S. Marc, de S. Luc et de S. Jean ; les Actes des Apôtres,

qui sont une continuation de l'histoire évangélique et de l'établissement de l'Eglise ; les Epîtres de S. Paul, celles de plusieurs autres apôtres, qui contiennent des maximes et des instructions que les apôtres donnaient aux premiers fidèles, et l'Apocalypse, qui est une révélation faite à S. Jean dans l'isle de Pathmos. On trouve dans le Nouveau Testament l'explication des mystères qui étaient enveloppés et comme scellés dans l'Ancien ; la lumière la plus vive et les caractères de la Divinité brillent de toutes parts dans la religion chrétienne.

D. *Entrez dans quelques détails sur la naissance de N. S. J. C.*

R. Il est le fils de Dieu, la seconde personne de la Ste. Trinité, le Messie promis, il s'est fait homme pour sauver l'homme qui avait outragé la justice de Dieu par son péché. J. C. est donc Dieu et homme tout ensemble. Il est né de la Vierge Marie, ayant été conçu par l'opération du St.-Esprit et non de la même manière dont les autres hommes sont conçus.

D. *Qu'est-ce que la Vierge Marie ?*

R. C'était une fille de la tribu de Juda et de la race royale de David. Le prophète Isaïe qui vivait 700 ans avant la naissance de J. C., avait annoncé *qu'une Vierge concevroit et qu'elle enfanteroit un fils.* Destinée donc de toute éternité pour donner la naissance temporelle au fils de Dieu, elle a été la plus privilégiée de toutes les créatures et préservée du péché originel.

L'église honore le berceau de cette sainte Vierge, parce qu'elle a commencé à accomplir dès sa naissance les prédictions des prophètes et l'attente de tout le genre humain. Dès l'âge de trois ans elle se sépara du monde et quitta sa famille pour aller consacrer son cœur et son corps au Seigneur dans le temple de Jérusalem. Cette

action avait été jusqu'alors sans exemple; mais elle est devenue très-commune depuis, dans le Christianisme.

D. *Pourquoi la Ste. Vierge épousa-t-elle Saint Joseph.*

R. Le ciel avait présidé à un mariage qui entroit dans l'accomplissement de ses desseins. Dans l'union de ces deux saints époux

qui avaient résolu tous deux de vivre dans la continence, ce fut moins eux qui contractèrent ensemble qu'une virginité qui s'allia avec une autre. Mais Marie, en devenant mère, devait ne rien avoir à craindre de la calomnie pour son honneur.

D. *Quels prodiges précédèrent la naissance de Notre-Seigneur J. C.?*

R. L'Ange Gabriel alla à Nazareth en Galilée. Il annonça à Marie qu'elle serait la mère du Messie;

(13)

mais cette Ste. Vierge ne voulant pas perdre sa virginité, lui demanda comment cela pourrait se faire? L'Ange lui dit qu'elle concevroit le Sauveur par la seule vertu du Très-Haut et sans cesser d'être Vierge; alors elle répondit qu'elle etait la servante du Seigneur. Ce fut en ce moment que le fils de Dieu s'incarna dans son chaste sein.

D. *Que fit la sainte Vierge après avoir conçu le Messie.*

R. Elle fut visiter sa cousine Elizabeth, femme de Zacharie, qui jusqu'alors stérile, avoit été délivrée de cet opprobre ayant conçu saint Jean Baptiste qui, tressaillit dans le sein de sa mère, fut destiné à être le précurseur de Notre-Seigneur Jésus-Christ. Sainte Elizabeth lui donna de grandes louanges, et admira la fermeté de sa foi.

D. *S. Joseph s'apercevant de la grossesse de la Ste. Vierge, ne voulut-il pas la quitter?*

R. Il etait dans cette pensée, ignorant le prodige que le Saint-Esprit avait opéré dans Marie; mais un Ange lui apparut en songe, et l'ayant instruit du plus grand de tous les mystères, S. Joseph continua de demeurer avec sa sainte épouse.

(14)

D. Où la Ste. Vierge mit-elle au monde son fils Jésus-Christ ?

R. A Bethléem, petite ville de la tribu de Juda, où les prophètes avoient prédit que le Messie devait naître, Marie mit au monde celui qui devait en être le réparateur, et le coucha dans une crèche, parce qu'on ne voulut pas les recevoir dans une hôtellerie.

D. Qu'arriva-t-il ensuite ?

R. Huit jours après la naissance du Messie, il fut circoncis et nommé Jésus. Le fils de Dieu se soumit par humilité à la circoncision; mais son père l'éleva en une souveraine grandeur en lui donnant ce nom adorable de Jésus, qui est au-dessus de tous les noms. Le quarantième jour, il fut porté au temple de Jérusalem pour obéir à la loi ; là il fut reconnu pour le Messie par le St. Vieillard Siméon et par Anne la prophétesse. Le premier était un homme juste et rempli du St.-Esprit ;

il lui avait été révélé qu'il ne mourrait point sans avoir vu le Sauveur que Dieu devait envoyer au monde. Anne était une sainte veuve ; elle joignit alors une louange publique qu'elle rendit au Seigneur, à celle que Siméon lui avait rendue.

(15)

D. *Des rois ne vinrent-ils pas de l'Orient adorer J. C. ?*

R. Avertis par une étoile miraculeuse, trois Rois-Mages vinrent à Jérusalem s'informer où était né le roi des Juifs. Ayant appris des docteurs de la loi que c'était à Bethléem, ils y furent, l'adorèrent, lui offrirent de l'or, de l'encens et de la myrrhe, le reconnoissant Dieu et homme tout ensemble.

D. *Hérode ne chercha-t-il pas à faire mourir J. C. ?*

R. Ce roi impie et usurpateur, troublé en apprenant la naissance du roi des Juifs, n'ayant pu le perdre par

surprise comme il le souhaitait d'abord, et ne connoissant pas précisément l'âge de l'Enfant-Dieu, fit mourir tous ceux qui étaient âgés de deux ans aux environs de Bethléem, afin d'envelopper dans ce carnage l'Enfant Jésus. Sa malice fut confondue, un Ange avertit S. Joseph d'aller en Egypte où il demeura jusqu'à la mort d'Hérode qui périt misérablement.

D. *Après son retour d'Egypte, où demeura Notre-Seigneur J. C. ?*

R. A Nazareth, avec sa mère et S. Joseph : à l'âge de 12 ans étant allés à Jérusalem, sa mère le perdit et ne le trouva qu'au bout de trois jours dans le temple, écoutant les docteurs et les instruisant. Depuis ce temps jusqu'à l'âge de 30 ans qu'il commença sa prédication, il vécut dans l'obscurité, travaillant de ses mains.

D. *Quand J. C. commença-t-il à être connu ?*

R. A l'âge de 30 ans, comme nous l'avons dit, il se présenta à saint Jean Baptiste qui prêchait la pénitence sur les bords du Jourdain et baptisait ceux qui venoient à lui. J. C. y alla, se cachant parmi la foule des autres; mais lorsqu'il se rabaissait ainsi, Dieu le releva, son saint précurseur le reconnut et Dieu lui-même le proclama devant tout le monde comme son fils bien aimé.

D. *Que fit N. S. J. C. après son baptême?*

R. Il se retira dans le désert où il jeûna 40 jours. Il y fut tenté par le démon et commença ensuite à prêcher l'Evangile, c'est-à-dire la bonne nouvelle du royaume de Dieu et de la véritable religion.

D. *Où J. C. prêchait-il son évangile?*

R. Dans tous les endroits où il se trouvait, dans les villes, dans les campagnes, dans le temple et dans les Sinagogues; partout il parlait de la venue du Messie tant annoncé

par les prophètes; partout il prêchait la pénitence, le pardon des injures, et son unique occupation était d'instruire et de convertir les Juifs par ses discours et par ses paraboles, dont les deux plus célèbres sont celles du Samaritain et de l'Enfant prodigue : nous les exposerons succinctement.

D. *Racontez-nous la parabole du Samaritain?*

R. Un homme, dit J. C., allant de Jérusalem à Jéricho, tomba entre les mains des voleurs qui le dépouillèrent et le laissèrent à demi-mort : un prêtre, puis un lévite le virent dans cet état et passèrent sans le soulager; mais un Samaritain, touché de compassion, l'assista, le mit sur son cheval, le mena dans une hôtellerie et laissa de l'argent pour la dépense de cet homme. J. C. a voulu nous donner l'exemple de la vraie charité dans la personne de ce Samaritain.

D. *Racontez-nous la parabole de l'Enfant Prodigue?*

R. Un père, dit J. C., avoit deux enfans; le plus jeune ayant demandé et obtenu la portion de ses biens, s'expatria et les consuma dans la débauche. Une grande famine étant survenue, il fut réduit à garder les pourceaux, enviant leur nourriture et ne pouvant s'en rassasier. Sa misère le fit rentrer en lui-même et le décida à retourner chez son père. S'étant jeté à ses pieds, *j'ai péché*, lui dit-il, *contre le ciel et contre vous ; je ne suis plus digne d'être appelé votre fils* : le père charitable, oubliant les égaremens de son fils, se jeta à son cou, lui pardonna et fit un festin en réjouissance. Appaisant ensuite les murmures de son fils aîné, il lui dit: *votre frère était mort, il est ressuscité : il était perdu et il est retrouvé*. Figure admirable de la joie du Ciel à la conversion d'un pécheur.

D. *J. C. pratiquait-il ce qu'il enseignait ?*

R. Oui, sa vie était un exemple de toutes sortes de vertus ; il était doux et humble de cœur : il souffrait patiemment la pauvreté. Sa charité s'étendait à tout le monde. Comme le nombre de ses vertus est infini, il suffit de dire qu'il cherchait en tout la gloire de Dieu son père ; et pour montrer qu'il parlait de sa part, il faisait une infinité de miracles, et guérissait toutes sortes de maladies.

Il rendait la parole aux muets, la vue aux aveugles, l'ouïe aux sourds, ressuscitait les morts et délivrait les possédés du démon.

D. *Quels sont ses plus fameux miracles ?*

R. Ce sont la guérison du serviteur du Centenier, la résurrection de la fille d'un prince de la Synagogue, et celle du fils de la veuve de Naïn ; la multiplication

(19)

des cinq pains, avec lesquels il nourrit cinq mille hommes; la guérison de l'aveugle-né de la fille de la Chananéenne, dont il admira la foi, et la résurrection du Lazare.

D. J. C. ne se montra-t-il jamais dans l'éclat de sa majesté?

R. Pour fortifier la foi de ses disciples et les assurer plus sensiblement qu'il était Dieu, il prit Pierre, Jacques et Jean qu'il affectionnait le plus, et les menant sur une montagne écartée, il se transfigura devant eux. Son visage devint lumineux comme le soleil, et ses habits blancs comme la neige. Moïse et Elie apparurent en même temps, s'entretenant avec J. C.

Une nuée éclatante couvrit bientôt les Disciples, il en sortit une voix qui dit: *Voici mon fils bien aimé, en qui j'ai mis toutes mes complaisances, écoutez-le.*

D. Quels hommes étoient les Disciples de J. C.?

R. C'était en général des gens du peuple, grossiers, pauvres, ignorans; St. Pierre et son frère André, S. Jacques et St. Jean, étoient pêcheurs; St. Matthieu levait les impôts, ainsi des autres; et c'est par de tels hommes que la religion de J. C., si contraire aux passions humaines, s'est établie malgré tous les efforts

(20)

des savans et de toutes les puissances de la terre.

D. *Quels effets produisirent la doctrine et les miracles de J. C. ?*

R. Ils le rendirent célèbre dans toute la Judée; mais tandis qu'il attirait à lui tous les yeux et tous les cœurs, la jalousie que les Docteurs de la loi en conçurent, leur fit chercher souvent des occasions de le perdre. N. S. continua néanmoins d'évangéliser le peuple pendant trois

ans. Enfin sentant que l'heure de sa mort approchait, il fit une entrée triomphante dans Jérusalem, où le peuple le reçut avec acclamation, criant: *Vive le fils de David. Béni soit celui qui vient au nom du Seigneur.*

D. *Que firent les ennemis de J. C. ?*

R. Résolus de le faire mourir, mais n'osant se saisir de sa personne en public, ils se servirent de l'avarice détestable de Judas, un des douze apôtres, qui promit de leur livrer son maître pour trente deniers, qui reviennent à 36 francs de notre monnaie.

D. *Que fit N. S. J. C. après son entrée triomphante dans Jérusalem ?*

R. Il réunit ses Disciples, et mangea avec eux l'Agneau Pascal, suivant qu'il était porté par la loi. Il leur lava ensuite les pieds, et finit cette action d'humilité, en leur disant: *je vous ai donné l'exemple afin que vous fassiez tous les uns aux autres ce que je vous ai fait moi-même.* S'étant ensuite remis à table, il prit du pain, le bénit et le rompit, et le donnant à ses

(21)

Disciples, il leur dit : *ceci est mon corps*. Judas eut part à cette grâce ; mais comme il l'a reçut indignement, le démon entra dans son corps, et ce Disiple perfide sortit aussitôt pour aller livrer son divin maître aux Juifs.

D. *Que fit J. C. après la Cène ?*

R. Il leur prédit toutes les circonstances de sa Passion, et fut au jardin des Olives, s'y abandonnant à une tristesse mortelle ; il fut réduit à l'agonie, et une sueur de sang et d'eau coula de son corps. Revenu de cet affoiblissement, il se leva. Judas parut bientôt avec une troupe de gens armés, et s'approchant de Jesus-Christ, il le baisa suivant le signal qu'il avoit donné aux Juifs.

D. *Quelle marque de sa puissance J. C. donna-t-il à cette occasion ?*

R. S'étant avancé vers ceux qui venoient le prendre, il les renversa tous en leur demandant seulement qui ils cherchoient. Saint Pierre, voulant défendre son maître, coupa l'oreille de Malchus, serviteur du Pontife, et J. C. guérit aussitôt cette blessure.

D. *Où conduisit-on Jésus-Christ ?*

R. Chez le Grand-Prêtre Caïphe, où un infâme valet osa donner un soufflet à N. S., qui endura cet outrage avec une patience divine. Interrogé s'il était le *Christ*: vous l'avez dit, répondit Jésus ; et aussitôt le Pontife déchirant ses vêtemens, s'écria qu'il avait blasphémé, et J. C. fut jugé digne de mort.

D. *Que firent alors les Juifs ?*

R. Ils menèrent J. C. chez Pilate, juge pour les Romains dans la Judée, afin de lui faire confirmer leur sentence. Ne trouvant en J. C. aucun crime qui méritât la mort, il voulut le renvoyer absous, mais il le fit néanmoins battre de verges, afin d'accorder quelque satisfaction aux Juifs.

D. *Quelle autre insulte sanglante les Juifs ajoutèrent-ils au tourment de la flagellation ?*

R. Pour se moquer de la royauté divine de J. C., ils lui mirent une couronne d'épines sur la tête, un roseau à la main, et le revêtirent d'un manteau de pourpre ; fléchissant ensuite les genoux devant lui, ils lui disaient, en lui donnant des soufflets: *Salut au roi*

des Juifs. Enfin ils le réduisirent à un tel état, que Pilate crut qu'il suffirait de le faire voir au peuple pour l'adoucir et lui ôter l'envie de lui demander sa mort ; mais aussitôt qu'il leur eut présenté J. C. en disant : *Voilà l'homme*, il s'éleva de si grands cris de tous côtés que Pilate en fut troublé.

D. *Que fit-il alors ?*
R. Voyant cela, il leur proposa de délivrer J. C. à

l'occasion de la fête de Pâques, où on avait coutume de mettre en liberté un prisonnier ; ils demandèrent Barrabas, qui était un voleur et un homicide, et menacèrent Pilate de la colère de César, s'il délivroit J. C. Pilate alors consultant plus son ambition que sa conscience, livra J. C. pour être crucifié, et se contenta, en se lavant les mains, de dire qu'il était innocent du sang de ce juste.

D. *Que devint J. C. après que Pilate l'eut livré aux Juifs ?*

R. On lui fit porter la croix où il devait être attaché ; mais craignant que ce corps abattu par tant de travaux ne succombât sous ce fardeau, on obligea un homme appelé Simon de Cyrène, à la porter derrière le Sauveur, qui marcha

ainsi jusqu'au Calvaire parmi les insultes de tout un peuple qui le suivait.

D. *Que se passa-t-il après que J. C. fut arrivé sur le Calvaire ?*

R. On lui donna à boire du vin, de myrrhe avec du fiel ; on le dépouilla de ses vêtemens, et on l'éleva en croix. J. C. ne s'étant plaint d'aucune de ces cruautés, n'ouvrit la bouche que pour prier son père de pardonner à ses persécuteurs, parce qu'ils ne savaient ce qu'ils faisaient ; il recommanda sa mère à Saint Jean, son Disciple bien aimé, et après avoir accompli toutes les prophéties, il expira.

D. *Quel autre genre d'humiliation les Juifs firent-ils souffrir à J. C. ?*

R. Il fut crucifié entre deux malfaiteurs, dans l'attente que le peuple le confondant avec eux, l'opprobre attaché à sa personne et à sa doctrine fût ineffaçable.

D. *Quels prodiges arrivèrent à la mort de J. C. ?*

R. Le voile du temple se déchira, la terre trembla et fut couverte de ténèbres, les rochers se fendirent, plusieurs saints qui étaient morts ressuscitèrent, sortirent de leurs tombeaux, allèrent à Jérusalem, et apparurent à plusieurs. Tant de signes extraordinaires firent dire à un centenier qui commandait ses soldats, que cet homme crucifié était le fils de Dieu, et les spectateurs s'en retournèrent en frappant leur poitrine.

D. *J. C. ne ressuscita-t-il pas ?*

R. Après sa mort, il fut mis dans un sépulcre neuf dont les Juifs firent garder l'entrée et scellèrent le tombeau, se souvenant que J. C. avoit dit qu'il ressusciterait. Vaines précautions, après trois jours J. C. ressuscita par sa seule puissance.

D. *Que firent alors les Princes des Prêtres ?*

R. Ils donnèrent une grosse somme d'argent aux soldats, pour dire que pendant qu'ils dormaient, les Disciples de J. C. avaient enlevé son corps ; mais cette ruse leur réussit mal. J. C. ressuscité se fit voir à plusieurs personnes. Il apparut à Saint Pierre, à Sainte Magdelaine, aux Disciples d'Emaüs, à St. Thomas qui, pour s'assurer de la vérité de sa résurrection, mit ses doigts dans les sacrées plaies du Sauveur. Il apparut encore à tous les apôtres, et après avoir conversé avec eux pendant 40 jours, il monta au Ciel en présence de plus de 500 personnes; et après avoir déclaré à ses disciples qu'il avait reçu de son père la toute-puissance dans le ciel et sur la terre, il leur dit d'aller dans tout le monde prêcher l'évangile, baptiser les nations ; et

B

envoya, comme il l'avoit promis à ses apôtres, son Saint-Esprit, qui, dix jours après, descendit sur eux en forme de langue de feu, et leur donna la force d'aller prêcher l'Evangile dans tout l'univers, au mépris des plus cruels supplices.

DES SACREMENS.

D. *Qu'appelez-vous Sacremens?*

R. Pendant que le fils de Dieu était sur la terre, il institua ces signes sensibles pour nous sanctifier par l'application de ses mérites. Les hommes qui administrent les Sacremens, quoiqu'ils soient les dispensateurs des mystères de J. C., ne sont en cela que ses instrumens; c'est lui qui les produit dans le temps et qui en est la première cause. Il y a sept Sacremens, savoir: le Baptême, la Confirmation, l'Eucharistie, la Pénitence, l'Extrême-Onction, l'Ordre et le Mariage.

D. *Qu'est-ce que le Baptême?*

R. C'est un Sacrement qui se donne en versant de l'eau naturelle sur les personnes qu'on baptise, et disant en même temps ces paroles: *Je te baptise au nom du Père, et du Fils, et du Saint-Esprit.* Ce Sacrement efface le péché originel et tous les péchés commis avant de le recevoir; il nous fait enfans de Dieu et de l'Église en nous régénérant en J. C.

D. *Qu'est-ce que la Confirmation?*

R. Ce Sacrement nous donne le Saint-Esprit avec l'abondance de ses grâces pour nous rendre parfaits

chrétiens et pour nous faire confesser la loi de J. C., même au péril de notre vie. Ce Sacrement, comme le Baptême et l'Ordre, ne peuvent être reçus qu'une fois, parce qu'ils impriment caractère.

D. *Qu'est-ce que l'Eucharistie ?*

R. C'est un Sacrement qui contient réellement et en vérité le Corps, le Sang, l'Ame et la Divinité de N. S. J. C., sous les espèces ou apparences du pain et du vin. Il est aussi un sacrifice, et c'est le même sacrifice que celui de la croix; il n'y a de différence que dans la manière, en ce que J. C. s'est offert par lui-même sur la croix, d'une manière sanglante, et qu'il s'offre sur l'autel par le ministère des prêtres d'une manière non sanglante.

D. *Qu'est-ce que la Pénitence ?*

R. C'est un Sacrement qui remet les péchés commis après le Baptême, au moyen de l'accusation que l'on fait de tous ses péchés au prêtre, pour en recevoir l'absolution. Ce Sacrement a trois parties, la contrition ou douleur sincère de ses péchés; la confession ou accusation, la satisfaction ou l'accomplissement des œuvres de pénitence qui nous sont imposées.

(28)

D. Qu'est-ce que l'Extrême-Onction?

R. Ce Sacrement, établi pour le soulagement spirituel et corporel des malades, les fortifie contre les tentations du démon, nettoie les restes du péché et les péchés mêmes, s'il y en a encore quelques-uns à expier; il rend encore la santé du corps, si elle est nécessaire pour le salut du malade.

D. Qu'est-ce que l'Ordre?

R. L'Ordre est un Sacrement qui donne puissance à ceux qui le reçoivent, d'administrer les Sacremens et de faire les autres fonctions du service divin. Les différens ordres de l'Eglise, sont ceux d'Acolyte, d'Exorciste, de Lecteur et de Portier, qui sont les quatre mineurs, et ceux de Sous-Diacre, de Diacre, et de Prêtre, qui sont les trois ordres majeurs. L'Episcopat, quoiqu'il ne constitue pas un huitième ordre, est le complément et la perfection du Sacerdoce.

D. Qu'est-ce que le Mariage?

R. C'est un Sacrement qui donne la grâce pour sanctifier la société légitime de l'homme et de la femme. La fin de ce sacrement est la naissance des enfans qui, renaissant spirituellement par le Baptême, puissent remplir l'Eglise et le Ciel.

DE L'ÉGLISE.

D. *Qu'est-ce que l'Eglise?*

R. C'est l'assemblée des fidèles répandus sur toute la terre, qui, faisant profession d'une même foi sous la conduite des pasteurs légitimes, ne font qu'un corps, dont J. C. est le chef. Il n'y a qu'une église, hors de laquelle il n'y a point de salut, c'est la sainte Église Catholique, Apostolique et Romaine.

D. *Qu'appelle-t-on la Communion des Saints?*

R. Les fidèles ne faisant qu'un corps sur la terre, la charité qui les unit tous ensemble établit entr'eux une communication de biens spirituels, en vertu de laquelle tous les fidèles ont part aux prières et aux bonnes œuvres par lesquelles quelqu'un d'entr'eux mérite pour lui-même la grâce et la vie éternelle.

D. *Les fidèles qui sont sur la terre n'ont-ils pas communion ou société avec les Saints qui règnent dans le Ciel?*

R. Oui, les Saints qui sont dans le Ciel demandent et obtiennent de Dieu par N. S. J. C., les secours et les grâces dont les fidèles ont besoin. C'est pourquoi les fidèles

les prient, les honorent, révèrent leurs images, leurs reliques, sans pourtant les adorer ; car il n'est permis d'adorer que Dieu seul.

du Corps et du Sang de J. C.

D. *Cette communion des fidèles qui sont sur la terre n'a-t-elle pas aussi lieu avec les âmes du Purgatoire ?*

R. Oui, et celles-ci sont soulagées par les prières des fidèles, par nos jeûnes, par nos aumônes, et principalement par le sacrifice

DE L'ÉTAT DE L'HOMME APRÈS LA MORT.

D. *Que devient l'homme après sa mort ?*

R. Son âme, qui est immortelle, paraît devant Dieu pour rendre compte de ses actions, et le corps se corrompt en attendant qu'il ressuscite au jour du jugement général. La récompense qui est donnée aux âmes saintes, est de voir Dieu comme il est, de l'aimer, de le louer et de jouir de lui dans le royaume des Cieux.

D. *Qui sont ceux qui obtiennent ce bonheur ?*

R. Il est accordé, aussitôt après la mort, aux âmes de ceux qui, par la grâce du baptême ou du

(31)

martyre, ou par une parfaite pénitence, sont quittes de toutes les peines éternelles et temporelles dues au péché. Ceux qui meurent en état de grâce, mais avant d'avoir acquitté les peines dues à leurs péchés, achèvent de les expier par les peines du purgatoire, avant qu'ils jouissent de la vue de Dieu.

D. *Que devient l'âme des méchans après leur mort ?*

R. Elle est précipitée dans l'enfer, privée pour jamais de la vue de Dieu et cruellement tourmentée par les démons et pour toute l'éternité.

D. *Comment toutes choses se termineront-elles ?*

R. A la fin du monde les âmes se réuniront aux corps, et tous les hommes ressusciteront. J. C. descendra des cieux visiblement et viendra avec majesté juger tous les

hommes. Ce jugement général et public ne sera que la confirmation et la publication du jugement particulier qui aura été fait à chacun aussitôt après sa mort ; les méchans seront punis en corps et en âme dans les enfers, et les corps des Saints, revêtus de l'immortalité et l'impassibilité, et des autres qualités glorieuses, habiteront éternellement le Ciel, et jouiront d'un parfait bonheur.

PREUVES DE LA RELIGION.

D. *Comment prouvez-vous que la religion Chétienne est divine ?*

R. Cette preuve est dans son établissement. A peine St. Pierre eut-il annoncé la religion chrétienne devant une assemblée de personnes de toutes les nations, que plusieurs mille crurent en Jésus-Christ. On se saisit des Apôtres, on les fait battre de verges, en leur défendant de parler jamais de Jésus ; mais ils répondent *qu'il vaut mieux obéir à Dieu qu'aux hommes* ; et ils continuèrent de parler publiquement au peuple.

D. *Quel fut le premier des Martyrs ?*

R. Ce fut S. Etienne, que les Apôtres avaient choisis pour être un des sept Diacres qu'ils établirent ; il fut lapidé et mourut en priant Dieu à haute voix de pardonner ce crime à ses persécuteurs.

D. *Quel fruit l'Église tira-t-elle de la mort de Saint Etienne ?*

R. Elle fut la cause de la conversion de St. Paul, qui, de violent persécuteur des Chrétiens, devint un des plus ardens prédicateurs de la foi.

D. *La persécution se soutint-elle ?*

R. Oui, le bruit de la nouvelle religion se répandant toujours davantage, les Synagogues et les Sénats, les Académies et les Docteurs, les Pontifes et les Rois se déchaînèrent pour la détruire. Hérode fait couper la tête à St. Jacques le Majeur. Il fait saisir St. Pierre, et veut aussi le faire mourir pour plaire aux Juifs; mais la nuit devant le jour auquel St. Pierre devait être exécuté, un Ange vint le délivrer.

D. *St. Pierre ne fut-il pas alors à Rome ?*

R. Oui, c'est vers ce temps qu'il établit sa chaire dans cette ville la plus savante du monde, et la capitale de l'univers. Il y prêcha devant Néron, le plus fier des tyrans. Ce prince fait défense, sous peine de mort, d'écouter cet étranger; et malgré ses défenses St. Pierre fait adorer J. C. jusques à la cour de ce prince.

D. *Quelle fut la fin de St. Pierre et de St. Paul ?*

R. Ces deux grands

(34)

ommes furent martyrisés le même jour à Rome. St. Pierre fut crucifié la tête en bas, et St. Paul eut la tête coupée.

D. *Que firent les autres Apôtres ?*

R. Ils annoncèrent J. C. dans les autres provinces de l'univers. On les menace de mort. *Nous sommes prêts*, disent-ils, *à tout souffrir : vous ne nous empêcherez pas de publier ce que nous avons vu, et ce que Dieu nous met en bouche.* On les enchaîne, on les condamne au fouet, à la torture, à la roue ; on les crucifie ; on les plonge dans des huiles bouillantes, on les déchire, on les perce de lances et de flèches, on les écorche vifs : voilà toute la récompense qu'ils attendoient en ce monde.

D. *Qu'obtinrent les tyrans du sacrifice de tant de généreux martyrs ?*

R. A peine ces premiers chrétiens furent-ils morts, que leur sang fut comme une semence qui en fit ger-

(35)

mer des milliers par toute la terre malgré la fureur des tyrans, qui pendant plus de trois cents ans épuisèrent tous les genres de supplices contre les chrétiens, et qui les firent massacrer dans toutes les provinces pour détruire le christianisme ; on vit une foule de savans se déclarer pour Jésus-Christ, et soutenir au prix de leur sang que la doctrine des Apôtres étoit véritable et divine. On vit les Empereurs, les Rois, les Sénateurs, les Dames, les grands Seigneurs, les royaumes et les Empires adorer Jésus crucifié et croire les plus impénétrables mystères de sa religion.

D. *Quelle dernière preuve donnez-vous de la divinité de la religion ?*

R. Elle n'a pu s'établir, dit S. Augustin, que par les miracles de J. C. et des Apôtres ; que si vous supposez qu'il y en a point eu, ce serait le plus grand miracle qu'elle fut établie.

D. *Comment la religion s'est-elle conservée jusqu'à présent dans toute sa pureté ?*

R. C'est par le ministère que J. C. même a établi : ce ministère, qui est composé de pasteurs unis au Pape leur chef, est l'Eglise ; c'est elle qui est la dépositaire de notre foi et la règle de notre croyance.

D. *La religion n'a-t-elle pas ses obscurités ?*

R. Oui, Dieu le permet ainsi pour éprouver notre foi. Quoique les principaux points qu'elle propose à croire soient au-dessus de la raison humaine, qui est très-bornée, elle n'enseigne pourtant rien contre la raison ; et selon la pensée d'un auteur estimable, on peut dire que la religion renferme assez de lumières pour éclairer ceux qui désirent d'être éclairés, et assez de ténèbres pour aveugler ceux qui se plaisent dans l'aveuglement.

DES SCIENCES ET DES ARTS.

D. *Qu'appelez-vous sciences en général ?*

R. Les sciences sont les connoissances des choses acquises par la lecture ou par la méditation.

En philosophie, la science est la connoissance certaine et évidente fondée sur une démonstration. Le doute est opposé à la science, parce que la science ne laisse point l'esprit en suspens, et qu'elle prononce absolument et déterminément. L'opinion est le milieu entre le doute et la science. Selon cette définition, il n'y a que la géométrie qui soit une science, parce qu'elle n'est fondée que sur des démonstrations.

D. *Achevez de nous apprendre ce qu'on entend par science ?*

R. On appelle vulgairement science un art particulier, par l'application qu'on a eue à approfondir la connaissance d'une matière, de la réduire en règles et en méthodes pour la perfectionner : par exemple, l'arithmétique est la science des nombres.

D. *Combien comptez-vous de sciences ?*

R. Huit principales, qui sont la théologie, la philosophie, la jurisprudence, la médecine, la réthorique, la grammaire, la poésie et les mathématiques.

D. *Qu'est-ce que les arts ?*

R. Les arts comprennent tout ce qui se fait par l'adresse, l'industrie, et les règles d'invention et d'expérience qui font réussir les choses qu'on entreprend d'une manière ingénieuse et agréable.

D. *Comment les divise-t-on ?*

R. Les arts se divisent en deux classes, qui sont les arts libéraux et les arts mécaniques.

D. *Qu'appelez-vous les arts libéraux ?*

R. Les arts libéraux sont ceux qui ont quelque chose de plus distingué et de plus savant, comme la poésie, la musique, la peinture, l'arithmétique, la tactique, etc.

D. *Quels sont les arts mécaniques ?*

R. Les arts mécaniques sont ceux qui exigent plutôt le travail de la main, ou du corps, que celui de l'esprit ; tels que l'art de l'imprimerie, l'horlogerie, etc.

DE LA GRAMMAIRE EN GÉNÉRAL.

D. *Qu'appelez-vous grammaire en général ?*

R. La grammaire est un choix méthodique d'observations fondé sur le bon usage, c'est-à-dire, sur la manière dont les personnes bien élevées et les bons ateurs ont coutume d'écrire. La grammaire considère encore les mots, ou comme des sons qui frappent nos oreilles, ou comme des signes de nos pensées.

DES LANGUES.

D. *D'où vient le nombre et la diversité des langues ?*

R. Des rassemblemens que les hommes ont formés sur différentes parties de la terre, pour s'établir en société. Ils articulaient des sons ou des mots pour qualifier les objets qui s'offraient à leur vue ou qui frappaient leur imagination. On peut s'en convaincre encore par la différence qui existe entre les langues des peuples du nord et celles des peuples du midi. La température de l'air semble influer jusques sur les organes des habitans : les langues du nord sont généralement dures et agrestes ; celles du midi sont douces et harmonieuses.

D. *Quelles sont les langues les plus cultivées ?*

R. Les langues vivantes, c'est-à-dire celles dont les peuples qui les parlent existent encore sont, parmi les plus cultivées, la française, l'italienne, l'anglaise, l'allemande et l'espagnole ; en langues mortes qu'on appelle ainsi parce que les peuples qui les parlaient n'existent plus, c'est la langue grecque et la langue latine : celles-ci sont absolument nécessaires aux gens de lettres. La langue française l'est à tout le monde, parce qu'on la parle dans presque toutes les parties de l'Europe, à cause de la quantité de bons ouvrages écrits en cette langue.

La langue anglaise est également nécessaire aux commerçans et à ceux qui veulent lire d'excellens livres de philosophie, de mathématiques, de navigation, etc. Les autres langues ne sont pas autant cultivées, quoique la langue allemande soit fort belle, et que la langue italienne soit très-agréable.

D. *Quelle est la langue la plus ancienne ?*

R. La langue hébraïque, qui est peu cultivée à présent. Le peuple juif la parlait. L'Ecriture sainte et l'Ancien testament ont été écrits en cette langue.

D. *Quelle est la plus difficile des langues ?*

R. La langue chinoise. Elle n'est composée que d'environ trois cent trente-cinq mots, qui sont tous d'une syllabe, mais qui ayant cinq tons différens, selon lesquels un même mot signifie cinq choses, tiennent lieu de mille six cent soixante quinze mots. Les Chinois se servent, avec ces mots, de plus de quatre-vingt mille caractères ou signes différens; ce qui rend cette langue plus difficile.

D. *Comment représente-t-on les langues ?*

R. Les langues, en général, se représentent par les caractères, ou lettres de l'alphabet. Les Français en ont vingt-quatre, et les Anglais vingt-cinq, dont la combinaison suffit à-peu-près pour représenter toutes les langues, soit avec la plume, soit avec le burin, ou avec des caractères de plomb qui servent à l'impression des livres, etc.

ABRÉGÉ DES PRINCIPES.
DE LA GRAMMAIRE FRANÇAISE.

D. *Qu'est-ce que la Grammaire ?*

R. C'est l'art de parler et d'écrire correctement suivant les principes de la langue ; elle enseigne à décliner les noms, à conjuger les verbes, à se servir à propos des autres parties de l'oraison, et à bien orthographier.

Les mots sont composés de lettres. Il y en a de deux sortes : les voyelles et les consonnes.

Les voyelles sont : *a*, *e*, *i*, *o*, *u* et *y*.

Les consonnes sont : *b*, *c*, *d*, *f*, *g*, *h*, *k*, *l*, *m*, *n*, *p*, *q*, *r*, *s*, *t*, *v*, *x*, *z*.

Les parties de l'oraison sont les diverses sortes de mots dont on se sert dans les discours. On en compte neuf ; savoir : le *nom*, l'*article*, le *pronom*, le *verbe*, le *participe*, la *préposition*, l'*adverbe*, la *conjonction* et l'*interjection*.

Le genre est la manière de distinguer ce qui est mâle ou femelle. Il y en a deux ; savoir : le *masculin* et le *féminin*.

Il est masculin quand on peut mettre *le* ou *un* devant un mot ; ainsi *père* est du masculin, parce qu'on ne doit pas dire *la père* ou *une père*, mais *le père* ou *un père*.

Quand on peut mettre *la* ou *une* devant un mot, il est féminin ; ainsi *mère* est féminin, parce qu'on ne dit pas *le mère* ou *un mère*, mais *la mère* ou *une mère*.

Le *nombre* est une manière d'exprimer l'unité ou la pluralité des choses ; il y en a deux, savoir : le *singulier*, quand on parle d'une seule chose ; et le *pluriel*, quand on parle de plusieurs.

Exemple.

Le cheval est au singulier, *les chevaux* sont au pluriel, *la chambre* est au singulier, *les chambres* sont au pluriel.

Le *cas* est une manière d'exprimer les différens rapports que les choses ont les unes aux autres. Il y en a six, qui sont, le *nominatif*, le *génitif*, le *datif*, l'*accusatif*, le *vocatif*, et l'*ablatif* : ils ne conviennent qu'aux noms, aux adjectifs et aux participes.

DU NOM.

Le *nom* est un mot qui sert à nommer ou à qualifier quelque chose ; il y en a de deux sortes, le nom *substantif* et le nom *adjectif*.

Un nom substantif signifie simplement la chose, au lieu que le nom adjectif sert à qualifier une chose ou à en exprimer quelque qualité. Un nom adjectif doit toujours se rapporter à un nom substantif, sans lequel il ne peut être entendu.

On comprend aisément ce que veut dire *homme*; mais, *prudent*, *sensible* ne s'entendent clairement que quand on y ajoute des noms substantifs, comme; un *homme prudent*, un *cœur sensible*.

DES DEGRÉS DE COMPARAISON.

Les *degrés de comparaison* sont les différentes manières d'exprimer les qualités des choses avec plus ou moins d'étendue. Les noms adjectifs sont les seuls susceptibles de degrés de comparaison. Il y en a trois : le *positif*, le *comparatif*, le *superlatif*.

Le *positif*, est l'adjectif simple sans y rien ajouter ; ainsi, *honnête*, *fidèle*, sont des adjectifs positifs.

Le *comparatif* sert à exprimer une chose comparée à l'autre, par une même ou différentes qualités. Il y en a trois; savoir :

1.° Le *comparatif d'égalité*, qui se forme en mettant les mots *aussi*, *autant* ou *si*, avant les adjectifs, comme quand on dit, *Paris est aussi grand que Londres*.

2.° Le *comparatif de supériorité* se forme en mettant le mot *plus* avant les adjectifs, comme quand on dit, *l'Amérique est plus grande que l'Europe*.

3.° Le *comparatif d'infériorité* se forme en mettant le mot *moins* avant les adjectifs, comme *votre frère est moins prudent que vous*.

Il y a en français des *comparatifs* qui s'expriment par un seul mot, tels que *meilleur*, *pire* et *moindre*, qui signifient *plus bon* (qui ne se dit pas), *plus mauvais*, *plus petit*. Quoiqu'on ne dise pas *plus bon*, on dit *aussi bon* et *moins bon*.

Le *superlatif* est ce qui exprime le suprême degré d'une qualité ; il y en a de deux sortes, le *superlatif absolu* et le *superlatif relatif*.

Le *superlatif absolu* est celui qui exprime le plus haut degré de la qualité, d'une manière absolue, et sans avoir rapport à autre chose ; ainsi, *très* ou *fort* sont des *superlatifs absolus*, comme dans ces exemples; *Cicéron étoit très-éloquent ; cette statue est fort belle*.

Le *superlatif relatif* est celui qui exprime le suprême degré de la qualité avec un rapport de comparaison à quelqu'autre chose : ainsi en mettant *le, du, au, la, de la, à la, les, des, aux*, avant les comparatifs d'excès et de défaut, on forme des superlatifs relatifs. *Mon père est le plus brave des hommes ; ma sœur est la plus heureuse des femmes ; votre procédé est le moins honnête.*

DES ARTICLES.

Les *articles* sont de petits mots qui se mettent avant les noms, et qui en font ordinairement connaître le genre, le nombre et le cas ; il y en a de deux sortes.

Les *articles définis*, les *articles indéfinis*, les *articles partitifs*, et l'*article un* ou *une*.

Il y a deux *articles définis*, *le* et *la*, qui font l'un et l'autre *les* au pluriel.

Exemple pour décliner un nom masculin commençant par une voyelle.

SINGULIER.	PLURIEL.
Nom. l'ambassadeur.	Nom. les ambassadeurs.
Gén. de l'ambassadeur.	Gén. des ambassadeurs.
Dat. à l'ambassadeur.	Dat. aux ambassadeurs.
Acc. l'ambassadeur.	Acc. les ambassadeurs.
Voc. ô ambassadeur.	Voc. ô ambassadeurs.
Abl. de l'ambassadeur.	Abl. des ambassadeurs.

Il y a deux *articles indéfinis*, qui sont *de* et *à*, lorsqu'ils précèdent les mots, comme *de Pierre, à Pierre.*

Exemple.

Décliner avec les mêmes *articles* un nom masculin qui commence par une consonne.

SINGULIER.

Nom masculin.	*Nom féminin.*
Nom. Turenne.	Nom. Lucrèce.
Gén. de Turenne.	Gén. de Lucrèce.
Dat. à Turenne.	Dat. à Lucrèce.
Acc. Turenne.	Acc. Lucrèce.
Voc. ô Turenne.	Voc. ô Lucrèce.
Abl. de Turenne.	Abl. de Lucrèce.

Les *articles partitifs* sont les génitifs des *articles définis* et *indéfinis*; c'est-à-dire, *du, de la, l', des* et *de.*

Lorsqu'ils sont employés comme nominatifs ou accusatifs; le génitif ou l'ablatif de ces articles est simplement *de*; leur datif est *à*, *du*, *à de la*, *à de l'*, *à des* et *de*.

NOM MASCULIN.

SINGULIER.	PLURIEL.
Nom. du vin.	Nom. des vins.
Gén. de vin.	Gén. de vins.
Dat. à du vin.	Dat. à des vins.
Acc. du vin.	Acc. des vins.
Voc.	Voc.
Abl. de vin.	Abl. de vins.

NOM FÉMININ.

SINGULIER.	PLURIEL.
Nom. de la bière.	Nom. des bières.
Gén. de bière.	Gén. de bières.
Dat. à de la bière.	Dat. à des bières.
Acc. de la bière.	Acc. des bières.
Voc.	Voc.
Abl. de bière.	Abl. de bières.

Exemple.

Décliner un nom avec l'article *un* ou *une*.

SINGULIER MASCULIN.	SINGULIER FÉMININ.
Nom. un gouverneur.	Nom. une gouvernante.
Gén. d'un gouverneur.	Gén. d'une gouvernante.
Dat. à un gouverneur.	Dat. à une gouvernante.
Acc. un gouverneur.	Acc. une gouvernante.
Voc.	Voc.
Abl. d'un gouverneur.	Abl. d'une gouvernante.

PLURIEL.	PLURIEL.
Nom. des gouverneurs.	Nom. des gouvernantes.
Gén. de gouverneurs.	Gén. de gouvernantes.
Dat. à des gouverneurs.	Dat. à des gouvernantes.
Acc. des gouverneurs.	Acc. des gouvernantes.
Voc.	Voc.
Abl. de gouverneurs.	Abl. de gouvernantes.

DES PRONOMS.

Le *pronom* est un mot qui tient assez souvent la place du nom. Il y en a de sept sortes; savoir: *pronoms personnels*, *pronoms conjonctifs*, *pronoms possessifs*, *pronoms démonstratifs*, *pronoms relatifs*, *pronoms absolus* et *pronoms indéfinis*.

PRONOMS PERSONNELS.

Les *pronoms personnels* sont ceux qui marquent directement les personnes, et qui en tiennent la place.

Il y a trois personnes.

La première est celle qui parle.

La seconde est celle à qui on parle.

La troisième est celle de qui on parle.

Les *pronoms* qui conviennent aux trois personnes sont, pour la première,

Je et *moi*, pour le singulier.

Nous.... pour le pluriel.

Ces *pronoms* sont des deux genres.

Ceux de la seconde sont :

Tu et *toi* pour le singulier.

Vous.... pour le pluriel.

Ils sont des deux genres.

Ceux de la troisième sont :

Il ou *lui*, pour le singulier. } masculin.
Ils ou *eux*, pour le pluriel. }

Elle pour le singulier. } féminin.
Elles pour le pluriel. }

Ces *pronoms* se déclinent comme l'article indéfini.

Il y a encore un autre *pronom personnel*, qui est le *pronom général* on.

DES PRONOMS CONJONCTIFS.

Les *pronoms conjonctifs* sont ceux dont on se sert ordinairement pour le cas des *pronoms personnels*.

Il y en a autant qu'il y a de personnes, c'est-à-dire, de trois sortes.

Ceux de la première personne sont :

Me, singulier.

Nous, pluriel.

Ceux de la seconde sont :

Te, singulier.

Vous, pluriel.

Ceux de la troisième sont :

Lui, *le*, *la*, singulier.

Les, *leurs*, pluriel.

Se, singulier et pluriel.

Il y en a deux qu'on emploie pour le singulier et le pluriel. Ce sont :

En et *y*. Ces pronoms ne se déclinent pas.

DES PRONOMS POSSESSIFS.

Les *pronoms possessifs* sont ceux qui marquent possession, comme quand je dis *mon cheval*, *son lit*, c'est-à-dire, *le cheval qui est à moi*, *le lit qui lui appartient*.

Il y a deux sortes de *pronoms possessifs*; les *pronoms possessifs absolus*, et les *pronoms possessifs relatifs*.

Les *pronoms possessifs absolus* sont ceux qui se joignent toujours à un nom substantif, et les *pronoms possessifs relatifs* sont ceux qui se rapportent à un nom déjà exprimé.

Exemple.

Mon cheval. Mon est un *pronom possessif absolu*, parce qu'il est joint au substantif *cheval*.

Quand après avoir parlé de cheval, je dis *le mien*, mien est un *pronom possessif relatif*, qui se rapporte à mon cheval.

Les *pronoms possessifs absolus* sont :

Sing. m.	Sing. f.	Plur. des deux genres.		
Mon,	Ma,	Mes,		moi.
Ton,	Ta,	Tes,		toi.
Son,	Sa,	Ses,	qui se rapportent à	lui *ou* à elle.
Notre,	Notre,	Nos,		nous.
Votre,	Votre,	Vos,		vous.
Leur,	Leur,	Leurs,		eux *ou* à elles.

Les *pronoms possessifs relatifs* sont :

Sing. m.	Plur. m.		
Le mien,	les miens,		moi.
Le tien,	les tiens,		toi.
Le sien,	les siens,	qui se rapportent à	lui *ou* elle.
Le nôtre,	les nôtres,		nous.
Le vôtre,	les vôtres,		vous.
Le leur,	les leurs,		eux *ou* elles.

Sing. f.	Plur. f.		
La mienne,	les miennes,		moi.
La tienne,	les tiennes,		toi.
La sienne,	les siennes,	qui se rapportent à	lui *ou* elle.
La nôtre,	les nôtres,		nous.
La vôtre,	les vôtres,		vous.
La leur,	les leurs,		eux *ou* elles.

Les *pronoms possessifs absolus* prennent l'article indéfini, et les *pronoms possessifs relatifs* prennent l'article défini.

Les *pronoms démonstratifs* sont ceux qui servent à montrer quelque chose, comme quand je dis *ce tableau, cette robe*.

Ces pronoms sont :

	Singulier.	Pluriel.
Masculin.	Ce, cet,	ces.
Féminin.	Cette,	ces.
Masculin.	Celui,	ceux.
Féminin.	Celle,	celles.
Masculin.	Celui-ci,	ceux-ci.
Féminin.	Celle-ci,	celles-ci.
Masculin.	Celui-là,	ceux-là.
Féminin.	Celle-là,	celles-là.
Masculin.	Ceci, cela.	. . . .

Les *pronoms démonstratifs* sont tous de la troisième personne, et prennent l'article défini.

PRONOMS RELATIFS.

Les *pronoms relatifs* sont ceux qui ont rapport à des noms ou pronoms qui les précèdent, *qui*, *que*, *quoi*, des deux genres.

Lequel, masculin; *laquelle*, féminin.

On appelle le nom ou le pronom auquel se rapporte le *pronom relatif*, l'antécédent du *pronom relatif*.

Les *pronoms relatifs* prennent l'article indéfini, excepté *lequel* et *laquelle*, qui ne font qu'un même mot avec *l'article défini*.

DES PRONOMS ABSOLUS.

Les *pronoms absolus* sont :
Qui, *que*, *quoi*, *quel*, masculin.
Quelle, féminin.

On les appelle *absolus*, parce qu'ils n'ont point d'antécédent comme les pronoms relatifs. On s'en sert sans interrogation, ou avec interrogation, ils prennent les mêmes articles que les pronoms relatifs, à l'exception de *quel*, qui se décline avec l'article défini.

DES PRONOMS INDÉFINIS.

Les *pronoms indéfinis* sont des mots qui ont ordinairement une signification générale et indéterminée. On les appelle *pronoms impropres*, parce qu'on peut aussi bien les regarder comme adjectifs que comme pronoms.

On distingue quatre sortes de *pronoms indéfinis*.

1.º Ceux qui ne sont joints à aucuns substantifs, tels que *quiconque*, *quelqu'un*, etc.

2.º Ceux qui sont toujours joints à un nom substantif, tels que *quelque*, *chaque*, *certain*, etc.

3.º Ceux qui sont joints quelquefois à un nom substantif, et qui quelquefois n'y sont pas joints.

Se sont, *nul*, *aucun*, *pas un*, etc.

4.º Ceux qui sont suivis de *que* et qui ont une signification particulière avec ce mot, tels que, *qui que ce soit*, ou *qui que ce fût*, *quoi que ce soit*, etc.

Les *pronoms indéfinis* se déclinent avec l'article indéfini, à l'exception de, *l'un*, *l'autre*, *autre*, *l'un et l'autre*, et *même*, qui se déclinent avec l'article défini.

DES VERBES.

Le verbe est un mot dont le principal usage est de signifier l'affirmation ou le jugement que nous faisons des choses. Quand on dit *la campagne est belle*, *Paul aime son père*; on affirme ou on juge de la campagne qu'elle est belle, et de Paul qu'il aime son père; par conséquent *est* et *aime* sont des verbes.

Les verbes se conjuguent, c'est-à-dire, qu'ils se récitent avec toutes leurs différences. Il faut d'abord conjuguer les verbes *avoir* et *être*, que l'on appelle *auxiliaires*, parce qu'ils servent à conjuguer les autres.

Il y a quatre conjugaisons. La première comprend les verbes dont l'infinitif est terminé par *er*, comme *adorer*.

La seconde comprend les verbes dont l'infinitif est terminé par *ir*, comme *polir*.

La troisième est terminée à l'infinitif, par *oir*, comme *vouloir*.

La quatrième comprend les verbes dont l'infinitif est terminé par *re*, comme *prendre*.

Il n'y a, proprement dit, que deux sortes de verbes ; savoir : le verbe substantif et le verbe adjectif,

On peut encore regarder les verbes auxiliaires comme une troisième sorte de verbes. Le verbe *être*, est verbe substantif, lorsqu'il est suivi d'un substantif ou d'un adjectif qui se rapporte au sujet ou au nominatif du verbe, comme dans ces exemples : *Le peuple est bon ; vos amis sont prudens.* Ainsi tout verbe qui est suivi d'un nom substantif ou d'un nom adjectif, peut être regardé comme verbe substantif.

Il y a cinq sortes de verbes adjectifs; savoir : le *verbe actif*, le *verbe passif*, le *verbe neutre* ; les *verbes réfléchis* et *réciproques*, et le *verbe impersonnel*.

Le *verbe actif* est un verbe qui exprime une action, et après lequel on peut toujours mettre *quelqu'un* ou *quelque chose*. *Descendre*, *monter*, sont des verbes actifs, parce qu'on peut *descendre quelqu'un*, *monter quelque chose*.

Le *verbe passif* s'exprime par le verbe *être*, que l'on joint et que l'on conjugue dans tous ses temps, avec le participe du verbe actif. Ainsi dans ces exemples : *La maison est vendue*, *Dieu sera adoré*, *les portes seront fermées*, sont des participes passifs des verbes *vendre*, *adorer* et *fermer*, joints à quelques temps du verbe *être*.

Le *verbe neutre* est celui qui exprime quelquefois un action, et quelquefois n'en exprime pas, mais après lequel on ne peut jamais mettre ces mots, *quelqu'un* ou *quelque chose*. *Dîner*, *tomber*, sont des verbes neutres, parce qu'on ne peut pas dire *dîner quelqu'un*, *dîner quelque chose*, *tomber quelqu'un*, *tomber quelque chose*.

Le *verbe réfléchi* est celui qui exprime l'action d'un sujet qui agit sur lui-même, et qui se conjugue toujours avec les pronoms conjonctifs *me*, *se*, *nous* et *vous*, lesquels se mettent entre le nominatif du verbe et le verbe : ainsi, *je me plains*, *tu te trompes*, *il se reproche*, sont des *verbes réfléchis*.

Le *verbe réciproque* est celui qui signifie l'action de deux ou de plusieurs sujets qui agissent les uns sur les autres. *Ils s'aiment les uns et les autres*, *nous nous embrassons tous deux*. Ce verbe se conjugue de la même manière que le verbe réfléchi,

Le *verbe impersonnel* est celui qui ne s'emploie, dans tous les temps, qu'à la troisième personne du singulier, avec le pronom *il* ou *on*. *Il pleut, il faut, on boit, on mange,* sont des *verbes impersonnels.*

DU PARTICIPE.

Un *participe* est un nom adjectif formé d'un verbe, comme *passant* et *passé,* formés du verbe *passer ; lisant* et *lu* formé du verbe *lire.*

Il y a deux sortes de *participes,* les *participes actifs* et les *participes passifs.*

Les *participes actifs* sont ceux qui ont ordinairement une signification active, et qui sont ordinairement terminés en *ant,* comme *lisant, aimant.*

Les *participes passifs* sont ceux qui ont ordinairement une signification passive, et qui ne sont pas terminés en *ant,* comme les participes actifs : ainsi dans ces exemples, *adoré, bâti, détruit,* sont des participes passifs des verbes *adorer, bâtir, détruire.*

DES PRÉPOSITIONS.

Les *prépositions* sont des mots indéclinables, qui marquent les rapports que les choses ont entr'elles, et qui ont toujours un nom ou pronom pour régime, comme quand on dit : *dans la ville, avec lui, pendant l'étude, pour moi.*

Les *prépositions* sont des mots indéclinables, parce qu'elles n'ont ni genres, ni cas, comme les noms et les pronoms.

DE L'ADVERBE.

Les *adverbes* sont des mots indéclinables qui se joignent le plus ordinairement au verbe, et qui en expriment quelques circonstances : ainsi *j'aime tendrement, il a servi fidèlement,* expriment quelques circonstances des verbes *aimer* et *servir.*

DES CONJONCTIONS.

Les *conjonctions* sont des mots indéclinables qui expriment diverses opérations de notre esprit, et qui servent à lier les parties d'une phrase ou d'un discours. Il y en a beaucoup d'espèces, que l'usage et la réflexion feront connaître et distinguer des prépositions et des adverbes.

La *conjonction* qui s'emploie le plus souvent dans discours est la conjonction *que*, qui s'emploie dans un très-grand nombre de significations différentes, et dont la plus ordinaire est d'exprimer le régime de bien des verbes, comme dans *je crois que vous êtes brave, je doute que vous soyez fort*, où le *que*, avec ce qui suit, exprime le régime des verbes *je crois* et *je doute*. *Je crois*, quoi ? *que vous êtes brave*; *je doute*, de quoi ? *que vous soyez fort*. *Que* est conjonction, quand on ne peut le tourner ni par *lequel, laquelle*, ni par *quelle chose* : *il faut que nous aimions nos pères*.

DES INTERJECTIONS.

Les *interjections* sont des mots indéclinables dont on se sert pour exprimer quelques mouvemens de l'âme, comme la joie, la douleur, la crainte, la haine, l'encouragement, la colère, etc. *Aie, ah! hélas! hé! ho! holà! ha!* sont des interjections.

PRINCIPES GÉNÉRAUX
DE L'ORTOGRAPHE FRANÇAISE.

L'Ortographe est la manière d'écrire correctement tous les mots d'une langue. On l'apprend par la lecture des dictionnaires et des bons livres.

On emploie en écrivant, les figures suivantes : l'apostrophe ('), le tiret ou le trait d'union (-), les deux points sur une voyelle (¨), la cédille (,), la parenthèse ( ), les guillemets (»), les lettres capitales, les accents, la ponctuation, la prononciation, le mouvement, le ton et l'alinéa.

L'*apostrophe* marque une élision, c'est-à-dire, la suppression d'une voyelle ou d'une *h* non aspirée : elle se place en haut de la lettre qui précède la lettre supprimée.

En voici quelques exemples : *L'amour, l'honneur, l'espérance*.

Le *tiret* sert à joindre deux mots pour prononcer comme s'il n'y en avoit qu'un. C'est pourquoi on l'app lle *trait d'union* ; *peut-être* , *chef-d'œuvre* , etc. Il sert encore à la fin d'une ligne, lorsqu'on est obligé de transporter le reste d'un mot à la suivante.

Les *deux points* sur une voyelle marquent que cette voyelle ne fait pas une même syllabe avec la voyelle qui la précède immédiatement. En voici quelques exemples : *Moïse*, *Noël*.

La *cédille* est une espèce de virgule ou de petit c retourné, et se met sous le *c*, pour lui donner avant l'*a*, l'*o*, l'*u*, le même son de l'*s*, comme dans ces mots : *commença, leçon, conçoit, conçut, reçûmes*. On prononce comme s'il y avait *commenssa, lesson, consoit, consut, ressûmes*.

La *parenthèse*, se marque par deux espèces de crochets qui renferment un petit nombre de paroles qu'on insère dans le discours, qui en interrompent le sens, et qu'on croit nécessaires pour l'intelligence de la phrase, comme dans cet exemple :

Ce sentiment conservateur qui apprend aux araignées, comme insectes (dont les œufs ne sont pas couvés comme ceux des oiseaux), à ne choisir que des endroits où leurs petits peuvent trouver, sans peine, leur nourriture.

Les *guillemets* sont de petites virgules doubles (») que l'on met en marge, à côté d'un discours, pour faire voir que ce discours est d'un autre auteur.

Alinéa, c'est commencer une nouvelle ligne, quoique la précédente ne soit pas entièrement achevée.

Les lettres capitales ou lettres majuscules, sont les grandes lettres. On les emploie au commencement des noms propres et des phrases, tels que *Louis*, *Paris*, *la Seine*, etc.

L'*accent* est une certaine marque que l'on met sur les voyelles pour les faire prononcer d'un ton plus fort ou plus foible. Il y en a de trois sortes : l'accent aigu (´), l'accent grave (`) et l'accent circonflexe (ˆ).

La *ponctuation* est la manière de marquer, en écrivant, les endroits d'un discours où l'on doit s'arrêter pour en distinguer les parties et pour reprendre haleine en lisant.

On se sert pour cela de la virgule (,), du point avec la virgule (;), des deux points (:), du point (.), du point interrogatif (?), et du point admiratif (!).

On entend par Prosodie, la manière de prononcer chaque syllabe régulièrement, c'est-à-dire, suivant ce qu'exige chaque syllabe prise à part et considérée dans ses trois propriétés, qui sont l'accent, l'aspiration et la quantité.

Pour bien entendre la ponctuation, il faut encore savoir ce que c'est que phrase et période.

La phrase est composée de plusieurs mots où se trouvent un ou plusieurs noms qui expriment un ou plusieurs sujets dont on parle, et un ou plusieurs verbes qui expriment ce qu'on affirme.

La période est composée de plusieurs phrases qui dépendent les unes des autres, et qui sont liées, par des conjonctions pour en faire un sens complet.

La *prononciation* est la manière plus ou moins claire, plus ou moins nette, avec laquelle on fait sonner les mots.

On doit bien distinguer et bien faire entendre les syllabes qui doivent être prononcées : appuyer sur chacune, ouvrir assez la bouche, et desserrer les dents.

Le *mouvement* consiste dans la manière plus ou moins vive avec laquelle on récite un discours. Le mouvement doit varier suivant les différens sentimens et les diverses situations de celui qui parle.

Le *ton* consiste dans l'accent plus ou moins grave, plus ou moins doux, avec lequel on prononce. Il doit aussi être déterminé par les différentes sensations de l'orateur.

DE LA LECTURE.

D. *De quelle utilité est la lecture ?*

R. La lecture (je dis celle des bons livres) ouvre

l'esprit, développe l'intelligence, orne la mémoire, forme le jugement, perfectionne le goût, éveille l'imagination; elle nous fait vivre dans tous les siècles et dans tous les climats; elle occupe agréablement nos loisirs, elle nous préserve de l'ennui et des dangers du désœuvrement; enfin telle est son influence, que seule elle peut dans un jeune homme suppléer à la faiblesse des moyens; et que sans elle au contraire, les études languissent, et les talens eux-mêmes, restent condamnés à une triste stérilité.

D. *Quelles conditions doit avoir la lecture pour être véritablement utile ?*

R. Elle doit être faite avec choix, avec ordre, avec réflexion. 1.° Lire avec choix, c'est, parmi une multitude innombrable d'ouvrages qui existent, se fixer à ceux qui excellent sous le rapport de la littérature ou des sciences, etc. et qui de plus respectent la religion et les mœurs. Les bons livres sont la nourriture de l'âme : les mauvais sont pour elle un poison; ils ne la nourrissent pas, ils la tuent. 2.° Lire avec ordre, c'est suivre constamment le but qu'on s'est proposé pour son instruction, sans s'écarter à courir d'auteurs en auteurs, au gré du caprice et de la curiosité. 3.° Lire avec réflexion, c'est ne pas se contenter d'un aperçu vague et superficiel, mais graver les choses et quelquefois les expressions dans sa mémoire; se rendre compte à soi-même de sa lecture; et, s'il se peut, en rédiger par écrit une espèce d'abrégé ou d'analise. Ainsi le point essentiel n'est pas de lire beaucoup, mais de bien lire; et l'on ne lira bien, qu'en observant les conditions qui viennent d'être prescrites.

DE L'ÉCRITURE.

D. *Comment appelle-t-on l'art de former les caractères de l'alphabet avec la plume ?*

R. L'écriture.

D. *Qui sont ceux qui excellent dans cet art ?*

R. Les Anglais et les Hollandais.

D. *Comment écrivent quelques nations ?*

R. Les *Juifs* et la plupart des Orientaux écrivent de la droite à la gauche; les *Chinois* écrivent du haut en bas; au lieu que partout ailleurs on écrit comme nous, de la gauche à la droite.

D. *De quelle utilité est l'écriture ?*

R. Il n'y a personne qui ne convienne que c'est de tous les arts le plus utile à la société, puisqu'elle nous rend propres à toutes sortes d'emplois, soit dans les bureaux du gouvernement, soit dans les comptoirs des négotians. Nous indiquerons donc de suite les moyens de parvenir à se former une bonne écriture.

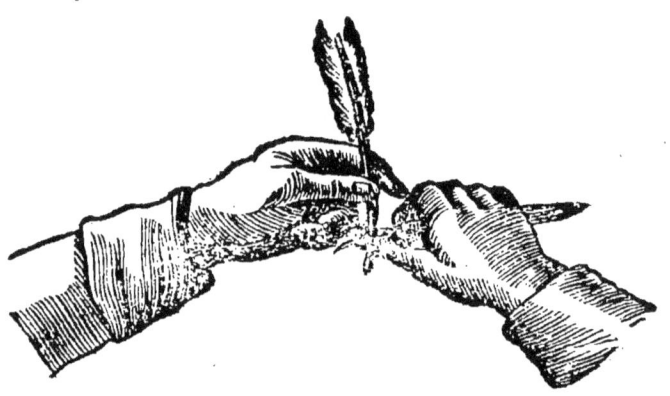

D. *Faites-nous d'abord connoître la taille de la plume ?*

R. Pour se disposer à la taille de la plume, il faut la tenir avec les trois premiers doigts de la main gauche, les deux autres pliés dans la main, tenir le canif avec les quatre doigts de la main droite sans le secours du pouce, de manière qu'ils puissent agir sans le mouvement du poignet; le pouce de la main droite appuyé sur celui de la main gauche, et à une distance suffisante pour que le canif puisse opérer sans toucher ni l'un ni l'autre pouce.

D. *Dans cette position, comment faut-il agir ?*

R. Coupez l'extrémité de la plume sur le dos et faites-y une légère incision avec le canif, *fig.* 1, prolongez cette fente en insérant avec un peu de force le bout du

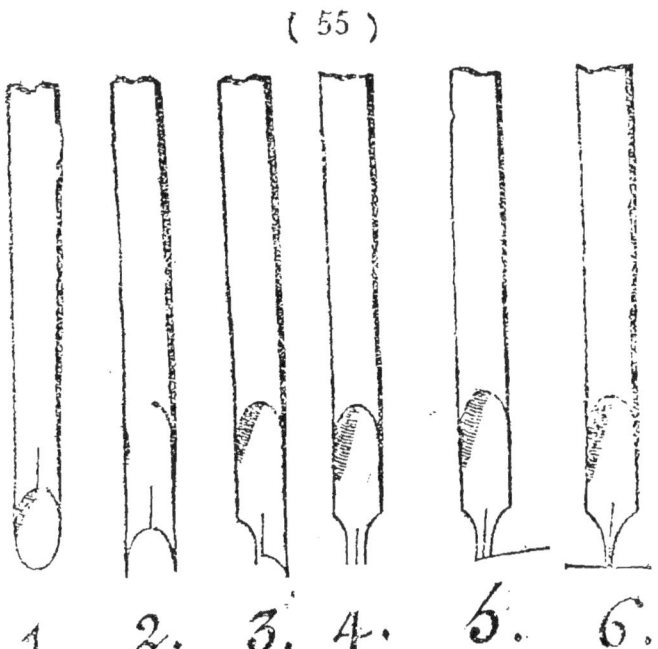

1. 2. 3. 4. 5. 6.

manche de votre canif, dans le tuyau de la plume; ouvrez la plume du côté opposé, *fig.* 2, et faites les carnes en évidant les côtés pour former son bec, *fig.* 3, 4; introduisez dans son ouverture une plume pour diminuer l'épaisseur du bec en tenant le canif très-incliné, posez-le ensuite sur son tranchant et appuyant un peu, donnez le dernier coup pour terminer le bec, *fig.* 5, 6, observant qu'il soit un peu plus long du côté du pouce pour les liaisons.

D. *Comment faut-il tenir la plume ?*

R. On doit la tenir avec le pouce et le doigt du milieu; ce dernier doit être allongé sans roideur; l'index (le doigt voisin du pouce) doit être allongé comme le doit majeur et poser légèrement sur la plume. Le pouce doit être plié, de sorte que son extrémité se trouve vis-à-vis le milieu de la première phalange du doigt index, *fig.* 7. On doit observer de ne point trop serrer la plume ; cette habitude est très-mauvaise, en ce qu'elle empêche la flexibilité du pouce, contribue beaucoup à rendre l'écriture lente, dure et pesante.

D. *Quelle doit-être la position du corps, et en particulier celle des hommes en écrivant ?*

R. Pour écrire aisément et avec grâce, le siége et la table seront disposés de manière, qu'étant assis, les coudes se posent aisément sur la table. Une table trop haute pour le siége, empêche le bras d'agir et rend l'écriture pesante ; une table trop basse fait regarder de près, fatigue le corps et force les effets de la plume. Quoiqu'on recommande aux jeunes gens de tenir le corps droit vis-à-vis la table, le bras dont ils écrivent n'agiroit pas avec assez de liberté s'ils suivaient ce précepte avec trop de rigueur. Pour que rien ne gêne, la partie gauche du corps doit être proche de la table, sans cependant la toucher ; la partie droite doit en être éloignée de quatre à cinq doigts. Le bras gauche doit avancer sur la table et y poser depuis le coude jusqu'à la main, dont les doigts seuls doivent tenir le papier.

D. *Comment faut-il tenir le poignet ?*

R. Il doit être un peu élevé, de sorte qu'il y ait un peu de jour sous la main, qui doit être entièrement supportée par le petit doigt et le doigt suivant. Le petit doigt doit être placé sous l'autre, et leur extrémité séparée d'un demi-pouce. La bonne position de ces deux doigts est essentielle, ils doivent toujours soutenir la main, en sorte qu'elle n'incline ni à droite ni à gauche.

Toutes les situations doivent être naturelles ; pour donner au corps de l'équilibre, la jambe gauche doit être en avant, la droite un peu en arrière, l'une et l'autre sans être croisées.

D. *Comment les femmes doivent-elles se tenir en écrivant ?*

R. Lorsqu'elles sont assises sur un siége proportionné à leur grandeur naturelle, il faut qu'elles tiennent le corps droit, et que les épaules soient élevées à la même hauteur. Que leurs bras, à une égale distance du corps, n'avancent sur la table que des deux tiers de l'avant-bras, et que l'autre tiers la déborde : que le corps ne la touche point et en soit éloigné d'un travers de doigt. Que leur tête qui ne doit incliner d'aucun côté, soit un peu abaissée sur le devant, de manière que les yeux se fixent sur le bec de la plume pour conduire tous les mouvemens qu'elle fera sur le papier, lequel doit être positivement en face de la tête, et que les doigts de la main gauche dirigent en le tenant par en bas. Que les jambes posent toutes les deux à terre vis-à-vis le corps ; la jambe gauche plus avancée que l'autre, les pieds dans leur situation naturelle.

D. *Ces règles sont-elles invariables ?*

R. Non, les différens genres d'écriture règlent l'éloignement que le bras doit avoir du corps. La Ronde en exige plus que la Bâtarde et la Coulée. En divisant l'avant-bras en trois parties, les deux tiers seulement poseront sur la table, et l'autre tiers terminé par le coude la dépassera.

DE LA STÉNOGRAPHIE.

D. *Qu'est-ce que cette science ?*

R. C'est l'art de fixer les sons fugitifs de la voix.

Ces moyens consistent, 1°. dans la substitution des formes les plus simples de la nature, aux formes compliquées de l'alphabet ; 2°. dans la suppression de certaines voyelles moins nécessaires ; enfin dans la réduction en monogrammes des expressions de la langue.

D. *Quelle est son utilité ?*

R. Cette méthode ne sert pas seulement à abréger, elle mûrit le jugement des enfans : forcés de lire avec les yeux de l'imagination, ils sont obligés de s'identifier pour ainsi dire, avec l'auteur de l'ouvrage qu'ils déchiffrent, et cet exercice ne peut que tourner au profit de leurs facultés intellectuelles : elle facilite aussi l'étude des langues, en ce que, si on se sert de caractères sténographiques pour faire des traductions, la mémoire se fortifie par la lecture d'un type auquel elle n'est point accoutumée, et qui laisse le moins d'intervalle possible entre la pensée et nos sens. Il est bon d'observer cependant que cette science demande, pour être cultivée, quelques connoissances préliminaires, et qu'elle ne doit pas être le début d'une éducation.

DE LA PASIGRAPHIE.

D. *Qu'est-ce que la Pasigraphie ?*

R. La pasigraphie est l'art d'écrire et d'imprimer une langue de manière à être lu et entendu dans toute autre langue sans traduction.

Pasigraphie se compose de deux mots grecs, *pasi*, à tous, *grapho*, j'écris. Ecrire même à ceux dont on ignore la langue, au moyen d'une écriture qui soit l'image de la pensée que chacun rend par différentes syllabes, tel est le but de la pasigraphie.

Le résultat en est comme celui de l'arithmétique en chiffres, des caractères de la chimie et de la musique, qui sont également intelligibles de Pétersbourg à Malte, de Madrid à Constantinople, de Londres à Philadelphie, etc.

D. *Quels sont les élémens de cette science ?*

R. 1.º Douze caractères, qui doivent d'abord être considérés comme n'ayant ni la forme, ni la destination, ni la valeur convenue d'aucune lettre, d'aucun alphabet. 2.º Douze règles générales applicables à toutes les langues, à tous les dialectes, règles qui n'éprouvent jamais d'exception. 3º. Enfin, l'accentuation et la ponctuation usitées en Europe.

DE L'IMPRIMERIE.

D. *Comment appelle-t-on l'art de former les caractères avec des modèles de fonte ou de bois ?*

R. L'imprimerie.

L'imprimerie est un art ancien dans la Chine, où elle est en usage depuis l'an 930, mais elle est bien différente de celle de l'Europe ; car les Chinois ne se servent que de tables taillées, en sorte qu'il faut autant de planches que de pages; elles ne peuvent servir que pour un même livre.

En Chine, celui qui veut imprimer un livre, le fait premièrement écrire par un excellent maître. Le graveur encolle chaque feuille sur une table bien unie, et en suit les traits avec le burin si fidèlement, que les caractères marqués ont une ressemblance parfaite avec l'original. Cette adresse des graveurs est si grande, qu'on ne sauroit distinguer ce qui est imprimé d'avec ce qui est écrit. Les Chinois impriment leurs feuilles à mesure qu'ils les débitent.

D. *Quel avantage tirons-nous de l'imprimerie?*

R. Nous en tirons de très-grands. C'est par elle qu'on a si fort avancé les sciences et les arts dans ces derniers temps, en répandant, plus que jamais, les connaissances utiles. Mais aussi on en abuse pour répandre des mauvais livres contre la religion et les bonnes mœurs.

D. *D'où vient tout cela?*

R. 1.º Par la facilité qu'ont deux ouvriers de faire plus d'ouvrage en un jour, que cent écrivains n'en feroient dans le même espace de temps, quelque diligens qu'ils fussent. 2.º Le caractère imprimé peut être lu facilement de tout le monde, à cause de sa régularité et de sa netteté; au lieu que l'écriture de main est difficile à lire à une infinité de gens. 3.º On lit un ouvrage imprimé avec plus de plaisir et de fruit, qu'un ouvrage écrit à la main, à cause que les caractères étant nets et réguliers, attirent l'attention et soulagent la mémoire. 4º. Par la facilité que donne l'imprimerie, il n'y a personne qui ne soit en état d'acheter les livres dont il a besoin, et qui ne puisse jouir du travail d'une infinité de savans et des beaux esprits en tout genre.

DE LA PROSE.

D. *Qu'entendez-vous par prose ?*
R. J'entends le langage ordinaire des hommes, qui n'est pas assujetti à la mesure et à la rime.
D. *Dans quels ouvrages se sert-on de la prose ?*
R. Dans les ouvrages de sciences, dans l'histoire, le commerce et les affaires du monde ; dans les lettres, dans les discours du barreau et de la chaire.
D. *Y a-t-il plusieurs sortes de style dans la prose ?*
R. Oui ; chaque espèce de sujet a un style particulier, qui se modifie encore suivant les différentes circonstances.
D. *Quels sont les différens styles de la prose ?*
R. Les principaux sont le *style historique*, pour l'histoire ; le *style épistolaire*, pour les lettres ; le *style dogmatique*, pour l'enseignement de l'église ; le *style dictatique*, pour les sciences ; et le *style de pratique*, qui est en usage au barreau.
D. *Donnez-moi un exemple qui fasse sentir comment ces sortes de styles se modifient selon les circonstances ?*
R. Le style épistolaire rend cela très-sensible ; le style d'une lettre de commerce ne doit pas être le même que celui d'une lettre d'ami ; dans le premier, il y a des expressions consacrées, par l'usage des commerçans, et une brièveté nécessaire dans leur correspondance ; au lieu que le second style doit être plus familier, plus coulant et plus détaillé ; celui d'un fils à sa mère doit être respectueux, tendre et soumis, etc.

DE LA POÉSIE.

D. *Qu'est-ce que la poésie ?*
R. La poésie, cet art né de l'éloquence, est celui de faire des vers, c'est-à-dire, celui d'assujettir aux règles de la mesure et de la rime des idées propres à peindre avec grâce ou avec force certains sujets susceptibles d'émouvoir le cœur et l'esprit. Cet art, dont le langage nous flatte si agréablement par ses beautés, ne doit pas être négligé dans l'éducation. Il enseigne à choisir les expressions et à parler avec élégance.

On a toujours pensé que, pour exceller dans les vers, il faut être né poète; c'est le sentiment de Boileau ; il s'en est expliqué dans les vers suivans :

> C'est en vain qu'au Parnasse un téméraire auteur
> Pense de l'art des vers atteindre la hauteur.
> S'il n'a reçu du Ciel l'influence secrète,
> Si son astre en naissant ne l'a formé poète,
> Dans son génie étroit il est toujours captif;
> Pour lui Phébus est sourd, et Pégase est rétif.

Il ne s'ensuit pas de-là qu'on doive négliger les préceptes de l'art poétique; il s'ensuit seulement qu'il faut être né avec assez de génie pour concevoir et développer un sujet digne de la poésie. Tout poète n'est pas capable de traiter tous les sujets : cela tient au caractère, à la manière de voir, aux impressions que nous recevons des objets : ceux qui nous frappent le plus, sont précisément ceux que nous peindrons le plus naturellement.

    La nature, fertile en esprits excellens,
    Sait entre les auteurs partager les talens.
    L'un peut tracer en vers une amoureuse flamme;
    L'autre d'un trait plaisant aiguiser l'épigramme.
    Malherbe d'un héros peut vanter les exploits;
    Racan chanter Phylis, les bergers et les bois.
    Mais souvent un auteur, qui se flatte et qui s'aime,
    Méconnaît son génie et s'ignore lui même.

La poésie ressemble à la peinture, en ce que la poésie doit être, comme la peinture, une imitation de la belle nature.

    L'ombre, parmi les jours, sagement répandue,
    Anime la peinture et trompe mieux la vue;
    De même un style uni, dans sa simplicité,
    Des traits ingénieux fait sentir la beauté.

Les poètes doivent s'assujettir à plusieurs règles; autrement ils tomberaient dans de grands défauts : Écoutons Boileau.

    Jamais aux spectateurs n'offrez rien d'incroyable;
    Le vrai peut quelquefois n'être pas vraisemblable.
    Une merveille absurde est pour moi sans appas,
    L'esprit n'est point ému de ce qu'il ne croit pas.

Chacun a son talent et son génie : le vrai point, pour réussir, est de le connaître et de le suivre.

    Soyez plutôt maçon, si c'est votre talent,
    Ouvrier estimé dans un art nécessaire,
    Qu'écrivain du commun, et poète vulgaire.
    Il est dans tout autre art des degrés différens;
    On peut, avec honneur, remplir les seconds rangs
    Mais dans l'art dangereux de rimer et d'écrire,
    Il n'est point de degré du médiocre au pire.

La première et la plus essentielle de toutes les qualités pour un poète, pour tout auteur, de quelque espèce qu'il soit, est qu'il ait un sens droit et un bon jugement.

Quelque sujet qu'on traite, ou plaisant ou sublime,
Que toujours le bon sens s'accorde avec la rime.
L'un l'autre vainement ils semblent se haïr;
La rime est une esclave, et ne doit qu'obéir.
Lorsqu'à la bien chercher d'abord on s'évertue,
L'esprit à la trouver aisément s'habitue.
Au joug de la raison sans peine elle fléchit,
Et loin de la gêner, la sert et l'enrichit.
Mais, lorsqu'on la néglige, elle devient rebelle,
Et, pour la ratrapper, le sens court après elle.
Aimez donc la raison. Que toujours vos écrits
Empruntent d'elle seule et leur lustre et leur prix.

Un auteur ne doit point se piquer de composer avec rapidité : cette rapidité ne peut jamais faire qu'un préjugé désavantageux à l'auteur et à ses ouvrages. Aussi le travail est-il recommandé avec soin dans ces vers de Boileau :

Travaillez à loisir, quelque ordre qui vous presse,
Et ne vous piquez point d'une folle vitesse.
Un style si rapide, et qui court en rimant,
Marque bien moins d'esprit que peu de jugement.
J'aime mieux un ruisseau qui, sur sa molle arène,
Dans un pré plein de fleurs lentement se promène,
Qu'un torrent débordé, qui, d'un cours orageux,
Roule plein de gravier, sur un terrain fangeux.
Hâtez-vous lentement; et, sans perdre courage,
Vingt fois sur le métier remettez votre ouvrage.
Polissez-le sans cesse, et le repolissez :
Ajoutez quelquefois, et souvent effacez.

D. *Faites-nous connaître la Structure des Vers?*

R. Les vers sont composés d'un certain nombre de *syllabes* ou *pieds* : il y en a qui en ont douze, et qu'on appelle vers *alexandrins*, *grands vers* ou *héroïques*. D'autres vers ont dix, huit, sept, six syllabes, et au-dessous; on les appelle *communs*.

1 2 3 4 5 6   7 8 9 10 11 12
Prévenez les besoins d'un ami malheureux.

   1   2 3 4 5 6   7 8   9 10 11 12
Sans prodigalité rendez-vous généreux.

C'est l'oreille qui compte les syllabes dans les vers : ainsi la dernière syllabe d'un mot finissant par un *e* muet est nulle ; c'est-à-dire, ne se compte point, si ce mot est suivi d'une voyelle ou d'un *h* muet.

  1 2   3   4   5 6   7   8 9 10 11 12
Errer est d'un mortel ; mais le sage égaré
Du jour de la raison est bientôt éclairé.

La dernière syllabe d'un vers finissant par un *e* muet, est nulle aussi.

  1 2 3 4 5 6   7 8 9 10 11 12
La mère sait aimer, c'est toute sa science,
  1   2 3 4   5 6   7   8 9 10
Le naturel est le sceau du génie.

D. *Citez-nous des Vers de différentes mesures ?*

       R. *Vers de dix syllabes.*

Aux malheureux la solitude est chère ;
Elle est pour eux l'asile du bonheur.

      Vers de huit Syllabes.

Pour un cœur pur et délicat
La reconnaissance est si douce,
Que l'insensé qui la repousse
Est déjà puni d'être ingrat.

      Vers de sept Syllabes.

Les cieux instruisent la terre
A révérer leur auteur.
Tout ce que le globe enserre
Annonce un Dieu créateur.

      Vers de six Syllabes.

Pourvu qu'à Dieu l'on plaise,
N'est-on pas trop heureux !

Les vers au-dessous de six syllabes s'emploient rarement, et encore n'est-ce que dans des sujets badins. Voici un exemple où l'on trouve des vers de toutes les mesures :

O mort, viens terminer ma misère cruelle!
S'écriait Charles accablé par le sort.
La mort accourt du sombre bord ;
C'est bien ici qu'on m'appelle.
Or ça, de par Pluton,
Que demande-t-on ?
Je veux, dit Charles.
Tu veux... parle.
Hé bien :
Rien.

D. *Qu'est-ce que la Césure ?*

R. Que toujours dans vos vers, — le sens coupant les mots
Suspende l'hémistiche, — en marque le repos.

Boileau, dans ces deux vers, dit tout sur la césure ; qu'elle est un repos qui coupe le vers en deux parties ou *hémistiches*, et que c'est au milieu, dans les vers de douze syllabes : c'est à la quatrième syllabe, dans le vers de dix syllabes. Il n'y a que ces deux sortes de vers qui aient une césure.

Du peu qu'il a, — le sage est satisfait.

D. *Qu'est-ce que la Rime ?*

R. La rime fait une des plus grandes beautés des vers français.

Il est un heureux choix de sons harmonieux.
Fuyez des mauvais sons le concours odieux :
Le vers le mieux rempli, la plus noble pensée,
Ne peut plaire à l'esprit, quand l'oreille est blessée.

On distingue deux sortes de rimes, les *masculines* et les *féminines*.

Les rimes *masculines* sont celles qui finissent par toute autre lettre que par l'e muet, ou seul, ou suivi d'une s ou de nt. Les rimes *féminines* sont celles qui se terminent par un e muet seul, ou suivi d'une s ou de nt. Comme un e muet, à la fin d'un vers, ne se compte pas, les vers féminins ont toujours une syllabe de plus que les masculins.

On ne peut point établir de règles pour le mélange des rimes : il y a plusieurs manières de les croiser. C'est au poëte à choisir la plus agréable à l'oreille, et la plus convenable à son sujet.

Quand deux voyelles se rencontrent dans les vers, il faut toujours que l'une puisse être mangée par l'autre.

Gardez qu'une voyelle, à courir trop hâtée,
Ne soit d'une voyelle, en son chemin heurtée.

DES DIFFÉRENTES PIÈCES DE POÉSIE.

D. *Que sont les Stances ?*

R. Une stance est une suite d'un certain nombre de vers, après lequel le sens est fini et complet : chaque stance ne peut avoir moins de quatre vers, ni plus de dix.

La mesure des vers est arbitraire dans une stance; ils peuvent être, ou tous grands, ou tous petits ; ou bien mêlés et croisés les uns avec les autres.

Stances de quatre Vers.

O Paix, tranquille Paix ! secourable Immortelle,
Fille de l'Harmonie et mère des Plaisirs,
Que fais-tu dans les Cieux, tandis que de Cybelle
Les sujets désolés t'adressent leurs soupirs ?

Modérons nos propres vœux.
Tâchons de nous mieux connaître.
Désires-tu d'être heureux ?
Désire un peu moins de l'être.

Stance de six Vers.

Non, non, sans le secours des filles de mémoire,
Vous vous flattez en vain, partisans de la gloire,
D'assurer à vos noms un heureux souvenir,
Si la main des Neuf-Sœurs ne pare vos trophées,
Vos vertus étouffées
N'éclaireront jamais les yeux de l'avenir.

Stance de sept Vers.

L'hypocrite, en fraude fertile,
Dès l'enfance est pétri de fard;
Il sait colorer avec art
Le fiel que sa bouche distille ;
Et la morsure du serpent
Est moins aiguë et moins subtile
Que le venin caché que sa langue répand.

Stance de huit Vers.

La paix et l'innocence
Habitent parmi nous ;
Une heureuse abondance
N'y fait point de jaloux.
Dans le bonheur d'un autre,
Chacun trouve son bien ;
Son plaisir est le nôtre,
Et le nôtre est le sien.

Stance de dix Vers.

Toi seule, aimable solitude,
Toi seule peux combler mes vœux :
Par toi, libre d'inquiétude,
Je passe ici des jours heureux :
Sans soins, sans chagrin, sans affaires,
Mon cœur, par des désirs contraires,
N'est pas sans cesse combattu ;
Loin du bruit, ignoré du monde,
Je vis dans une paix profonde,
Entre les bras de la vertu.

D. *Qu'est-ce que l'Ode ?*

R. Le mot *ode* signifie *chant, chanson, hymne, cantique*. Ce poëme, dont la forme consiste dans une suite de stances sur le même sujet, exprime le sentiment, de quelque espèce et de quelque degré qu'il soit. Tout ce qui agite l'âme avec violence, tout ce qui lui cause une émotion douce, convient essentiellement à l'ode, qui, suivant Boileau,

Elevant jusqu'au ciel son vol ambitieux,
Entretient, dans ses vers, commerce avec les dieux :
Aux Athlètes dans Pise elle ouvre la barrière ;
Chante un vainqueur poudreux au bout de la carrière.

D. *Qu'est-ce que le Sonnet ?*

R. Le sonnet est une pièce composée de quatorze vers, dont les huit premiers ne sont proprement que deux quatrains semblables, et sur les mêmes rimes ; et les six derniers ne sont qu'une stance de six vers qui commencent par deux rimes semblables. Il doit y avoir un repos après chaque quatrain, et après le premier tercet du sixain.

Le sonnet est, de toutes les petites pièces de vers, la plus belle et la plus difficile; il demande beaucoup d'exactitude et de délicatesse. Voici comme Boileau en caractérise les règles dans son Art Poétique :

>Apollon. . . . .
>. . . . .
>Voulant pousser à bout tous les rimeurs françois,
>Inventa du sonnet les rigoureuses lois,
>Voulut qu'en deux quatrains de mesure pareille,
>La rime avec deux sons frappât huit fois l'oreille;
>Et qu'ensuite six vers artistement rangés,
>Fussent en deux tercets par le sens partagés.
>Surtout de ce poëme il bannit la licence;
>Lui-même en mesura le nombre et la cadence;
>Défendit qu'un vers faible y pût jamais entrer,
>Ni qu'un mot déjà mis osât s'y remontrer.
>Du reste il l'enrichit d'une beauté suprême.
>Un sonnet sans défaut vaut seul un long poëme.

D. *Qu'est-ce que le Rondeau ?*

R. La naïveté fait le principal caractère du *rondeau*, mais cette naïveté n'exclut pas la délicatesse, la finesse même, pourvu qu'elles ne s'y trouvent pas aux dépens de l'aimable simplicité. Ce petit poëme, particulièrement propre à des sujets badins, est composé de treize vers de dix ou de huit syllabes, qui roulent sur huit vers de la même rime, et cinq d'une autre. Il faut que le refrain fasse un sens différent partout où il est placé.

Voiture nous a fourni un rondeau qui exprime les règles de ce poëme :

>*Ma foi, c'est fait* de moi, car Isabeau
>M'a conjuré de lui faire un rondeau :
>Cela me met en une peine extrême !
>Quoi ! treize vers ! huit en *eau*, cinq en *ême* !
>Je lui ferais aussitôt un bateau.
>
>En voilà cinq pourtant en un monceau.
>Faisons en huit en invoquant Brodeau :
>Et puis mettons, par quelque stratagème,
>   *Ma foi, c'est fait.*

Si je pouvais encor de mon cerveau
Tirer cinq vers, l'ouvrage serait beau :
Mais cependant me voilà dans l'onzième,
Et si je crois que je fais le douzième ;
En voilà treize ajustés au niveau.
Ma foi, c'est fait.

D. *Qu'est-ce que l'Epigramme ?*

R. L'épigramme n'est autre chose qu'une pensée fine et saillante, présentée heureusement et en peu de mots.

L'Epigramme. . . . .
N'est souvent qu'un bon mot de deux rimes orné.
BOILEAU.

Il y a des épigrammes sérieuses, satiriques et badines. Ce genre de poésie ne doit jamais avoir plus de douze ou de quinze vers, qu'on peut faire de toutes mesures, et à rimes suivies, ou croisées ou mêlées.

Mes malades jamais ne se plaignent de moi,
Disait un médecin, d'ignorance profonde ;
Ah ! répartit un plaisant, je le croi ;
Vous les envoyez tous se plaindre en l'autre monde.

D. *Qu'est-ce que le Madrigal ?*

R. Le madrigal, *plus simple et plus noble en son tour, respire la douceur*, dit Boileau. Il peut avoir le même nombre de vers que l'épigramme : il consiste également dans une seule pensée ; et ces deux petits poëmes ne diffèrent que par le caractère même de cette pensée : elle est saillante dans l'épigramme, plus particulièrement réservée pour des sujets plaisans ou satiriques. Elle est plus délicate dans le madrigal. En voici un de Desmarets sur la violette.

Modeste en ma couleur, modeste en mon séjour,
Franche d'ambition, je me cache sous l'herbe.
Mais si sur votre front je puis me voir un jour,
La plus humble des fleurs sera la plus superbe.

D. *Qu'est-ce que le Vaudeville, ou la Chanson ?*

R. C'est une petite pièce de vers, à laquelle on joint un air, pour être chantée. Le vaudeville traite des sujets familiers, amusans, badins.

Ce genre de poésie doit présenter une suite d'idées naturelles et piquantes, d'images douces et grâcieuses, qui tendent toutes au même sujet.

Sans vouloir trop chérir la vie,
Par nos soins sachons l'embellir ;
Mais n'ayons pas la fantaisie
De toujours chercher le plaisir :
Pour le trouver il faut l'attendre :
Qui sans cesse court après lui,
Au moment qu'il croit le surprendre,
Souvent n'embrasse que l'ennui.

Des faux biens craignons l'imposture ;
La vanité fait peu d'heureux :
Aux vrais plaisirs de la nature
Sagement bornons tous nos vœux.
Mais surtout de l'amour volage
Fuyons les séduisans attraits,
Non, jamais il ne dédommage
Des sacrifices qu'on lui fait.

D. *Qu'appelle-t-on Acrostiche ?*
R. *L'acrostiche* est une manière de louer une personne par des vers qui commencent de suite par une lettre de son nom.

D. *Qu'est-ce que l'Épitaphe et l'Inscription ?*
R. *L'épitaphe* consiste dans quelques vers à la louange de quelqu'un après sa mort : l'épitaphe s'écrit en vers de toute mesure ; la disposition des rimes est à la volonté du poète.

Épitaphe de la Fontaine, faite par lui-même.

Jean s'en alla comme il était venu,
Mangeant son fonds avec son revenu,
Croyant trésor chose peu nécessaire.
Quand à son temps, bien sut le dispenser :
Deux parts en fit, dont il soulait passer,
L'un à dormir, et l'autre à ne rien faire.

D. *Parlez-nous de l'Églogue et de l'Idylle ?*
R. *L'églogue*, que l'on appelle encore *idylle*, est une imitation de la vie champêtre, représentée avec les charmes propres à ce genre de vie :

Telle qu'une bergère, au plus beau jour de fête,
De superbes rubis ne charge point sa tête ;
Et, sans mêler à l'or l'éclat des diamans,
Cueille en un champ voisin ses plus beaux ornemens ;
Telle, aimable en son air, mais humble dans son style,
Doit éclater, sans pompe, une élégante idylle,
Son tour, simple et naïf, n'a rien de fastueux,
Et n'aime point l'orgueil d'un vers présomptueux.
Il faut que sa douceur flatte, chatouille, éveille,
Et jamais de grands mots n'étourdisse l'oreille.

D. *Faites-nous connaître l'Elégie ?*
R. L'*élégie* est un poëme qui roule sur des sujets tristes, des plaintes et des regrets.

Il faut que le cœur seul parle dans l'élégie.

C'est le précepte que donne Boileau : précepte fondamental qui renferme tous les autres.

D. *Qu'est-ce que l'Apologue, ou la Fable ?*
R. L'*apologue* est un petit poëme spécialement consacré à plaire et à instruire tout à la fois. *La Fontaine* a très-bien dit :

Les fables ne sont point ce qu'elles semblent être :
Le plus simple animal nous y tient lieu de maître.
Une morale nue apporte de l'ennui,
Le conte fait passer le précepte avec lui.
En ces sortes de feinte, il faut instruire et plaire.

L'action de l'apologue doit signifier directement et avec précision la vérité qu'on se propose d'enseigner ; et cette vérité est le point où toutes ses parties doivent tendre et aboutir : c'est en quoi consiste la justesse et l'unité d'action dans la fable.

Le Rat et l'Huître.

Un rat, hôte d'un champ, rat de peu de cervelle,
Des lares paternels un jour se trouva soûl.
Il laisse là le champ, le grain et la javelle,
Va courir le pays, abandonne son trou.
    Sitôt qu'il fut hors de la case :
Que le monde, dit-il, est grand et spacieux !
Voilà les Appenins, et voici le Caucase !

La moindre taupinée était mont à ses yeux.
Au bout de quelques jours le voyageur arrive
En un certain canton où Thétis sur la rive
Avait laissé mainte huitre ; et notre rat d'abord
Crut voir, en les voyant, des vaisseaux de haut bord.
Certes, dit-il, mon père était un pauvre sire !
Il n'osait voyager, craintif au dernier point.
Pour moi, j'ai déjà vu le maritime empire :
J'ai passé les déserts ; mais nous n'y bûmes point.
D'un certain magister le rat tenait ces choses,
    Et les disait à travers champs ;
N'étant pas de ces rats qui, les livres rongeants,
    Se font savant jusques aux dents.
    Parmi tant d'huîtres toutes closes
Une s'était ouverte ; et, bâillant au soleil,
    Par un doux zéphir réjouie,
Humait l'air, respirait, était épanouie,
Blanche, grasse, et d'un goût, à la voir, nompareil.
D'aussi loin que le rat voit cette huître qui bâille :
Qu'aperçois-je ? dit-il ; c'est quelque victuaille !
Et, si je ne me trompe à la couleur du mets,
Je dois faire aujourd'hui bonne chère, ou jamais.
Là-dessus maître rat, plein de belle espérance,
Approche de l'écaille, alonge un peu le cou,
Se sent pris comme aux lacs ; car l'huître tout d'un coup
Se referme. Et voilà ce que fait l'ignorance.
Cette fable contient plus d'un enseignement.
    Nous y voyons premièrement
Que ceux qui n'ont du monde aucune expérience
Sont, aux moindres objets, frappés d'étonnement :
    Et puis nous y pouvons apprendre
    Que tel est pris qui croyait prendre.

D. *Qu'est-ce que l'Épître ?*

R. Le seul nom d'*épître* dit assez que ce petit poëme n'est autre chose qu'une lettre écrite en vers. Il n'est point de genre de poésie plus libre dans le choix des sujets, et dans celui des tons de style : on peut y traiter de la morale, de la littérature, peindre les mœurs et les ridicules, etc.

Les épîtres qu'on nomme *philosophiques*, parce que la morale, la littérature ou quelque grande passion en sont le sujet, doivent se faire distinguer par la justesse et la profondeur du raisonnement. Boileau a excellé dans ce genre d'épîtres : tout y est plein, exact, sagement pensé, et exprimé de même. En voici un exemple tiré de son épître dans laquelle il prouve que nous devons chercher en nous-mêmes notre propre bonheur.

C'est au repos d'esprit que nous aspirons tous :
Mais ce repos heureux doit se chercher en nous.
Un fou rempli d'erreurs que le trouble accompagne,
Et malade à la ville ainsi qu'à la campagne,
En vain monte à cheval pour tromper son ennui
Le chagrin monte en croupe et galope avec lui.
Que crois-tu qu'Alexandre, en ravageant la terre,
Cherche, parmi l'horreur, le tumulte et la guerre?
Possédé d'un ennui qu'il ne saurait dompter,
Il craint d'être à soi-même, et songe à s'éviter.
C'est là ce qui l'emporte aux lieux où naît l'aurore,
Où le Perse est brûlé de l'astre qu'il adore.
De nos propres malheurs, auteurs infortunés,
Nous sommes loin de nous à toute heure entraînés.
A quoi bon ravir l'or au sein du nouveau monde?
Le bonheur tant cherché sur la terre et sur l'onde,
Est ici comme au lieu où mûrit le coco,
Et se trouve à Paris de même qu'à Cusco :
On ne le tire point des veines du Potose.
Qui vit content de rien, possède toute chose.
Mais sans cesse ignorans de nos propres besoins,
Nous demandons au ciel ce qu'il nous faut le moins.

D. Que dites-vous de la Satire?

R. La satire est une pièce de vers inventée pour décrier les vices, et censurer les passions déréglées des hommes et tous leurs défauts. Renfermée dans de justes bornes, la satire peut être utile à la société civile et à la république des lettres. Il faut que la satire soit vive, variée, amusante; que la raillerie soit fine.

La satyre en leçons, en nouveautés fertile,
Sait seule assaisonner le plaisant et l'utile,
Et d'un vers qu'elle épure au rayon du bon sens,
Détromper les esprits des erreurs de leur temps.
Elle seule, bravant l'orgueil et l'injustice,
Va jusque sous le dais faire pâlir le vice ;
Et souvent sans rien craindre, à l'aide d'un bon mot,
Va venger la raison des attentats d'un sot.

D. *Qu'appelle-t-on Poëme épique ?*

R. Le poëme épique ou héroïque, qu'on appelle aussi *épopée*, est une narration en vers de quelque action ou trait mémorable d'un héros, où la fiction, mêlée avec la vérité, admet, sans sortir de la vraisemblance, un grand nombre d'incidens avec beaucoup de merveilleux. Son but est de porter les hommes illustres à faire de grandes choses.

Boileau nous trace dans les vers suivans un modèle de ce genre de poésie.

> La poésie épique. . . . .
> Dans le vaste récit d'une longue action,
> Se soutient par la fable, et vit de fiction.
> Là, pour nous enchanter, tout est mis en usage ;
> Tout prend un corps, une âme, un esprit, un visage.
> Chaque vertu devient une divinité :
> Minerve est la prudence, et Vénus la beauté :
> Ce n'est plus la vapeur qui produit le tonnerre,
> C'est Jupiter armé pour effrayer la terre ;
> Un orage terrible aux yeux des matelots,
> C'est Neptune en courroux qui gourmande les flots :
> Echo n'est plus un son qui dans l'air retentisse,
> C'est une nymphe en pleurs qui se plaint de Narcisse.
> Ainsi, dans cet amas de nobles fictions,
> Le poète s'égaie en mille inventions,
> Orne, élève, embellit, agrandit toutes choses,
> Et trouve sous sa main des fleurs toujours écloses.

Il n'entre point dans notre plan de parler ici du poëme dramatique, de la *Tragédie*, de la *Comédie* ; nous nous bornerons à déplorer l'abus qu'on fait de nos jours de ces représentations théâtrales si dangereuses pour les mœurs.

DE LA RHÉTORIQUE.

D. *Qu'est-ce que la rhétorique ?*

R. C'est l'art de s'exprimer d'une manière convenable : elle rapporte tous les styles possibles à trois principaux, le *simple*, le *tempéré* et le *sublime*.

D. *Quelles sont les parties de la rhétorique?*

R. La première est l'*invention*, ou l'art de trouver des raisons propres à convaincre. La seconde est la *disposition*; c'est l'art de mettre ces raisons dans l'ordre le plus propre à les faire valoir. La troisième est l'*élocution*, ou l'art de donner à ces mêmes raisons une tournure saillante, de remuer les passions et de toucher les cœurs.

D. *Que faut-il pour faire un bon rhétoricien?*

R. De la *mémoire* : c'est cette faculté par laquelle l'âme conserve le souvenir des choses et se les rappelle quand elle en a besoin.

De la *prononciation*, qui est une expression distincte et nette des mots ou paroles, qui sert à régler la voix, et le geste d'une manière toujours convenable au sujet, sans quoi l'orateur ne fait aucune impression sur ses auditeurs.

De toutes les qualités d'un bon orateur, celle-ci est la plus utile.

D. *Combien un discours a-t-il de parties ?*

R. Il y en a cinq, qui sont, l'*exorde*, la *narration*, la *confirmation*, la *réfutation*, et la *péroraison*.

L'*exorde* est la première partie d'un discours oratoire, qui doit être tiré des lieux, des personnes, ou des circonstances des choses, et qui doit préparer l'esprit à ce qui va suivre.

La *narration* est le récit d'une chose telle qu'elle est; elle doit être claire, variée, véritable ou vraisemblable.

La *confirmation* est l'endroit du discours où l'on range les preuves dans un ordre propre à persuader.

La *réfutation* est l'endroit du discours ou l'orateur détruit les raisons et les moyens de la partie adverse ; la réfutation doit être vive.

La *péroraison*, ou autrement appelée l'*épilogue*, est une récapitulation de tout ce qu'on a dit : la péroraison doit exciter des mouvemens vifs et conformes au but de l'orateur dans l'esprit des personnes à qui il parle.

DE LA PHILOSOPHIE.

D. *Qu'est-ce que la philosophie ?*

R. Philosophie vient d'un mot grec qui signifie *amour de la sagesse*. C'est l'étude de la nature et de la morale, fondée sur l'observation, l'expérience et le raisonnement.

La philosophie est divisée en quatre parties, qui sont la *logique*, la *morale*, la *physique* et la *métaphysique*.

D. *Qu'est-ce que la logique ?*

R. La logique est l'art de bien conduire sa raison dans la connaissance des choses, tant pour s'instruire soi-même que pour instruire les autres : elle donne aussi des règles certaines pour définir, diviser, juger et tirer des conséquences justes. Elle consiste dans les réflexions que les hommes ont faites sur les quatre principales opérations de leur esprit, qui sont la conception, le jugement, le raisonnement et la méthode.

D. *Qu'est-ce que la morale ?*

R. C'est elle qui enseigne à régler ses mœurs suivant les principes de la vertu : elle nous donne les moyens de nous bien conduire, soit en particulier, soit en public.

Toute la morale ou règle de notre conduite, se réduit à ce seul principe : agissez envers les autres comme vous voudriez qu'ils agissent envers vous-même : ou, en d'autres termes : ne faites pas à autrui ce que vous ne voudriez pas qui vous fût fait.

D. *Qu'est-ce que la physique ?*

R. C'est la science des opérations de la nature, et la connaissance de ses productions. C'est de toutes les sciences la plus étendue. On pourrait tout au plus lui comparer à cet égard l'histoire naturelle ; encore trouvera-t-on que l'objet de cette dernière n'est pas aussi vaste, car elle ne traite que des substances terrestres, et le domaine de la physique embrasse le système des cieux : ainsi, à parler rigoureusement, l'histoire naturelle, l'astronomie, la chimie, etc., ne sont que des parties de la physique considérée dans le sens le plus étendu.

D. *Quelles sont les sciences qu'embrasse plus particulièrement la physique ?*

R. Ce sont l'*hydrostatique*, l'*hydraulique* et la *mécanique*.

D. *Qu'est-ce que l'hydrostatique ?*

R. C'est la science qui s'occupe de la pesanteur et de l'action des fluides, substances dont les parties sont mobiles entr'elles, n'ont point ou presque point de cohésion les unes aux autres, et se meuvent indépendamment les unes des autres : tels sont l'eau, l'air, etc.

D. *Qu'est-ce que l'hydraulique ?*

R. C'est la science qui a pour objet le mouvement des fluides. C'est d'après les principes de cette science, qu'on trouve les moyens de conduire les eaux d'un lieu à un autre, par des canaux, des aqueducs, des pompes et autres machines hydrauliques, soit pour en faire des jets, soit pour d'autres usages.

D. *Qu'est-ce que la mécanique ?*

R. C'est une science qui nous enseigne les lois de l'équilibre et du mouvement des corps solides. On la divise en deux branches : la *statique*, qui s'occupe de l'équilibre des corps, et la *dynamique* qui s'occupe du mouvement des corps.

D. *Qu'est-ce que la métaphysique ?*

R. Une science qui est au-dessus de la physique et des choses matérielles.

D. *En quoi ces deux sciences diffèrent-elles ?*

R. La physique traite des choses naturelles et de leurs effets, dont elle juge par les observations et les expériences.

La métaphysique ne s'attache qu'à la contemplation de Dieu, des anges, des âmes, et des choses spirituelles, dont elle ne juge que par abstraction, par analogie, et indépendamment des choses matérielles. C'est, en général, une science qui ne porte pas l'évidence dans les matières qu'elle embrasse, et l'intelligence de l'homme ne pourra jamais pénétrer les secrets de la divinité dont cette science s'occupe.

DE LA THÉOLOGIE.

D. *Qu'est-ce que la théologie ?*

R. La théologie, qu'il faut bien distinguer de la théologie métaphysique dont nous venons de parler, traite aussi de Dieu, de son essence, de ses perfections; mais elle prend principalement pour bases les saintes écritures et la doctrine, ou les décisions des pères de l'église et des conciles.

D. *Comment divisez-vous la théologie ?*

R. En théologie naturelle, thelogie surnaturelle, et en théologie morale.

La théologie naturelle nous fait connaître Dieu par ses ouvrages, et par les lumières de la raison naturelle.

La théologie surnaturelle est celle que nous apprenons par la foi, de toutes les choses qui nous ont été révélées dans les divines écritures, et qui nous sont enseignées par l'église catholique.

La théologie morale est celle qui nous donne la connaissance des lois divines pour régler les mœurs, qui traite des vertus et des vices, et qui apprend à discerner ce qui est bien ou mal fait.

DE LA JURISPRUDENCE.

D. *Qu'est-ce que la jurisprudence ?*
R. C'est la science des lois, des coutumes, des ordonnances et de tout ce qui sert à rendre ou à faire rendre la justice due à chaque membre de la société.

D. *Comment divise-t-on cette science ?*
R. Généralement en droit naturel, en droit des gens, et en droit civil.

D. *Qu'est-ce que le droit naturel ?*
R. C'est celui que la nature et la raison enseignent aux hommes : tel est entr'autres celui de ne pas faire aux autres ce que nous ne voudrions pas qu'ils fissent envers nous ; celui de se défendre contre ceux qui nous attaquent injustement ; tel est aussi celui qui donne pouvoir aux pères et aux mères sur leurs enfans, etc.

D. *En quoi consiste le droit des gens ?*
R. Dans certaines maximes et coutumes, conformes aux droits de la nature et reçues de toutes les nations policées, qui empêchent d'attaquer injustement, de

violer l'hospitalité, de rien entreprendre contre la personne des ambassadeurs que les princes s'envoient réciproquement.

D. *Quel est le droit civil ?*

R. C'est celui qui est fondé sur les lois et les coutumes que chaque nation a établies, pour en être gouvernée.

D. *L'étude des lois de son pays est-elle nécessaire ?*

R. Cette connaissance est très-nécessaire à tous les hommes, parce que partout il faut vivre sous les lois: cette science est principalement nécessaire à ceux qui cherchent à occuper quelque poste ou emploi de l'état: depuis le moindre jusqu'au plus éminent, il n'y en a aucun qu'ils puissent bien remplir sans cette science.

DE LA MÉDECINE.

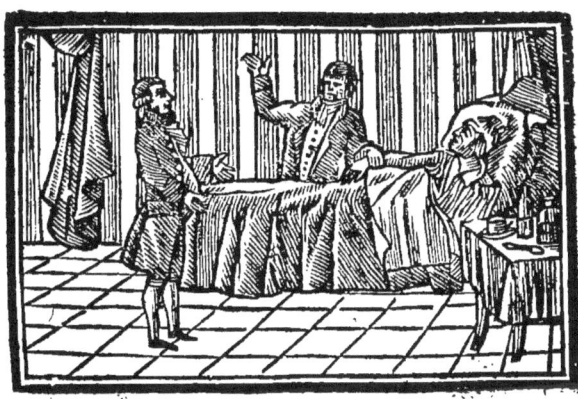

D. *Qu'est-ce que la médecine ?*

R. C'est une science qui s'applique à connaître le corps humain, et tout ce qui lui peut conserver la santé, ou la lui rendre quand il l'a perdue.

D. *Comment divise-t-on la médecine ?*

R. En cinq parties principales; savoir: la *physiologie*, la *pathologie*, la *semeïotique*, l'*hygiène* et la *thérapeutique*.

La *physiologie* traite des fonctions du corps humain; la *pathologie*, des maladies auxquelles il est sujet; la *semeïotique* donne les signes des maladies; l'*hygiène* indique les moyens de conserver la santé, et la *thérapeutique*, en donnant la préparation des remèdes, embrasse la pharmacie et la chirurgie.

DE LA CHIRURGIE.

D. *Qu'est-ce que la chirurgie ?*
R. C'est une partie de la médecine qui consiste en opérations qui se font de la main pour guérir les plaies et plusieurs autres défauts et maladies du corps humain. Comme les effets de la chirurgie sont plus évidens que ceux de la médecine, on l'a toujours beaucoup cultivée.

D. *Quelles doivent être les principales qualités d'un bon chirurgien ?*
R. Un bon chirurgien doit être un bon anatomiste, pour savoir plus précisément les routes qu'il doit suivre en faisant ses opérations, et pour éviter de donner atteinte aux parties qu'il est nécessaire de conserver. Il doit faire ses opérations avec promptitude, sûreté, beaucoup d'adresse, et avec tout l'agrément dont elles sont susceptibles.

D. *Qu'entendez-vous par l'anatomie ?*
R. J'entends une dissection du corps humain, qui donne la facilité d'en examiner toutes les parties, de connaître ce qui en peut diminuer ou fortifier la constitution ; et enfin de connaître les divers effets que les différentes maladies y produisent.

DE LA PHARMACIE.

D. *Quelle est cette partie de la médecine qu'on appelle pharmacie?*

R. La pharmacie enseigne la connaissance, le choix, la préparation et la mixtion des médicamens.

D. *Que renferme-t-elle encore ?*

R. La connaissance des drogues simples et cette partie de l'histoire naturelle que l'on nomme matière médicale.

Le choix des médicamens enseigne comment on doit les choisir, en quel temps il faut se les procurer, et la manière de les sécher et de les conserver.

La préparation enseigne comment il faut préparer les médicamens simples avant de les employer.

La mixtion est cette partie de la pharmacie qui enseigne à mêler des drogues simples pour en former des médicamens composés.

Ce sont les objets généraux de la pharmacie. Enfin, c'est de toutes ces choses bien exécutées que dépend en grande partie le succès de la médecine.

DE LA CHIMIE.

D. *Qu'est-ce que la chimie ?*

R. C'est l'étude des corps de la nature, mais sous un autre point de vue que l'histoire naturelle. Il ne faut pas non plus la confondre avec la physique. Celle-ci s'occupe des dehors et des masses, et la chimie de l'intérieur et des combinaisons. Elle emploie deux moyens dans ses travaux, l'analise ou division, et la synthèse ou composition. La médecine retire de grands avantages de cette science.

D. *Qu'appelle-t-on analise vraie et analise fausse ?*

R. Qu'on mette du cinabre (le vermillon est du

cinabre en poudre) dans une cornue, ce cinabre donnera du mercure et du souffre. En remettant ensemble
ces deux produits, on obtiendra encore du cinabre,
voilà l'analise vraie.

Mais qu'on décompose du pain, on mêlera inutilement le flegme, l'huile, le charbon : on ne pourra
en refaire du pain, parce qu'il renferme beaucoup de
principes qui se perdent dans l'opération. C'est ce qu'on
appelle analise fausse.

DES MATHÉMATHIQUES.

D. *Qu'entendez-vous par la science des mathématiques ?*

R. J'entends une science qui s'attache à connaître les
quantités et les proportions de la matière. Elle est la
première entre toutes les sciences, parce qu'elle ne
consiste qu'en démonstrations.

D. *De quel usage sont les mathématiques ?*

R. Elles servent à donner plus d'étendue à l'esprit,
parce qu'elles l'exercent et l'accoutument à s'appliquer
davantage.

D. *Comment divise-t-on les sciences mathématiques ?*

R. On les divise en *pures*, qui ne s'occupent que
de la grandeur en elle-même, et en *mixtes*, qui empruntent de la physique quelques propriétés primor-
diales, d'où elles tirent, à l'aide des mathématiques
pures, toutes les autres propriétés qui s'y rapportent.

D. *Quelles sont les sciences mathématiques pures ?*

R. Il y en a cinq : l'*arithmétique*, la *géométrie*, l'*algèbre*, le *calcul différentiel*, et le *calcul intégral*.

D. *Quelles sont les sciences mathématiques mixtes ?*

R. Il y en a aussi cinq : la *mécanique*, l'*hydrodina-
mique*, l'*astronomie*, l'*optique* et l'*accoustique*, qui font
partie de la physique.

DE L'ARITHMÉTIQUE.

L'arithmétique est l'art de compter juste, et de faire avec des nombres diverses opérations qui en font connaître les propriétés.

Le nombre est une quantité composée de plusieurs unités.

L'unité est une chose qui n'est qu'une fois, car un n'est jamais qu'un ; mais un répété quatre fois forme quatre, qui est par conséquent composé de quatre fois un, ou de quatre unités.

Nombrer, c'est exprimer toutes les quantités imaginables par le moyen de dix chiffres suivans :

1, 2, 3, 4, 5, 6, 7, 8, 9, 0,
Un, deux, trois, quatre, cinq, six, sept, huit, neuf, zéro.

Un, représente une seule chose, quelle qu'en soit la nature ; 2, désigne le double de ce qui est représenté par un ; 3, le triple ; ainsi de suite jusqu'à 9, qui forme une quantité de neuf fois plus qu'un seul, ou un nombre de neuf, composé de neuf unités.

Le zéro ne représente rien à moins qu'il ne soit précédé d'un autre chiffre, dont il augmente la valeur de dix fois. Deux zéro précédé d'un chiffre quelconque augmentent sa valeur de cent fois, etc.

On produit avec ces dix chiffres toutes les quantités imaginables.

En les réunissant ou les répétant s'il est nécessaire, on forme des unités, de dixaines, de centaines, de mille, etc., etc.

En commençant par les unités, qui sont à droite, il faut aller à gauche, en disant :

Milliard.	Centaines de million.	Dixaines de million.	Millions.	Centaines de mille.	Dixaines de mille.	Mille.	Centaines.	Dixaines.	Unités.
1	2	3	4	5	6	7	8	9	0

Ayant ainsi nombré de droite à gauche, on va de gauche à droite, en disant : un milliard deux cent trente-quatre millions cinq cent soixante-sept mille huit cent quatre-vingt-dix unités.

DES DÉCIMALES.

Une décimale est une unité de dix, ou la dixième partie d'une chose ou d'un nombre quelconque.

Ainsi un dixième, qu'on représente encore comme ceci, $\frac{1}{10}$, est la dixième partie de l'unité, comme un centième, $\frac{1}{100}$, est la dixième partie d'un $\frac{1}{10}$; un millième, $\frac{1}{1000}$, la dixième partie d'un $\frac{1}{10}$.

Pour rendre le calcul plus facile, on représente les décimales de cette façon. Par exemple, si l'on veut annoncer quarante-trois unités sept dixièmes, on écrira 43,7 : on séparera le chiffre de la droite par une virgule; de même si l'on veut exprimer quarante-trois entiers soixante-quinze centièmes, on écrira 43,75, et on séparera les deux chiffres de la droite par une virgule.

Les chiffres qui représentent les unités décimales s'appellent chiffres décimaux.

Pour exprimer les nombres qui ne renferment point d'unités décimales, on met un zéro pour en tenir la place : ainsi, pour exprimer cent quarante millièmes, on écrit 0,140, et ainsi de suite.

Il y a quatre principales opérations dans l'arithmétique ; savoir : l'addition, la soustraction, la multiplication et la division.

DE L'ADDITION.

L'addition est une opération par laquelle on réunit plusieurs nombres pour n'en former qu'un seul, que l'on appelle somme ou total.

Exemple.

Il faut écrire les quatre nombres suivans de manière que les unités soient sous les unités, les dizaines sous les dizaines, les centaines sous les centaines, etc.

	Mille	Centaines	Dizaines	Unités
			3	7
		4	2	4
	5	3	8	6
				8
Somme.	5,	8	5	5

En commençant par la droite, en disant 7 et 4 font 11, et 6 font 17, et 8 font 25, il y a deux dizaines et cinq unités simples. Il faut écrire les cinq unités sous la colonne des unités, et retenir les deux dizaines pour les porter comme deux unités à la colonne des dizaines, et continuer l'opération en observant toujours la même marche, et on aura pour somme ou pour total 5,855, cinq mille huit cent cinquante-cinq unités.

Les nombres décimaux s'additionnent de la même manière. Ainsi, si l'on avoit les nombres suivans à additionner, voici de quelle manière il faudroit opérer.

Exemple.

	Unités	Dixièmes	Centièmes	Millièmes	Dix millièmes
4	3	4	8		
7	3	3	5	4	
2	8	6	0	0	6
	2	4	0	0	0	7
Somme. 1,	4	7	8,	3,	4	6	7

Après les avoir placés de manière que les unités de même espèce soient dans une même colonne verticale, comme dans le dernier exemple, on les souligne. Partant des unités de la plus petite espèce, en allant toujours de droite à gauche, on trouvera 7, qui tient la place de dix millèmes ; on posera 7, et ainsi de suite, en suivant toujours le même procédé.

Si les chiffres que l'on ajoute ensemble excèdent, on écrira le surplus, et on retiendra autant d'unités que l'on aura de fois dix.

DE LA SOUSTRACTION.

Soustraire, c'est retrancher un nombre d'un autre nombre. Le résultat s'appelle reste ou différence.

Exemple.

Il faut écrire les deux nombres suivans, de manière que les chiffres de même espèce soient tous les uns sous les autres ; les unités sous les unités, les dizaines sous les dizaines, etc., etc.

78,646
2,532
―――――
76,114, reste ou différence.

On opère en allant toujours de droite à gauche, en disant : qui de 6 paie 2, reste 4 ; 4 de 3, reste 1 ; 6 de 5, reste 1 ; 8 de 2, reste 6 ; 7 de rien, reste 7 ; et l'on trouve pour différence 76,114 unités.

Lorsque le chiffre du nombre que l'on veut soustraire surpasse celui qui le correspond dans l'autre nombre, on emprunte sur le chiffre précédent une unité qui vaut dix, dont on augmente celui qui est trop foible, et on diminue d'une unité celui sur lequel on a emprunté.

Exemple.

73,852
34,725
―――――
39,127, reste ou différence.

Pour faire une soustraction avec les nombres décimaux, on suit le même procédé, et on sépare sur la droite de chaque résultat autant de décimales.

Exemple.

576,48
185,69
―――――
390,79, reste ou différence.

DE LA MULTIPLICATION.

Multiplier, c'est répéter un nombre une certaine quantité de fois. Le nombre que l'on répète s'appelle *multiplicande*, et celui qui indique combien de fois il faut répéter, s'appelle *multiplicateur*. Le résultat de cette opération s'appelle *produit*. Le multiplicande et le multiplicateur s'appellent *facteurs du produit*.

La multiplication s'opère comme l'addition, et n'en diffère qu'en ce que dans cette opération l'on ajoute des nombres quelconques, au lieu que dans la multiplication il s'agit d'ajouter le même nombre à lui-même.

Par exemple, pour multiplier 6 par 3, on pourrait écrire trois 6 les uns sous les autres, et les additionner comme on le voit ici :

$$\begin{array}{r}6\\6\\6\\\hline 18\end{array}$$

et la somme 18, résultante de cette addition, serait le produit.

Les facteurs donnent un procédé plus court.

$$\begin{array}{r}6\text{, multiplicande.}\\3\text{, multiplicateur.}\\\hline 18\text{, produit.}\end{array}$$

Pour opérer, il faut prendre le multiplicateur, et dire 3 fois 6 font 18.

Exemple par deux chiffres.

$$\begin{array}{r}24\\45\\\hline 120\\96\\\hline 1080\text{, produit.}\end{array}$$

Il faut multiplier par les unités, puis par les dizaines, ensuite par les centaines, etc, etc.

Quand le multiplicateur est de plusieurs chiffres, on fait pour chaque chiffre un produit particulier, et la somme de tous les produits partiels est le produit total cherché.

Exemple.

Multiplicande. 8645
Multiplicateur. 737
————
60515
25935
60515
————
Produit. . . . . 6,371,365 unités. D'où il résulte que le produit du multiplicande par les dizaines doit être avancé d'un rang vers la gauche ; celui des centaines, de deux rangs ; celui des mille, de trois, etc. etc., afin que, dans l'addition des différens produits partiels, les unités de même espèce se trouvent les unes sous les autres.

La multiplication des nombres décimaux se fait absolument comme celle des autres nombres, sans avoir égard à la virgule des facteurs. Lorsque l'opération est finie, on sépare par une virgule, sur la droite, autant de chiffres du produit qu'il y a de décimales, tant dans le multiplicande que dans le multiplicateur.

Exemple.

Multiplicande. 344,5
Multiplicateur. 33,8
————
2756,0
10335
10335
————
11644,10, produit.

Si le multiplicande et le multiplicateur contenaient des unités décimales d'une autre espèce, le raisonnement n'en serait pas moins le même que ci-dessus.

DE LA DIVISION.

La division est une opération par laquelle on cherche combien de fois un nombre est contenu dans un autre. Le nombre que l'on divise s'appelle *dividende* ; celui par lequel on divise s'appelle *diviseur*, et le résultat s'appelle *quotient*.

Pour faire la division d'un nombre composé d'autant de chiffres qu'on veut par un autre qui n'en a qu'un, il faut écrire le diviseur à côté du dividende, les séparer par un petit crochet ou accolade, prendre assez de chiffres dans le dividende pour que le diviseur y soit contenu, et écrire au quotient le nombre de fois qu'il s'y trouve contenu, multiplier le diviseur par le quotient, ensuite retrancher ce produit de la partie prise dans le dividende, puis écrire le reste au-dessous en abaissant le chiffre suivant, ce qui donne un dividende partiel sur lequel on opère comme sur le précédent, et ainsi de suite jusqu'au chiffre des unités, et tous les quotiens partiels doivent produire un quotient total.

Exemple.

Dividende. . . . . 36246 ⎫ 6, diviseur.
0024 ⎭ 6041, quotient.
006
0

Pour diviser un nombre composé de plusieurs chiffres par un autre qui en contient aussi plusieurs, il faut prendre à la gauche du dividende une partie assez grande pour que le diviseur puisse y être contenu, et opérer comme dans l'exemple précédent.

Exemple.

Dividende. . . . . 227052 ⎫ 742, diviseur.
4462 ⎭ 306, quotient.
0000

Pour opérer la division avec les chiffres décimaux, il faut suivre cette règle générale, et écrire à la suite du nombre qui a le moins de décimales un nombre suffisant de zéros pour qu'ils aient chacun des unités décimales de même espèce. Cela ne change pas la valeur du quotient. On les divise l'un par l'autre sans faire attention à la virgule, et le quotient exprimera des entiers et partie d'entier, si celui qu'on a pour diviseur n'est pas contenu exactement dans celui qu'on a pris pour dividende.

Exemple.

Dividende, 644,8420) 3,6476, diviseur.
   280,082) ─────────────
    24,7500 $176\frac{2944}{36476}$, quotient.
     2,9644
    ─────
    3,6476

On trouve au quotient 176 entiers $\frac{29644}{36476}$. Il n'est pas difficile de voir pourquoi le quotient exprime des unités simples ; car il est évident que $\frac{36476}{100}$ seront contenus autant de fois dans $\frac{6448420}{100}$ que 36476 unités seront contenues dans 6448420 unités, dont le quotient doit être des unités simples, puisqu'il ne fait qu'indiquer un nombre de fois.

PREUVES POUR LES QUATRE RÈGLES.

Preuve de l'addition.

La preuve de l'addition se fait en la commençant par la gauche. On soustrait successivement de la somme totale la somme partielle de chaque colonne, et si après la soustraction de la dernière colonne il ne reste rien, ce sera une preuve de l'exactitude de l'addition.

Exemple.

  7834
  3284
  6476
  ─────
  17594
  1110

Ainsi, pour s'assurer si l'addition précédente a été bien faite, on opère de la manière suivante, en commençant l'addition par la gauche. On dit, 7 et 3 font 10, et 6 font 16 ; de 17 reste 1, qui, étant joint par la pensée au chiffre 5, font 15. On passe à la seconde colonne, en disant, 8 et 2 font 10, et 4 font 14 ; ôtés de 15, reste 1, qui, avec le chiffre suivant, donnent 19. En passant à la troisième colonne, on dira, 3 et 8 font 11, et 7 font 18 ; de 19 reste 1, qui, étant au chiffre suivant, donne 14 ; de 14 reste 0, ou rien.

Preuve de la soustraction.

On fait la preuve de la soustraction en ajoutant la différence ou le reste que l'opération a donné avec le nombre retranché. Si la somme se trouve égale au nombre supérieur, c'est une preuve que la première opération est exacte.

Exemple.

Nombre supérieur. . . . 84368
Nombre retranché. . . . 31257
Différence 52111
                          84368, preuve.

Ainsi dans cet exemple, en ajoutant le nombre retranché avec le reste, on trouve le nombre supérieur.

Preuve de la multiplication.

La preuve de la multiplication se fait en divisant le produit par le multiplicande, et le quotient doit donner le multiplicateur.

Exemple.

Multiplicande. 144
Multiplicateur. . . . . . 6 ⎰ 144
                       ─────⎱ 6
                        864
                        000

Preuve de la division.

Pour s'assurer si la division est bien exacte, il faut multiplier le diviseur par le quotient, et le produit donnera les dividendes.

Exemple.

Dividende. 288 ⎛   12 Diviseur.
            48 ⎟   ─────────────
            00 ⎬   24 Quotient.
               ⎟   ─────────────
               ⎟   48
               ⎝   24
                      ─────
                      288 Dividende.

ALGÈBRE.

D. *Qu'est-ce que l'algèbre ?*
R. C'est la science du calcul des grandeurs en général, dans laquelle on emploie au lieu de chiffres les lettres de l'alphabet, qui n'ayant aucune valeur déterminée, peuvent représenter toutes sortes de grandeurs : ce qui soulage extrêmement l'imagination de ceux qui s'appliquent à cette science.

D. *Quelles opérations fait-on en algèbre ?*
R. Toutes celles qu'on fait en arithmétique.

D. *Quel est l'avantage de l'algèbre sur l'arithmétique ?*
R. 1°. C'est que l'arithmétique ne s'occupe que des nombres, et que l'algèbre calcule toutes les grandeurs en général. 2°. L'algèbre généralise ses résultats, et les étend à toutes les questions de même espèce ; il donne des formules au moyen desquelles ou abrège considérablement le calcul, et sert enfin à résoudre une infinité de questions difficiles, qu'il est impossible de résoudre par l'arithmétique ordinaire.

D. *A qui l'algèbre est-elle nécessaire ?*
R. A tous ceux qui embrassent quelques branches des mathématiques, dont elle est elle-même une des plus importantes par ses applications aux autres.

GÉOMÉTRIE.

D. *Qu'est-ce que la géométrie ?*
R. C'est la science qui s'occupe de la mesure de l'étendue dans ses trois dimensions, *longueur*, *largeur*, et *profondeur* ou *épaisseur*.

D. *Que signifie le mot géométrie ?*
R. Il signifie *l'art de mesurer la terre* ; cette science est ainsi nommée, parce que ce fut son premier objet, et que les Egyptiens l'inventèrent pour pouvoir reconnoître leurs posses-

(96)

s'ons, dont les bornes étaient enlevées tous les ans par le débordement du Nil.

D. *En combien de parties divise-t-on la géométrie ?*

R. En trois principales parties ; savoir : en *linéamétrie*, qui s'occupe des lignes ; en *planimétrie*, qui s'occupe des surfaces, et en *stéréométrie*, qui s'occupe des solides.

D. *Quelle est la différence entre une ligne, une surface et un solide ?*

R. Une *ligne* est une étendue en longueur seulement ; une *surface* est une étendue en longueur et en largeur, et un *solide* est étendu en longueur, largeur et épaisseur.

D. *Entrez dans quelques détails sur les premières notions de la géométrie ?* R. Les voici :

1. La *ligne droite*, est la plus courte entre deux points donnés A B, *fig.* 1.

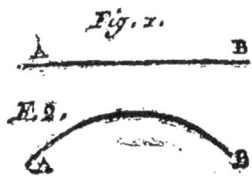

2. Une *ligne courbe*, est une ligne qui, tirée entre les deux mêmes points, est plus longue que la ligne droite A B, *fig.* 2.

3. Deux *lignes parallèles* sont deux lignes *droites* ou *courbes*, toujours également éloignées l'une de l'autre, *fig.* 3.

4. Deux lignes qui se rencontrent forment un *angle* C, *fig.* 4.

5. Si une ligne tombe sur une autre perpendiculairement, elle forme avec elle deux *angles droits*, un de chaque côté CD, *fig.* 4.

6. Si elle tombe obliquement, elle produit deux angles, un de chaque côté, dont l'un est plus grand, l'autre plus petit que l'angle droit EF, *fig.* 4.

7. L'angle plus petit que l'angle droit, s'appelle *angle aigu* ; celui qui est plus grand, s'appelle *angle obtus*, EF, *fig.* 4.

8. Un *cercle* est une ligne courbe engendrée par un point, tournant à égale distance d'un autre point qu'on appelle *centre* ; le chemin qu'il parcourt, s'appelle *circonférence*.

9. Une ligne droite tirée du centre à la circonférence du cercle, s'appelle rayon AC, *fig.* 5.

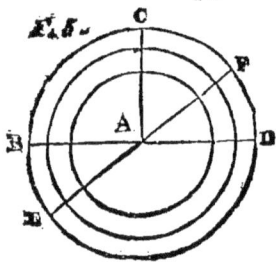

10. Une ligne droite passant par le centre d'un cercle, et prolongée de chaque côté jusqu'à la circonférence, s'appelle *diamètre*; elle est double du rayon BD, *fig.* 5.

11. Le diamètre partage la circonférence en deux demi-cercles, *fig.* 5.

12. Des cercles qui ont le même centre, et dont les circonférences sont par conséquent toujours également éloignées les unes des autres dans tous leurs points, sont appelées *parallèles* ou *concentriques*, *fig.* 5.

13. La circonférence de tout cercle se partage en 360 parties égales qu'on appelle *degré*. Chaque degré a 60 *minutes*, chaque minute a 60 *secondes*. Une nouvelle division partage la circonférence en 400 *degrés*, le degré en 100 minutes, et la minute en 100 secondes. Nous suivons la première division dans cet ouvrage.

14. On mesure la grandeur d'un angle par le nombre de degrés de la circonférence d'un cercle, compris entre les extrémités des deux lignes tirées du centre à deux points de la circonférence; ce nombre de degrés s'appelle l'*ouverture de l'angle*, dont la pointe est au centre du cercle CD, *fig.* 5.

15. Un angle droit (Art. 5.), a nécessairement 90 degrés, car le diamètre coupant la circonférence en deux demi-cercles (Art. 10.) de 180 degré, une ligne droite passant par le centre et tombant perpendiculairement sur le diamètre, coupera le demi-cercle en deux quarts de cercles de 90 degrés chacun, (Art. 13.)

16. Si une ligne droite, passant par le centre, tombe obliquement sur le diamètre, elle coupera le demi-cercle en deux parties inégales, dont les arcs seront la mesure des angles qu'elle aura produits, et dont l'un

sera aigu et l'autre obtus, (Art. 6.), EF, *fig.* 5.

17. Les deux angles produits à droite et à gauche de la ligne perpendiculaire, sont *deux angles droits*, puisqu'ils comprennent ensemble une demi-circonférence BC—CD, *fig.* 5.

18. Les deux angles à droite et à gauche de la ligne oblique, *équivalent ensemble* à deux angles droits, puisqu'ils comprennent aussi une demi-circonférence; mais l'un étant plus grand et l'autre plus petit (Art. 6.), l'un est toujours le supplément de l'autre BE—ED, *fig.* 5.

19. L'espace compris entre les lignes courbes ou droites qui circonscrivent la forme d'une figure, sans avoir égard à son épaisseur, s'appelle *surface* ou *aire*.

20. Une figure circonscrite par une ligne courbe, et dont tous les diamètres sont égaux, est un cercle (Art. 8.), *fig.* 5.

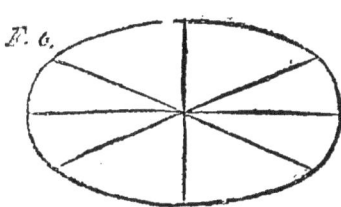

21. Une figure circonscrite par une ligne courbe, dont les diamètres sont inégaux, est une *ellipse*; mais il peut y avoir autant de formes d'ellipses qu'il peut se trouver de différences entre ces diamètres, *fig.* 6.

22. Une figure circonscrite par trois lignes droites est un *triangle*, ainsi nommé, parce qu'il a nécessairement trois angles; il peut avoir autant de formes qu'il peut y avoir d'inégalités entre les trois lignes FGH, *fig.* 4.

23. Une figure circonscrite par quatre lignes, est un *carré* ABCD, *fig.* 7; si les quatre lignes sont égales et se coupent à angles droits, c'est un *rectangle* ABFE, *fig.* 7; si deux de ses côtés parallèles (Art. 3.) sont égaux, les deux autres de même, et ses angles droits; c'est un *quadrilatère* EBGD, *fig.* 7, si ses côtés ou ses angles sont inégaux.

24. Les quatre angles d'un carré sont droits ABCD, *fig.* 7, et ceux d'un quadrilatère toujours équivalens à quatre angles droits EBCD, *fig.* 7.

E

25. Les trois angles d'un triangle ABD, *fig.* 7, équivalent à deux angles droits, car le triangle peut être considéré comme la *moitié* d'un carré coupé par sa diagonale, et le carré comme le *double* d'un triangle.

Ces notions géométriques sur lesquelles on s'est un peu étendu, recevront une application particulière dans la description de la sphère qui précède la géographie.

D. *A qui la géométrie est-elle utile ?*

R. Elle est indispensable aux architectes, et en général à tous ceux qui s'occupent de la construction ; elle est le fondement de beaucoup d'autres sciences, telles que la *mécanique*, et tous les arts qui y tiennent.

D. *Peut-on apprendre la géométrie sans savoir les règles de l'arithmétique ?*

R. Non, parce qu'on ne peut apprendre la géométrie sans calculer, et que l'arithmétique est la science du calcul.

DU DESSIN.

D. *Qu'est-ce que le dessin ?*

R. C'est l'art de représenter sur un plan, tel qu'une feuille de papier, la figure ou forme d'un corps quelconque, comme une *maison*, un *arbre*, ou même une *personne*.

D. *Ne peut-on pas distinguer deux manières de dessiner ?*

R. Oui, l'on se sert d'instrumens avec lesquels on mesure le corps qu'on dessine, pour en faire, d'après les règles de la géométrie, ce qu'on appelle un *plan*; ou l'on n'emploie qu'un crayon, une plume ou autre chose équivalente, pour tracer, à la seule vue, des traits qui représentent la figure du corps.

D. *Quels sont les arts où l'on emploie la première manière de dessiner ?*

R. C'est principalement dans l'art de lever des plans et dans l'architecture ; mais en général on en a besoin dans quelque art que ce soit, pour donner aux ouvriers les dimensions et l'arrangement des objets qu'on leur fait faire.

D. *Quand emploie-t-on la seconde manière de dessiner?*

R. Quand ce qu'on fait n'a pas besoin de l'exactitude mathématique, et surtout quand on dessine des paysages, des animaux ou le corps humain, parce qu'il serait presque inutile et très-difficile de dessiner ces choses par les procédés de la géométrie.

D. *En quoi consiste l'agrément et l'utilité de cette manière?*

R. En ce que l'on peut, en peu de temps, prendre la vue, la situation d'un endroit qui plaît, faire le portrait des personnes qu'on aime, et jouir pour ainsi dire de leur vue pendant leur absence.

D. *Ces deux manières de dessiner ne se servent-elles pas mutuellement?*

R. Oui; parce que la première sert beaucoup à ceux qui emploient la seconde pour donner la perspective et placer les ombres avec exactitude; et que l'on ne peut se passer de la seconde manière pour dessiner certains objets, tels que des arbres qui se trouvent sur un plan; c'est pourquoi il est bon d'apprendre l'une et l'autre. Il n'y a ordinairement que la seconde manière qu'on appelle *dessin*, l'autre est comprise dans les arts qui l'emploient.

D. *Comment apprend-on le dessin?*

R. Il est bon de savoir d'abord la géométrie qu'on nomme *descriptive*, qui apprend la première manière, celle qui se sert d'instrumens; et ensuite on apprend le dessin proprement dit, en copiant des dessins que donnent les maîtres, et commençant par des objets très-faciles, pour en faire ensuite de plus difficiles; et lorsque par un long exercice on est devenu assez fort, on dessine des figures de plâtre appelées *bosses*, pour passer ensuite à la figure humaine.

D. *Peut-on apprendre à dessiner sans maître?*

R. On peut apprendre seul à dessiner quelques petits objets, surtout les paysages; mais il est presque indispensable d'avoir un maître qui nous dise quand nous faisons mal, et qui nous fasse connaître les règles de la proportion du corps humain.

D. *Qu'entend-on par proportion?*

(100)

R. On entend par *proportion* la division que les peintres et les sculpteurs ont fait du corps humain ; les uns le divisent en huit parties égales, les autres en dix, d'autres en douze parties, e'c.

D. *En combien de parties a-t-on divisé la face ?*

R. On la divise en quatre parties : la première commence au sommet de la tête, et va jusqu'à la naissance des cheveux ; la seconde descend jusqu'à la naissance du nez ; le nez fait la troisième partie ; et la quatrième s'étend depuis le nez jusqu'à l'extrémité du menton, *fig.* 1 et 2.

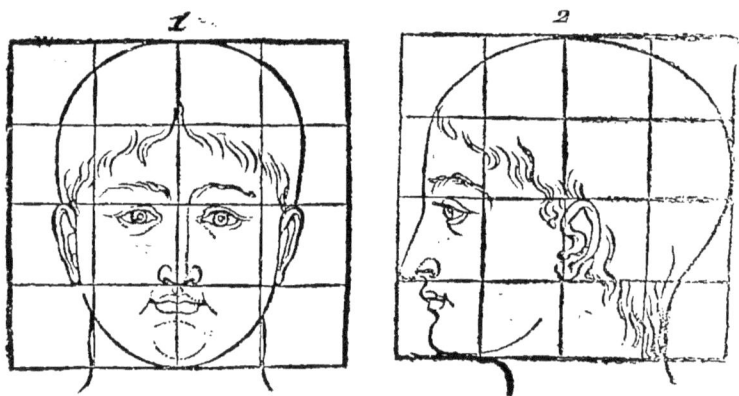

D. *Comment s'y prend-on pour dessiner la tête.*

R. On dessine d'abord un ovale dans lequel on doit ensuite placer la tête, *fig.* 3 et 4.

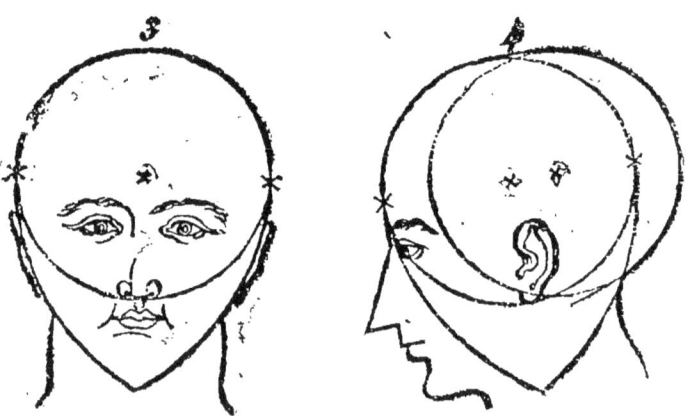

D. *Quelles sont les proportions des parties de la tête et comment les place t-on ?*

R. On prend pour mesure la moitié d'une des quatres parties de la tête que l'on appelle *module*?

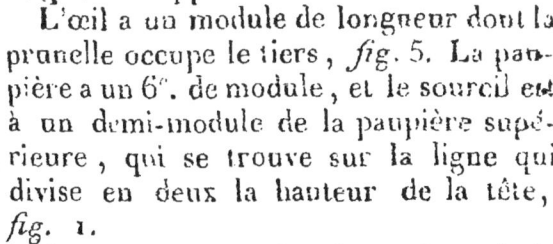

L'œil a un module de longueur dont la prunelle occupe le tiers, *fig.* 5. La paupière a un 6⁰. de module, et le sourcil est à un demi-module de la paupière supérieure, qui se trouve sur la ligne qui divise en deux la hauteur de la tête, *fig.* 1.

Les yeux sont séparés entr'eux de la longueur d'un œil, *fig.* 1. Celui du profil a les mêmes proportions en hauteur que celui de la face, mais en longueur il n'y a qu'un demi-module, *fig.* 6.

Le nez de face, ou de profil, a deux modules de hauteur et un de large; la narine a un demi-module de haut et un tiers de large, *fig.* 7 et 8.

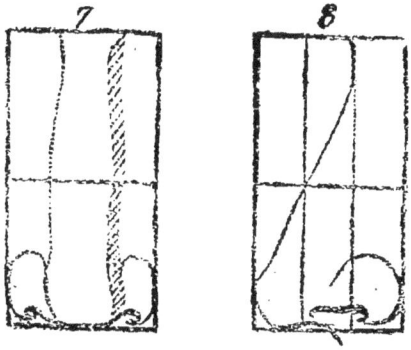

La bouche de face a un module et demi de longueur sur un demi-module de hauteur. Elle est placée à un demi-module au-dessous du nez. Vue de profil, elle a la moitié de celle en face, *fig.* 9 et 10.

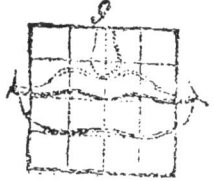
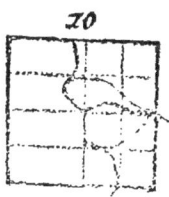

(102)

L'oreille se place dans la même division que le nez et à la même longueur. Elle a trois parties sur sa hauteur ; la coquille occupe celle du milieu. L'oreille dans la tête de profil est déterminée par la ligne du milieu de la tête, *fig.* 11 et 12.

 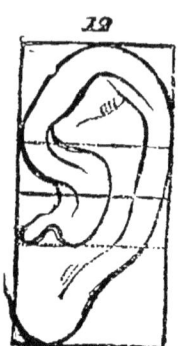

D. *Combien de faces ou têtes comprend le corps entier de l'homme ?*

Il est partagé en huit; c'est de toutes les divisions la plus facile pour les commençans. La 1re. est depuis le sommet de la tête jusqu'au menton. La 2e. est depuis le menton jusqu'aux mamelons. La 3e., depuis les mamelons jusqu'au nombril. La 4e., depuis le nombril jusqu'à la bifurcation du tronc. La 5.e, depuis la bi-

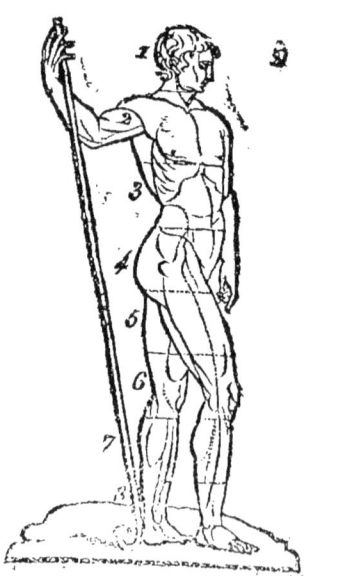 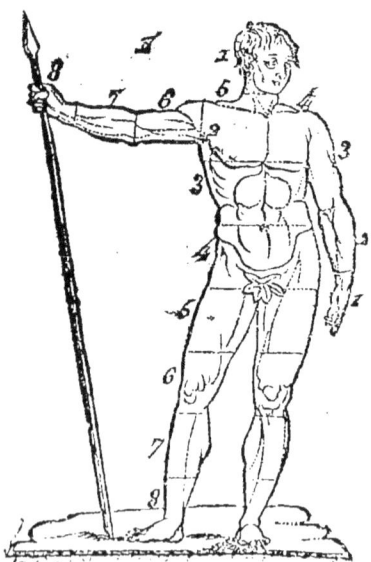

furcation du tronc jusqu'au milieu de la cuisse. La 6.e, depuis le milieu de la cuisse jusqu'au genou. La 7.e, depuis le genou jusqu'au milieu de la jambe. La 8.e, depuis le milieu de la jambe jusqu'à la plante des pieds. La longueur des bras étendus ou des deux jambes est égale à la hauteur de l'homme, *fig.* 1, 2 et 3.

La femme a aussi huit têtes de haut : on n'en reconnoît que cinq à l'enfant, *fig.* 4 et 5.

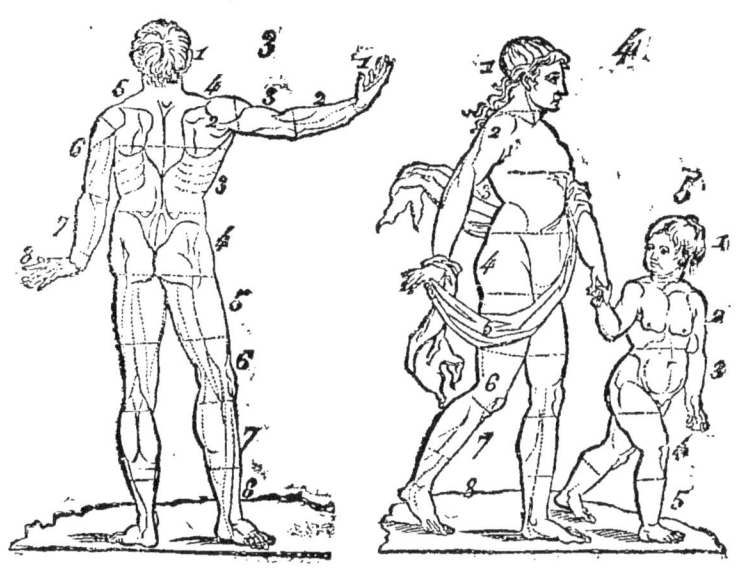

D. *Ces proportions sont-elles rigoureusement égales dans les deux sexes ?*

R. Non, il y a une différence de deux ou trois pouces dans la hauteur entre les femmes et les hommes : les premières ont aussi la tête plus petite, le cou plus allongé, la partie antérieure de la poitrine plus élevée, les reins et les cuisses plus larges et moins allongées, le haut du bras plus gros et la main plus étroite, les jambes plus fortes et les pieds plus étroits ; leurs muscles sont moins apparens, ce qui rend leurs contours plus égaux, plus coulans et le mouvement plus doux.

D. *Quelles sont les proportions des pieds et des mains ?*

R. Les pieds et les mains ont une tête de longueur. On divise cette longueur en quatre parties.

Dans la main, la première vient depuis le poignet jusqu'à la paume de la main ; la seconde, à la naissance du pouce ; la troisième, à la première jointure du doigt du milieu ; et la quatrième au bout du même doigt, *fig.* 6, 7, 8 et 9.

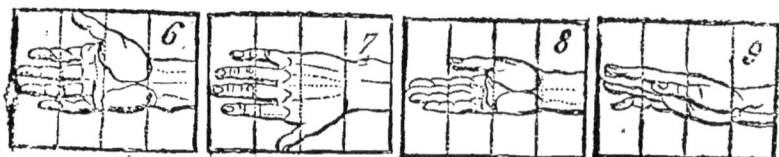

Dans le pied, la première vient depuis le talon jusqu'à la cheville ; la seconde jusqu'au milieu du coude-pied, la troisième jusqu'à la naissance des doigts ; et la quatrième jusqu'au bout du pouce, *fig.* 10, 11, 12 et 13.

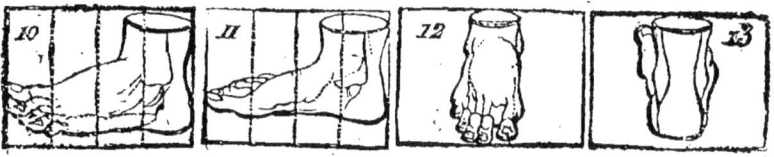

D. *Quels sont les arts où l'on a nécessairement besoin du dessin proprement dit ?*

R. Ce sont principalement la *peinture* et la *sculpture* qui exigent la connoissance du dessin.

DE LA PEINTURE.

D. *Qu'est-ce que la peinture ?*

R. C'un art qui apprend, par le dessin et l'application des couleurs, à représenter toutes sortes d'objets.

D. *Quelles sont les peintures les plus estimées ?*

R. Ce sont celles qui représentent les événemens de l'histoire.

D. *Combien y a-t-il de sortes de peintures ?*

R. Il y en a huit sortes ; savoir : à l'huile, à fresque, en détrempe, sur le verre, en émail, qui est celle qui dure le plus, en miniature, le pastel et la gouache.

D. *Quelles sont les qualités d'un bon peintre ?*

R. Il doit entendre le dessin parfaitement. Il doit savoir l'histoire, l'anatomie, la géométrie, etc. Il doit avoir beaucoup de lecture, d'imagination, de jugement et de patience.

DE LA SCULPTURE.

D. *Qu'est-ce que la sculpture?*
R. C'est l'art de tailler le bois, le marbre, la pierre, pour en faire diverses représentations.

On sculpte en creux, en relief, et en bas-relief.

La sculpture en creux consiste à faire des moules dans lesquels on puisse couler différentes matières, qui représentent ensuite en relief ce qu'on a sculpté d'abord en creux.

La sculpture en relief est celle par laquelle on représente toutes sortes de statues en bosses arrondies et isolées.

La sculpture en bas-relief est celle qui n'a aucune partie détachée d'une surface quelconque sur laquelle on a sculpté un sujet.

DE LA GRAVURE.

D. *Qu'est-ce que la gravure?*
R. C'est l'art qui fournit les estampes en taille-douce, et les vignettes et fleurons qu'on emploie pour servir d'ornement dans un livre.

Il y a deux sortes principales de gravures ; la gravure sur bois et celle sur cuivre. Dans la gravure en bois, tous les traits qui doivent recevoir l'encre et paroître à l'impression sont en relief, ce qui doit rester en blanc est creux. Dans la gravure en cuivre c'est tout le contraire. Les creux sont destinés à recevoir l'encre, et l'imprimeur en taille-douce, après avoir enduit toute la planche, emporte soit avec un chiffon, soit avec la paume de la main toute l'encre qui est sur la surface. Son cuivre couvert d'une feuille de papier moite et de molletons, passe entre deux cylindres : la force de la pression fait que l'encre restée dans les creux se dépose sur le papier

DE LA MUSIQUE.

D. *Qu'est-ce que la musique ?*
R. C'est la science qui enseigne à faire des accords agréables à l'oreille, et qui règle l'harmonie, soit par un instrument, soit par la voix ; de toutes les musiques, la vocale est la plus belle.

D. *Quels sont les effets de la musique ?*
R. Elle délasse agréablement l'esprit, et lui donne de nouvelles forces pour s'appliquer ensuite avec plus d'ardeur au travail.

Celle qui est en usage dans le service divin, nous élève à Dieu, anime notre zèle et notre dévotion.

D. *Qu'est-ce que la gamme ?*
R. La gamme est la base fondamentale ou l'alphabet de la musique. On la représente ainsi :

Pour monter.

ut, re, mi, fa, sol, la, si, ut.

Pour descendre.

ut, si, la, sol, fa, mi, re, ut.

On répète deux fois la note *ut*, pour former une octave.

D. *Qu'est-ce qu'une octave ?*

R. C'est la répétition d'une note à la distance de huit degrés diatoniques. On voit par l'exemple ci-dessus, que la gamme est composée de sept notes qui produisent cinq tons et deux demi-tons. Les demi-tons sont du *si* à l'*ut*, et du *mi* au *fa*. On peut faire autant d'octaves qu'il y a de notes dans la musique.

Les cinq lignes parallèles sur lesquelles on pose les notes, s'appellent portées. On prend toujours la première ligne par en bas. Chaque entre-ligne compte aussi pour un degré, parce qu'il sert à placer des notes. On ajoute aussi des petites lignes au-dessus et au-dessous de la portée, pour monter ou descendre, suivant le besoin.

D. *Qu'est-ce que la clef ?*

R. La clef est ce qui détermine le nom des notes, parce que la note qui se trouve placée sur la même ligne que la clef prend toujours le nom de la clef. Sous toutes les clefs, les notes suivent toujours le même ordre, le *re*, va après l'*ut*, le *mi*, après le *re*, etc.

Il y a trois clefs dans la musique qu'on appelle

clef de *sol*, d'*ut*, de *fa*.

La clef d'*ut* se pose sur les quatre premières lignes. La clef de *sol* se pose sur la première et la seconde lignes, et la clef de *fa* sur la troisième et quatrième lignes. On ne se sert ordinairement que de la clef de

(108)

sol sur la seconde ligne : les autres clefs ne se rencontrent que dans l'ancienne musique.

Etant obligé de varier la valeur des notes, on les a changées de formes et de noms.

ronde, blanche, noire, croche, double croche.
1 vaut 2 valent 4 valent 8 valent 16,

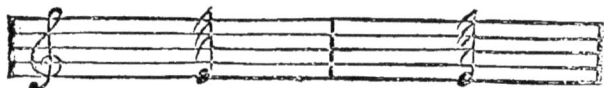

triple croche, quadruple croche,
valent 32   valent 64.

La ronde vaut plus que toutes les autres notes, parce qu'elle prolonge le son de la voix ou de l'instrument plus long-temps qu'aucune des autres notes, c'est-à-dire qu'une ronde vaut deux blanches ; deux blanches valent quatre noires, quatre noires valent huit croches; huit croches valent seize doubles croches; seize doubles croches valent trente-deux triples croches; trente deux triples croches valent soixante-quadruples croches, ce qui est facile à concevoir, puisque la quadruple croche est la 64°. partie de la ronde; la triple croche la 32°. partie, etc. ainsi que l'indiquent les numéros placés au-dessous de chaque note.

D. Qu'est-ce que le silence ?

R. Il y a autant de signes pour marquer le *silence*, qu'on appelle *pause*, *silence*, etc. que d'espèces et de valeur de notes.

Pause, $\frac{1}{1}$ pause, soupir, $\frac{1}{2}$ soupir, $\frac{1}{4}$ de soupir.

1 vaut 2 valent 4 valent 8 valent 16,
$\frac{1}{2}$ de soupir, $\frac{1}{16}$ de soupir,

valent 32,   valent 64.

On voit par cet exemple, que la pause vaut une ronde; que la demi-pause vaut une blanche; que le soupir vaut une noire; que le demi-soupir vaut une croche; que le quart de soupir vaut une double croche; que le huitième de soupir vaut une triple croche; et que le seizième de soupir vaut une quadruple croche.

D. Qu'est-ce que le point ?

R. Le ⸱ sert à augmenter la note qui le précède de la moitié de sa valeur : ainsi quand il est après une ronde ○, il vaut une blanche, ou la ronde trois blanches. Quand il suit une blanche, il vaut trois noires.

D. Qu'entend-on par dièse, (1), bémol (2) et bécarre (3)? (1) (2) (3)

♯ ♭ ♮

R. Il y a autant de dièses et de bémols qu'il y a de notes dans la musique.

Les dièses se placent à la clef, à la quinte l'un de l'autre, en montant; ou ce qui revient au même à la quarte, en descendant, et toujours dans l'ordre suivant : *fa, ut, sol, re, la, mi, si.*

Les bémols sont l'inverse; ils se placent à la quarte, en montant, ou à la quinte, en descendant et dans l'ordre ci-après, *si, mi, la, re, sol, ut, fa.*

Quand le dièse est placé à la clef, il sert à hausser d'un demi-ton toutes les notes qui sont sur la même ligne.

Le bémol, au contraire, sert à les baisser d'un demi-ton.

Quand le dièse ou le bémol est placé dans le courant de la musique, il ne change le ton de la note qui le suit, que dans l'espace d'une mesure.

Le bécarre sert à remettre dans leur ton naturel les notes qui ont été altérées par le dièse ou par le bémol.

DES MODES.

La musique se divise en deux modes; savoir : le mode *majeur* et le mode *mineur*. Pour le majeur, il faut deux tons pleins pour faire la première tierce en montant, et pour le mineur, il ne faut qu'un ton et demi.

D. *Qu'est-ce que la mesure ?*

R. La mesure est ce qui détermine la valeur des notes et le caractère de la musique. Sans cela, elle ne serait qu'un chaos de tons qui n'auraient pas de limites dans leur durée. La mesure se marque avec des chiffres à la clef ; c'est ce qui en indique le mouvement et la valeur. On place, dans le courant de la musique, des barres perpendiculaires qui marquent chaque endroit où tombe la mesure. Elle se divise en plusieurs temps. Il y a la mesure à deux temps, la mesure à trois temps, et la mesure à quatre temps. On compose encore les différens temps pour faire des mesures composées.

Dans les concerts bien organisés, il y a toujours un musicien qui marque les temps et qui bas la mesure : c'est ce qui donne l'ensemble à un grand concert, parce que la mesure est l'âme de la musique : sans elle il n'y auroit pas d'harmonie.

D. *Quels sont les signes qui s'emploient le plus fréquemment dans la musique ?*

R. La cadence, qu'on marque X, ou *tr.* est un martellement formé par deux notes qui se suivent.

La syncope est une note dont une partie se trouve dans un temps, et l'autre partie dans un autre.

La liaison se marque ⌒, ou ⌣. C'est une espèce de syncope, elle indique de couler les différentes notes qu'elle couvre.

Le renvoi, ou petite reprise, se marque par deux points : Il sert à indiquer la note du chant qu'on doit reprendre jusqu'à la dernière finale.

La grande reprise se marque ainsi.

Elle partage un air en deux parties, dont chacune se dit deux fois.

Le point de repos, ou point d'orgue, se marque ainsi ⌒ ou ⌢. Il produit un ton mourant qui suspend pour un instant le mouvement.

On rencontre souvent, dans la musique, de petites notes. Ces petites notes ne sont que de pur agrément; on doit les faire sentir très-légèrement: elles ne comptent point dans la mesure.

La roulade est une certaine quantité de notes qui montent par degré, et qui retombent successivement au premier degré.

D. *Quels sont les différens genres de musique?*

R. Il y a différens genres de musique, dont les principaux sont l'ouverture, la symphonie, le concerto, la sonate, etc.

L'ouverture est une espèce de musique instrumentale, qui sert à commencer un opéra. On y peut remarquer les différens caractères qui dominent dans la pièce. La symphonie s'exécute toujours par plusieurs instrumens; elle n'a pas de caractère déterminé: on s'en sert fréquemment pour commencer un concert. Le concerto a beaucoup de rapport avec la symphonie. Le principal objet qu'on appelle *solo*, s'exécute par un seul instrument, auquel les autres répondent alternativement. La sonate est une pièce composée de plusieurs genres, comme du tendre, du gracieux, du gai, etc. elle s'exécute avec un seul instrument; quelquefois on y joint des accompagnemens.

DE L'ARCHITECTURE.

D. *Qu'est-ce que l'architecture?*

R. C'est une science qui apprend à disposer les bâtimens avec ordre, avec symétrie, et pour être commodes à l'usage auxquels on les destine.

D. *Combien y a-t-il de sortes d'architecture?*

R. De trois sortes; la civile, la militaire, et la navale?

D. *En quoi consiste l'architecture civile?*

R. Dans l'élévation des maisons ordinaires, palais, temples, sales des spectacles, ponts, etc. en un mot, toutes sortes d'édifices, tant de ville que de campagne.

(112)

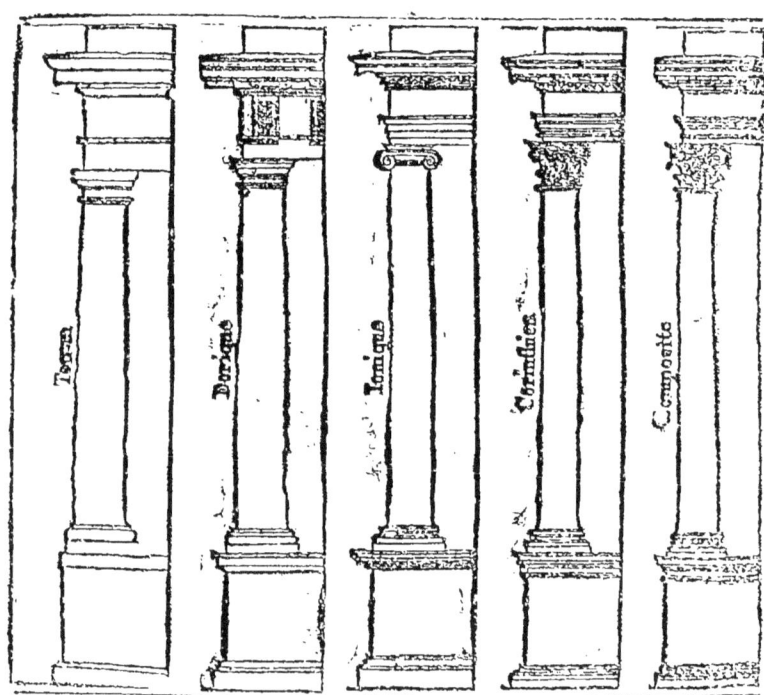

D. *Quels sont les ordres de l'architecture civile?*
R. On en compte cinq, qui sont le Toscan, le Dorique, le Ionique, le Corinthien et le Composite. On y ajoute le Gothique, qui est une ancienne manière de bâtir dont on s'est servi dans la construction de presque toutes les églises Cathédrales. Ces ordres tirent leurs noms des peuples chez qui on les a inventés.

D. *Quelles doivent-être les qualités d'un bon architecte?*

R. Il faut qu'il sache le dessin, l'arithmétique, la géométrie, l'optique, l'histoire, la fable, etc.

D. *En quoi consiste l'architecture militaire que l'on nomme fortification ?*

R. Dans l'art de mettre une place en état de résister avec un petit nombre de troupes à un plus grand nombre.

D. *Qu'est-ce que l'architecture navale ?*

R. C'est l'art de construire des vaisseaux soit pour la guerre, soit pour le commerce.

DE L'OPTIQUE.

D. *Qu'est-ce que l'optique ?*
R. C'est la science qui enseigne de quelle manière se fait la vision de l'œil, et rend raison des différentes modifications des rayons de la lumière. C'est par cette science qu'on explique un grand nombre de phénomènes de la nature.

DE LA GYMNASTIQUE.

D. *Qu'est-ce que la gymnastique ?*

R. C'est l'art de fortifier le corps et d'entretenir la santé.

D. *En quoi consiste cet art ?*

R. Dans la pratique des exercices capables de développer d'abord, et par gradation, la *force* du corps ; d'y joindre ensuite l'*adresse*, et de donner enfin à toute l'habitude extérieure une *grâce* qui n'a rien d'efféminé ni d'affecté.

D. *Quels sont les exercices propres à développer la force ?*

R. Il y en a trois, le *saut*, la *course* et la *lutte*.

D. *Qu'entend-on par le saut ?*

R. On comprend, 1°. le *saut* proprement dit, qui consiste à sauter par-dessus une barrière plus ou moins haute. 2°. Le *saut sans élan* ou *essor* ; on le fait les deux pieds joints ; il accoutume les enfans à avoir le coup-d'œil juste. 3°. Le *saut avec élan*. 4°. Le *saut à l'aide d'un bâton* ; il est utile pour franchir les larges fossés : cet exercice exige du courage et un juste équilibre; il fortifie la poitrine, et donne de la vigueur aux épaules, aux bras et aux mains. 5°. Le *saut à profondeur* : on l'exécute du haut d'une butte élevée de 15 à 20 pieds : il contribue à donner du courage et de l'intrépidité : l'utilité de cet exercice se fait sentir dans toutes les circonstances de la vie. 6°. Le *saut en longueur* ; on fait franchir aux élèves un fossé ou un ruisseau ; il y en a qui sautent jusqu'à 15 pieds en longueur : il donne de l'assurance et rend le corps leste, en ce qu'il exige un effort continuel des jambes et des cuisses. 7°. Le *saut continu* ; il se fait à pieds joints ; celui qui atteint le but en moins de sauts est vainqueur. 8°. La *marelle*, ou le *saut sur un seul pied* : ce jeu est très-agréable, il exerce les muscles des jambes et des jarrets et demande un grand équilibre ; il faut avoir soin d'entrer au jeu en sautant sur la jambe droite et d'en sortir sur la gauche.

D. *Quels sont les avantages de la course ?*

R. Cet exercice, le plus simple, est aussi le plus utile pour la conservation de ses jours : il fortifie beaucoup les membres et les poumons. On comprend dans l'art de courir, la *course en traîneaux* sur une rivière ou sur un lac glacé. Cet exercice agréable et salutaire fait oublier la rigueur de la saison. Les *barres* : ce jeu est exclusivement parmi nous l'exercice des jeunes garçons. Les *quatre coins* et le *colin-maillard* : ces jeux très-connus font oublier dans la maison la pluie et la neige ; c'est un moyen d'échapper à l'ennui, l'ennemi le plus dangereux dont il faut garder la jeunesse.

D. *Qu'est-ce que la lutte ?*

R. Deux jeunes gens s'embrassent et se serrent des bras et des mains ; dans cette position ils tâchent de se jeter par terre. L'exercice de la lutte contribue singu-

lièrement à fortifier toutes les parties du corps. Le théâtre doit être un gazon humide ou un sable profond, dont on a éloigné toutes les pierres : les lutteurs quittent tout vêtement superflu. L'animosité et les coups de poings sont défendus, ce ne serait pas une lutte, mais une véritable rixe ; il n'est pas permis de se saisir ni aux habits ni aux cheveux, mais seulement au corps.

D. *Quels sont les exercices propres à acquérir la force et l'adresse ?*

R. Il y en a de trois genres, *l'art de nager*, *l'art de lancer* et celui *de grimper*.

D. *Quels avantages présente l'art de nager ?*

R. D'abord celui des bains d'une si grande utilité ; ensuite la faculté de sauver sa vie, et souvent celle d'autrui, quand on est bon nageur. Les jeunes gens doivent faire usage des bains froids ; ils augmentent la force musculaire et endurcissent contre le froid ; ils tempèrent, dans l'été, l'ardeur du sang, et le font circuler plus librement ; enfin, ils entretiennent la santé, qui ne peut se conserver sans une grande propreté. Il faut se baigner le matin avant le lever du soleil, mais jamais immédiatement après avoir mangé. Il est avantageux pour sa propre sûreté de s'accoutumer à nager habillé, pour se sauver d'un naufrage ou d'autres malheurs.

D. *Qu'entend-on par l'art de lancer ?*

R. Cet exercice, qui fortifie les muscles du bras, donne de l'adresse et de la justesse du coup-d'œil, consiste à jeter ou lancer un corps, soit avec la main, soit au moyen de quelqu'instrument,

comme l'arc, la raquette, etc. Voici les jeux principaux:
1°. l'arc; c'est un amusement des plus agréables à la jeunesse; les jeunes demoiselles peuvent y prendre part, car il n'est pas fatigant. 2°. Le *ballon* est un jeu assez en usage; on frappe ordinairement le ballon avec le poing ou avec le pied. 3°. La *balle à la muraille* est un jeu fort avantageux pour fortifier le corps et le rendre souple et adroit. 4°. Le *jeu de paume* a les mêmes avantages. 5°. Le *palet* et le *petit palet*, sont très-connus. 6°. Les *boules*. 7°. Le *jeu de quilles*. 8°. Le *jeu de billard*: tous ces jeux réunissent le double objet d'exercer l'adresse et d'amuser. 9°. Le *volant* est un jeu charmant très-convenable aux demoiselles. Ce jeu exige de l'aplomb, tient la tête droite et élevée, et favorise tous les mouvemens du corps. C'est de tous les jeux propres aux jeunes personnes, celui qui concilie le plus heureusement l'adresse et la grâce, le plaisir et la santé. 10°. Le *cerf-volant*, jeu où les enfans commencent à déployer leur adresse dans la disposition de cette machine, et leur goût dans l'élégance de la forme de ses ornemens.

D. *Qu'entendez-vous par l'art de grimper?*

R. C'est l'art de se servir des mains, des bras, des cuisses et des jambes, pour monter sur un arbre ou s'élever au haut d'un mât. Les exercices qui apprennent à *grimper* accoutument en même temps les jeunes gens à la patience, à la persévérance et au mépris des douleurs.

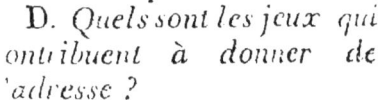

D. *Quels sont les jeux qui contribuent à donner de l'adresse?*

R. Voici les principaux: 1°. de marcher sur l'arête d'une planche; 2°. de se tenir en équilibre et marcher sur une poutre arrondie; 3°. de marcher avec des échasses; 4°. l'exercice des patins sur la glace; 5°. le saut sans la corde et avec la corde, jeu très-connu et amusant.

D. *Quels sont les exercices propres à développer les grâces du corps?*

R. Il y en a trois essentiels, l'*équitation*, la *danse* et l'*escrime*.

D. *Qu'est-ce que l'équitation?*

R. C'est l'art de monter à cheval ; il s'acquiert en apprenant les exercices du manège, dont l'objet est de parvenir à savoir faire usage du cheval, tant pour l'utilité que pour l'agrément.

D. *Qu'est-ce que la danse?*

R. C'est l'art de faire des pas réglés, et de porter le corps d'un air agréable au son des instrumens, etc.

D. *De quelle utilité est la danse?*

R. Elle répand sur tous les mouvemens du corps un certain agrément qui ne se perd jamais. Elle donne un air libre et dégagé, qui paraît dans la démarche ; mais elle n'est vraiment utile qu'autant qu'elle ne fait pas perdre aux jeunes gens cette modeste contenance qui leur sied si bien.

D. *Qu'entend-on par l'escrime?*

R. C'est l'art de se servir de l'épée pour blesser son ennemi et se garantir soi-même de ses coups. Le maître d'escrime s'appelle *Maître en fait d'armes*. L'art de l'escrime s'acquiert en faisant des armes avec des *fleurets*, sorte d'épée très-flexible, sans tranchant, et dont l'extrémité est garnie d'un bouton, afin de ne pas blesser. Les principales parties de l'es-

crime sont les *bottes*, la *parade* et l'*assaut*. Cet exercice a l'avantage de rompre le corps à toutes les attitudes, et donner beaucoup de souplesse à toute la machine; mais quoique son utilité soit grande, nous ne saurions trop répéter aux jeunes gens qu'il n'est jamais permis d'en abuser, et qu'on ne doit faire usage de cet art que pour servir sa patrie, ou opposer une défense légitime à un assassin qui attente actuellement à notre vie.

DE L'ART MILITAIRE.

D. *Qu'est-ce que la science militaire?*

R. C'est l'art de la guerre; science qui embrasse bien des détails, demande beaucoup de jugement, et des connoissances acquises, entr'autres celle des fortifications, et un courage à toute épreuve.

D. *Quelles sont les différentes sortes de guerres, et en quel cas ont-elles lieu?*

R. La guerre offensive, la défensive, celle de secours, et la guerre civile.

On entreprend une guerre offensive pour maintenir l'honneur et soutenir les droits d'une nation, contre une nation ennemie qui a blessé l'un et violé les autres. La guerre défensive a lieu pour repousser une invasion et défendre ses foyers. La guerre de secours se fait en envoyant des troupes auxiliaires à une nation amie qui est attaquée, ou en faisant une diversion par l'attaque du territoire de

l'ennemi. Quant à la guerre civile, c'est le plus grand fléau dont un peuple puisse être affligé: c'est la plus terrible des guerres, car elle se fait entre les citoyens d'un même état.

D. *Qu'est-ce qu'une armée?*

R. C'est l'assemblage de plusieurs corps de troupes, divisés par régimens d'infanterie, de cavalerie et d'artillerie, sous les ordres d'un chef qui règle leurs mouvemens et toutes leurs opérations.

D. *Qu'est-ce qu'un camp ?*

R. C'est un terrein que l'on trace en pleine campagne pour y loger une armée. Un camp, dans les règles, doit avoir assez d'étendue en avant, pour que l'armée puisse s'y mettre en bataille, et y faire avec aisance tous ses mouvemens. Il doit être assez profond pour pouvoir y rallier les troupes et les ranger en lignes. Sa tête doit être fortifiée par quelques bonnes barrières, telles qu'une rivière, un marais, et ses flancs bien appuyés ou bien protégés. Enfin, il doit être à portée de recevoir ses convois de vivres du matin au soir, et de trouver dans ses environs de l'eau, du bois et du fourrage.

D. *Qu'est-ce qu'une bataille ?*

R. Quand deux armées sont rangées vis-à-vis l'une de l'autre, et que la cavalerie et l'infanterie se chargent réciproquement et parviennent à s'enfoncer, à se vaincre ou à se détruire l'une et l'autre, cette action générale est appelée *bataille*. Une *bataille décisive*, est celle dont la victoire est complète, quand il n'y a aucun corps ennemi qui ne soit rompu, et que tout prend la fuite de côté et d'autre et abandonne le champ de bataille.

D. *Qu'est-ce qu'un combat ?*

R. C'est une action où il n'y a que l'infanterie ou la cavalerie seulement qui charge et reçoit la charge, et à laquelle le surplus des troupes ne peut prendre part, faute de temps ou de terrein.

D. *La science militaire était-elle connue des anciens ?*

R. Oui, les auteurs contemporains de ces peuples nous ont conservé les usages des Grecs, des Romains et des autres peuples de l'antiquité.

D. *Dites-nous ce qui regarde les Romains.*

R. Il serait trop long d'indiquer les différens ordres de bataille de ce peuple guerrier, leurs armées se rangeaient différemment selon les circontances et la situation des lieux. Par exemple, on se mettait quelquefois en forme de coin, quelquefois en forme de tenailles, ou en forme d'une tour. Chaque soldat connoissait son poste, celui qui s'en éloignait d'un pas était sévérement puni. Ces lois étaient dures mais très-utiles. La planche que nous donnons ci-contre indique un de leur plan de bataille, en voici le détail :

a *Cavalerie romaine.*
b *Cavalerie des alliés.*
c *Infanterie des alliés.*
d *Triaires de la 1re légion.*
e *Triaires de la 2.e légion.*
f *Princes de la 1re. légion.*
g *Princes de la 2.e légion.*
h *Hastates de la 1re légion.*
i *Hastates de la 2.e légion.*
l *Général.*
m *Lieutenant de l'aile gauche.*
n *Lieuten.^t de l'aile droite.*
o *Vélites.*

Dans cette position le corps appelé des princes était au milieu. Les Romains désignaient du nom générique *principes* tout ce qui se trouvait sur le devant, et appelaient quelquefois ainsi les vélites infanterie légère composée de gens de traits et de frondeurs qui escarmouchaient à la tête de la légion. Les princes combattaient ordinairement avec l'épée. Les hastates était armés de lances ; les triaires armés de javelots, tiraient leurs noms du troisième rang qu'ils occupaient. L'ordonnance d'une bataille se faisait le plus souvent en forme quadrangulaire, à moins que la situation du

(121)

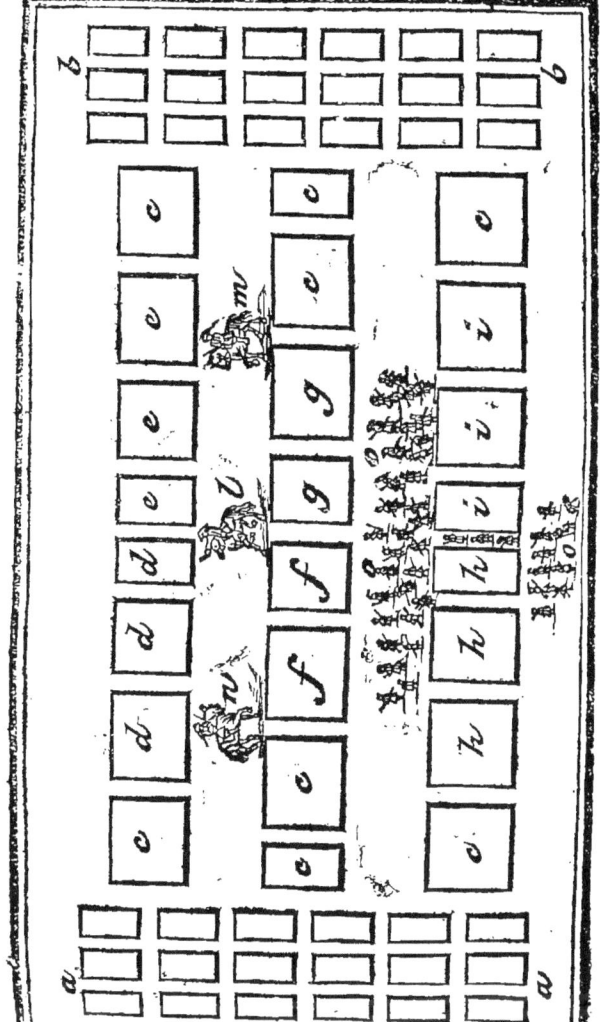

ARMÉE ROMAINE RANGÉE EN BATAILLE.

terrain, les forces de l'ennemi ou certaines circonstances particulières n'obligeassent de changer de dispositions.

D. *Dans quel ordre les armées romaines campaient-elles ?*

R. Nous ne décrirons point ici le camp romain, ni la manière dont on procédoit dans le campement. Ce détail serait trop long et renfermerait beaucoup de choses qui n'intéressent que les militaires. Nous observerons seulement que l'endroit où s'observait le plus exactement la discipline, étoit le camp. Les armées romaines ne passaient pas une seule nuit sans camper, et ils ne livraient presque jamais de combats qu'ils n'eussent un camp bien fortifié, pour leur servir de retraite en cas qu'ils fussent vaincus. La planche suivante donnera une idée du camp romain.

PLAN D'UN CAMP ROMAIN.

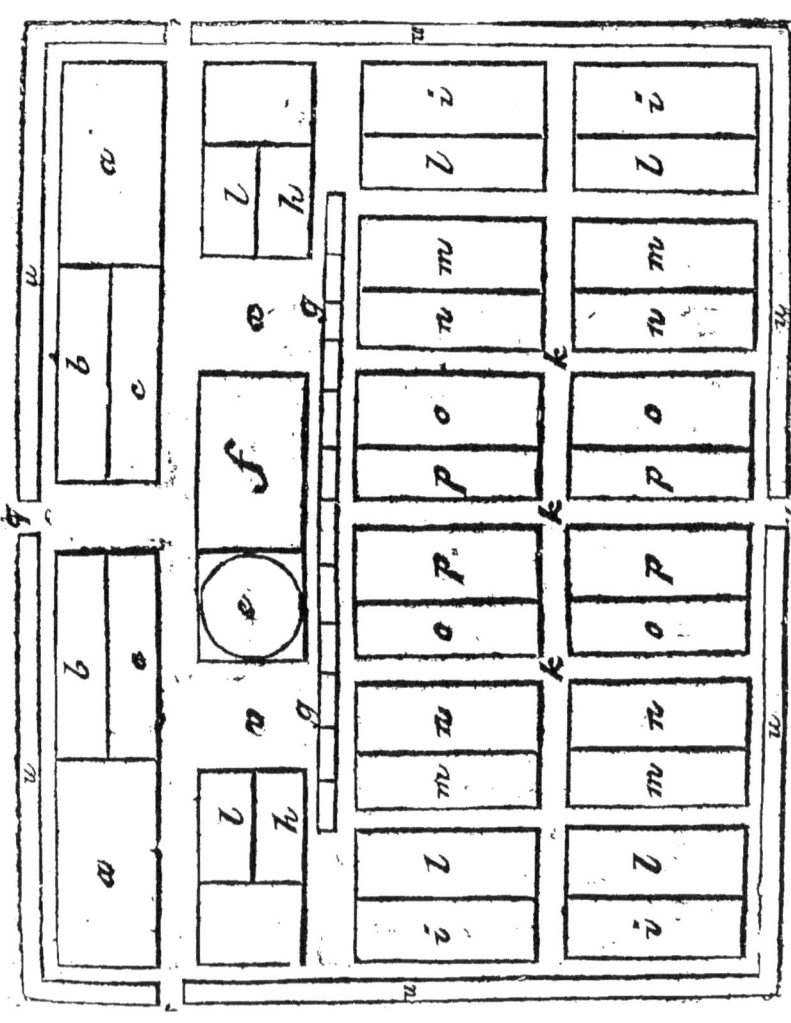

a *Infanterie des alliés.*   c *Cavalerie extraordinaire.*
b *Infanterie extraordinaire.* d *Volontaires.*

e *Quartier du général.*
f *Quartier du questeur* ou *payeur de la guerre.*
g *Quartier des tribuns.*
h *Cavalerie d'élite.*
i *Infanterie des alliés.*
k *Rue appelée* Quintana.
l *Cavalerie des alliés.*
m *Tentes des hastates.*
n *Tentes des princes.*
o *Tentes des triaires.*
p *Cavalerie romaine.*
q *Porte prétorienne.*
r *Porte principale ou questorienne.*
s *Porte principale à gauche.*
t *Porte décumane.*
u *Retranchemens et palissades.*
v *Marché.*
x *Place du questeur.*

D. *Faites-nous connaître les principales armes ?*
R. Ce sont le fusil, la baïonnette, le sabre, la lance, les pistolets, les canons et les mortiers.
D. *Que remarquez-vous en général sur l'art militaire ?*
R. Sa connaissance et sa perfection sont importantes à la conservation des états. Ainsi chaque citoyen doit y contribuer suivant son goût, ses talens et sa fortune; c'est donc avec justice que les militaires distingués sont honorés et respectés par leurs concitoyens, et que les grands capitaines ont toujours joui d'une haute célébrité.

DE LA NAVIGATION.

D. *De quoi traite la navigation ?*
R. De la manière de conduire un vaisseau sur les eaux, particulièrement sur la mer, ce qui se fait par le secours des vents, des voiles, de la boussole, du gouvernail, des cartes marines, des rames, etc.; à quoi on a ajouté les observations astronomiques au moyen desquelles on peut juger de la position où l'on est, et

de la direction qu'il faut suivre pour arriver où l'on a dessein d'aller.

On appelle aussi navigation l'art de conduire des bateaux sur les rivières, les fleuves, etc. Cette navigation n'est pas, à beaucoup près, aussi difficile, et n'a pas besoin d'autant d'instrumens et d'observations que pour la navigation sur mer, en ce que les rivières, fleuves, etc. n'ont qu'une très-petite étendue en comparaison de la mer.

D. *De quel instrument les mariniers se servent-ils pour diriger les vaisseaux en pleine mer?*

R. De la boussole ou compas de mer, qui est une boîte balancée sur quatre pivots, où il y a une aiguille frottée d'aimant qui tourne sur une petite carte où sont indiqués les 32 vents; comme l'aimant tend toujours vers le nord, l'aiguille se dirigeant toujours de ce côté, permet au pilote de s'orienter par le beau ou le mauvais temps.

DU COMMERCE.

D. *Qu'est-ce que le commerce?*

R. C'est l'art d'échanger ou d'acheter et de vendre les marchandises, etc. dans la vue d'y gagner. Le commerce étant né des besoins des hommes, il est probable qu'il est  aussi ancien que le monde. Avant que les monnaies de métal ou de toute autre matière fussent inventées, il consistait dans l'échange des choses nécessaires à la vie, comme cela se pratique encore aujourd'hui dans la Laponie et la Sibérie, parmi divers peuples de l'Asie et de l'Afrique, et chez la plus grande partie de ceux de l'Amérique.

D. *Les monnaies qui sont d'une si grande utilité dans le commerce, étoient-elles en usage alors ?*

R. Elles ne l'étaient point du tout au commencement: dans la suite on les a inventées pour s'en servir.

D. *Quels ont été les peuples dont le commerce a été le plus renommé ?*

R. Les *Phéniciens*, les *Egyptiens*, les *Carthaginois*, les *Athéniens*, les *Rhodiens*, les *Romains*, les *Gaulois*, les *Flamands*. Aujourd'hui les *Français*, les *Anglais*, les *Hollandais*, les *Génois*, etc. sont les peuples qui font le plus de commerce, et qui l'entendent le mieux.

D. *Quelles doivent-être les qualités d'un bon et habile négociant ?*

R. Elles sont en grand nombre. Il doit être bien versé dans l'*arithmétique*, et dans l'art de tenir les livres à parties doubles. Il doit savoir la *géographie*, connoître les poids, les mesures et les monnoies ; il doit entendre à fond le cours des changes : il doit être instruits des droits d'entrée et de sortie ; il est nécessaire qu'il entende les principales langues étrangères, comme le Français, l'Anglais, l'Italien, l'Allemand, l'Espagnol, etc. mais principalement la langue du pays où il a établi une correspondance réglée. Il ne doit pas ignorer les lois et les coutumes des pays étrangers ; il doit être prompt à exécuter les ordres qu'on lui donne, équitable et fidèle dans toutes ses négociations; ponctuel dans ses payemens, modéré dans ses entreprises ; court, simple et clair dans sa correspondance ; et scrupuleux à payer les droits qui sont sur les marchandises qu'il reçoit ou qu'il envoie au-dehors.

DE L'AGRICULTURE.

D. *Qu'est-ce que l'agriculture ?*

R. C'est l'art de cultiver la terre et de la faire fructifier. C'est la science de gouverner les biens de la cam-

pagne. L'agriculture est le premier des arts ; c'est elle qui nous nourrit : elle est la source des véritables biens et des richesses qui ont un prix réel : car elles ne dépendent pas de l'opinion des hommes ; elles suffisent à la nécessité, et forment le principal revenu de l'état.

D. *Quelles sont les connoissances nécessaires à l'agriculture?*

R. Pour entendre l'agriculture, on doit être instruit de plusieurs connaissances essentielles à cet art : 1°. savoir juger au coup-d'œil par l'exposition et la couleur des terres, quelle en est la qualité. 2°. Savoir comment la terre doit être préparée pour produire de beaux fruits, bien entendre tout ce qui concerne la culture des terres ; et les règles qu'il faut observer, pour donner les labours nécessaires, semer à propos, connoître les qualités du bon blé et autres grains. 3°. Un bon agriculteur doit être versé dans ce qui regarde la vigne, les prés, les bois, la plantation et taille des arbres : ce qui embrasse un détail infini. 4°. Il faut qu'il entende le gouvernement des bestiaux, car chaque espèce de troupeau est d'une nature particulière ; qu'il connoisse leur nourriture favorite, les maladies auxquelles ils sont sujets, et les remèdes propres à les guérir. 5°. Il doit se connaître en chevaux, à cause des grands services qu'ils rendent, savoir les qualités d'un bon ou mauvais cheval, à quelles marques on les connaît, leurs maladies et les remèdes qui leur conviennent.

DE LA FABRIQUE DU PAPIER.

D. *Quelle est l'origine du papier?*

R. Le mot *papier* vient du mot latin *papyrus*, plante d'Orient dont l'écorce servait pour écrire, avant l'invention du papier. Le papier d'Égypte fut le premier en usage vers le huitième siècle. Il se faisait avec du coton broyé et pilé. Dans la suite, les Européens ayant remarqué, après plusieurs essais, que le lin et le chanvre pouvaient se broyer parfaitement, vinrent à bout de faire ce que nous appelons du papier : découverte d'un service important, puisqu'elle nous a procuré l'usage des livres, des lettres à écrire, et une infinité d'autres services.

D. *Comment fabrique-t-on le papier ?*

R. 1°. On fait macérer dans l'eau d'une cuve, un amas considérable de toutes sortes de vieux chiffons de linge ; 2°. on les hache menu, on les pile à l'aide des moulins construits pour cela, et on les réduit en pâte dans un mortier ; 3°. on repile cette pâte jusqu'à la faire un peu blanchir ; 4°. on la met dans des baquets où elles sèche à loisir ; 5°. quand on veut s'en servir, on la brise encore dans un autre mortier sous des maillets, puis on la met dans l'eau pour détremper toute la masse et lui donner plus de blancheur.

D *Comment forme-t-on cette matière en feuille ?*

R. On se sert d'un châssis de bois de la même forme que celle qu'on veut donner à la feuille : en dedans de ce châssis sont des fils de laiton bien serrés, semblables à un tamis. On plonge ce châssis dans la cuve, d'où il emporte tout ce qui peut tenir de cette bouillie sur son fond : tout ce qu'il y a de liquide s'échappe par les intervalles des fils de laiton. La matière qui s'est arrêtée au tamis, se dessèche promptement et devient un corps lié qui fait la feuille de papier ; ensuite on fait tomber du châssis cette feuille sur une étoffe étendue, et on la couvre d'une autre étoffe : on en fait de même de la seconde, et ainsi successivement. Après quoi on met à la presse un gros tas de ces feuilles, pour en exprimer toute l'humidité ; puis on les lave, et on les étend à l'air sur des planches carrées : cela fait on les remet sous la presse, et après on les fait sécher sur des cordes.

D. *Est-ce là tout ?*

R. Pour empêcher le papier de boire, on colle toutes ces feuilles, les plongeant pour cela dans une chaudière, où il y a une colle composée de rognures de cuir et de raclures de parchemins mêlées d'un peu d'alun. Ensuite on les remet sous la presse, pour que le papier prenne parfaitement la colle et qu'elle s'étende également. De là on les étend sur des cordes ; après cela on lisse les feuilles avec une pierre frottée de graisse de mouton. Enfin, on les plie en deux l'une sur l'autre jusqu'à vingt-cinq, ce qui fait une main de papier. Les vingt mains font une rame et on la fait passer une seconde fois sous la presse.

DU TEMPS.

D. Qu'est-ce qu'on nomme un siècle ?

R. C'est un temps qui renferme l'espace de cent ans.

D. Qu'est-ce que un an ?

R. C'est l'espace de douze mois.

D. Ce qui est dit des patriarches qui ont vécu plusieurs centaines d'années, et quelques-uns au-delà de neuf cents ans, ne donne-t-il pas lieu de croire que les années n'étaient pas alors si longues qu'elles sont présentement ?

R. Nullement ; car, on voit par le langage de *Moïse*, que les années étaient comme aujourd'hui, de douze mois ; puisque dans l'histoire du déluge, il raconte qu'après que les pluies, qui commencèrent le 17e. jour du second mois, furent tombées sur la terre, durant l'espace de 40 jours et 40 nuits, ce ne fut qu'au 7e. mois que l'arche qui flottait sur les eaux, s'arrêta sur les montagnes d'*Arménie*, et au 10e. que la terre commença à paroître.

D. Qu'est-ce qu'un mois ?

R. C'est l'espace de quatre semaines et de quelques jours.

D. *Combien y a-t-il de semaines dans un an ?*

R. Cinquante-deux.

D. *Combien une semaine a-t-elle de jours ?*

R. Toujours sept.

D. *Comment les nomme-t-on ?*

R. Dimanche, lundi, mardi, mercredi, jeudi, vendredi et samedi.

D. *Toutes les nations les comptent-elles dans le même ordre ?*

R. Non. Les chrétiens commencent par le dimanche, les juifs par le samedi, les mahométans le vendredi.

D. *Qu'est-ce qu'un jour ?*

R. C'est l'espace qui renferme vingt-quatre heures, et on l'appelle jour naturel.

D. *Comment est-il partagé ?*

R. En deux parties; savoir: la nuit et le jour proprement dit.

D. *Le partage-t-on aussi autrement ?*

R. Oui; savoir: en quatre parties, qui sont le matin, le midi, le soir et le minuit.

D. *Qu'est-ce que le jour proprement dit ?*

R. C'est le temps qui dure depuis le soleil levant jusqu'au soleil couchant.

D *Qu'est-ce que la nuit ?*

R. C'est l'espace de temps qui dure depuis que le soleil se couche jusqu'à ce qu'il se lève.

De *Combien d'heures a le jour proprement dit ?*

R. Douze.

D. *Et la nuit ?*

R. Autant.

D. *Cela est-il toujours égal ?*

R. Non, cela change suivant les saisons; car tantôt le jour est plus long, tantôt plus court; et il en est ainsi de la nuit.

D. *Qu'est-ce qu'une heure ?*

R. C'est l'espace de soixante minutes, et chaque minute a soixante secondes.

D. *Qu'est-ce qu'une saison ?*

R. C'est une révolution qui se fait dans la nature régulièrement quatre fois l'année.

D. *Comment les nomme-t-on ?*
R. Le printemps, l'été, l'automne et l'hiver.
D. *Combien dure chaque saison ?*
R. Trois mois.
D. *Quand commence le printemps ?*
R. C'est le 20 ou le 21 du mois de mars.
D. *Quand commence l'été ?*
R. Le 21 ou le 22 juin.
D. *Quand commence l'automne ?*
R. Le 22 ou le 23 de septembre.
D. *Et l'hiver ?*
R. C'est le 21 ou le 22 décembre.
D. *Comment appelle-t-on la lumière qui précède le lever du soleil et qui suit son coucher ?*
R. On nomme *aurore* la lumière qui précède le lever du soleil, et *crépuscule* celle qui suit son coucher.
D. *Qu'appellez-vous jours caniculaires ?*
R. Ce sont les jours les plus chauds de l'année, depuis le 19 juillet jusqu'au 28 d'août ; on leur a donné ce nom parce que le grand chien, ou l'étoile nommée canicule, se lève et se couche pendant tout ce temps-là, si près du soleil qu'il est caché dans ses rayons.
D. *Comment appelle-t-on les mois dans l'ordre où on les place ?*
R. Janvier, février, mars, avril, mai, juin, juillet, août, septembre, octobre, novembre, décembre.
D. *Combien de jours chacun de ses mois contient-il ?*
R. Il y en a sept qui ont trente et un jours ; savoir : janvier, mars, mai, juillet, août, octobre et décembre ; quatre qui en ont trente ; savoir : avril, juin, septembre et novembre ; et un seul, savoir : février, qui en a vingt-huit ou vingt-neuf.
D. *Combien l'année a-t-elle de jours ?*
R. Trois cents soixante et cinq.
D. *Ce nombre est-il toujours le même ?*
R. Non. Il change tous les quatre ans, et la quatrième année qu'on nomme bissextile, a toujours un jour de plus.
D. *D'où vient ce changement ?*

R. C'est que chaque année ayant environ six heure de plus, on les compte ensemble tous les quatre ans, ce qui fait alors un jour, qu'on ajoute à ceux de février: c'est pour cette raison que ce mois a quelquefois vingt-neuf jours.

D. *Les Romains comptoient-ils leurs mois comme nous ?*

R. Non. Ils n'en avaient d'abord que dix. Ensuite ils y en ajoutèrent deux : mais ils commençaient toujours l'année par le mois de mars.

D. *Qui ont été les deux réformateurs du calendrier ?*

R. Jules-César, 46 ans avant la naissance de *Jésus-Christ*, et le Pape Grégoire XIII, 1682 ans après cette naissance.

D. *Qu'est-ce qu'une olympiade ?*

R. C'est un intervalle de quatre années. Les anciens Grecs se servaient de cette manière de compter, parce qu'ils célébraient tous les quatre ans leurs jeux près de la ville d'*Olympie*. C'est pour cette raison qu'ils ont été nommés olympiques. Ils ont été institués par *Hercule* à l'honneur de *Jupiter*.

D. *Qu'est-ce qu'une époque ?*

R. C'est aussi une manière de compter, mais qui ne désigne pas la même durée. Elle marque le temps depuis un événement remarquable jusqu'à un autre. C'est, par exemple, une époque depuis la création du monde jusqu'au déluge. Epoque dénote aussi l'événement même, comme la naissance de Notre-Seigneur, la destruction du temple, de la ville de Jérusalem, etc.

D. *Qu'est-ce qu'un lustre ?*

R. C'est l'espace de cinq ans.

D. *Qu'est-ce qu'un jubilé ?*

R. C'est lorsqu'on célèbre une chose remarquable arrivée il y a un siècle, ou un demi-siècle, ou un quart de siècle.

D. *Qu'est-ce qu'une indiction ?*

R. C'est une période de 15 ans qui revient à chaque 16e. année. Elle a commencé 3 ans avant l'ère vulgaire.

DE LA CHRONOLOGIE.

D. *Qu'est-ce que la chronologie ?*
R. C'est une science qui apprend à classer, selon l'ordre des temps, les divers événemens que présente l'histoire. C'est pourquoi la chronologie partage l'histoire, à raison du temps, en plusieurs parties, marquées chacune par quelque fait considérable auquel on rapporte tous les autres.

D. *Quelle est l'utilité de la chronologie ?*
R. Elle sert à éviter les anachronismes.

D. *Qu'est-ce qu'un anachronisme ?*
R. Un anachronisme est une erreur qui fait confondre les temps, et attribuer à une année ou à un siècle, ce qui s'est passé dans un autre : comme si vous disiez, par exemple, qu'Alexandre a vécu après César, ou Mahomet avec Charlemagne.

D. *Qu'entend-on par ère ?*
R. Une ère est une époque plus remarquable que les autres, de laquelle on part pour compter les années. Chaque peuple est naturellement le maître de compter ses années comme il le juge à propos : de là vient qu'il se trouve presque autant d'ères différentes qu'il y a eu de peuples dans l'antiquité.

D. *Combien compte-t-on d'ères principales ?*
R. On en compte cinq :

1° L'ère des Olympiades en usage chez les Grecs. La première commence l'an 776 avant J. C.

2°. L'ère de la fondation de Rome, l'an 753 avant J. C., d'où les Romains ont compté leurs années.

Il est important de ne point ignorer ces deux ères pour l'intelligence des auteurs grecs et latins.

3°. L'ère des Mahométans ou Egyre, ainsi nommée de la fuite du fameux imposteur Mahomet, l'an 622 de J. C.

4°. L'ère de la création du monde, adoptée par les chronologistes modernes conjointement avec la suivante.

5°. L'ère de la naissance de J. C. Cette ère date du plus grand des événemens : aussi est-elle la plus célèbre et la plus universellement reçue. C'est l'ère de toutes les nations qui font profession du Christianisme.

D. *Quel est le meilleur moyen et le plus court pour apprendre les élémens de la chronologie?*

R. C'est de copier des tables ; en cela il y a un ordre à suivre, c'est de ne placer dans les premières tables que les principales époques ; on en fait ensuite de plus complettes, observant toujours de n'augmenter une table que lorsqu'on l'a plusieurs fois écrite de mémoire.

Voici des exemples de diverses tables chronologiques :

TABLE CHRONOLOGIQUE DES ÉPOQUES LES PLUS CÉLÈBRES AVANT L'ÈRE VULGAIRE.

	ÉPOQUES
Adam, ou la Création.	1
Noé, ou le Déluge universel.	1656
Ninus et Sémiramis, Ier. royaume d'Assyrie.	1806
Ménès, premier Roi d'Egypte.	1814
Première dynastie des Empereurs de la Chine.	1824
Naissance de Moïse.	2433
Cécrops fonde Athènes.	2448
Cadmus fonde Thèbes.	2454
Institutions des Jeux Isthmiques.	2683
Expédition des Argonautes.	2741
Codrus, dernier Roi d'Athènes.	2909
David et Salomon.	2992
Lycurgue à Sparte.	3078
Didon fonde Carthage.	3125
Chute du Ier. empire d'Assyrie sous Sardanapale.	3184
Jeux Olympiques établis.	3228
Rome fondée.	3253
Les Horaces et les Curiaces.	3333
Les sept Sages de la Grèce.	3410
Ésope, fabuliste.	3410
Confucius, philosophe chinois.	3454
Fondation du grand empire des Perses, par Cyrus.	3467
Eschyle, Sophocle.	3500
Miltiade à Marathon.	3514
Léonidas aux Thermopyles.	3525
Pausanias et Aristide à Platée.	3525
Temps de Pindare.	3525
Périclès à Athènes.	3535

Temps de Platon.	3598
Xénophon et les dix mille.	3603
Mort de Socrate.	3604
Agésilas à Sparte.	3613
Camile à Veyes.	3613
Gaulois en Italie.	3613
Praxitelle.	3621
Apelles.	3646
Philippe, Roi de Macédoine.	3646
Démosthène.	3664
Mort d'Alexandre le Grand.	3680
Phocion à Athènes.	3680
Archimède.	3720
Première guerre punique, dure 23 ans.	3740
Grande muraille construite à la Chine.	3767
Deuxième guerre punique, dure 7 ans.	3786
Annibal en Italie.	3786
Scipion premier, africain.	3797
Troisième guerre punique, dure 4 ans.	3855
Ruine de Carthage.	3857
Marius bat les Cimbres.	3902
Scylla dictateur.	3922
Cicéron, Catilina.	3941
Premier triumvirat, César, Pompée et Crassus.	3944
Mort de Caton d'Utique.	3958
Mort de César.	3960
Deuxième triumvirat, César-Octavien, Antoine et Lépide.	3961
Bataille d'Actium.	3973
Fin du royaume d'Egypte. Cléopâtre.	3974
César-Octavien, nommé Auguste.	3977
Virgile, Horace, Ovide.	3979
Tite-Live, Properce, Tibulle, Pollion.	3987
Auguste maître du monde, paix universelle.	3993
Naissance de Jésus Christ.	4009

ÉPOQUES LES PLUS CÉLÈBRES DEPUIS L'ERE VULGAIRE.

	ANS DE J. C.
Mort d'Auguste.	14
Mort de Tibère. Caligula lui succède.	37
Claude et Messaline.	41
Vespasien, Empereur.	69
Titus, fils de Vespasien, Empereur.	70

Pompeïa et Herculanum ruinées.	79
Nerva successeur de Domitien.	96
Trajan, son successeur.	97
Tacite, consul et historien.	97
Antonin le Pieux, Empereur.	161
Commode, Empereur.	180
Tems d'Origène, Pertinax et Julien, Empereurs.	192
Sévère, Empereur.	194
Caracalla et Géta, Empereurs.	211
Sapor, Roi de Perse.	245
Aurélien, Empereur.	270
Zénobie, Longin.	273
Constantin, Maxence.	306
Siége de l'empire, transporté de Rome à Bysance.	328
Théodore le Grand, Empereur.	379
Partage de l'empire; Arcadius en Orient; Honorius en Occident.	395
Alaric, Rois des Goths, à Rome.	409
Les Vandales en Espagne.	412
Pharamond, premier Roi des Francs.	420
Attila ravage l'Europe.	447
Clovis, premier Roi des Francs.	496
Justinien, Bélisaire.	527
Mahomet et Ali.	570
Hégire mahométane.	622
Omar III brûle la bibliothèque d'Alexandrie.	636
Charlemagne, Empereur d'Occident.	800
Irène, impératrice d'Orient.	803
Les Turcs envahissent l'empire romain.	1050
Guillaume de Normandie, Roi d'Angleterre.	1066
Première croisade.	1095
Conquêtes de Genkis-Kan.	1104
Rodolphe de Hapsbourg, chef de la maison d'Autriche.	1273
Vêpres siciliennes.	1289
Guillaume Tell.	1307
Chute de l'empire d'Orient.	1453
Colomb découvre l'Amérique.	1492
Mort de Raphaël.	1520
Journée de la Saint-Barthelemy à Paris.	1572
Henri IV assassiné par Ravaillac.	1610
Cromwel bouleverse l'Angleterre.	1654
Mort de Louis XIV.	1715
Frédéric le Grand, Roi de Prusse.	1740

(137)

Mort de Louis XV, Louis XVI lui succède.	1774
Mort de l'Impératrice Marie-Thérèse.	1780
Invention des ballons par Mongolfier.	1783
Mort de Frédéric, roi de Prusse.	1786
Mort de Buffon.	1788
Etats généraux en France, 5 mai.	1789
Prise de la Bastille, 14 juillet.	1790
Création des assignats, 22 octobre.	1790
Division de la France par départemens.	1790
Mort de Mirabeau, 2 avril.	1791
Journée du 10 août à Paris.	1792
Mort de Louis XVI, 21 janvier.	1793
Siége de Lyon.	1793
Guerre de la Vendée.	1793
Commencement de l'ère républicaine en France, 22 7bre.	1793
Mort de la Reine, Marie Antoinette d'Autriche.	1793
Robespierre et ses complices exécutés, 9 thermidor, 28 juillet.	1794
Mort de Louis XVII.	1795
Formation du Directoire, octobre.	1795
Buonaparte à l'armée d'Italie; victoires de Montenotte, Milesimo, Dego, Mondovi, Lodi, Castiglione, Roveredo, Arcole, Rivoli.	1796
Journée du 18 fructidor à Paris, 15 septembre.	1797
Traité de Campo-Formio, 17 octobre.	1797
Mort de Catherine II, Impératrice de Russie.	1797
Découverte de la Vaccine.	1798
Buonaparte en Égypte.	1798
Journée du 18 brumaire, 9 novembre.	1799
Buonaparte premier consul, 13 décemb.	1799
Alexandre Ier., Empereur de Russie.	1801
Concordat, 19 septembre.	1801
Assassinat du Duc d'Enghien.	1803
Buonaparte, Empereur des Français, 18 mai.	1804
Code Napoléon.	1804
Buonaparte, roi d'Italie: le prince Eugène, vice-roi, 26 mai.	1805
Guerre entre la France, l'Autriche et la Prusse.	1805
Fin de l'ère républicaine, 31 décembre.	1805
Royaume de Bavière, 2 janvier.	1806
Royaume de Wurtemberg, 2 janvier.	1806
Mort de Pitt, 23 janvier.	1806
Buonaparte s'empare de Naples, et donne ce royaume à son frère Joseph.	
Confédération du Rhin, 1er. août.	1806

La Hollande transformée en Royaume, est donnée à Louis Buonaparte, par Napoléon. 1806
Guerre entre la France, la Prusse et la Russie, 4 octo. 1806
Prise de Berlin, et conquête de la Pologne. 1806
Royaume de Saxe, 11 décembre. 1806
Jérome Buonaparte est fait roi de Westphalie par son frère Napoléon. 1807
Création de l'université en France. 1808
Buonaparte s'empare de l'Espagne par une perfidie atroce, et donne ce royaume à son frère Joseph. 1808
Murat, général français, roi de Naples. 1808
Buonaparte s'empare des Etats du Pape, et fait enlever S. S. de Rome. 1809
Paix entre la France et l'Autriche. 1809
Gustave IV. abdique forcément le trône de Suède. 1809
Buonaparte divorce avec son épouse Joséphine. 1809
Bernadotte général français est élu roi de Suède. 1810
Buonaparte épouse la fille de l'Empereur d'Autriche. 1810
Buonaparte destitue son frère Louis, roi de Hollande et ajoute cet état à la France. 1810
Buonaparte déclare la guerre à la Russie, son armée est presque entièrement détruite. 1812
Nouveaux revers. 1813
Les puissances alliées entrent en France. 1814
Buonaparte abdique la couronne, il est conduit à l'Ile-d'Elbe. 1814
Louis XVIII et la famille royale arrivent à Paris. Paix de Paris. 1814
Charte constitutionelle. 1814
Buonaparte quitte l'Ile-d'Elbe. 1815
Louis XVIII passe en Belgique. Buonaparte entre à Paris; règne des cents jours. 1815
Bataille du Mont Saint Jean; les français sont écrasés. 1815
Seconde abdication de Buonaparte, il est conduit à l'Isle Ste. Hélène. 1815
Louis XVIII. rentre à Paris, nouvelle paix. 1815
Mariage de duc de Berri. 1816
Le duc de Berri est assassiné. 1820
Mort de Buonaparte à Ste. Hélène. 1821
Révolution d'Espagne, de Naples, du Piémont. 1821
Guerre de la France, avec les révoltés Espagnols. 1823
Le roi d'Espagne est délivré, et la paix est rendue à ce pays. 1823
Mort de Louis XVIII. Charles X. monte sur le trône. 1824

BOTANIQUE.

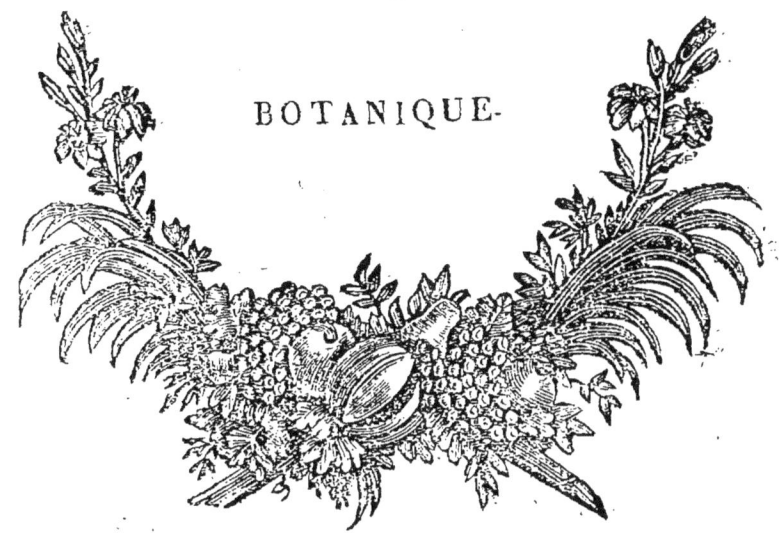

D. *En quoi consiste la botanique?*
R. Son utilité est immense; elle nous fait connoître les végétaux, leur structure, leur usage dans la médecine, les arts; leur situation, leurs organes, l'art de les distinguer et de les décrire.

D. *Les végétaux ont-ils quelque rapport avec les animaux?*
R. Ils en ont de très-grands; ils se nourrissent, croissent, se fécondent, se reproduisent et meurent comme eux, mais ils n'ont pas de volonté et tiennent à la terre.

D. *Que distingue-t-on dans les plantes?*
R. Elles forment trois peuples distincts, savoir: les herbes, sujets de petite taille, qui ne vivent guères au-delà d'une année; les arbres, dont plusieurs vivent des siècles, et les arbrisseaux qui tiennent le milieu.

D. *Que distingue-t-on encore dans les plantes?*
R. Les *racines*, la *tige*, les *branches*, les *feuilles*; les fleurs et les fruits sont ce que l'extérieur des plantes offre de plus remarquable; les *racines* tiennent la plante fixée à la terre, pendant que leurs pores se gorgent du limon très-fin que l'eau dissout et charrie avec elle. On distingue la racine *palmée* ou *digitée*, la *fusiforme*, *la racine chevelue*; nous en donnerons les figures ci-après.

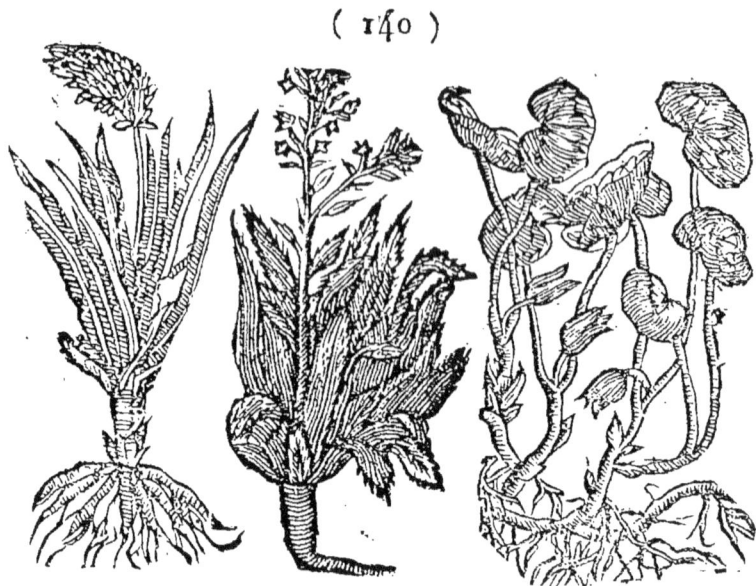

De la racine s'élève la tige à laquelle la plante doit en partie sa force et sa beauté : tantôt façonnée en manière de tuyau, la tige est fortifiée par des nœuds habilement ménagés; tantôt, trop faible pour se soutenir elle-même, elle cherche un appui solide, s'entortille ou se cramponne : ailleurs c'est une forte colonne qui porte dans les airs une tête orgueilleuse, et brave l'effort des tempêtes.

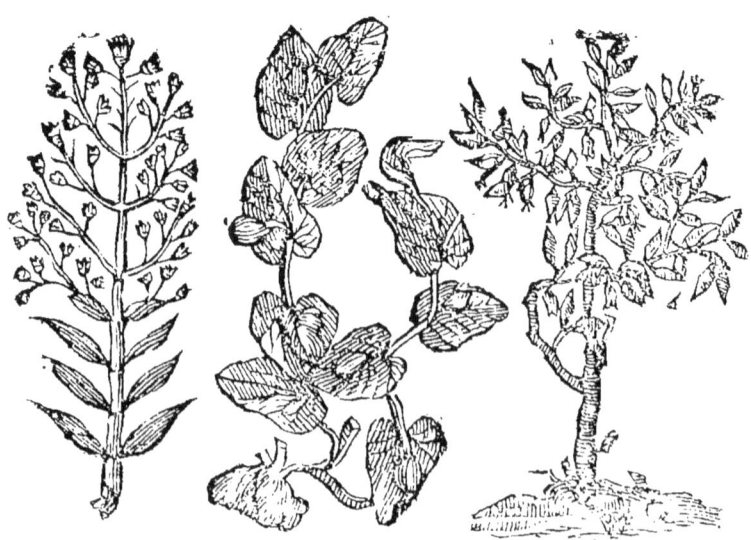

Les *branches* s'élancent comme autant de bras hors du tronc ou de la tige, les feuilles sont arrangées autour avec une symétrie non moins admirable; leur forme est extrêmement variée comme celle des fleurs; on a pu s'en faire une idée dans les figures que nous avons donné; on le verra encore dans celles qui suivent. C'est dans la fleur que sont les parties importantes de la fructification.

D. *Que renferme la fleur proprement dite ?*
R. Elle est composée de quatre parties : le *calice*, continuation de la substance de l'écorce de la tige; il renferme la corolle ou fleur qui enveloppe les organes. Ces organes sont pour la fleur mâle *l'étamine*, filets plus ou moins longs qui portent à leur sommet une petite tête remplie d'une poussière très-fine appelée *pollen*. Le *pistil*, qui est un petit corps diversement conformé, occupe ordinairement le milieu de la fleur femelle.

D. *Que succède-t-il aux fleurs ?*
R. Les fruits, précieuses richesses qui réparent les pertes que l'intempérie des saisons et les besoins des hommes et des animaux occasionnent aux plantes.

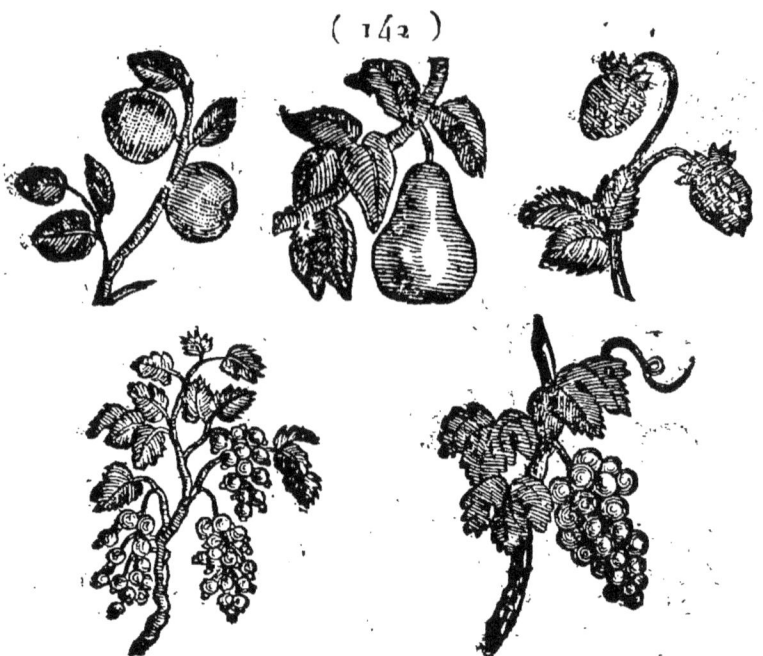

La forme extérieure des fruits n'offre pas moins de variétés que celles de feuilles et de fleurs.

D. *Après le fruit, que vient-il ?*

R. La graine, qui est le germe ou comme l'œuf de la plante future, en abrégé. Les unes n'ont que les enveloppes plus ou moins dures qui recouvrent immédiatement le germe ; d'autres, pourvues d'ailes, d'aigrettes, de panaches, etc. traversent l'air, vont sur l'eau qui les transporte et les sème ça et là.

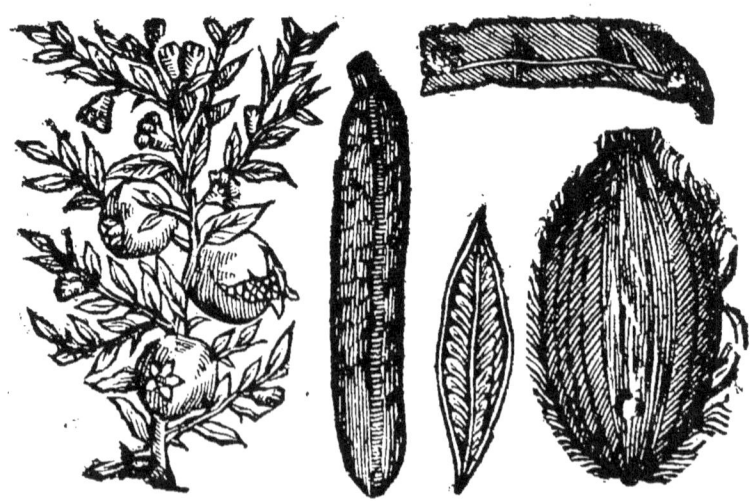

Les unes sont placées dans des gaines ou siliques; celles ci dans des enveloppes rabotteuses ou sous un bois très-dur, d'autres sont renfermées dans des coques armées de piquans ; d'autres enfin sous une chair délicieuse, relevée souvent par la beauté du coloris.

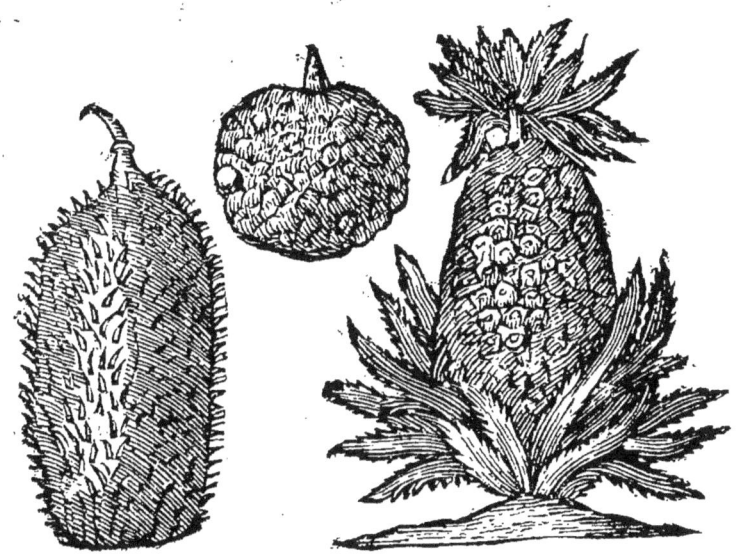

D. *Faites-nous connaître quelques-uns des végétaux les plus curieux et les plus intéressans par leurs usages ?*

R. Je ne parlerai pas du blé et des autres céréales que tout le monde connaît et dont presque tous les peuples tirent leur principale nourriture, ni du chanvre et du lin si communs, et dont on fait le linge, et en général toutes les toiles dont nous nous servons; je commencerai par le *cotonnier*, qui croît dans l'Inde et l'Amérique. Cet arbrisseau donne de belles fleurs auxquelles succède un fruit comme une noix, et de couleur noire; quand il est mûr, il s'entr'ouvre et laisse voir une bourre blanche, c'est le coton, dont on fait une si grande quantité de toiles et d'étoffes.

D. *Tous les peuples cultivent-ils le blé ?*

R. Non, la principale nourriture de quelques peuples de l'Amérique est tirée de la racine d'un arbrisseau appelé *manioc*; cette racine crue est un poison; quand elle est cuite, on en fait des gâteaux minces qu'on fait sécher au soleil ou sur le feu, et qui se conservent long-temps, *fig.* 1.

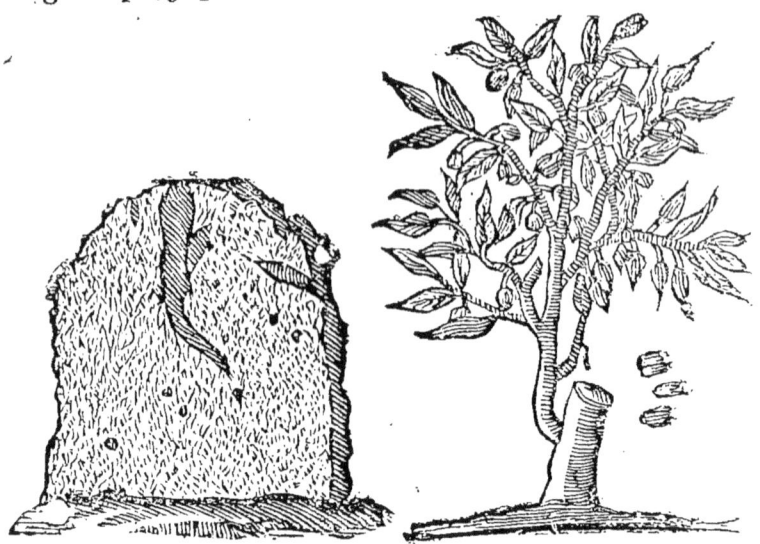

D. *D'où vient le café?*

R. C'est un arbrisseau originaire d'Arabie, *fig.* 2.; chaque fruit, qui ressemble à une petite cerise, renferme deux grains de café; dans cet état de cerise, c'est une espèce de poison.

D. *Où croît le chocolat?*

R. Ce n'est point un fruit, mais une pâte sèche dont

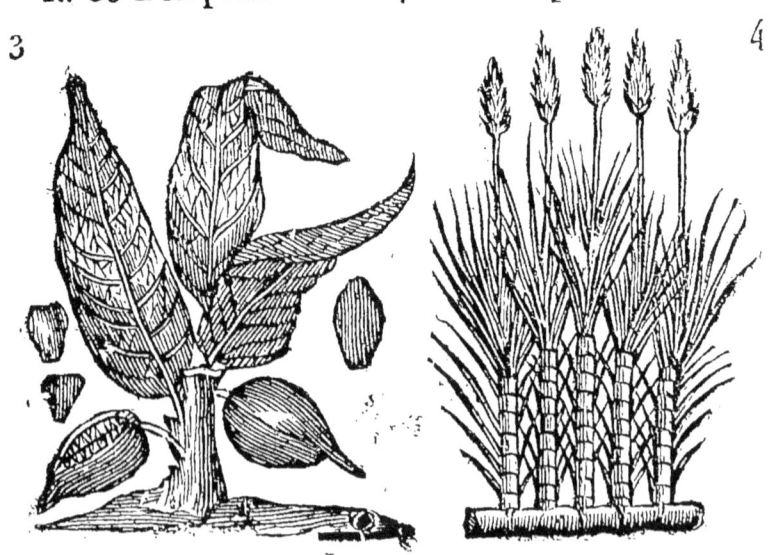

(145)

la base est le *cacao*, espèce d'amande qui croît sur un petit arbre en Amérique, *fig.* 1. Le *sucre*, qui vient dans le même pays, et qu'on tire des gros roseaux, *fig.* 2, qu'on coupe et fait bouillir, fait aussi partie du chocolat, ainsi que la *canelle* et le *gérofle*. La canelle est la seconde écorce d'un arbre, *fig.* 3, qui croît dans les Indes, et le gérofle, le fruit d'un arbre, *fig.* 4, qu'on trouve aussi dans les Indes.

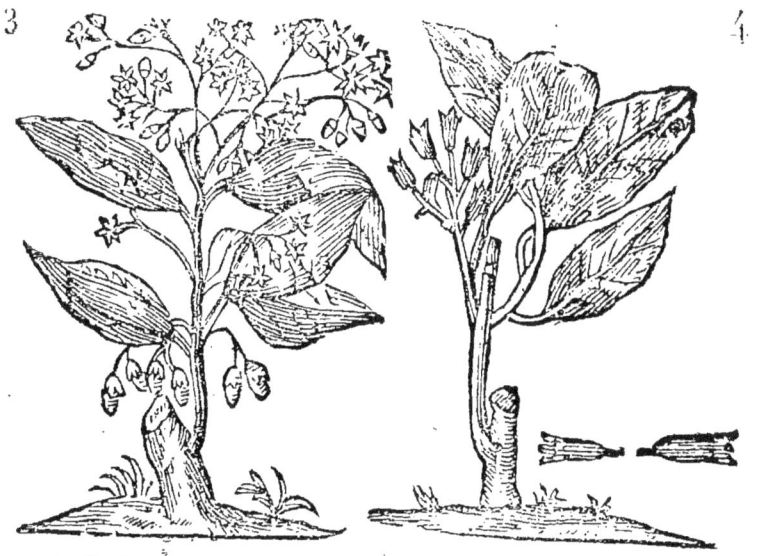

D. Qu'est-ce que la casse ?

R. C'est un fruit purgatif qui croît au Brésil. L'arbre qui le porte est grand et fort gros, *fig.* 5. Ce fruit est une silique longue comme le bras et grosse comme le pouce.

D. *D'où vient l'Indigo ?*

R. Cette pâte sèche, qui donne un si beau bleu et qu'on apporte des Indes, est le suc épaissi de la tige et des feuilles de l'Anil, plante d'environ deux pieds, *fig.* 6.

D. *Quelle est la plante qui fournit le carmin, cette belle couleur rouge ?*

R. C'est le *chouan*, petite semence qui croît à une plante étrangère qu'on apporte du Levant, *fig.* 7. Le *kermès* fournit l'écarlate; c'est une coque de la grosseur d'un petit pois, d'un beau rouge, remplie d'un suc de la même couleur; elle se trouve attachée, comme une excroissance, à l'écorce d'en bas, *fig.* 8, sur les feuilles d'une espèce de chêne vert qui croît dans le midi de la France. Parmi les plantes qui fournissent un beau rouge, il ne faut pas oublier la racine de garance qu'on cultive en grand dans le département de Vaucluse et celui du Bas-Rhin.

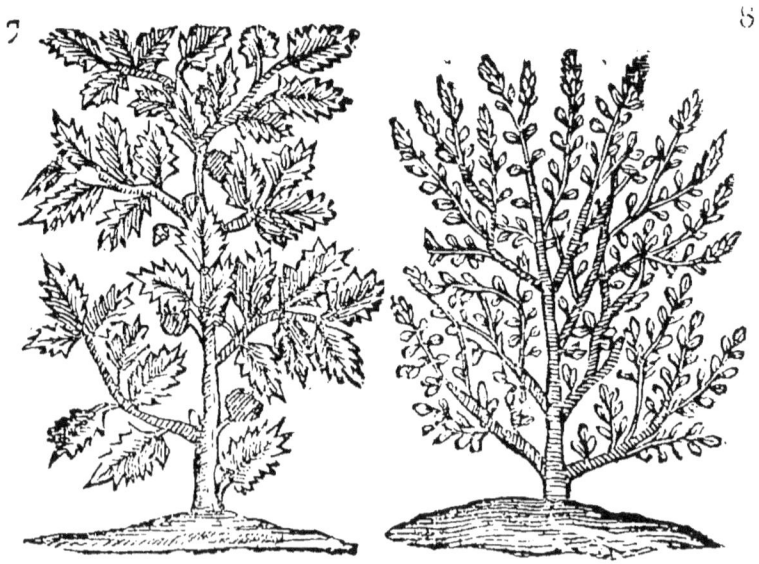

D. *Où croît l'Aloès ?*

R. En Espagne et dans les pays chauds; c'est une

plante qui s'élève quelquefois à la hauteur d'un arbre, et dont le suc fournit la base d'élixirs précieux, *fig. 1.*

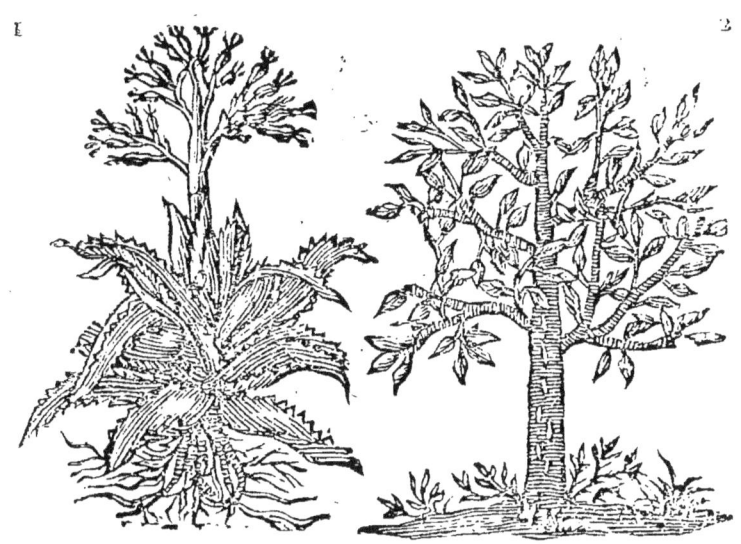

D. *Dites-nous quelles sont les principales substances très en usage que l'on tire des végétaux ?*

R. Le *baume de la Mecque*, résine qui découle d'un arbrisseau, dans l'Arabie heureuse ; la *gomme élastique*, qui découle en liqueur blanche d'un arbre ressemblant au bouleau ; la *myrrhe*, qui vient d'Ethiopie ; le *benjoin*, qui découle d'un arbre qu'on trouve dans le royaume de Siam ; la *manne*, qu'on trouve dans le midi de l'Italie ; le *camphre*, résine si combustible qu'elle brûle sur l'eau où elle nage, y conservant sa flamme et s'y consumant tout-à-fait. On le tire d'un gros arbre qu'on trouve en Asie et en Chine, *fig. 2.*

D. *Faites-nous connaître quelqu'autres arbres remarquables ?*

R. Cette nomenclature serait trop longue, nous nous bornerons à dire un mot de trois ou quatre espèces.

Le *Baobab* parvient jusqu'à 120 pieds de tour, et vit plus de 5000 ans. Le naturaliste Linnée parle d'un *San-Dragon* de l'île de Ténériffe qui avoit 34 pieds de tour. L'*Acajou*, dont on fait de si beaux meubles,

s'élève à plus de 80 pieds, son bois se pourrit diffi⸗
lement et n'est jamais attaqué par les vers, *fig.* 1. Le p

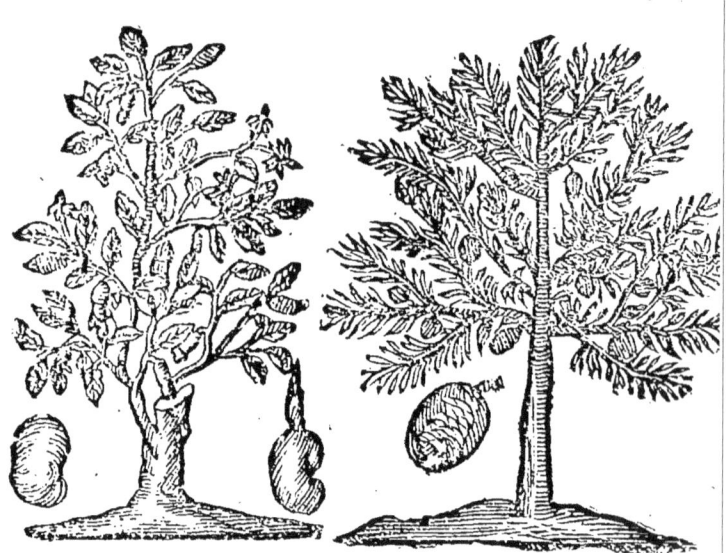

mier, qui croît dans la Zone Torride, fournit du bo
pour la charpente, ses feuilles servent à couvrir le
cabanes, et son fruit est une nourriture excellent
Le *cèdre* du mont Liban, qui a jusqu'à 36 pieds d
circonférence et qui peut s'élever à 130 pieds, *fig.*

D. *Les arbres vivent-ils long-temps ?*

R. Il est assez bien prouvé que les chênes peuvent v
vre 200 à 300 ans dans de bons terrains ; les oliviers en
viron 300 ans. Les cèdres du Liban vivent si long-tem
que les anciens les regardaient comme indestructibles.

D. *Les champignons n'appartiennent-ils pas à*
botanique ?

R. Oui, c'est un genre de plantes sans feuilles, san
fleurs, sans semences apparentes ; il pousse un pédi
cule court, gros, fongueux, qui soutient une mass
ronde, charnue, spongieuse, le plus souvent en form
de parasol. Il y a beaucoup d'espèces de champignons
ils naissent en peu de temps sur la terre, sur le fu
mier, sur les arbres vivans ou pourris. Il y a peu d
champignons bons à manger, et beaucoup qui occa
sionnent des effets funestes ; on ne saurait donc êtr

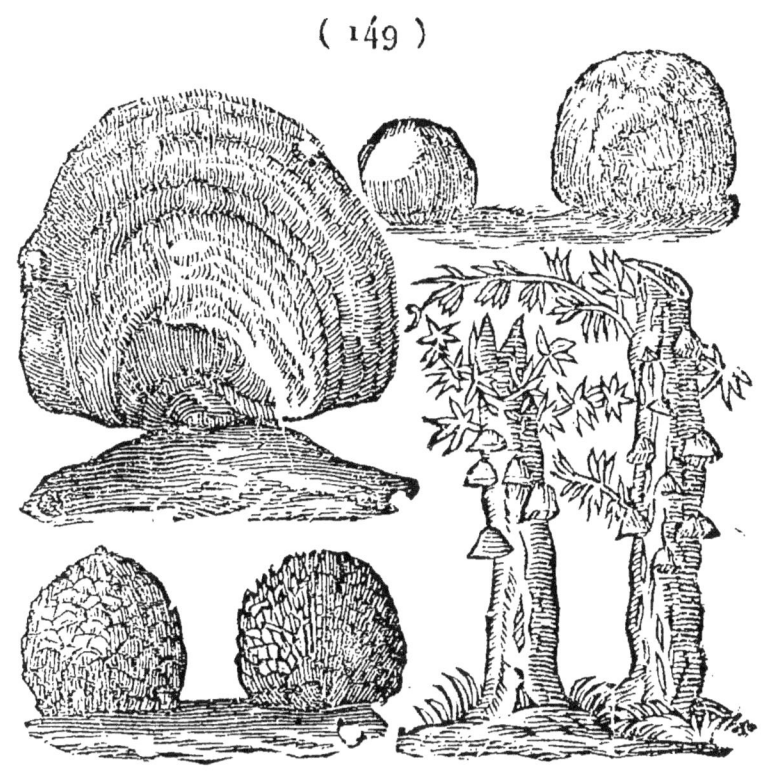

trop prudent pour s'en nourrir. Il est indispensable de les bien connaître.

D. *Quelle est la méthode à suivre pour l'étude de la botanique ?*

R. Il en existe plusieurs ; la méthode de Tournefort, fondée sur les tiges ligneuses ou herbacées, celle de Jussieu, fondée sur le nombre des feuilles séminales, et celle de Linné, qui est le plus généralement suivie ; elle est fondée sur un seul objet, les *étamines*.

DES ANIMAUX.

D. *Qu'est-ce que l'histoire naturelle des animaux ?*

R. Cette science nous apprend les caractères généraux et particuliers des êtres vivans, leurs usages, leurs habitudes ; on la nomme zoologie.

D. *Comment divise-t-on les animaux ?*

R. Les bornes de cet ouvrage ne nous permettent pas d'entrer dans ces détails, nous dirons seulement

(150)

que Linné, savant naturaliste Suédois, ayant classé avec beaucoup de justesse et de discernement toutes les plantes, méthode presqu'universellement reçue, a également classé les animaux, et nous suivrons son travail composé de divers genres.

D. *Quel est le premier genre ?*

R. C'est l'homme; mais quoique compris dans la généralité des animaux, comme être animé, il fait une classe particulière, parce que la raison dont lui seul est doué, et la perfection de ses organes, le placent le premier de tous les êtres.

D. *De quels animaux se compose le second genre ?*

R. Des singes, espèce qui a le plus d'affinité avec l'homme, quand à l'organisation physique. Ils sont très-nombreux; on remarque l'Orang-Outang, le Jocko 1,

qui marchent de bout à l'aide d'un bâton. Ces animaux s'asseyent à table, se servent du couteau, de la fourchette, et sont très-faciles à apprivoiser. Nous nommerons encore le Pithèque, 2, beaucoup plus petit et d'un caractère très-doux; le Magot, 3, singe, parmi ceux qui n'ont point de queue, qui s'accorde le mieux à la température de notre climat; le Malbrouck, grand voleur de fruit.

D. *Quel est le troisième genre?*

R. Les Makis; on y remarque le Mongous, 1, d'un caractère dur, et qu'on est obligé de tenir à la chaîne, et le Mococo, 2, joli animal, d'une humeur douce. Sa physionomie est fine, ses jambes de derrière très-élevées, et sa queue ornée de beaux anneaux.

D. *Faites-nous connoître le quatrième genre?*

R. C'est celui de Chauves-souris, demi-quadrupèdes, demi-volatils, qui, n'étant en tout ni l'un ni l'autre, sont une espèce de monstres, en ce que réunissant les attributs des deux genres si différens, ils ne ressemblent à aucun des modèles que nous offrent les grandes classes de la nature.

D. *Que dites-vous du cinquième genre?*

R. On n'y trouve que le Rhinocéros, le plus puissant des quadrupèdes après l'éléphant. Il porte sur son nez une corne très-dure, sa peau ne craint ni la griffe du Tigre, ni l'ongle du lion, ni le feu du chasseur. Cet animal se nourrit d'herbes et de toutes sortes de grains; il n'est ni féroce ni farouche, mais peu traitable, et est en grand ce qu'est le cochon en petit.

D. *Quelle espèce compose le sixième genre?*

R. Une seule, l'éléphant, qui est sans contredit de tous les animaux le premier, moins par le volume de sa masse que par son intelligence; il réunit sous les formes les moins avantageuses l'esprit du chien, l'adresse

du singe et la sociabilité du Castor ; il est obéissant en servitude, et généreux en liberté. L'Eléphant, au moyen de sa trompe qui lui sert de bras et de main, peut enlever et saisir les plus petites choses comme les plus grandes.

D. *De quels animaux est formé le septième genre ?*

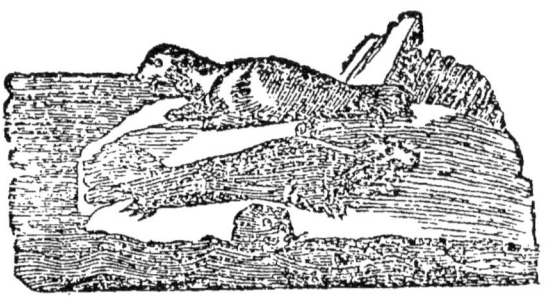

R. Il est formé du Morse, du Dugon et du Lamantin, animaux qui habitent, le premier, les mers du Nord, le second, celles des Indes ; le Lamantin vit également dans la mer et dans les fleuves, et se trouve sur les côtes de St.-Domingue ; ces animaux ont les membres enfermés sous la peau, ils ne sortent au dehors que les mains et les pieds.

D. *Quels animaux composent le huitième et le neuvième genres ?*

R. Ce sont l'Unau et l'Aï, qui portent le nom de paresseux, à cause de la lenteur de leurs mouvemens qui tient à la singularité de leur construction. Prisonniers au milieu de l'espace, ne pouvant parcourir qu'une toise en une heure, grimpant difficilement; s'ils n'habitoient pas des déserts, ces animaux seraient depuis long-temps effacés de la liste des êtres.

Le neuvième genre renferme le Tamanoir et le Fourmilier, qui appartient à la même espèce; celui-ci est beaucoup plus petit; ils habitent les climats chauds de l'Amérique.

D. *Quels sont les animaux du dixième genre?*

R. Ce sont le Pangolin et le Phatagin, qui sont couverts d'écailles si dures, que les tigres et les panthères font de vains efforts pour dévorer ces animaux; ils contractent leur corps et bravent ainsi la fureur de leurs ennemis.

D. *Quels animaux remarquez-vous dans le onzième genre?*

R. Ce sont les Tatous, animaux comme les précédens, couverts d'écailles; parmi les plus curieux, sont le Lapar ou Tatou et l'Encoubert; ils se contractent et se forment en boule, se roulent et se laissent tomber dans les précipices, quand ils le peuvent, sans se briser, ni ressentir aucun mal.

D. *Quel est le douzième genre?*

(154)

R. Il se compose des Phoques, espèce qui se rapproche du septième genre. Ils habitent en général les mers du Nord, sont de forte taille et vivent plus longtemps que les autres quadrupèdes.

D. *Passez au genre suivant?*

R. C'est un des plus intéressans, il renferme les chiens, cet animal si précieux qui a, par excellence, toutes les qualités qui peuvent lui attirer les regards de l'homme. Vient ensuite l'espèce du loup, très-voisine  de celle du chien, sur lequel il paraît modelé quant à la forme, car leur naturel est si différent qu'il existe entr'eux une grande antipathie et sont ennemis par instinct. Le loup est un des animaux dont l'appétit pour la chair est le plus véhément.

D. *Que dites-vous de la Hyène?*

R. Cet animal sauvage et solitaire demeure dans le

(155)

cavernes ; il est d'un naturel féroce et ne s'apprivoise pas. Plus fort et plus hardi que le loup, il se défend du Lion et ne craint pas la Panthère. Il se jette sur le bétail et quelquefois sur les hommes. Lorsque la proie lui manque, il déterre les cadavres des animaux et des hommes.

D. *Parlez-nous du renard?*

R. Cet animal est fameux par ses ruses ; aussi infatigable et plus léger que le loup, il écoute le chant du coq et le cri des volailles, prend habilement son temps, se glisse, se traîne, arrive et fait rarement des tentatives inutiles. On trouve dans le Nord deux autres espèces de renard, le Blan l'Isatys, ou renard bleu, dont nous donnons les figures.

D. *Que comprend le quatorzième genre?*
R. Le Lion, le Chat, et ses especes. Le corps du roi des animaux paroît être le modèle de la force jointe

à l'agilité. Sa force musculaire est étonnante, d'un mouvement de sa queue il terrasse un homme, sa figure est imposante, son regard assuré, sa démarche fière. Il habite les pays chauds. C'est sur-

tout dans les déserts brûlans de l'Afrique que se tiennent ces lions terribles qui sont l'effroi des voyageurs et le fléau des provinces voisines.

D. *Faites-nous connoître le Tigre ?*

R. Le Lion est le premier des animaux carnassiers,

le Tigre est le second. À la fierté, au courage, à la force, le Lion joint la noblesse, la clémence et la magnanimité, tandis que le Tigre, cruel sans nécessité, rassasié de chair, il semble toujours

altéré de sang, aussi est-il plus à craindre que le Lion. La Panthère et l'Once sont deux espèces d'animaux de ce genre. La première a l'air féroce, l'œil inquiet, le

regard cruel. Sa peau, parsemée de taches noires en grands anneaux est fort belle. L'Once est beaucoup plus petite, sa peau assez semblable à celle de la Panthère; on l'apprivoise aisément, et on la dresse pour la chasse. Ces animaux, ainsi que le Léopard, sont féroces et habitent l'Afrique ou les climats chauds de l'Asie.

D. *Continuez à nous parler du quatorzième genre ?*

R. Il comprend entre autres espèces le Cougar, es-

pèce de tigre beaucoup plus petit, mais qui a les mêmes mœurs. On fait des housses de cheval de la peau de ces animaux; Le Linx ou loup cervier, il habite les climats froids plutôt que les pays tempérés; il vit de chasse et poursuit son gibier jusqu'à la cime des arbres.

Le Caracal, assez ressemblant au Linx, se trouve dans les pays qu'habitent le Lion, la Panthère et l'Once, mais comme il est le plus faible, il vit, pour ainsi dire, de ce que les autres lui laissent; il s'éloigne de la Panthère, mais il suit le Lion qui, dès qu'il est repu, ne fait de mal à personne.

Nous placerons ici le Chat, domestique infidèle qu'on ne garde que par nécessité; plein de gentillesse quand il est jeune, il prend bientôt un caractère faux, un naturel pervers que l'éducation ne fait que masquer.

D. Que remarquez-vous dans le quinzième genre?
R. Le Zorille qui, lorsqu'il est inquiété, répand une

odeur si forte qu'elle suffoque; le Grison, espèce de belette dont la tête est très-grosse; sa peau offre une grande raie blanche le

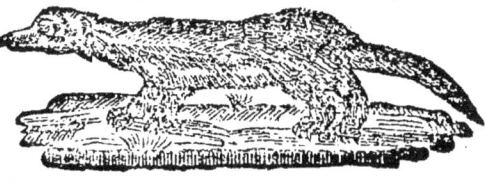

long du corps; la Genette, qui a sous la queue une ou-

(158)

verture ou sac qui contient un parfum dont l'odeur ne se conserve pas. Ces animaux habitent les pays chauds.

D. *Que nous dites-vous du seizième genre ?*

R. On y trouve la Loutre, animal vorace, plus avide

de poisson que de chair, il ne suit que l'eau douce, elle est généralement répandue en Europe. Le Putois, espèce de Fouine, qui fait autant de dégât qu'elle dans

les basses-cours et les colombiers; le Furet, animal domestique en France, et dont on se sert pour la chasse au Lapin; le Vison, qui a les mêmes mœurs que la Fouine; son poil est plus brun, plus lustré et plus soyeux.

D. *Passez au dix-septième genre ?*

R. Vous y verrez l'Ours, qu'on trouve assez communément dans les Alpes; et l'Ours des mers du Nord,

qui se nourrit de poisson, deux animaux très différens tant pour la forme du corps que pour les habitudes naturelles; le Blaireau, animal paresseux, défiant, soli-

taire, qui se creuse dans les bois une demeure souterraine; il n'est ni malfaisant, ni gourmand, mais il est carnassier et mange néanmoins de tout. Le Glouton appartient au même genre, il est, dit-on, inconcevable combien cet animal peut manger de suite, et combien il peut dévorer de chair en une seule fois. On le trouve communément en Laponie. Le Raton, plus petit que
le Blaireau, habite les pays chauds, et vit sur les montagnes, d'où il descend pour chercher sa nourriture. Il se plaît à chercher les araignées; quand il peut s'introduire dans un

jardin, il prend les limaçons, les hannetons, les vers.

D. *Parlez nous des 18.ᵉ, 19.ᵉ et 20.ᵉ genres?*

R. Le dix-huitième se compose du Sarigue et de ses espèces. Cet animal habite l'Amérique et a deux caractères singuliers. D'abord ces animaux ont le premier doigt de derrière sans ongle, et bien séparé des autres doigts, tel qu'est le pouce de la main de

l'homme; secondement, la femelle a sous le ventre une simple cavité dans laquelle elle reçoit et allaite ses petits. Le dix-neuvième genre est formé des Taupes, animal dont les yeux sont si petits qu'on le croit aveugle; elle occasionne beaucoup de dégâts dans les jardins et les prés. La Musaraigne, qui forme le vingtième genre,

(160)

semble remplir l'intervalle qui se trouve entre le rat et la Taupe.

D. *Que remarquez-vous dans le vingt-unième genre ?*

R. Le Hérisson, qui sait se défendre sans combattre, et blesser sans attaquer ; faible et sans agilité, il a reçu de la nature la facilité de se rouler en boule, et de présenter de tous côtés des pointes qui rebutent ses ennemis. Il vit de fruits, ne marche que la nuit, et se roule dès qu'on l'approche. Il habite nos climats.

D. *Dites-nous quelque chose du vingt-deuxième genre ?*

R. On y voit le Porc-épic, petit animal dont le dos est garni de piquants assez forts, vrais tuyaux de plumes sans barbe ; il les relève à volonté, à peu près comme

le Paon relève les plumes de sa queue. On le trouve dans les pays chauds, il se nourrit de racines. L'Urson, plus gros que le porc-épic, a comme lui des piquans, mais ils sont courts et presque cachés dans le poil. Il habite le Nord de l'Amérique, et se nourrit principalement d'écorce de Genèvre.

D. *Citez quelques animaux du vingt-troisième genre ?*

R. Nous parlerons du Cabiai, d'un naturel tranquille et doux ; il ne fait ni mal, ni querelle aux autres animaux. On l'apprivoise sans peine ; il vit de grains, de fruits ; il habite souvent dans l'eau où il nage comme une Loutre, cherchant sa proie. Il est de la grosseur d'un Agneau et se trouve dans le Brésil. *Voyez la première figure de la page suivante.* Nous parlerons

encore du Cochon d'Inde, originaire du même pays, petits animaux doux et privés qui vivent de toutes sortes d'herbes, de son, etc.

D. Quelle espèce compose le vingt-quatrième genre?
R. C'est le Castor, dont l'industrie est admirable. On le trouve dans le Nord de l'Amérique. Au mois de

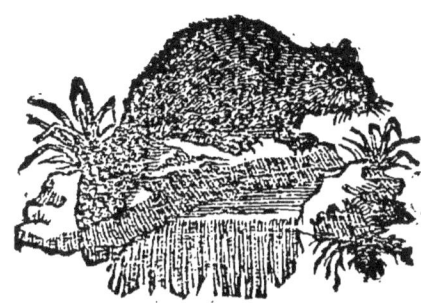

juillet, les Castors dispersés se rassemblent pour former, au bord de quelque rivière, un établissement où ils passeront l'hiver. Ils font d'abord une espèce d'écluse, au moyen de gros arbres; armés de quatre dents incisives, ils les coupent facilement, les affermissent avec de la terre qu'ils broyent de leurs pates et battent avec leur queue. C'est tout près de cette écluse qu'ils construisent avec du bois et de la boue des cabanes très-propres, qui contiennent depuis deux jusqu'à trente habitans.

D. Quelle espèce remarquez-vous dans le vingt-cinquième genre?

R. C'est celle du Rat et de la Souris, assez connus par l'incommodité qu'ils nous causent.

(162)

D. *Dites-nous quelque chose du vingt-sixième genre?*

R. J'y remarque la marmotte, qui, prise jeune, s'apprivoise plus qu'aucun animal sauvage. Elle est

comme le chat, antipathique avec le chien. Elle s'endort aux approches de l'hiver, et reste engourdie à-peu-près tout le temps de sa durée. Le Bobak, qu'on appelle marmotte de Pologne, ne diffère de celle des Alpes que par la couleur du poil.

D. *Parlez-nous du genre suivant?*

R. On y trouve l'Ecureuil, joli petit animal propre, leste, très-éveillé. Sa jolie figure est rehaussée par une belle queue en forme de panache. Il habite les bois

élevés, vit de noisettes, de glands. Le Palatouche, qui ressemble quelque peu à l'Ecureuil, a les mêmes mœurs; on le trouve en Amérique et en Europe.

D. *Nommez quelqu'individu du vingt-huitième genre?*

R. Nous parlerons du Loir, qui, comme l'Ecureuil,

habite les forêts, saute de branche en branche, moins légèrement à la vérité que l'Ecureuil. Outre les fruits sauvages, le Loir mange aussi de petits oiseaux qu'il prend dans les nids. Aux approches de l'hiver, il se met en boule pour se conserver un peu de chaleur.

D. *Que renferme le vingt-neuvième genre ?*

R. Les Gerboises; leurs pieds de devant qui sont très-courts ne leur servent que comme des mains, pour porter à la bouche. Ils ne marchent pas, c'est-à-dire qu'ils n'avancent pas les pieds l'un après l'autre, mais

ils sautent très-légèrement et toujours debout, comme des oiseaux. La Gerboise est très-commune dans les Indes. Le Kanguro, qu'on n'a trouvé que dans le continent de la Nouvelle Hollande, ressemble beaucoup à la Gerboise.

D. *Passez au trentième genre ?*

R. Il se compose principalement du Lièvre et du Lapin, universellement et très-abondamment répandus dans tous les climats de la terre.

D. *Dites-nous quelque chose du genre suivant ?*

R. Il est formé du Daman, qui est à peu près de la forme et de la grandeur d'un Lapin. Il n'a point de queue et n'a que trois doigts sans ongles, et garnis, comme ceux des Singes, d'une chair molle et de forme ronde. On le trouve dans l'Arabie.

D. *Quels sont les animaux les plus remarquables du trente-deuxième genre ?*

R. Ce sont le Chameau et le Dromadaire ; le premier porte deux bosses, l'autre n'en a qu'une. Ils sont originaires d'Arabie. Le Chameau est regardé dans ce pays très-aride, comme un présent du Ciel, sans lequel on ne pourrait ni subsister, ni commercer, ni voyager. Il est en effet le plus sobre et le plus doux des animaux, et peut passer sept à dix jours sans boire. Il plie les genoux pour se laisser charger, et se relève

sans être aidé ni soutenu. Le Lama est dans le nouveau continent le représentant du Chameau dans l'ancien. Cet animal, d'une figure élégante, est très-doux, porte des fardeaux, se laisse monter, marche au pas, trotte et même galope ; il peut, comme le Chameau, rester long-temps sans boire. Il est de la grandeur, de la forme et de la couleur du Daim.

D. *Quelles sont les espèces du trente-troisième genre ?*

R. Ce sont le Musc et le Chevrotin ; le premier, d'une jolie physionomie, est très-doux. L'odeur forte

(165)

et pénétrante du parfum qu'il porte est renfermée dans une poche placée sous son ventre. Le Chevrotin ressemble en petit au Cerf, par sa légèreté, ses jambes fines et sa courte queue; mais il n'est pas plus grand que le lièvre. Ces petits animaux ne peuvent vivre que dans des climats excessivement chau'.

D. *Que dites-vous du trente-quatrième genre ?*

R. On y remarque la Giraffe, un des plus beaux, des plus grands animaux. Ses jambes de devant, beaucoup plus longues que celles de derrière, l'empêche de fuir ses ennemis dans l'état de liberté, et de servir ses maîtres dans l'état de domesticité. Sa couleur est d'un blanc sale, parsemé de taches jaunes. Cet animal, qui est fort doux, se trouve en Éthiopie.

D. *Parlez-nous du trente-cinquième genre ?*

R. Nous commencerons par le Cerf qui, doux et tranquille, ne semble fait que pour embellir, animer

la solitude des forêts; le Chevreuil, d'une espèce inférieure, laisse les hautes futaies au Cerf, pour fréquenter les jeunes taillis. Comme le Cerf, il est rusé, plein de ressource et d'instinct pour se dérober

aux poursuites des chasseurs. Le Renne, plus bas et plus trapu que le Cerf, a les jambes plus courtes et le bois plus long et plus divisé en rameaux; il ne va pas par bonds et par sauts, comme le Cerf, mais trotte très-légèrement et très-vite, et peut aller ainsi un jour ou deux. Il habite le Nord de l'Europe et de l'Amérique; comme le cheval, il tire des voitures. L'Axis, qui n'aime que les climats chauds, a le bois du Cerf et la forme du Daim.

D. *Parlez-nous du trente-sixième genre?*

R. Nous en citerons trois espèces : la gazelle, dont

la légéreté a passé en proverbe; elle est originaire du Levant; le Nilgault qui, par le corps ressemble beaucoup au Cerf, mais sa tête est plus effilée, ses oreilles plus longues; il porte une légère éminence sur le dos. On le trouve dans l'Inde. Le Chamois, qui a les mœurs de la Chèvre, habite les lieux escarpés des plus hautes montagnes des Alpes et des Pyrénées, aime beaucoup la région des neiges et des glaces.

D. *Que nous dites-vous du trente-septième genre?*

R. Il est occupé par la Chèvre, animal qui coûte si peu à nourrir et qui donne un produit considérable. On en vend le lait, la chair, le suif, le poil et la peau. Les

Chèvres d'Angora ou de Sirie sont de la même espèce que les autres, mais le mâle, qui est le Bouc, a les cornes en spiral, à peu près comme un tire-bourre.

La Brebis forme le trente-huitième genre, animal plus précieux encore, et dont l'utilité est plus immédiate et plus étendue.

D. *Quelles espèces ce trente-neuvième genre offre-t-il?*

R. D'abord le Bœuf, dont la femelle est plus nécessaire et plus utile que le mâle; elle peut le remplacer quelquefois dans les travaux. Le produit de la Vache est un bien qui croît et se renouvelle à chaque instant.

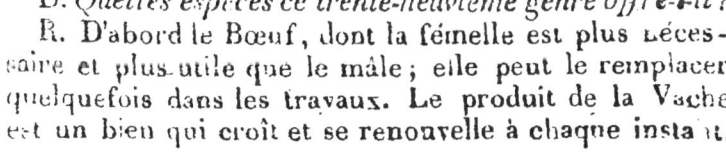

Le Buffle est un bœuf sauvage, d'un naturel dur et peu traitable; il est violent et a des fantaisies dans l'état de domesticité.

D. Quelles sont les espèces les plus intéressantes du quarantième genre?

R. C'est d'abord le Cheval, la plus noble conquête que l'Homme ait jamais faite, et de tous les animaux de grande taille, celui qui ait le plus de proportion et d'élégance dans les parties de son corps; vient ensuite

l'Ane, aussi humble et patient que le Cheval est fier ardent, impétueux. Il souffre avec constance les mauvais traitemens, et est sobre sur la quantité et la qualité de la nourriture; et comme il porte beaucoup, à raison de son volume, son utilité est très-grande. Le Zèbre appartient au même genre, il a la figure et les grâces du Cheval, la légèreté du Cerf, et la robe admirablement rayée de blanc et de noir. On ne le trouve qu'en Afrique.

D. Passez au quarante-unième et 42.e genres?
R. Le premier est formé de l'Hippopotame, qui a quelque ressemblance avec le Rhinocéros. Il fréquente les fleuves de l'Afrique, vit de poissons, de crocodiles, et se tient néanmoins près de la terre où il mange du riz, du grain, etc. Le Tapir rem-

plit le quarante-deuxième genre. Cet animal de la grosseur d'une Vache, a un peu des formes du Cochon. Il porte, au bout de sa machoire supérieure, une petite trompe dont il se sert comme l'Eléphant, pour ramasser sa nourriture. Comme l'Hipopotame, il se tient dans l'eau, mais ne mange ni chair, ni poisson, et vit de plantes et de racines; il est fort doux et peut être apprivoisé.

D. *Quel est le quarante-troisième genre?*

R. C'est le dernier; on y trouve le Cochon, si connu par ses habitudes grossières et ses goûts immondes, et

le Babiroussa, espèce de sanglier qu'on trouve en Asie et en Afrique, remarquable par quatre énormes défenses qui lui donnent un air formidable; il est cependant moins dangereux que le Sanglier.

OISEAUX.

D. *Que dites-vous des oiseaux?*

R. Cette espèce d'animal couvert de plumes, a deux pieds, deux ailes, et le bec dépourvu de dents; il pond des œufs, d'où naissent les petits. Les oiseaux se revêtent tous les ans d'un nouveau plumage; cette mue est pour eux un état maladif. Pour garantir les plumes de l'eau l'oiseau exprime des glandes placées sous son croupion et en obtient un suc graisseux dont il frotte ses plumes; les oiseaux aquatiques sont plus abondamment pourvus de cette liqueur. Chaque espèce d'oiseau a une organisation propre au genre de vie qu'il doit mener. Les détails dans lesquels nous sommes entrés sur les quadrupèdes ne nous permettant pas de nous étendre sur les oiseaux, nous n'indiquerons donc que quelques

H

espèces plus intéressantes, et nous suivrons leur classification sans les indiquer.

Le Vautour, ou grand Vautour, plus gros et plus grand que l'aigle commune; il a les vices de l'aigle sans avoir ses bonnes qualités: il est carnassier, paresseux et criard. Son odorat est excellent.

Le grand Aigle, ou roi des oiseaux. C'est celui qui s'élève le plus haut; sa vue est perçante. Il est très-fort, emporte aisément les oies, les agneaux, attaque les faons et les veaux et leur enlève des lambeaux de chair qu'il emporte dans son aire; c'est ainsi qu'on appelle son nid qui est en effet tout plat et non pas creux comme celui de la plupart des oiseaux. On les trouve en Europe.

L'Epervier, qui reste toute l'année dans notre pays, n'est guères plus gros qu'une pie; il détruit beaucoup de petits oiseaux, chasse aux cailles, aux perdreaux, aux pigeons, attaque même la volaille. On l'apprivoise aisément.

(171)

Le Faucon, qui est naturel en France, est gros comme une poule ; on le dresse pour la chasse. On distingue le Faucon sous les noms de Faucon-sors et de Faucon hagard ; le premier n'est que le jeune de l'espèce commune, et le Faucon hagard n'est que le vieux.

L'Effraie, ou Chouette des clochers, est plus grande que la Chouette ordinaire et d'un beau plumage; elle vit de sa chasse et est très-commune en Europe.

La Pie-Grièche fait partie des oiseaux de proie. Quoique petite, elle est intrépide, elle combat les pies, les corneilles, prend les perdreaux et de jeunes levrauts.

De tous les êtres animés l'Oiseau-mouche et le Colibri, dont les espèces sont nombreuses, sont les plus élégans pour les formes et

H 2

les plus brillans par les couleurs ; l'or, l'émeraude, le rubis, la topaze, l'azur brillent sur leurs habits ; ils sont très-petits et toujours en l'air au milieu des fleurs dont ils ont la fraîcheur et l'éclat. Ils habitent les climats chauds de l'Amérique.

Si quelqu'un voyait pour la première fois et en face le Toucan, il le prendrait pour un de ces masques à long nez dont on épouvante les enfans. Cet oiseau se trouve dans l'Amérique méridionale ; il est facile à apprivoiser, mais très-frileux.

Les Perroquets forment une famille très-nombreuse ; leur race, leurs grosseurs, leurs

plumages varient singulièrement : on ne les trouve que dans les pays chauds.

Le Pic, dont il y a aussi beaucoup d'espèces, habite

ordinairement les bois, y vit d'insectes, de tournis : on en trouve partout.

Le Jacamar, de la grosseur d'une alouette, a le plumage d'un vert doré éclatant : on le trouve dans le Brésil où il vit d'insectes.

La grâce de la figure, la beauté de la forme répondent dans le Cigne à la douceur du naturel. Il règne sur les eaux ; il se nourrit de poisson et d'herbage, et vit long-temps.

L'Oie est un des plus intéressans et même un des plus utiles de nos animaux domestiques : sa chair et sa graisse sont de bonnes qualités ; on fait de sa plume molle des oreillers ; ses longues plumes servent à écrire.

Le Grèbe est un oiseau aquatique qui fréquente également la mer et les eaux douces. On fait de son plumage de beaux manchons qui offrent un duvet brillant et très-serré.

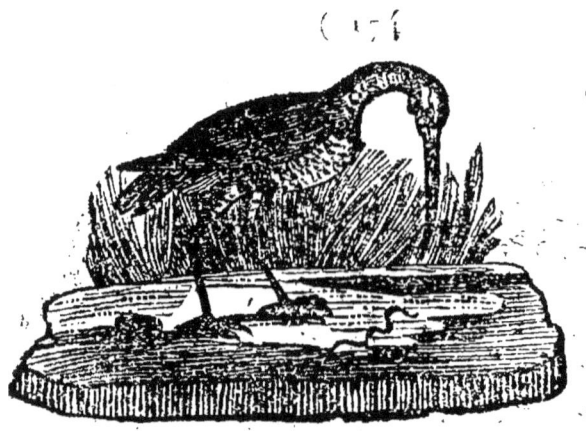

Le Courlis de passage en France, séjourne dans nos contrées maritimes, se nourrit de vers, de menus coquillages et d'insectes qu'il ramasse sur le sable et la vase de la mer.

Les Cicognes sont de deux couleurs, l'une blanche, l'autre noire, mais d'ailleurs de même forme. Cet oiseau est de passage en Europe, il habite le rivage de la mer et des fleuves, et se nourrit de grenouilles, de lézards, de couleuvres et de petits poissons.

Le Heron a quelque chose des mœurs de la Cicogne, on le trouve en Europe et surtout dans les pays coupés de ruisseaux ou de marais.

Le Vanneau arrive dans nos prairies au commencement de mars, il se jette alors dans les blés et court le matin et le soir pour y chercher des vers dont il fait un ample pâture. Sa chair est très-estimée.

La Bécasse, dont il y a de plusieurs espèces, est un oiseau de passage dont la chair est très-estimée; il fréquente les lieux humides et se nourrit de vers, et arrive dans nos bois vers le milieu d'octobre.

Le Râle ou Roi des Cailles habite les prairies humides. Il ressemble à la Caille, a les mêmes mœurs et émigre comme elle aux approches de l'hiver.

L'Autruche, le plus grand des oiseaux, habite les déserts de l'Afrique et de l'Éthiopie; ses ailes très-courtes ne lui servent qu'à donner plus de vivacité à la rapidité de sa course; elle vit de végétaux et avale néanmoins indifféremment tout ce qu'elle rencontre, ce qui fait qu'elle est privée du sens du goût. On l'apprivoise aisément.

(176)

Le Casoar est après l'Autruche le plus grand et le plus massif des oiseaux ; ses ailes lui sont également inutiles pour l'usage. Ses plumes, décomposées, dures et pointues, ressemblent au poil de l'ours ou au crin du sanglier ; il n'a point de queue. Cet oiseau dévore sans choix tout ce qu'il rencontre.

Le Paon est un oiseau d'une grande beauté. Une aigrette mobile et légère, peinte des plus riches couleurs, orne sa tête ; son plumage semble réunir le coloris et la fraîcheur des plus belles fleurs. Lorsqu'il étale sa queue et se promène, paisible dans un beau jour, chacun de ses mouvemens produit des milliers de nuances nouvelles.

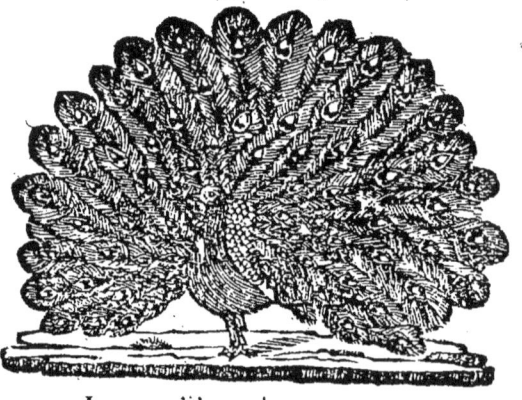

Le Dindon, par la grandeur de sa taille et la forme de sa tête, se fait remarquer parmi les oiseaux de basse-cour. Il est originaire des Indes occidentales. La femelle mène les Dindonneaux avec la même sollicitude que la poule mène ses poussins ; elle les réchauffe sous ses ailes avec la même affection, et les défend avec le même courage. Sa vue perçante lui fait découvrir les oiseaux de proie à une distance prodigieuse.

La Pintade est un oiseau très-criard. Sa chair est un manger excellent : elle vient aussi des grandes Indes. Cet oiseau est facile à apprivoiser ; mais on ne le trouve pas souvent dans nos basses-cours à cause de son cri aigre et perçant et de son acharnement contre les autres volailles.

La Caille qu'on trouve partout, est un fort bon gibier ; elle change de climat dans certaine saison de l'année, elle se nourrit de blé, de millet, d'herbe, et de toutes sortes de graines.

Le Moineau, paresseux et gourmant, habite les lieux les plus fréquentés ; il se nourrit de grains et

surtout de blé dont il consomme beaucoup. Leur voix est incommode, et leur chair mauvaise.

Si le Rossignol est le chantre des bois, le Serin est le musicien de la chambre ; il se nourrit de graines comme les autres oiseaux domestiques ; on l'élève plus aisément que le rossignol.

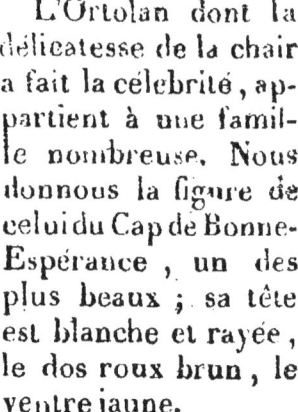

L'Ortolan dont la délicatesse de la chair a fait la célébrité, appartient à une famille nombreuse. Nous donnons la figure de celui du Cap de Bonne-Espérance, un des plus beaux; sa tête est blanche et rayée, le dos roux brun, le ventre jaune.

L'Engoulevent se nourrit d'insectes de nuit; il est dans la classe des oiseaux de nuit, qui tous sont au fond des oiseaux de crépuscule; on le trouve dans tous les pays. Il vole le bec ouvert.

L'Hirondelle est domestique par instinct; elle recherche la société de l'homme par choix; elle la préfère, malgré ses inconvéniens, à toute autre société; il y en a plusieurs espèces, entr'autres l'Hirondelle de cheminée et celle de fenêtre. Elles vivent d'insectes, nous délivrent des cousins, des charançons, etc.

Le Merle, sauvage parmi les siens, l'est moins à l'égard de l'homme. On les apprivoise aisément; ils aiment beaucoup à se baigner et il ne faut pas leur épargner l'eau dans les volières. Leur chair est un fort bon manger.

Le Merle de Roche habite les roches et les montagnes et se laisse rarement approcher à la portée du fusil; son chant est doux, varié et fort approchant de celui de la fauvette.

La Mésange, foible en apparence, est un oiseau très-vif, agissant, courageux et un peu féroce. Elle se nourrit d'insectes, d'œufs de chenilles. On la trouve en Europe et dans nos climats.

La Fauvette est vive, agile, sans cesse en mouvement; ces jolis oiseaux arrivent au moment où les arbres développent leurs feuilles et commencent à laisser épanouir leurs fleurs.

Le Rouge-gorge passe tout l'été dans nos bois et ne vient à l'entour de nos habitations qu'à son départ en automne, et à son retour au printemps son ramage est suave et délic. Il est répandu dans toute l'Europe.

Le Traquet est un oiseau vif, très-agile, ne se reposant presque jamais, toujours voltigeant de buisson en buisson; il ne se repose que quelques instans, s'élève en l'air par petits élans et retombe en pirouettant sur lui-même.

Le Figuier est d'un genre voisin de celui des bec-figues; il lui ressemble par les caractères principaux : ils habitent les pays chauds. On en connaît près de quarante espèces, dont la plus grande partie se trouve en Amérique.

Le Pigeon n'est réellement ni domestique, comme le chien et le cheval, ni prisonnier comme la poule ; ce sont plutôt des captifs volontaires, hôtes fugitifs, qui ne se tiennent dans le logement qu'on leur offre, qu'autant qu'ils s'y plaisent.

On trouve dans le Sénégal un oiseau auquel on a donné le nom de Touraco : il offre quelque rapport avec le Coucou d'Europe ; son plumage est brillant par les couleurs, ses yeux sont couleur de feu, il a sur la tête une espèce de couronne qui lui donne un air de distinction.

Nous aurions voulu parler ici des Poissons, animaux qui ont au moins la moitié du globe à leur disposition et dont on compte plus de 1200 espèces ; des Insectes dont l'histoire naturelle offre des phénomènes aussi curieux que variés ; des Amphibies qui ont pour ainsi dire deux existences, parce que la plupart peuvent rester plus ou moins de temps dans l'air ou dans l'eau ; des Vers qu'on trouve sur la terre, dans l'eau, ou dans l'intérieur d'autres animaux ; enfin des Zoophytes, comme qui dirait Animaux-Plantes, mais les bornes de cet ouvrage nous obligent de terminer ici ce que nous avions à dire sur l'Histoire naturelle.

DES MÉTÉORES.

D. *Qu'appelle-t-on météores?*

R. On appelle *météores*, les phénomènes produits dans l'atmosphère par les exhalaisons qui s'élèvent sans cesse de la terre. On les divise en *météores aqueux*, *météores lumineux*, et *météores ignés*. Ces derniers qui tiennent à la nature du feu sont le produit de la matière électrisée : le tonnerre est le plus terrible de ces *météores*.

D. *Quels sont les différens météores aqueux?*

R. Il y en a neuf : le *serein*, la *rosée*, la *gelée blanche*, le *brouillard*, les *frimats*, les *nuages*, la *pluie*, la *neige*, et la *grêle*.

D. *Qu'est-ce que le serein?*

R. Le serein est une espèce d'humidité, que l'on sent souvent sur ses habits, lorsqu'on se promène le soir.

D. *Comment le serein est-il produit?*

R. Le soleil échauffe l'air et la terre pendant le jour, mais lorsqu'il disparaît, l'air se refroidit plus promptement que la terre ; alors la chaleur sort de la terre pour se répandre également dans l'air, et elle entraîne avec elle des particules aqueuses, qui, rencontrant nos habits, y produisent l'humidité du serein.

D. *Qu'est-ce que la rosée?*

R. Ce sont de petites gouttes d'eau que l'on trouve sur l'herbe et sur les plantes le matin, au lever du soleil. Il y en a de deux sortes : l'une qui vient de l'air et l'autre qui sort des plantes.

D. *Comment se forment ces deux sortes de rosées?*

R. Les particules aqueuses du serein s'élèvent pendant toute la nuit ; mais au lever du soleil, l'air, dilaté par la chaleur, ne peut plus les soutenir et les dépose en gouttelettes, ce qui forme la rosée tombante. L'autre rosée est fournie par une transpiration des plantes même, sur lesquelles elle se ramasse quelquefois en assez grande quantité ; pour s'en convaincre, on peut le soir couvrir d'une cloche une plante quelconque, par exemple, un chou; le lendemain matin, on trouvera le chou de dessous la cloche, couvert de gouttelettes comme ceux qui n'auront pas été couverts, et la cloche elle-même aura reçu la rosée tombante.

D. *Comment se forme la gelée blanche ?*

R. Lorsque les nuits sont longues et froides, l'air et la terre ont le temps de se refroidir assez pour permettre à la rosée de se geler; les petits glaçons qui se forment sont très-menus et fort près les uns des autres, ce qui les fait paraître blancs et forment la gelée blanche.

D. *D'où provient le brouillard ?*

R. Il vient de ce que, par un concours de circonstances favorables, il s'élève une très-grande quantité de particules aqueuses, qui ayant pris la forme de vapeurs grossières, s'étendent dans l'atmosphère et en troublent la transparence.

Les lieux bas et humides, tels que les endroits marécageux, les rivières, etc., pouvant fournir une plus grande quantité de ces particules aqueuses, sont plus sujets aux brouillards que les lieux secs et élevés.

D. *Qu'est-ce que les frimats ?*

R. Les frimats que l'on appelle aussi *givre*, est cette grande quantité de petits glaçons que l'on voit dans l'hiver aux branches et aux feuilles des arbres, aux cheveux et aux habits des voyageurs. Ils sont formés par les brouillards qui dans l'hiver sont plus fréquens que dans l'été, et qui se déposent et se gèlent sur les corps qui y sont exposés.

D. *Comment se forment les nuages ?*

R. Ils sont formés par les brouillards qui se sont élevés dans l'atmosphère, et qui se rapprochent et se condensent peu à peu par l'impulsion des vents. Ils flottent à différentes hauteurs dans l'air avec lequel ils sont en équilibre. Comme l'air est d'autant plus léger qu'il est plus loin de la surface de la terre, il n'y a que les nuages légers qui peuvent se soutenir à une certaine hauteur. Les nuages épais, qui sont prêts à fondre en pluie, sont ordinairement fort bas.

D. *Comment se forme la pluie ?*

R. Elle se forme par l'épaississement des nuages que les vents ou la dilatation de l'air forcent à se réunir en gouttes, qui devenues alors trop pesantes pour se soutenir dans l'air, tombent en pluie plus ou moins grosse ; car si la condensation des nuages se fait promptement et dans une région peu élevée de l'atmosphère où l'air serait plus en état de les soutenir, les gouttes prennent plus de grosseur, acquièrent par conséquent plus de poids et de vitesse, et forment les pluies.

Si au contraire cette condensation des nuages, se fait lentement, et que les particules aqueuses se réunissent par une faible dilatation de l'air, alors les gouttes sont très-petites et en grand nombre, tombent lentement et forment une pluie extrêmement fine, que l'on nomme *bruine*.

D. *Qu'est-ce que la neige ?*

R. C'est un assemblage de glaçons très-fins, formés par une congélation des nuages faite au moment de leur condensation, et avant que les particules aqueuses aient pu se réunir en gouttes. Ces petits glaçons se réunissant en grand nombre, et laissant entre eux beaucoup d'espaces vides, ne forment que des flocons très-légers, qui réfléchissant de toutes parts la lumière, paraissent d'un très-beau blanc.

D. *Comment se forme la grêle ?*

R. Elle se forme des gouttes de pluie qui, passant dans des régions froides de l'atmosphère, se gèlent en tombant. Ainsi elle ne devrait jamais être plus grosse que les gouttes de pluie ; mais si elle est assez froide pour geler les particules d'eau qu'elle rencontre, ou si plusieurs grains se réunissent ensemble, elle acquiert de la grosseur et forme ces grains qui sont quelquefois gros comme une noix ou comme un œuf. C'est pour cela que la grêle cause toujours plus de dégât que la pluie, dont les gouttes, au lieu de se réunir en tombant, sont au contraire divisées par la résistance de l'air.

DU VENT.

D. *Qu'est-ce que le vent?*
R. Le vent est un mouvement de translation de l'air, par lequel une certaine portion de l'atmosphère se trouve poussée d'un lieu dans un autre, avec une vitesse plus ou moins grande qui cause sa force, et dans une direction variable qui lui fait donner différens noms. Les physiciens ne sont pas d'accord sur la cause des vents.

D. *Quels sont les noms des vents?*
R. Les quatres principaux sont: le *vent du nord*, le *vent du sud*, le *vent d'orient* et le *vent d'occident*, noms tirés des quatre principales régions du monde d'où ils paraissent souffler.

Le *vent du nord* ou *du septentrion*, est ordinairement le plus froid, parce qu'il nous vient des pays froids, de la zone glaciale.

Le *vent du midi* ou *du sud*, est le plus chaud, parce qu'il vient du côté de la zone torride, pays plus chaud que le nôtre, et nous amène beaucoup de nuages parce qu'il passe sur la Méditerranée.

Le *vent d'orient* ou *d'est*, est le plus sec, parce qu'il nous vient du grand continent d'Asie, où il y a peu de mers.

Le vent *d'occident* ou *d'ouest* est le plus humide, et nous donne souvent de la pluie, parce qu'il nous vient de l'océan Atlantique.

D. *Qu'est-ce que les tourbillons?*
R. Ce sont des vents impétueux qui rencontrant en leur chemin des nuées épaisses qui leur font un obstacle, les resserrent et les font venir sur la terre en tournoyant.

D. *Que marque une couleur rougeâtre dispersée çà et là dans les nuées ?*

R. Elle marque une grande condensation de l'air, et annonce du vent.

DU SON.

D. *Qu'est-ce que le son ?*

R. C'est un mouvement de vibration imprimé à un corps sonore, et communiqué par l'air à une membrane qui se trouve dans l'oreille, et que l'on nomme *tympan*.

D. *Le son est-il long-temps à se transmettre d'un lieu dans un autre ?*

R. La vitesse avec laquelle le son se transmet est évaluée à 173 toises par seconde, et l'expérience a prouvé qu'elle est uniforme; que la direction du vent et la forme du son ne changeaient rien à sa vitesse.

D. *Qu'est-ce qui produit les échos ?*

R. Lorsque le son rencontre un obstacle, tel qu'une maison, un mur, un rocher, etc. l'air qui est parfaitement élastique réfléchit le son, et semble en produire un pareil que l'on appelle *écho*, qui varie de direction selon la disposition de l'obstacle; de sorte que quelquefois la personne qui parle n'entend pas l'écho, et que d'autres entendent l'écho sans entendre la personne qui parle. S'il se trouve plusieurs obstacles placés à différentes distances, alors chaque obstacle produit un écho, et c'est ainsi qu'il y a des échos qui répètent ce que l'on a dit trois fois, quatre fois, et même plus.

DE L'EAU.

D. *L'eau ne s'offre-t-elle pas à nous sous plusieurs états différens ?*

R. Oui; elle se présente, 1°. dans l'état de *liqueur*, 2°. dans l'état de *vapeur*; 3°. dans l'état de *glace*.

D. *Quelles sont les propriétés de l'eau dans l'état de liqueur.*

R. L'eau pure en liqueur est insipide, visible, transparente, sans couleur, sans odeur, presque totalement incompressible et très-peu élastique ; elle pénètre un grand nombre de corps, en dissout plusieurs, est nécessaire à la végétation et à notre propre existence.

D. *Comment l'eau nous est-elle fournie ?*

R. De deux manières : 1°. de l'atmosphère par les pluies, les neiges, les grêles, etc. ; 2°. du sein de la terre, par les sources et les fontaines qui forment les rivières et les fleuves, et se rendent ensuite à la mer.

D. *Expliquez-moi comment se forment les sources et les fontaines ?*

R. L'eau des pluies pénètre la terre, et coule à travers les graviers, les sables et les montagnes, où elle trouve les grottes souterraines creusées dans des rochers impénétrables à l'eau, ou garnies d'un lit d'argile qui la retient. Cette eau s'amasse dans ces grottes et forme sous terre des réservoirs considérables. Lorsqu'il se trouve quelque issue ou quelque endroit que l'eau peut pénétrer, elle s'y insinue, entraîne peu à peu ce qui gênait son passage, et se fait une ouverture par où elle sort en source.

D. *Les sources se tarissent-elles ?*

R. Il y en a qui pendant une longue sécheresse donnent moins d'eau, ou même se tarissent entièrement ; mais on en voit beaucoup sur lesquelles la sécheresse ne paraît pas agir; ce qui vient de ce que le réservoir d'où elles coulent est capable de contenir assez d'eau pour en fournir pendant toute la sécheresse, sans en recevoir de nouvelle.

D. *Qu'arrive-t-il lorsque l'eau passe de l'état de liquide à celui de vapeur ?*

R. Elle augmente beaucoup de volume, et devient

un fluide très-élastique que la chaleur étend beaucoup, et auquel elle fait occuper un espace 12 à 14000 fois plus grand que celui qu'elle occupait dans l'état de liquide. Si elle est retenue par des obstacles, elle fait de très-grands efforts pour les vaincre; et c'est sur cette propriété qu'on a construit les pompes dites à *feu*, des bateaux pour remonter les rivières et agir contre les courants et toutes sortes de machines où la vapeur soulève des poids de plus de 50,000 livres.

D. *Qu'arrive-t-il quand l'eau se change en glace?*

R. Elle se refroidit; ses parties adhèrent fortement les unes aux autres, et forment un corps solide. Dans ce changement elle augmente un peu de volume, et c'est pour cela que lorsque l'eau gèle, elle casse souvent les vases qui la contiennent.

DU FEU.

D. *Qu'est-ce que le feu?*

R. Ce qu'on appelle ordinairement *feu*, n'est autre chose qu'un corps embrasé dont les parties se désunissent et s'en vont en fumée, en flamme, en vapeurs, etc. mais la cause de cet embrasement est une véritable matière qui a besoin d'être excitée pour agir. Il n'y a presque point de corps qui ne soient altérables par le feu; l'or lui-même s'y fond.

D. *N'y a-t-il pas différens moyens pour exciter l'action du feu?*

R. Oui; 1°. le choc ou le frottement des corps solides est le moyen que nous employons le plus fréquemment.

2°. La fermentation et l'effervescence qui produisent une très-grande chaleur, et quelquefois l'embrasement; du foin serré avant d'être sec, peut fermenter et s'échauffer au point de s'embraser.

3°. Les rayons du soleil qui, rassemblés avec un miroir concave, peuvent enflammer les corps qu'on y expose (on prétend même que ce fut par ce moyen qu'Archimède mit le feu à la flotte des ennemis qui étaient devant Syracuse), et lorsqu'ils sont rassemblés par une lentille de verre, ils produisent la plus grande chaleur connue : c'est par ce moyen qu'on est parvenu à brûler le diamant.

D. *Quel est le moyen de faire cesser le feu ?*

R. C'est de le priver d'air, ce que l'on fait en plongeant le corps embrasé dans l'eau, ou en jetant beaucoup d'eau dessus; car si on n'en jetait qu'une petite quantité, on augmenterait son action au lieu de la diminuer.

DE LA LUMIÈRE.

D. *Qu'est-ce que la lumière ?*

R. La lumière est un fluide parfaitement élastique, qui, lorsqu'il agit sur nos yeux, produit pour nous la clarté et nous fait voir les objets en donnant la couleur et l'éclat à toutes les productions de la nature ; mais on ne sait pas encore bien comment elle agit, ni comment son action se propage.

D. *Quelles sont les sciences qui s'occupent des effets de la lumière ?*

R. Il y en a trois : l'*optique*, la *catoptrique* et la *dioptrique*.

D. *Qu'est-ce que l'optique ?*

R. C'est la science qui a pour objet les effets de la lumière directe, c'est-à-dire, la vision des objets par des rayons qui viennent directement et immédiatement de ces objets à nos yeux.

D. *Qu'est-ce que la catoptrique ?*

R. C'est une science qui s'occupe des effets de la lumière réfléchie, c'est-à-dire, de la lumière renvoyée par les corps sur lesquels elle tombe.

D. *Quels sont les corps dont on se sert pour réfléchir le mieux la lumière ?*

R. Ce sont les *miroirs*. Il y en a de plusieurs espèces ; le *miroir plan*, *le miroir convexe*, *le miroir concave* et *le miroir mixte*, composé des autres espèces.

Le *miroir plan* est celui dont nous nous servons dans l'usage ordinaire de la vie.

Le *miroir convexe* fait voir les objets plus gros qu'ils ne sont.

Le *miroir concave* fait voir les objets tantôt derrière et tantôt devant lui, selon leur éloignement, et c'est le seul qui puisse servir à rassembler les rayons solaires pour en faire un foyer ardent.

Les *miroirs mixtes* sont les *miroirs cylindriques* et les *miroirs coniques*.

D. *Qu'est-ce que la dioptrique ?*

R. C'est une science qui s'occupe des effets de la lumière réfractée, c'est-à-dire, de la lumière qui, passant obliquement d'un corps transparent ou d'un fluide dans un autre d'une résistance différente, souffre un petit changement dans sa direction.

D. *Qu'appelle-t-on lentilles ?*

R. On appelle *lentilles* ou *verres convexes*, les verres qui sont bombés, c'est-à-dire, travaillés de manière que le milieu soit plus épais que les bords. Ils ont la propriété de grossir les objets à la vue, et de rassembler les rayons lumineux pour en faire un foyer brûlant.

D. *Qu'appelle-t-on verres concaves ?*

R. On appelle ainsi ceux qui, au lieu d'être bombés comme les verres convexes, sont au contraire creusés, de sorte qu'ils sont plus minces dans le milieu que vers les bords. Ils font voir les objets plus petits qu'ils ne sont, et dispersent les rayons lumineux, au lieu de les rassembler.

D. *Qu'est-ce qui produit les couleurs ?*

R. C'est la lumière.

D. *Combien y a-t-il de couleurs ?*

R. Il y en a sept primitives : le *rouge*, l'*orangé*, le *jaune*, le *vert*, le *bleu*, l'*indigo* et le *violet*. Toutes les autres nuances ne sont que des mélanges ou des modifications de celles-ci.

D. *Pourquoi ne compte-t-on pas le noir et le blanc parmi les couleurs ?*

R. Parce que le noir est l'absence de toutes les couleurs, et le blanc la réunion de toutes.

D. *Comment fait-on pour reconnaître les sept couleurs primitives ?*

R. On reçoit un rayon lumineux sur un *prisme de verre* qui le décompose, et offre ces sept couleurs en une bande d'un éclat magnifique.

D. *Quels sont les météores lumineux ?*

R. Il y en a deux très-remarquables, *l'iris* ou *arc-en-ciel* et les *couronnes* ?

D. *Qu'est-ce que l'arc-en-ciel ?*

R. C'est ce bel arc offrant les sept couleurs primitives, que l'on voit souvent en un temps pluvieux, dans la partie de l'air opposée au soleil.

D. *Comment est formé cet arc ?*

R. Il est formé par les gouttes de pluie, qui, rompant les rayons du soleil, nous offre les sept couleurs primitives dans le même ordre que le prisme de verre.

D. *Que dit l'Ecriture-Sainte de cet arc ?*

R. Que Dieu, par un effet de sa bonté infinie, nous l'a voulu donner après le déluge universel, comme un signe qu'il ne ferait plus périr les hommes par les eaux.

D. *Comment l'arc-en-ciel qui n'est qu'un phénomène naturel, n'avait-il pas paru avant le déluge ?*

R. Il n'y a point de doute que Noé n'en eût souvent vu de semblables avant le déluge, mais Dieu, ajoutant, comme dans tous les sacremens, la grâce à la nature, en fit un signe de son alliance ; et c'est pour cela qu'il le nomme *son arc*, et qu'il dit qu'il le mettra dans la nue. (*Gen. ch.* 9.)

D. *Qu'appelle-t-on couronnes ?*

R. On appelle *couronnes* des cercles colorés, qu'on aperçoit quelquefois autour du soleil et de la lune, et qui proviennent de ce que leurs rayons sont réfractés ou rompus par les vapeurs qui forment les nuages.

D. *Quels sont les instrumens d'optique ?*

R. Les principaux sont : les *polémoscopes*, les *optiques*, les *chambres noires*, les *télescopes*, les *lunettes* et les *microscopes*.

D. *Qu'est-ce que les polémoscopes ?*

B. C'est un instrument par le moyen duquel on peut voir des objets cachés à ses regards directs; la principale pièce est un miroir incliné.

D. *Qu'est-ce qu'une optique ?*

R. C'est une boîte dans laquelle des objets assez éclairés se font voir sous des images amplifiées et dans l'éloignement, par le moyen de miroirs et de verres convexes.

D. *Qu'appelle-t-on chambre noire ?*

R. On appelle ainsi une chambre exactement fermée de toutes parts, excepté un trou pratiqué dans un volet de la fenêtre, et dans lequel est placé un verre convexe; par ce moyen, les objets extérieurs vont se peindre dans une situation renversée, mais distincte, et avec leurs couleurs naturelles, sur un fond blanc placé dans la chambre au foyer du verre.

D. *Qu'est-ce que les télescopes ?*

R. Ce sont des instrumens composés de tuyaux, dans lesquels des verres convexes, des verres concaves, et quelquefois des miroirs sont disposés convenablement, pour voir très-distinctement des objets très-éloignés. On s'en sert pour examiner les astres. Ceux qui servent pour examiner les objets terrestres portent le nom de *lunettes*, de *longue vue, etc.*

D. *Qu'est-ce qu'un microscope ?*

R. C'est un instrument, qui par le moyen de plusieurs lentilles combinées ensemble, grossit beaucoup les objets, et fait voir très-distinctement des objets imperceptibles à la vue simple.

DE L'AIMANT.

D. *Qu'est-ce que l'aimant ?*

R. C'est une pierre ressemblant assez à du fer, qui a la propriété d'attirer ce métal, ainsi que l'acier, et de s'y attacher plus ou moins fortement. Cette propriété se nomme *magnétisme* ; il y a des aimans dans lesquels elle est si grande, qu'ils soutiennent des poids de 50 à 60 livres.

D. *Que remarquez-vous dans l'aimant ?*

R. Les deux points où se dirigent ses extrémités, l'un au *pole sud*, et l'autre au *pole nord*.

L'aimant communique sa propriété au fer et à l'acier, au point que ceux-ci la peuvent communiquer à d'autres ; c'est ce qu'on nomme aimant artificiel.

La navigation tire un très-grand avantage de l'aiguille aimantée, pièce principale de la boussole qui sert à diriger le vaisseau.

DU TONNERRE ET DES ÉCLAIRS.

D. *Faites-nous connaître comment se forme le tonnerre ?*

R. Ce bruit qu'on entend dans l'air, le plus souvent en été, est le plus surprenant de tous les météores ; il se forme de plusieurs nues, composées de vapeurs et d'exhalaisons que le soleil a attirées de la terre à diverses reprises ; l'air qui s'est échauffé dans le voisinage de la terre, s'élevant vers les plus hautes nuées, s'y applique et en condense les parties, ce qui fait que cette nue descend toute entière avec vitesse sur la plus basse ; l'air qui est pressé entre la nue de dessus et celle de dessous, sort par les extrémités et par un passage si étroit, qu'il produit un grand bruit en s'échappant. C'est ce qu'on appelle le bruit du tonnerre ; et l'on peut entendre le tonnerre sans voir aucun éclair.

D. *Comment se forment les éclairs ?*

R. Lorsque les exhalaisons de soufre et de nitre se rencontrent entre deux nues, et viennent à s'enflammer par une agitation violente, cette flamme se communique promptement à tout ce qu'il y a de combustible autour, dilate extraordinairement l'air, et produit les éclairs ; ce qui fait qu'au lieu d'un simple grondement de tonnerre, on entend un bruit qui éclate effroyablement et l'air paraît tout en feu.

Quelquefois nous voyons les éclairs sans entendre le tonnerre, parce que les exhalaisons, poussées et agitées en tous sens, peuvent s'enflammer sans que la nue supérieure tombe assez violemment sur l'inférieure pour causer du bruit.

D. *Qu'est-ce que la foudre ?*

R. Quand le tonnerre se trouve formé d'une masse assez forte de bitume, de soufre et de nitre, et qu'il est fortement poussé par l'air vers la terre, il tombe avec fracas, c'est ce qu'on appelle *foudre* ; il est capable de tuer tous les êtres qu'il rencontre, et de mettre le feu partout où il passe.

DES FEUX FOLLETS.

D. *Qu'appelez-vous feux follets ?*

R. Ce sont les exhalaisons qui sortent de la terre, s'élèvent et se dissipent dans l'air, sans causer aucun bruit ni dégât. On en voit principalement dans les cimetières et dans les endroits marécageux.

DES ÉTOILES TOMBANTES.

D. *Qu'est-ce que les étoiles qu'on appelle tombantes ?*

R. Ce qu'on appelle étoiles tombantes, sont des météores formés d'exhalaisons grasses et enflammées, qui paraissent le plus souvent en été, en forme d'étoile qui tombe. Le plus ordinairement, ce feu se dissipe dans les airs ; quelquefois il parvient jusque sur la terre : alors on ne trouve plus qu'une matière blanche et visqueuse, la matière combustible étant entièrement consumée.

DES TROMBES.

D. *Qu'est-ce qu'une trombe ?*

R. C'est un phénomène terrible et capable de causer les plus grands ravages. Les trombes commencent ordinairement par un nuage qui paraît fort petit, et que les matelots appellent *grain*. Ce grain se grossit ensuite considérablement, et en fort peu de temps, devient un amas de vapeurs ressemblant à une grosse nuée fort épaisse, qui s'allonge de haut en bas, ou de bas en haut, en forme de colonne, qui fait entendre un bruit assez semblable à celui d'une mer fortement agitée, lance des éclairs, et même quelquefois la foudre, jette souvent autour d'elle beaucoup de pluie ou de grêle, ce qui est capable de submerger les vaisseaux, de renverser les arbres, les maisons, et tout ce qui est opposé à son choc. Les marins font tous leurs efforts pour s'en éloigner, et s'ils ne peuvent éviter de s'en approcher, ils tâchent de les rompre à coups de canon avant d'être dessous.

D. *Quelle est la cause de ce phénomène ?*

R. C'est l'électricité. Les corps électrisés attirent les corps légers qui ne s'en trouvent pas trop éloignés. Si un nuage électrisé passe près de la surface de la mer, il attire l'eau, qui forme une petite élévation, et qui laisse échapper une grande quantité de particules aqueuses qui forment cette colonne de vapeurs. Lorsque l'eau s'est peu à peu élevée, ou que le nuage s'est lui-même abaissé suffisamment, il excite un éclair entre le nuage et la mer, et la foudre frappe ce qui se trouve à sa portée. Comme ces trombes occasionnent toujours de grandes commotions, il n'est pas étonnant qu'il en résulte souvent des ouragans, de la pluie, et de la grêle, etc.

DES TREMBLEMENS DE TERRE

ET DES VOLCANS.

D. *Qu'est-ce qu'un tremblement de terre ?*

R. C'est un mouvement causé par une inflammation soudaine de quelque exhalaison sulfureuse et bitumineuse, qui est dans les grottes souterraines qui ne sont pas fort éloignées de la surface de la terre. Dans les pays méridionaux il y a fréquemment des tremblemens de terre.

Les naturalistes les attribuent aussi à l'eau et à l'air;

et cela est très-vraisemblable. Pour bien comprendre ceci, il est bon de remarquer que la surface de la terre est comme une croûte, au-dessous de laquelle il y a une infinité de cavités et de canaux capables de contenir une quantité considérable ou d'eau ou d'air, lesquels étant raréfiés et dilatés par la chaleur et par les embrasemens souterrains, et parcourant avec violence ces cavités, secouent et ébranlent extraordinairement la terre.

D. *N'y a-t-il pas plusieurs lieux souterrains sur notre globe d'où il sort continuellement une fumée fort épaisse, et des flammes qui causent quelquefois des embrasemens ?*

R. Oui, il y en a un grand nombre ; les plus considérables sont l'*Etna* en *Sicile*, le *Vésuve* dans le royaume de *Naples* et l'*Hécla* en *Islande*. On a donné le nom de *Volcan* à ces montagnes.

D. *Qu'est-ce qu'un volcan ?*

R. C'est une montagne qui contient dans son sein des matières inflammables et enflammées, et qui les vomit par des ouvertures que le feu se pratique.

Les volcans produisent la *pierre ponce*. Calcinée par le feu, elle est blanche, poreuse, et nage sur l'eau. Ils produisent aussi des *laves* que le feu avait rendues fluides, et qui se sont endurcies. Les pyrites qui alimentent les volcans, sont des substances qui ressemblent à du métal ; elles sont cristalisées et font feu avec le briquet.

D. *Qu'est-ce que le flux et le reflux de la mer ?*

R. C'est un mouvement alternatif, qui, dans l'espace de 24 heures 29 minutes environ, porte et reporte deux fois les eaux de l'Océan, de l'orient vers l'occident.

Dans le flux, la mer monte pendant six heures, en s'avançant vers les côtes, et après avoir cessé de monter, elle demeure comme suspendue et en équilibre environ une demie-heure. L'état où se trouve la mer, quand elle est arrivée à son plus haut point, s'appelle haute-mer.

Dans le reflux, la mer descend pendant six heures, en s'éloignant des rivages, et après avoir cessé de descendre, elle demeure comme suspendue et en équilibre au-delà d'une demi-heure. L'état où se trouve la mer, quand elle a cessé de descendre, se nomme basse-mer. La mer monte plus vite qu'elle ne descend. Les marées sont tantôt plus grandes, tantôt plus petites.

D. *Quelle est la cause de ce phénomène ?*

R. Ce balancement des eaux de la mer a un rapport constant avec le cours de la lune, et on ne peut pas douter qu'il ne soit un effet de son influence, qui attire les eaux vers elle, et leur fait suivre son cours d'orient en occident. Ces mouvemens de la mer sont calculés à point nommé dans les almanachs sur le cours de la lune, pour les différens ports.

POUDRE A CANON.

D. *Comment fait-on la poudre ?*

R. La poudre à canon est composée de trois quarts de salpêtre, un demi-quart de soufre épuré, et un demi-quart de charbon, pulvérisés chacun à part, et ensuite incorporés dans des mortiers de bois, à l'aide de pilons que le moulin à poudre fait mouvoir, en l'arrosant d'eau de temps à autre. C'est le salpêtre qui fait la force de la poudre par la dureté de ses parties qui se dilatent en s'élançant au loin, et c'est le soufre qui allume le tout.

D. *Quelle est la cause des effets de la poudre à canon ?*

R. 1°. Elle vient du ressort de l'air renfermé dans chaque grain de poudre et dans les vides que les grains laissent entr'eux. Ce ressort consiste dans la compression ou la dilatation de l'air. Or, l'air qu'on met dans l'arme à feu ou sur tout autre instrument, et ensuite dilaté par l'inflammation de la poudre, est la cause principale de ses effets étonnans. Car le feu qu'on met à la poudre comprimant de nouveau les ressorts de l'air intérieur, qui se trouve déjà comprimé, et ces ressorts étant ainsi mis dans une tension violente, se débandent, et jettent de tous côtés le salpêtre enflammé, le tout avec une vîtesse incompréhensible. La poudre agit plus fortement en raison de la longueur du tuyau, parce qu'elle y demeure plus long-temps exposée à l'inflammation.

D. *Quelle est la cause du bruit que la poudre fait en sortant des tuyaux, fusils ou canons, etc.*

R. Il vient de ce que la poudre étant extrêmement raréfiée dans l'inflammation, frappe tout-à-coup une grande masse d'air extérieur et le chasse avec violence. Les ressorts de cette masse d'air étant ainsi resserrés, et venant à se rétablir, se compriment de nouveau en se réunissant: ce qui fait une sorte de tremblement qui cause le bruit et le fracas qu'on entend.

D. *Pourquoi les fusées de feux d'artifices vont-elles en montant?*

R. Parce que la poudre trouvant une résistance de tout côté dans le tuyau qui la renferme, n'agit point de côté. Toute son activité s'exerce sur les deux bouts: ainsi elle s'échappe par celui qu'elle trouve ouvert; et après avoir heurté contre celui qui est fermé, elle monte toujours par l'autre. La baguette maintien les deux actions en équilibre, parce qu'elle est équivalente par sa longueur à tout le poids de la fusée, de sorte que la décharge de la poudre se fait par une ligne droite.

D. *D'où viennent ces étoiles brillantes que l'on voit en certaines fusées?*

R. Ce sont de petites boules solides composées de charbon, de soufre et de salpêtre. Ces petites boules placées au-dessous du reste de la fusée prenant feu les dernières, les parties de salpêtre, lancées par la violence du soufre allumé, communiquent les vibrations qu'elles ont reçues à la matière éthérée ou de la lumière, et causent un éclat semblable à celui des étoiles.

DE LA COSMOGRAPHIE.

D. *Qu'est-ce que la cosmographie ?*
R. C'est la description du monde; mais plus spécialement on entend par ce mot, la description du globe terrestre que nous habitons.

D. *Qu'entendez-vous par le monde ?*
R. Le ciel et la terre, en un mot l'univers entier.

D. *En combien de parties divise-t-on la cosmographie, prise dans toute son étendue ?*
R. En deux; savoir : l'*astronomie* qui donne la connoissance des corps célestes, et la *géographie*, ou description du globe terrestre.

D. *Pour acquérir cette science que fait-on ?*
R. Comme le monde est rond, l'on se sert de deux globes aussi ronds; l'on appelle l'un le globe céleste, sur la surface duquel sont décrites des étoiles réduites en constellations avec les cercles de la sphère; et l'autre le globe terrestre, qui nous représente sur sa surface la description de la terre et de l'eau.

D. *Qu'est-ce que le ciel ?*
R. C'est cette vaste étendue que nous voyons au-dessus de la terre.

D. *En combien de parties peut-on le diviser ?*
R. En deux; savoir : le firmament, où sont le soleil, les planètes et les étoiles fixes ; l'autre le ciel empyrée, qui est cet espace immense, dont ni nos sens, ni notre imagination ne peuvent concevoir les bornes, et que l'on nomme improprement le trône de la majesté de Dieu.

D. *N'y a-t-il pas une autre partie distincte des deux qu'on vient de nommer ?*
R. Oui, c'est l'atmosphère.

D. *Qu'est-ce que l'atmosphère ?*
R. C'est l'air qui nous environne, et dans lequel flottent les vapeurs et les exhalaisons qui s'élèvent de la terre et de la mer. C'est dans cet air qu'habitent les oiseaux, que se forment les nuages. Il s'étend à 25 ou 30 lieues à la ronde. Ainsi l'on peut dire que l'atmosphère sert d'enveloppe à la terre.

(200)

D. *Qu'est-ce que le soleil ?*

R. C'est un globe lumineux à peu près un million de fois plus gros que la terre, dont il est éloigné d'environ 33 millions de lieues, et qui par sa présence sur l'horizon constitue le jour.

D. *Connoît-on la nature du soleil ?*

R. Non, les uns s'imaginent que c'est un feu ordinaire entretenu par une nature combustible, d'autres croient que c'est un feu élémentaire qui subsiste sans avoir besoin de nourriture.

D. *Le soleil tourne-t-il ou est-il toujours fixe ?*

R. Ptolémée, mathémacien égyptien, prétendoit que la terre étoit immobile, et le soleil et tous les astres circulaient autour d'elle en 24 heures d'orient en occident; Copernic, astronome prussien, prouva que le soleil était fixe et que la terre tournait sur son axe, et que de ce mouvement qu'il appelle *diurne* résultoient les jours et les nuits. C'est aujourd'hui le seul système adopté et qui explique tous les phénomènes

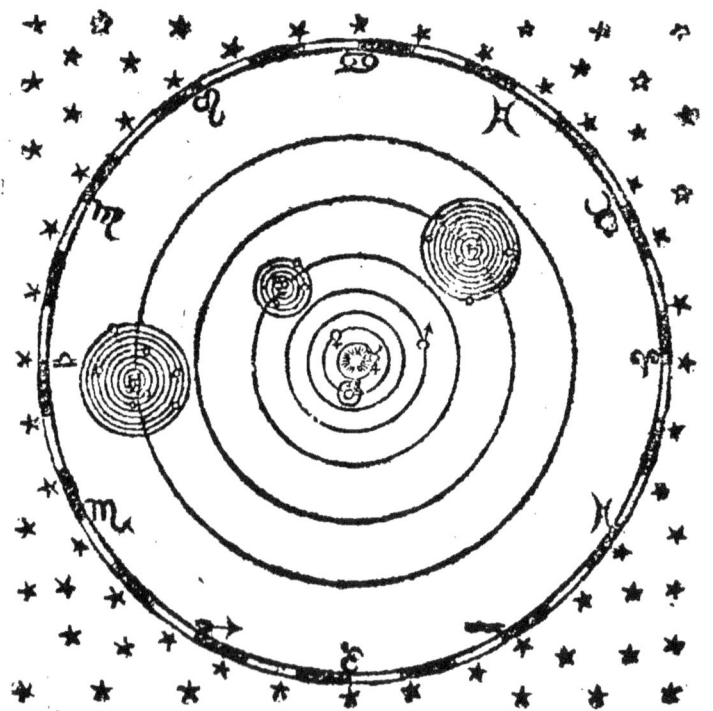

astronomiques dont on ne peut rendre raison autrement. On prouve, par le système de Copernic, que la lune tourne autour de la terre dans un orbite qui est emportée avec la terre dans son mouvement annuel autour du soleil ; que les autres planètes tournent de même avec leurs satellites, en plus ou moins de temps, autour du soleil, et que le tout est terminé par le ciel des étoiles fixes.

D. *Le soleil nous procure-t-il d'autres avantages que celui de la lumière ?*

R. Cet astre par excellence, outre qu'il nous procure le jour, procure par sa chaleur la fertilité de la terre ; sans lui, la végétation languirait et sans sa lumière les plantes n'auraient point de couleur.

D. *D'où vient que nous ne voyons pas toujours le lever du soleil ?*

R. C'est parce que les nuages épais élevés en l'air en interrompent les rayons.

D. *Qu'est-ce que la lune ?*

R. C'est une planète secondaire qui reçoit sa lumière du soleil et nous la renvoie ; elle est le satellite de la terre, la suit et l'éclaire pendant la nuit.

D. *Quelle est la grandeur de la lune et à quelle distance est-elle de la terre ?*

R. La lune est à-peu-près 50 fois plus petite que la terre, dont elle est éloignée d'environ 90,0000 lieues.

D. *Comment nomme-t-on les divers degrés de la lune, et quel temps reste-t-elle à les parcourir ?*

R. On appelle phases, les divers degrés que la lune parcourt dans l'espace de 27 jours 7 heures 43 minutes.

D. *Qu'est-ce que la nouvelle lune ?*

R. La lune est nouvelle, lorsqu'elle est entre le soleil et la terre ; alors la partie de la lune qui est vers nous n'étant pas éclairée, nous ne la voyons plus.

D. *Qu'est-ce que le premier quartier ?*

R. A mesure que la lune s'éloigne du soleil, la portion qui est éclairée paroît sous la forme d'un croissant sur la droite du spectateur ; c'est le premier quartier.

D. *Qu'est-ce que la pleine lune ?*

R. Lorsque la lune est distante du soleil de la moitié du zodiaque, qu'elle se lève quand le soleil se couche, la partie éclairée étant presque entièrement de votre côté; c'est ce qu'on appelle pleine lune.

D. *Qu'est-ce que le dernier quartier ?*

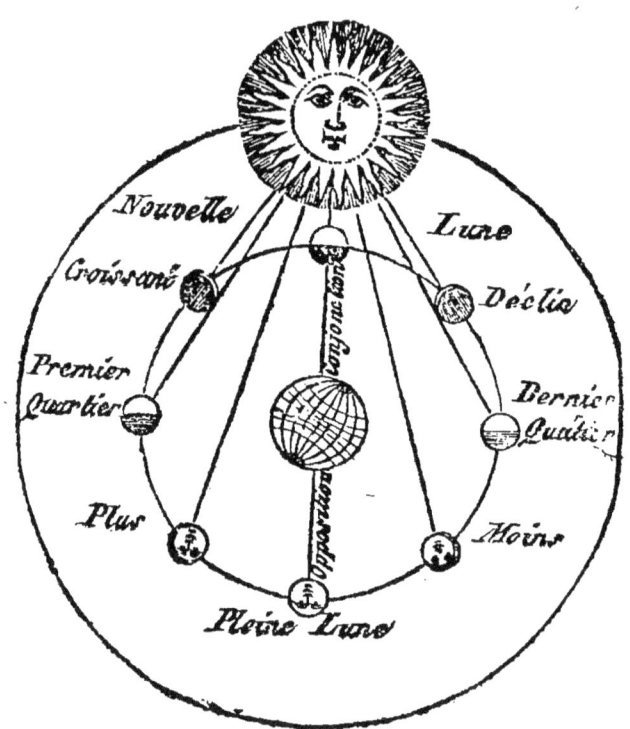

R. La lune se rapprochant alors du soleil, plus elle s'en approche, moins on voit la partie éclairée qui diminue, jusqu'à ce qu'elle soit totalement cachée pour nous, la forme du croissant tourne vers la gauche du spectateur; c'est le dernier quartier.

D. *Comment se fait le mouvement de la lune ?*

R. Le mouvement de la lune se fait suivant un cercle qui coupe l'écliptique en deux points, qui s'appellent *nœuds*.

On appelle écliptique l'orbite de la terre *b*, parce que les éclipses ont lieu dans le voisinage de ces nœuds. La lune tournant autour de la terre, il arrive nécessairement que lorsqu'elle se trouve entre la terre et le soleil, ce qu'on appelle *conjonction*, *fig.* 1, elle devrait nous cacher plus ou moins cet astre, et produire ainsi une éclipse de soleil; et que lorsque la terre se trouve entre le soleil et la lune, ce qu'on appelle *opposition*, *même fig.*, elle devrait couvrir la lune de son ombre et produire ainsi une éclipse de lune. Cela arrive aussi fort souvent; mais comme l'orbite que la lune décrit autour de la terre n'est pas dans le même plan que celui que la terre décrit autour du soleil, la lune dans ses syzygies (c'est le nom commun que l'on donne à la conjonction), se trouvant fréquemment un peu au-dessus ou au-dessous de l'ombre du soleil ou de la terre, alors il n'y a point d'éclypse.

D. *Quand y a-t-il éclipse de lune?*

R. Lorsque la lune est du côté opposé au soleil par rapport à la terre, et qu'en même temps elle est dans ses nœuds ou près de ses nœuds, la terre se trouvant juste entre deux, la lune ne reçoit plus la lumière du soleil : elle est éclipsée.

D. *Quand y a-t-il éclipse de soleil?*

R. Lorsque la lune est du même côté que le soleil par rapport à la terre, et qu'elle est 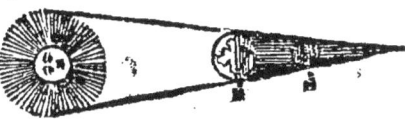 dans ses nœuds ou près de ses nœuds, elle se trouve juste entre le soleil et la terre, et comme elle cache le soleil à celle-ci, on dit qu'il y a éclipse de soleil.

D. *Combien distingue-t-on de sortes d'astres?*

R. On en distingue de deux sortes : les étoiles fixes et les étoiles errantes qui sont les planètes.

D. *Qu'est-ce que les étoiles fixes?*

R. Les étoiles fixes sont des corps lumineux par eux-mêmes, qui gardent toujours entr'eux une égale distance, du moins sensiblement.

D. *La grandeur et le nombre des étoiles sont-ils déterminés?*

R. La grosseur des étoiles n'est pas moins prodigieuse que le nombre qui est si considérable qu'on ne peut les compter.

D. *Comment se fait le mouvement des étoiles?*

R. Le mouvement très-lent des étoiles se fait d'occident en orient.

D. *Comment a-t-on divisé les étoiles ?*

R. On les a divisées en groupes qu'on appelle *constellations*, il y a maintenant beaucoup de ces constellations, c'est pourquoi on les divise en constellations *méridionales* et *septentrionales*.

D. *Toutes ces constellations étoient-elles connues des anciens ?*

R. Non, il n'y a que les douze constellations ou signes du Zodiaque, qui étoient très-anciennement connues des anciens, les autres ont été formées successivement, et il y en a qui le sont depuis très-peu de temps.

D. *Comment se nomment les signes du Zodiaque ?*

R. Ceux du printemps sont : Les signes de l'été sont :

Le Bélier,	Mars	♈	Le Cancer,	Juin	♋
Le Taureau,	Avril	♉	Le Lion,	Juillet	♌
Les Gémeaux,	Mai	♊	La Vierge,	Août	♍

Les signes d'automne sont : Les signes de l'hiver sont :

La Balance,	Septemb.	♎	Le Capricorne,	Déc.	♑
Le Scorpion,	Octobre	♏	Le Verseau,	Janv.	♒
Le Sagittaire,	Novemb.	♐	Les Poissons,	Févr.	♓

Voyez la figure de la page 200, où ils sont placés dans le cercle extérieur.

D. *Qu'entend-on par les signes du printemps, de l'été, de l'automne et de l'hiver ?*

R. Les signes du printemps sont ceux dans lequel le soleil se trouve pendant le printemps, ainsi de suite pour chaque saison.

D. *Qu'est-ce que les planètes ?*

R. Les planètes ou étoiles errantes, sont ainsi nommées, parce que leur mouvement n'est pas régulier, et qu'elles ne conservent pas toujours une même distance entr'elles.

D. *Combien connait-on de planètes ?*

R. Sept, qui sont dans l'ordre de leur écartement du soleil ; savoir :

Mercure,	☿	le plus près.
Vénus,	♀	qui vient ensuite.
La Terre,	♁	
Mars,	♂	
Jupiter,	♃	
Saturne,	♄	
Herschell ou Uranus,	H	

comme il est facile de le voir dans la *fig. de la pag.* 200. Les marques qu'on a jointes aux cours des planètes sont les signes qui servent à les représenter.

D. *Quels sont les mouvemens des planètes ?*

R. Elles ont un mouvement de rotation sur elles-mêmes et un de révolution autour du soleil; ces deux mouvemens s'exécutent d'occident en orient. Le mouvement de révolution autour du soleil est indiqué, pour chaque planète, par le cercle sur lequel elle se trouve, *même figure.*

D. *Comment distingue-t-on à la vue les planètes parmi les étoiles ?*

R. Parce qu'elles n'ont pas une lumière scintillante comme les étoiles et qu'elles ont chacune une couleur particulière.

D. *Qu'appelle-t-on satellite ?*

R. Ce sont des corps opaques emportés dans l'espace par la planète autour de laquelle ils se meuvent. On ne connoît que quatre planètes qui en aient; savoir : la *Terre, Jupiter, Saturne* et *Uranus, même figure.* Ils y sont indiqués par de petits points blancs placés sur des cercles qui marquent leur révolution autour de leur planète.

D. *Quels sont les satellites de ces planètes ?*

R. La terre n'en a qu'un, c'est la lune, *même figure;* elle y est indiquée par un croissant qui est le signe dont on se sert ordinairement pour la représenter. On en connoît quatre à Jupiter, *voyez même figure* au signe ♃, qui indique la planète Jupiter. Saturne en a sept, *voyez même figure* au signe ♄. Uranus en a neuf, comme il est indiqué au signe H, *même figure.*

D. *Qu'est-ce que les comètes?*

R. Ces astres chevelus, qui ont été long-temps l'effroi des peuples, diffèrent des planètes en ce qu'elles ne marchent pas comme elles selon l'ordre des signes, d'occident en orient, souvent elles tiennent une route opposée et un mouvement rétrograde. Elles tournent bien autour du soleil, mais dans leur marche irrégulière, tantôt elles se rapprochent de cet astre au point d'éprouver une chaleur mille fois plus vive que le brasier le plus ardent, tantôt elles s'en éloignent au point d'éprouver un froid mille fois plus piquant que celui de la glace. Malgré ces aberrations, les comètes sont soumises à des lois constantes, et l'on en précise le retour.

D. *Qu'est-ce que la terre?*

R. C'est le globe que nous habitons.

D. *Comment prouvez-vous que la terre est un globe ou d'une forme ronde?*

R. La terre est ronde. 1.° Cette vérité est démontré par les faites suivans: si l'on est sur le bord de la mer sa sphéricité s'aperçoit à l'œil. 2.° Si un vaisseau quitte le rivage, le corps du bâtiment disparaît le premier, puis la partie inférieure des mâts, puis leur sommet. 3.° Les voyageurs qui ont fait le tour du monde sont revenus par un point opposé.

D. *Quelle est l'étendue de la terre?*

R. On peut lui donner à-peu-près neuf mille lieues de circuit.

D. *Est-elle parfaitement ronde?*

R. Non, elle est, ainsi que les planètes, un peu applatie sur les pôles au sud et au nord, de sorte qu'elle ne ressemble pas mal à un orange.

D. *Quel est le mouvement de la terre?*

R. Il se fait de deux manières. Toutes les 24 heures, la terre tourne d'abord sur son axe, c'est-à-dire, sur son essieu, la comparant à une boule tournante sans changer de place. L'autre mouvement qu'elle exécute en 365 jours 5o minutes est progressif, c'est-à-dire, qu'elle avance toujours comme la roue d'un char qui est en mouvement.

D. *Entrez dans de plus longs détails sur le mouvement de la terre?*

R. L'axe de la terre ou ses deux pôles sur lesquels elle tourne journellement comme nous l'avons dit, cet axe et par conséquent le globe circulent pendant chaque année autour du soleil sans s'incliner de côté ni d'autre; dans la figure que nous donnons, la terre

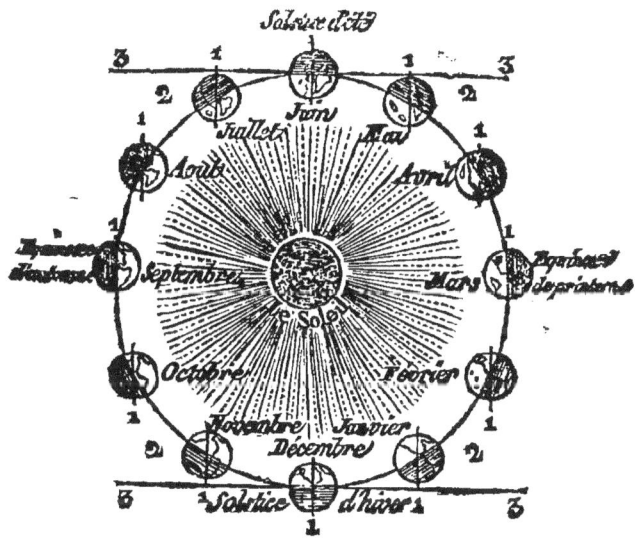

est représentée de mois en mois. L'axe 1, 1, 1, etc. conserve la même direction parallèle à lui-même, son cours annuel forme un ovale peu allongé 2, 2, 2, dont le soleil n'occupe pas le milieu, mais un de ces deux centres.

D. *Comment s'opèrent la nuit et le jour et l'inégalité qu'on remarque entr'eux dans les différens temps de l'année?*

R. La terre, dans son cours, présente successivement tous les points au soleil qui en éclaire toujours une moitié, pendant que l'autre est dans l'obscurité, *figure de la page précédente.*

D. *Qu'appelle-t-on l'équinoxe?*

R. Lorsque dans son cours la terre se rencontre au point où les rayons du centre du soleil font équerre avec son axe, ce qui arrive le 21 mars et le 21 septembre; alors la ligne du commencement de l'ombre suit la direction des pôles, et les jours sont égaux aux nuits par toute la terre successivement pour tous ses habitans dans les 24 heures, ce qui fait 12 heures de jour et 12 heures de nuit. C'est cette ligne ou rayon qu'on nomme la ligne équinoxiale, l'équateur, ou simplement la ligne; et les temps où ceci arrive sont appelés les équinoxes du printemps et d'automne, *même figure.*

D. *Quand le jour est-il le plus long et quand est-il le plus court?*

R. La terre marchant toujours, la ligne de l'ombre quitte nécessairement sa direction aux deux pôles, et la lumière gagne vers un des pôles, tandis que son opposé 1, 1, 1, *même figure*, s'enfonce dans l'ombre, ce qui se fait peu à peu; enfin le jour gagnant toujours ce pôle et l'ombre s'étendant à mesure sur le pôle opposé, il s'ensuit que la présence du soleil allonge les jours de plus en plus sur le pôle éclairé et que les nuits s'allongent de même sur l'opposé dont la lumière se retire, jusqu'à ce que le rayon qui va du soleil à la terre, passe par une parallèle 3, 3, 3, à l'équateur, ou ligne équinoxiale qu'on nomme tropique et qui en est éloigné de 23 degrés et ½; c'est alors que la différence des jours et des nuits est la plus grande; ce qui arrive deux fois l'année: le 21 juin, le soleil paraissant alors le plus près qu'il est possible du pôle septentrional, et le 21 décembre le soleil étant du côté du pôle austral.

D. *Qu'appelle-t-on solstices?*

R. Comme la terre, dans les deux positions que nous venons d'indiquer, paroît ralentir son mouvement pendant plusieurs jours, ce qu'on reconnait par le soleil qui ne monte ou qui ne descend pas sensiblement, on a nommé ces jours *solstices*, qui veut dire station; le solstice d'été a lieu en juin, et celui d'hiver en décembre, *voy. la fig. de la pag. 207.*

D. Qu'est-ce que les antipodes?

R. On désigne par les antipodes, des peuples qui sont diamétralement opposés les uns aux autres.

Ils ont les saisons, les heures et la durée des jours et des nuits opposés.

Voici leurs noms et leurs positions.

Les *Périsciens* qui habitent les zones froides, dont l'ombre fait le tour de l'horizon en certain temps de l'année, où le soleil est toujours sur l'horizon de ces peuples. — Les *Hétérosciens* qui habitent les zones tempérées et qui à midi ont leur ombre de côté différent; savoir: les habitans de la zone tempérée septentrionale du côté du nord, et ceux de la zone tempérée méridionale du côté du midi. — Les *Amphisciens* qui habitent la zone torride et qui ont leur ombre, tantôt vers le midi, tantôt vers le septentrion. — Les *Asciens* qui signifie sans ombre. Ils habitent la zone torride et sont sans ombre un certain temps où le soleil est perpendiculairement au-dessus de leur tête. — Les *Antisciens* qui habitent de différens côtés de l'équateur et dont les ombres ont à midi des directions contraires. Les peuples du nord sont Antisciens à ceux du midi; les uns ont leurs ombres dirigées à midi vers le pôle arctique et les autres vers le pôle antarctique.

DE L'ASTRONOMIE.

D. Comment nomme-t-on la science qui donne la connoissance des astres?

R. On la nomme astronomie.

D. En quoi consiste cette science?

R. A considérer tous les corps célestes, à déterminer et à calculer leurs divers mouvemens, à mesurer l'éloignement et la grandeur des planètes et des étoiles, enfin à calculer les éclipses du soleil, de lune, etc. Elle doit son origine aux Chaldéens.

D. L'astronomie est-elle intéressante à savoir?

R. Les plus grands philosophes de l'antiquité ont parlé de l'astronomie avec admiration. Anaxagore à qui on demandait pour quel objet il étoit né, répondit que c'était pour contempler les astres. S'il y a dans sa réponse de l'exagération en faveur de l'astronomie, on y voit au moins l'enthousiasme avec lequel un homme de génie contemplait le spectacle du ciel. Le fait suivant prouvera jusqu'à quel point l'homme instruit peut en imposer à l'ignorance.

Christophe Colomb, se trouvait à la Jamaïque, dans les premiers temps de la découverte de cette île, dans une disette de vivres si générale, qu'il ne lui restoit aucune espérance de sauver son armée, et qui alloit être à la discrétion des sauvages : l'approche d'une éclipse de lune fournit à cet habile homme un moyen de sortir d'embarras ; il fit dire aux chefs des sauvages que si dans quelques heures on ne lui envoyait pas toutes les choses qu'il demandoit, il allait les livrer aux derniers malheurs et qu'il commencerait par priver la lune de sa lumière. Les sauvages méprisèrent d'abord ses menaces ; mais aussitôt qu'ils virent que la lune commençait en effet à disparaître, ils furent frappés de terreur ; ils apportèrent tout ce qu'ils avaient aux pieds du général, et vinrent eux-mêmes demander grâce.

Agathocles, roi de Syracuse, vit dans un jour décisif la terreur se répandre dans son armée, à la vue d'une éclipse ; il se présente à ses soldats, leur en explique les causes, dissipe leurs craintes, et la bataille est gagnée.

D. *De quel instrument se sert-on dans l'astronomie pour observer la hauteur, la grandeur, le mouvement et la distance des astres ?*

R. On le nomme astrolabe.

DE LA SPHÈRE.

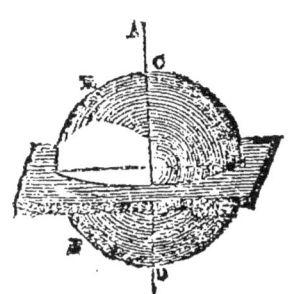

D. *Qu'est-ce qu'une sphère ?*

R. Une *sphère*, ou *globe*, ou *boule* est un corps solide ou creux, qui a tous les points de sa surface également éloigné de son centre.

D. *Qu'entend-on par axe dans la sphère ?*

R. On appelle *axe*, une ligne qui passe par le centre de la sphère et se prolonge de chaque côté jusqu'à sa circonférence AB.

D. *Que désigne-t-on par pôle ou pivot dans la sphère ?*

R. On appelle *pôle* ou *pivot*, chacun des deux points par lesquels l'axe touche la circonférence de la sphère, et sur lesquels elle pourrait tourner si l'axe était prolongé par chacune de ses extrémités CD.

Si l'on suppose un plan passant par le centre d'un globe ou d'une sphère, entre ses deux pôles, il le divise en deux parties égales appelées *hémisphères* EF.

D. *Qu'est-ce que la sphère artificielle ?*

R. On appelle ainsi une machine composée de plusieurs points, lignes et cercles imaginaires dont on se sert pour reconnoître la marche des astres dans le ciel, et qu'on applique aux différentes divisions de la terre. *Voyez la figure de la page suivante.*

D. *Quels sont les principaux cercles de la sphère artificielle ?*

R. Ce sont l'équateur, le méridien, l'horizon, les tropiques, les cercles polaires.

(212)

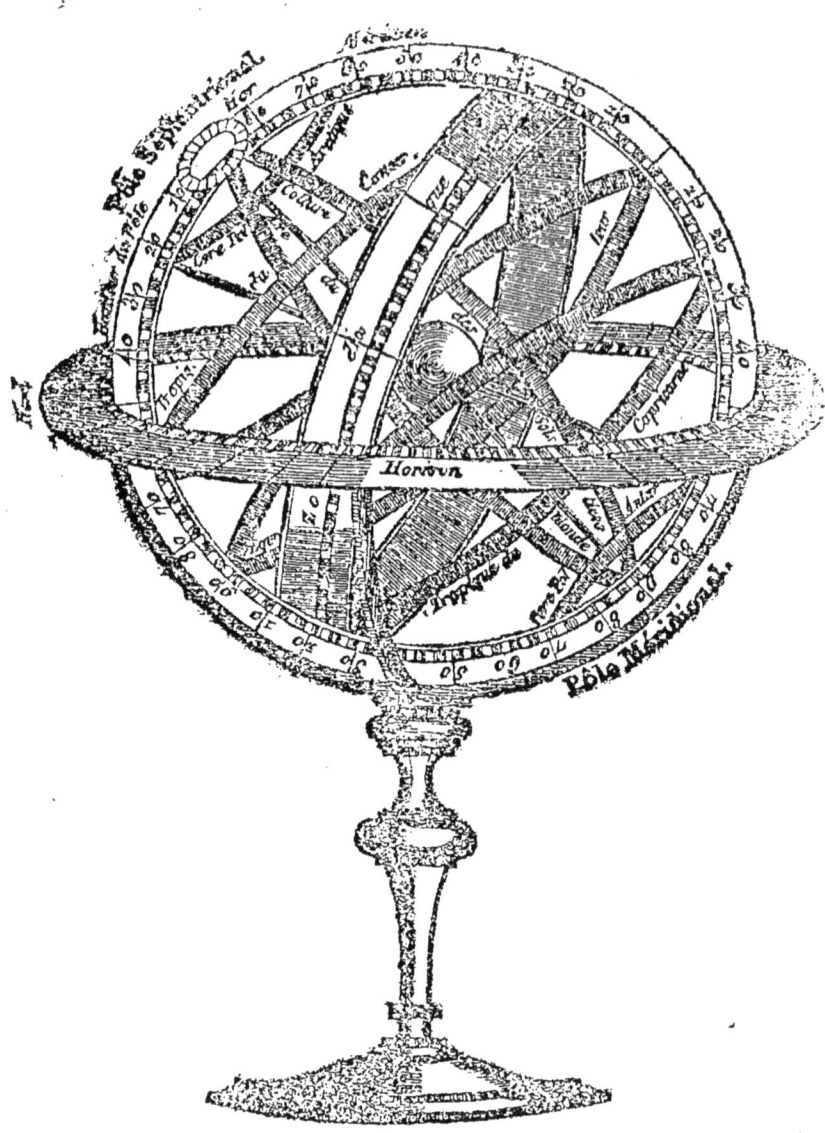

D. Qu'est-ce que l'équateur ?
R. L'équateur est un cercle qui partage le globe en deux portions égales ; il est éloigné de 90 degrés des extrémités de la terre ou pôles *. On l'appelle équateur, parce que, quand le soleil se trouve dans

* Voyez Géométrie, page 94.

ce cercle, il y a équinoxe par toute la terre, c'est-à-dire, égalité de jour et de nuit.

D. *Les pôles ne sont-ils pas désignés par des noms différens ?*

R. Oui, l'un s'appelle le pôle arctique, nom qui lui a été donné de deux constellations sous lesquelles il se trouve situé, qui sont un assemblage de plusieurs étoiles nommées par les Grecs *Arctos* ; expression qui répond à celle d'Ourse en français. L'extrémité de la terre opposée au pôle arctique, se nomme pôle antarctique.

L'équateur ou la ligne équinoxiale qu'on appelle encore simplement ligne, est donc un cercle que l'on conçoit sur la surface de la terre et qui répond à l'équateur du ciel : les pôles, comme nous l'avons dit, sont les deux points qui terminent les extrémités de son axe.

D. *Qu'est-ce que le méridien ?*

R. Le *méridien* est un grand cercle qui passe par les pôles du monde, et par le zénith et le nadir du lieu dont il est le méridien.

D. *Pourquoi nomme-t-on ce cercle méridien ?*

R. On l'appelle méridien, parce qu'il est midi pour tous ceux qui sont sous ce cercle, lorsque le soleil y passe sur l'horizon ; et minuit lorsqu'il y passe au-dessous de l'horizon.

D. *Quels sont les autres usages du méridien ?*

R. Le méridien coupe le monde en deux hémisphères, dont l'un est appelé oriental, l'autre occidental : l'oriental est celui où les astres se lèvent ; l'occidental, celui où ils se couchent.

Il sert encore à marquer la hauteur du pôle, c'est-à-dire, l'élévation du pôle au-dessus de l'horizon ; car, quand les pôles du monde ne sont point dans l'horizon, il y en a un au-dessus et l'autre au-dessous. L'élévation de celui qui est au-dessus se compte par le nombre de degrés que contient la partie du méridien qui est entre ce pôle et l'horizon.

D. *Comment détermine-t-on sur le globe terrestre et au moyen des degrés la position d'un point quelconque ?*

R. On part d'un méridien convenu, d'après lequel

on commence à compter les degrés sur l'équateur et en allant vers l'orient sur la circonférence du globe, jusqu'à ce que l'on soit revenu au point de départ.

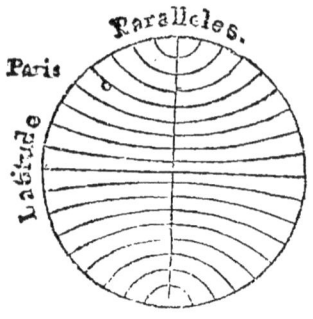

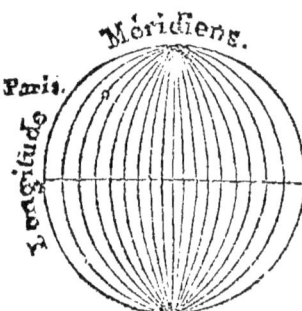

Il est indifférent de compter en degrés sur l'équateur ou sur tout autre cercle qui lui soit parallèle et qu'on divise en 360 degrés que l'on appelle *longitude*. Les degrés de *latitude* se comptent sur les méridiens en allant de l'équateur à l'un des pôles, et la latitude prend le nom de *septentrionale* ou *méridionale*, suivant le pôle vers lequel on s'est dirigé.

D. *Tous les lieux de la terre ont-ils le même méridien?*

R. Non : le méridien passant à la fois par les deux pôles du monde, et par le zénith et le nadir du lieu, il est clair qu'on peut aller d'un pôle à l'autre sans changer de méridien, mais qu'on ne peut faire un pas d'orient en occident ou d'occident en orient, sans en changer.

D. *Qu'est-ce que l'horizon ?*

R. L'horizon est le cercle qui sépare la moitié du ciel visible de l'autre moitié qui ne l'est pas. Il sert à marquer le lever et le coucher des astres. Le point de l'horizon auquel le soleil paraît répondre à l'instant de son lever, les jours des équinoxes, est ce qu'on appelle le vrai orient. Le point du même cercle diamétralement opposé se nomme l'occident vrai : ces deux points forment, avec le septentrion et le midi, les quatre points cardinaux.

Il y a autant d'horizons qu'il y a de points sur la superficie du globe terrestre : mais il faut qu'il y ait une certaine distance entr'eux, pour que leur différence soit sensible.

D. *Qu'est-ce que les tropiques ?*

R. Les *tropiques* sont deux petits cercles parallèles à l'équateur, et qui en sont éloignés de vingt-trois degrés et demi.

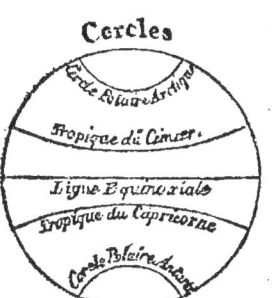

On voit par-là qu'ils touchent l'écliptique, l'un au commencement du Cancer, et on l'appelle le tropique du Cancer, l'autre au commencement du Capricorne, et on le nomme le tropique du Capricorne.

D. *Qu'est-ce que les cercles polaires ?*

R. On appelle ainsi deux petits cercles parallèles à l'équateur, éloignés chacun d'un des pôles du monde de 23 degrés et demi : celui qui est vers le pôle arctique est appelé cercle polaire arctique, l'autre s'appelle cercle polaire antarctique.

Les tropiques et les cercles polaires séparent le

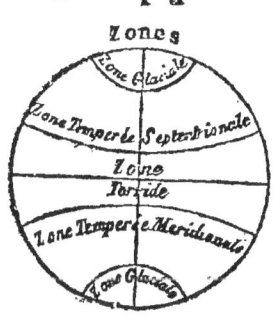

ciel en cinq bandes ou *zones*, dont une torride, deux tempérées et deux glaciales. On nomme zone torride ou brûlée, l'espace compris entre les deux tropiques ; ceux qui renferment les tropiques et les cercles polaires, s'appellent zones tempérées. Les zones glaciales sont comprises entre les cercles polaires et les pôles.

D. *Qu'est-ce que le zodiaque ?*

R. C'est une espèce de bande partagée dans sa largeur par un cercle appelé *écliptique*, dont le soleil ne s'écarte jamais et dont la circonférence est divisée comme celle du zodiaque en douze portions de 30 degrés, dont chacune renferme un signe ou constellation, et correspond à l'un des mois de l'année. Nous en avons parlé dans la *Cosmographie*, page 204.

(216)

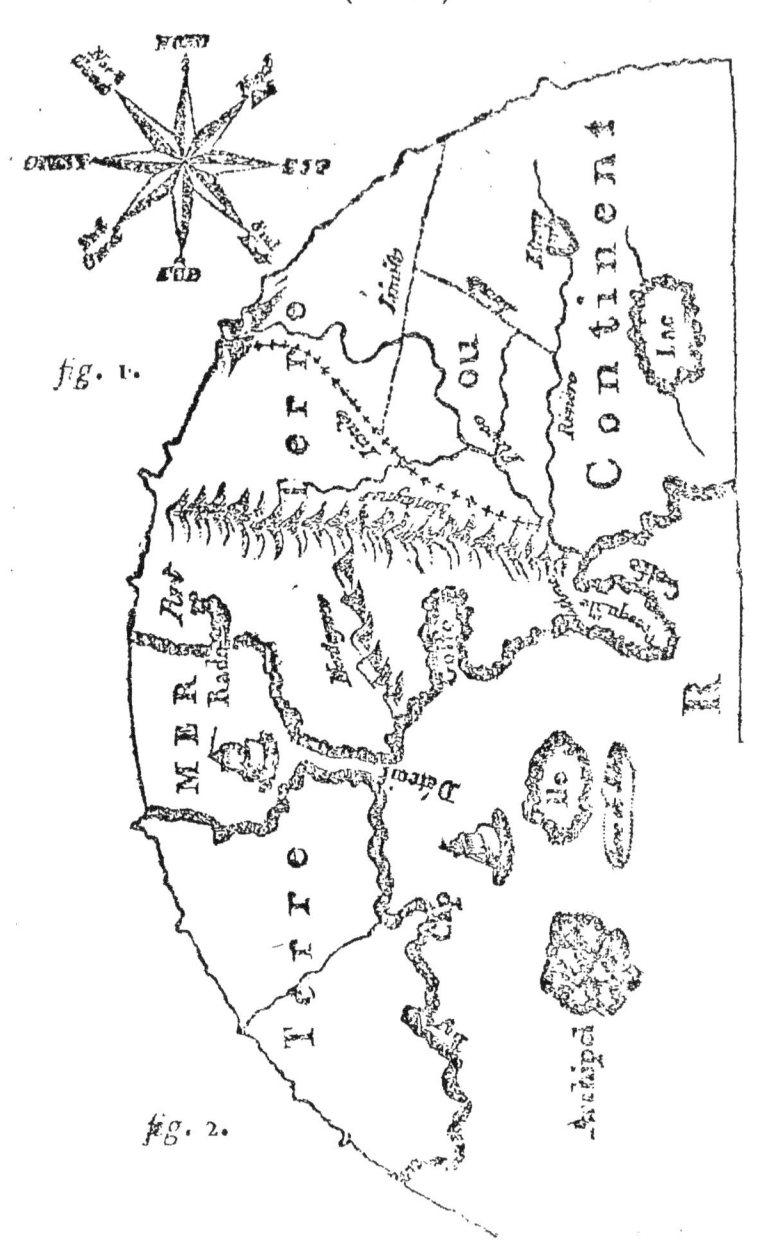

fig. 1.

fig. 2.

ABRÉGÉ

ABRÉGÉ
DE LA GÉOGRAPHIE
MODERNE.

CHAPITRE PRÉLIMINAIRE.

Des principaux Cercles de la Mappemonde et des quatre points cardinaux ; des termes qui appartiennent à la Géographie, et de la division du Globe terrestre.

D. Qu'est-ce que la Géographie ?
R. La Géographie est la description de la terre.
D. Quelle est la figure de la terre ?
R. La terre est ronde : sa surface est convexe et aplatie aux deux points directement opposés. Elle a la forme d'une boule ou d'un globe : aussi lui donne-t-on le nom de globe terrestre.
D. Qu'entendez-vous par cartes géographiques ?
R. Les cartes géographiques sont des dessins qui représentent les diverses parties et les divers lieux de la terre, dans des positions semblables à celles qu'ils occupent réellement sur la terre.
D. Combien y a-t-il de sortes de cartes géographiques ?
R. Il y en a de trois sortes ; la mappemonde, les cartes générales, les cartes particulières.
D. Qu'est-ce que la mappemonde ?
R. La *mappemonde* ou *planisphère*, est le globe aplati et coupé en deux hémisphères, ou moitié de sphère, par le premier méridien. Elle est partagée dans le milieu par une grande ligne qui est l'*équateur*.
D. Qu'est-ce que les cartes générales ?
R. Les cartes générales sont celles qui représentent ou une partie de la terre ou un grand état.

Abr. de Géogr. K

D. Qu'est-ce que les cartes particulières?

R. Les cartes particulières sont celles sur lesquelles on a tracé une province, un pays, un petit territoire, etc.

D. Quels sont les premiers points à considérer sur toute carte géographique?

R. Les quatre points cardinaux, savoir:

Le septentrion ou nord, le sud ou midi; l'est ou orient, l'ouest ou occident.

Ces points sont marqués sur les cartes, savoir: le nord en haut, le midi en bas, l'orient à droite et l'occident à gauche. Les plus remarquables après ceux-là, sont; le sud-est, le sud-ouest, le nord-est et le nord-ouest; page 216.

D. Qu'entendez-vous par s'orienter?

R. C'est reconnaître l'orient, et par conséquent les trois autres points cardinaux.

D. Comment s'oriente-t-on?

R. En se tournant vers le lieu où le soleil paraît se lever. On a alors l'occident derrière soi, le midi à droite et le nord à gauche.

D. La nuit, quel moyen a-t-on de s'orienter?

R. Il faut pour cela savoir trouver une étoile assez brillante, qui est située au nord, et qu'on appelle *Polaire*, parce qu'elle est près du pôle. En la regardant, on a le sud derrière soi, l'est à droite et l'ouest à gauche.

D. Qu'y a-t-il d'abord à considérer sur la surface du globe terrestre?

R. Deux grandes parties, la terre et l'eau.

D. N'y a-t-il pas de termes particuliers qui servent à exprimer les diverses modifications de ces deux grandes divisions?

R. Oui.

D. Quels sont ces termes?

R. Ce sont 1.° pour la terre, ceux de continent, île, presqu'île, isthme, cap, côte, montagne; 2.° pour l'eau, ceux d'archipel, golfe, rade, détroit, lac et rivière.

D. Qu'est-ce qu'un continent?

R. Un *continent*, qu'on appelle aussi *terre ferme*, est une grande portion de terre qui comprend plusieurs régions qui ne sont pas séparées par des mers.

D. Qu'est-ce qu'une île?

R. Une *île* est une portion de terre qui est entièrement entourée d'eau.

D. Qu'est-ce qu'une presqu'île?

R. Une *presqu'île* ou *péninsule* est une terre presqu'entourée d'eau.

D. Qu'est-ce qu'un isthme?

R. Un *isthme* est une portion de terre entre deux mers, qui unit un continent ou une presqu'île à la terre ferme.

D. Qu'est ce qu'un cap?

R. Un *cap* ou *promontoire* est une pointe de terre élevée qui s'avance dans la mer.

D. Qu'entendez-vous par côte?

R. J'entends par *côte* la partie de la terre qui est baignée par la mer.

D. Qu'est-ce qu'une montagne?

R. Une *montagne* est une masse de terre ou de roche, qui s'élève sur la surface du globe.

D. Qu'est-ce qu'un archipel?

R. Un *archipel* est une étendue de mer entrecoupée d'îles.

D. Qu'est-ce qu'un golfe?

R. Un *golfe* est un avancement considérable de la mer dans les terres.

D. Qu'est-ce qu'une rade?

R. Une *rade* est un endroit propre à jeter l'ancre, et où les vaisseaux sont à l'abri du vent.

D. Qu'est-ce qu'un détroit?

R. Un *détroit* est une portion de mer resserrée entre deux terres.

D. Qu'est-ce qu'un lac?

R. Un *lac* est une grande étendue d'eau douce et dormante qui ne tarit jamais, et qui n'a aucune communication avec la mer.

D. Qu'est-ce qu'une rivière?

R. Une *rivière* est une eau de source qui coule

toujours, jusqu'à ce quelle se jette dans une autre rivière ou dans la mer, et dans ce dernier cas on l'appelle *fleuve*.*

D. En combien de parties divise-t-on la terre?

R. En cinq parties : l'Europe, l'Asie, l'Afrique, l'Amérique et l'Océanie. Les trois premières forment ce qu'on appelle l'ancien continent : l'Amérique forme le nouveau, ainsi nommé, parce qu'il est moins anciennement connu. La Nouvelle-Hollande, qui est une grande île récemment découverte, et toutes les îles du grand Océan entre l'Asie et l'Amérique connues sous le nom de *Polynésie* forment la cinquième partie du monde appelée *Océanie*.

D. Combien distingue-t-on de sortes de mers?

R. Deux sortes; la mer extérieure et les mers intérieures.

D. Qu'est-ce que la mer extérieure?

R. La mer extérieure est celle qui environne les continens. Elle se divise en quatre grandes mers; savoir :

1.° L'Océan, qui est entre l'ancien et le nouveau continent, et dont la partie qui est à l'orient de l'Amérique a été nommée mer du nord, lors de la découverte de cette partie du monde.

2.° La mer des Indes, à l'orient de l'Afrique et au midi de l'Asie.

3.° La grande mer, vulgairement appellée mer du Sud, entre l'Asie orientale et l'Amérique occidentale.

4.° La mer glaciale arctique, au nord des deux continens.

D. Qu'est-ce que les mers intérieures?

R. Les mers intérieures sont celles qui sont situées ou qui entrent dans les terres.

Les principales mers intérieures sont,

En Europe.

La mer Méditerranée. = La mer Baltique.

---

* La plupart de ces objets sont représentés dans la figure page 216.

En Asie.

La mer Rouge, entre l'Afrique et l'Asie.
La mer Caspienne.

Dans l'Amérique septentrionale.

La mer Christiane, ou la baie d'Hudson.
Le golfe du Mexique entre l'Amérique septentrionale et l'Amérique méridionale.

CHAPITRE PREMIER.
DIVISION DE L'EUROPE.

D. Qu'est-ce que l'Europe ?

R. L'Europe est une des quatre parties du monde. C'est la plus petite quant à l'étendue ; mais elle est la plus considérable, tant par le nombre de ses habitans, que parce qu'elle est le centre des lumières, des arts, de la civilisation et du commerce.

D. Quelles sont les bornes de l'Europe ?

R. L'Europe est bornée, à l'occident et au nord, par l'Océan ; à l'Orient, par l'Asie, la mer d'Azow et par la mer Noire, et au midi par la mer Méditerranée qui la sépare de l'Afrique.

D. Comment se divise l'Europe ?

R. En seize parties : cinq vers le nord, les îles Britanniques ; les Etats de Danemarck, la Suède et la Norwège, la Russie et la Pologne ; six au milieu, la France, la Belgique, la Hollande, la Suisse, la Prusse, l'Autriche, et la Confédération Germanique ; cinq au midi, le Portugal, l'Espagne ; l'Italie, la Turquie d'Europe, et la Grèce.

D. Combien y a-t-il de sortes de gouvernemens en Europe ?

R. Il y en a de trois sortes ; savoir : 1.° le démocratique ou représentatif ; 2.° le despotique ; 3.° le monarchique.

D. Qu'est-ce que le gouvernement démocratique ?

R. Le gouvernement démocratique est celui où le peuple nomme ses représentans et ses magistrats, comme la Suisse, dite autrement la république Helvétique.

D. Qu'est-ce que le gouvernement despotique?

R. C'est celui où le souverain gouverne suivant sa volonté et sans être gêné par les lois, comme en Turquie, en Perse.

D. Qu'est-ce que le gouvernement monarchique?

R. C'est celui où le souverain gouverne, mais d'après les lois, comme en France, en Espagne, en Portugal, etc.

ARTICLE PREMIER. — DE LA FRANCE.

D. Qu'est-ce que la France?

R. Un royaume dont les limites sont: au nord, la Manche et les Pays Bas;; à l'ouest, l'Océan atlantique; au sud, l'Espagne et la Méditerranée; à l'est, le Rhin, la Suisse et les Alpes.

D. Quel est le gouvernement de la France?

R. Ce gouvernement est monarchique. C'est le plus ancien royaume de l'Europe.

D. Quels changemens politiques la France a-t-elle subis de 1790 à 1830?

R. En 1790, l'assemblée nationale supprima la division par provinces et partagea la France en 83 départemens. En 1792, la royauté fut abolie; Louis XVI, le plus vertueux des princes fut cruellement mis à mort; la France fut constituée en république. En 1804, Bonaparte qui en était alors premier consul fut proclamé empereur sous le nom de Napoléon; il ajouta de nouvelles conquêtes à celles faites avant lui, et son gigantesque empire comprenant outre la France, la Hollande, une partie de l'Italie et de l'Allemagne, fut alors divisé en 130 départemens.

D. Continuez l'exposé sommaire de la révolution française?

R. En 1814, les Bourbons qui pendant 1400 ans avaient gouverné la France, furent rétablis sur le trône, et de toutes les conquêtes de la république et de l'empire, la France ne conserva que le Comtat, Avignon et quelques enclaves. Une nouvelle révolution en 1830 enleva la couronne à la branche aînée des Bourbons et mit à sa place le duc d'Orléans, de la branche cadette.

D. Quels sont les principaux corps de l'État?

R. Les principaux corps de l'État sont la chambre des Pairs, et la chambre des Députés des départemens, qui, réunies avec le Roi forment le pouvoir législatif; le conseil d'état, la cour de cassation.

D. Comment la justice est-elle rendue en France?

R. La justice est rendue par des cours royales, qui connaissent des matières civiles et des matières criminelles.

D. Combien y a-t-il de cours royales?

R. Il y a vingt-sept cours royales, dont le siége est dans les villes suivantes : Agen, Aix, Ajaccio, Amiens, Angers, Besançon, Bordeaux; Bourges, Caen, Colmar, Dijon, Douai, Grenoble, Limoges, Lyon, Metz, Montpellier, Nancy, Nismes, Orléans, Paris, Pau, Poitiers, Rennes, Riom, Rouen et Toulouse. Chacune de ces cours a un ressort qui s'étend sur plusieurs départemens.

D. Comment se rend la justice dans les départemens où ne siégent pas les cours royales?

R. La justice y est rendue par des cours d'assises, qui sont convoquées quand le besoin l'exige, et présidées par un membre de la cour royale.

D. N'y a-t-il pas d'autres tribunaux?

R. Il y a encore des tribunaux de 1.re instance et de commerce, et des justices de paix. Les premiers connaissent des matières civiles; il y en a un à-peu-près dans chaque arrondissement de sous-préfecture. Les seconds ont été institués pour le jugement des affaires de commerce, tant de terre que de mer; enfin il y a dans chaque canton un juge de paix, dont les fonctions sont entr'autres, de concilier les parties, et de les inviter, en cas de non-conciliation, à se faire juger par des arbitres.

D. Quels sont les principaux fleuves de la France?

R. Il y en a quatre principaux : la Seine, la Loire, le Rhône, la Garonne.

D. Quel est le cours de la Seine?

R. Elle a sa source près Saint-Seine, dans le département de la Côte-d'Or, arrose les villes de Troyes, Melun, Paris et Rouen, et a son embouchure près du Hâvre-de-Grâce.

D. Quel est le cours de la Loire ?

R. Elle prend sa source dans le département de l'Ardêche, passe à Roanne, où elle commence à porter bateau, à Nevers, à Orléans, à Blois, à Tours, à Saumur, à Nantes, et se jette dans l'Océan.

D. Quel est le cours du Rhône ?

R. Il prend sa source au mont Saint-Gothard, en Suisse, traverse le lac de Genève, passe à Genève, à Lyon, où il reçoit la Saône, à Vienne, à Valence, à Avignon, à Beaucaire, à Tarascon et à Arles, et se jette dans la Méditerannée.

D. Quel est le cours de la Garonne ?

R. La Garonne prend sa source dans les Pyrénées, passe à Toulouse, à Agen, à Bordeaux, et après avoir reçu la Dordogne, elle prend le nom de Gironde, qu'elle conserve jusqu'à son embouchure dans l'Océan.

D. Quelles sont les plus hautes montagnes de la France ?

R. Les Alpes, qui la séparent de la Suisse, les Pyrénées, qui la séparent de l'Espagne; le Cantal, le Jura, les Vosges, etc., qui donnent leurs noms à divers départemens.

DIVISION DE LA FRANCE.

D. Comment divisait-on la France en 1789 ?

R. On divisait la France en trente-deux grands gouvernemens, dont huit au nord, treize dans le milieu et onze au midi. Il y avait en outre huit petits gouvernemens qui ne renfermaient pour la plupart qu'une ville.

D. Nommez les huit grands gouvernemens du nord avec leurs capitales.

R. Les huit grands gouvernemens du nord étaient,

Provinces.	Capitales.	Provinces.	Capitales.
1. La Flandre française,	Lille.	5 L'Isle de France,	Paris.
2 L'Artois,	Arras	6. La Champagne,	Troyes.
3. La Picardie,	Amiens	7. La Lorraine,	Nancy
4. La Normandie,	Rouen	8. L'Alsace,	Strasbourg.

D. Nommez les treize grands gouvernemens du milieu avec leurs capitales.

R. Les treize du milieu étaient :

1. La Bretagne,	Rennes.	8. La Bourgogne,	Dijon.
2. Le Maine.	Le Mans.	9. La Franche-Comté.	Besançon.
3. L'Anjou,	Angers.	10. Le Poitou,	Poitiers.
4. La Tourraine,	Tours.	11. L'Aunis,	La Rochelle.
5. L'Orléanais,	Orléans.	12. La Marche,	Guéret.
6. Le Berry,	Bourges.	13. Le Bourbonnais,	Moulins.
7. Le Nivernais,	Nevers.		

D. Nommez les onze grands gouvernemens du midi avec leurs capitales ?

Les onze du midi étaient :

Provinces.	Capitales.	Provinces.	Capitales.
1. La Saintonge et l'Angoumois,	Saintes.	6. La Guyenne,	Bordeaux.
2. Le Limousin,	Limoges.	7. Le Béarn,	Pau.
3. L'Auvergne,	Clermont.	8. Le Comté de Foix,	Foix.
4. Le Lyonnais,	Lyon.	9. Le Roussillon,	Perpignan.
5. Le Dauphiné,	Grenoble.	10. Le Languedoc,	Toulouse.
		11. La Provence,	Aix.

Les huit petits gouvernemens étaient :
1. Paris, dans l'Isle de France.
2. Le Boulonnais, en Picardie.
3. Le Hâvre-de-Grâce, en Normandie.
4. Saumur avec le Saumurois, entre l'Anjou et le Poitou.
5. Metz et Verdun, } en Lorraine.
6. Toul et le Toulois.
7. Sedan, entre la Lorraine et la Champagne.
8. L'Isle de Corse.

D. La France ne possède-t-elle pas en outre des colonies hors de l'Europe.

R. Oui ; elle en a dans les trois autres parties du monde ; ces colonies avaient été prises en grande partie par les Anglais, qui les ont rendues au Roi de France, en vertu des traités de paix.

D. Nommez les colonies d'Amérique ?

R. Saint-Domingue, la Martinique, la Guadeloupe, Cayenne. En 1825 Charles X, roi de France, a reconnu et proclamé l'indépendance de la première.

D. Nommez les colonies d'Afrique ?

R. Gorée et le Sénégal, l'Isle de Bourbon, Alger, glorieusement conquis en 21 jours par les armées de

Charles X, et quelques jours avant que ce prince descendit du trône.

D. Nommez les colonies d'Asie?

R. Pondichéry, Chandernagor.

On trouvera la description de ces colonies dans la partie du monde où elles sont situées.

D. Comment a-t-on divisé le territoire de la France?

R. Le territoire de la France est actuellement divisé en portions de territoire à-peu-près égales, qu'on nomme départemens. Chaque département se subdivise en arrondissemens de sous-préfecture; chaque arrondissement en cantons ou justices de paix; chaque canton, en communes.

D. Combien y a-t-il de départemens dans le territoire français?

R. Il y en a quatre-vingt-six.

D. Comment sont-ils administrés?

R. L'administration de chaque département est confiée à un préfet, celle de chaque arrondissement à un sous-préfet; il y a pour chaque commune un maire, un ou plusieurs adjoints, un conseil municipal.

D. N'y a-t-il pas de plus grandes divisions?

R. Oui; les quatre-vingt-six départemens ont été distribués en divisions militaires, en cohortes de la légion d'honneur. Il y a en outre, comme nous l'avons déjà dit, 27 cours royales, dont chacune a plusieurs départemens dans son ressort. Enfin, il y a des archevêchés et des évêchés, dont chacun a des portions de département, un département, ou même plusieurs départemens dans sa circonscription.

D. Nommez les quatre-vingt-six départemens, suivant leurs différentes situations?

Pour plus de facilité, je les divise en trois parties, celle du nord, du milieu, du midi.

Voici leurs noms, en commençant par la partie du nord.

La partie du nord contient les départemens suivans:

Nord.	Bas-Rhin.	Ardennes.	Côtes-du-Nord.
Pas-de-Calais.	Manche.	Moselle.	Orne.
Somme.	Calvados.	Marne.	Seine-et-Oise.
Seine-inférieure.	Oise.	Meuse.	Seine.
Meurthe.	Aisne.	Eure.	Seine-et-Marne.

La partie du milieu contient les départemens suivans :

Finistère.	Loir-et-Cher.	Haute-Saône.	Haute-Vienne.
Morbihan.	Loiret.	Doubs.	Creuse.
Isle-et-Vilaine.	Cher.	Haut-Rhin.	Allier.
Loire-Inférieure.	Aube.	Vendée.	Puy-de-Dôme.
Mayenne.	Yonne.	Deux-Sèvres.	Saône-et-Loire.
Maine-et-Loire.	Nièvre.	Vienne.	Jura.
Sarthe.	Haute-Marne.	Charente-Infé.	Loire.
Indre-et-Loire.	Côte-d'Or.	Charente.	Rhône.
Eure-et-Loir.	Vosges.	Indre.	Ain.

La partie du midi contient les départemens suivans :

Dordogne.	Lot-et-Gar.ne	Bouches-du-Rhône.	Landes.
Corrèze.	Lot.	Hautes-Alpes.	Gers.
Cantal.	Aveyron.	Basses-Alpes.	Tarn-et-Gar.
Haute-Loire.	Lozère.	Var.	Aude.
Ardèche.	Tarn.	Basses-Pyrénées.	Pyrénées-
Drôme.	Hérault.	Hautes-Pyrénées.	Orientales.
Isère.	Gard.	Haute-Garonne.	Corse.
Gironde.	Vaucluse.	Ariége.	

D. Faites la description du département de l'Ain.

R. Ce département est situé dans la partie du milieu, est borné par ceux de Saône-et-Loire, du Jura, de l'Isère et du Rhône ; *Bourg* en est le chef-lieu.

D. Combien renferme-t-il d'arrondissemens de sous-préfectures ?

R. Quatre, dont les chefs-lieux sont :

Bourg, chef-lieu de préfecture, trib. de première inst., à 43 myriamètres (97 lieues) de Paris. 8,424 h.

Nantua, trib. de première inst. ; *Belley*, trib. de première inst. évêch. ; *Trévoux*, trib. de première inst.

D. Que produit ce département ?

R. Du bois, des grains, du maïs ou blé de Turquie : pop. 341,354 habitans. Il y a des étangs poissonneux.

D. De quelles provinces est-il formé ?

R. De la Bresse, du Bugey, du Valromey et de la principauté de Dombes.

2. Le département de l'*Aisne*, (1) situé dans la partie du nord, est borné par ceux du Nord, des

---

(1) On a cru inutile de répéter ces demandes à chaque département. *tr* indique le tribunal de 1re instance ; *ass* celui des assises.

Ardennes, de la Marne, de Seine-et-Marne, de l'Oise et de la Somme; il a 5 arrondissemens de sous-préfectures, dont les chefs-lieux sont :

Laon, chef-lieu de préfecture, tr. ass., à 13 myriamètres (33 lieues de Paris). Cette ville bâtie en pierre, calcaires sur les ruines de l'ancienne Bibrax, est située sur une montagne. On y jouit d'une belle vue et d'un air très-vif. Les cailloux et les sables de son territoire servent à fabriquer des glaces à Saint-Gobin. Population 7,358 habitans.

Soissons, sur l'Aisne, évêché, tr. — *Château-Thierri*, tr. — *Saint-Quentin*, place forte sur l'Oise, tr. — *Vervins*, tr.

Ce département produit beaucoup de grains et de fruits: population 489,561 habitans. (Il est formé du Soissonnais, du Bauvoisis et du Vexin français).

3. Le département de l'*Allier*, situé dans la partie du milieu, est borné par ceux du Cher, de la Nièvre, de Saône-et-Loire, de la Loire, du Puy de-Dôme, et de la Creuse, il a 4 arrondissemens de sous-préfectures, dont les chefs-lieux sont :

Moulins, sur l'Allier, chef-lieu de préfecture, évêché, collége royal, à 29 myriam. (75 l. de Paris, tr. ass. 14,525 habitans; batie depuis le XIVe siècle, cette ville est agréablement située dans une plaine fertile sur une grande rivière, et bien placée pour le com- Elle possède une fontaine d'eau minérale, une charmante promenade le long de l'Allier, et un beau pont.

Montluçon, tr. — *Gannat*, *La Palisse*, tr.

Ce département est fertile en grains, en vins, et en bois; on y fait commerce de bœufs, porcs et poissons; il y a des forges et des filatures de lin et chanvre : population 286,377 habitans. (Partie du Bourbonnais).

4. Le département des *Alpes* (*Basses*), situé dans la partie du midi, est borné par le département des Hautes-Alpes, par les Alpes et par les départemens du Var, de Vaucluse et de la Drôme; il prend son nom des Alpes qui le séparent du Piémont et a 5 arrondissemens de sous-préfectures, dont les chefs lieux sont :

Digne, chef-lieu de préfecture, évêché, tr. ass. ; à 75 myriam. et demi (193 l.) de Paris. 3,955 hab. Cette ville a des eaux minérales très-réputées.

Barcelonette, tr. — *Castellane*, tr. — *Sisteron*, tr. — *Forcalquier*, tr.

Ce département produit du blé, des fruits, et même du vin: pop. 153,063 hab. (Partie de la Provence).

5. Le département des *Alpes (Hautes)*, situé dans la partie du midi, est borné par ceux de l'Isère, des Basses-Alpes et de la Drôme. Il a 3 arrondissemens de sous-préfectures, dont les chefs-lieux sont:

Gap, chef-lieu de préfecture, évêché, tr. ass., à 66 myriamètres et demi (169 lieues) de Paris. Cette ville mal bâtie est située au pied d'une montagne, où il y a des eaux minérales pour la fièvre tierce. Son territoire est couvert de montagnes et ses vallées produisent de bons paturages. 7,015 habitans.

Briançon, tr. *Embrum*, tr.

Ce département est fertile en bois et en pâturages, mais il produit peu de blé, il y a quelques mines de fer, de cuivre et de plomb: population 125,329 habitans. (Partie du Dauphiné.)

6. Le département de l'*Ardèche*, situé dans la partie du midi, est borné par ceux de la Loire, de l'Isère, de la Drôme, du Gard, de la Lozère et de la Haute-Loire. Il a 3 arrondissemens de sous-préfectures, dont les chefs-lieux sont:

Privas, préfecture, tr. ass., à 61 myriamètres et demi (155 lieues) de Paris : populat. 4,199 habitans.

Tournon fameux collége, dirigé autrefois par des Oratoriens, maintenant collége royal, tr.

L'Argentière, tr. = *Viviers*, évêché.

Ce département produit de bons vins: population 328,399 hab. (Partie du Languedoc et du Vivarais).

7. Le département des *Ardennes*, situé dans la partie du nord, est borné par ceux de la Meuse, de la Marne et de l'Aisne. Il a 5 arrondissemens de sous-préfectures, dont les chefs-lieux sont :

Mézières, préfecture, tr., à 23 myriamètres et demi (59 lieues) de Paris : populat. 4,159 habitans.

Rocroy, tr. — *Rethel*, tr. — *Sédan*, renommé pour ses draps, tr. — *Vouziers*, tr.

Ce département est fertile en bois, en blé et en pâturages; il y a des mines de fer, on y fait commerce de clous et autres objets de ferronnerie: popul. 281,084 habitans. (Partie de la Champagne et pays adjacens.)

8. Le département de l'*Ariège*, situé dans la partie du midi, est borné par ceux de la Haute-Garonne, de l'Aude, des Pyrénées-Orientales, et par les Pyrénées. Il est divisé en 3 arrondissemens de sous-préfectures, dont les chefs-lieux sont :

Foix, préfecture, tr. ass., à 75 myriamètres et demi (193 lieues) de Paris : popul. 3,843 habitans.

Pamiers : évêché, tr., sur l'Ariége qui donne son nom à ce département. — *Saint-Girons*, tr.

Ce département ne produit guère que des pâturages et des mulets assez estimés, popul. 207,294 habitans. (partie du Languedoc, Couserans et pays de Foix.)

9. Le département de l'*Aube*, situé dans la partie du milieu, est borné par ceux de l'Aisne, de la Marne, de la Haute-Marne, de la Côte-d'Or, de l'Yonne et de Seine-et-Marne. Il est divisé en 5 arrondissemens de sous-préfectures, dont les chefs-lieux sont :

Troyes, préfecture, évêché, tr. ass., à 16 myriamètres (40 lieues) de Paris ; Cathédrale et hôpital remarquables, commerce actif, fabriques d'amidon et de blanc dit de *Troyes* : population 25,587 habitans.

Arcis-sur-Aube, tr. — *Bar-sur-Aube*, tr. — *Bar-sur-Seine*, tr. — *Nogent-sur-Seine*, tr.

Ce département produit des grains et des vins, la partie nord est stérile, celle du sud très-fertile : population 241,803 habit. (Partie de la Champagne).

10. Le département de l'*Aude*, situé dans la partie du midi, est borné par ceux du Tarn et de l'Hérault, par la Méditerranée ; par les départemens des Pyrénées-Orientales, de l'Arriége et de la Haute-Garonne. Il est divisé en 4 arrondissemens de sous-préfectures, dont les chefs-lieux sont :

Carcassonne, préfecture, évêché, tr. ass., à 76 myriam. et demi (196 l.) de Paris ; cette ville est partagée en haute et basse pas l'Aude ; la dernière est bien bâtie : population 17,755 habitans.

Narbonne, tr.--*Castelnaudary*, tr.--*Limoux*, tr.

Le sol de ce département est calcaire ; il est fertile en grains, en vins, en olives, et en mûriers. Il s'y fait un grand commerce ; fabriques de draps, ouvrages de jaïet : population 265,991 habitans. (Partie du Languedoc).

11. Le département de l'*Aveyron*, situé dans la partie du midi ; est borné par ceux du Cantal, de la Lozère, du Gard, de l'Hérault, du Tarn, de Tarn-et-Garonne et du Lot. Il est divisé en 5 arrondissemens de sous-préfectures, dont les chefs-lieux sont :

Rodez, sur l'Aveyron, préf., évêché, tr. ass., collége royal, à 69 myr. (177 l.) de Paris : pop. 7,747 h.

Espalion, tr. — *Milhaud*, tr. — *Saint-Afrique*, tr. — *Villefranche*, tr.

Ce département très-montagneux et peu fertile abonde en pâturages, en fruits et en bestiaux. On y trouve du fer, du cuivre rouge, du vitriol, du souffre, de l'alun et des marbres : popul. 350,086 habit. (Le Rouergue).

12. Le département des *Bouches-du-Rhône*, situé dans la partie du midi, est borné par ceux du Gard, de Vaucluse et du Var, et par la Méditerranée. Il est divisé en 3 arrondissemens de sous préfectures, dont les chefs-lieux sont :

Marseille, très-belle ville et port, préf.; évêché, collége royal, tr., à 81 myriamètres (208 lieues) de Paris ; cette ville fait un grand commerce, surtout avec le levant, l'Espagne et l'Afrique; pop. 115,943 h.

Aix, archevêché, cour royale, tr. ass.— *Tarascon*, tr. — *Arles*, qui a de belles antiquités, tr.

Ce département produit l'olivier, le figuier, l'amandier, l'oranger, le citronier, le grenadier, etc. Il y a des fabriques de savon, des manufactures de tapisseries et des tanneries : on y travaille le corail : population 325,302 habitans. (Partie de la Provence).

13. Le département du *Calvados*, situé dans la partie du nord, est borné par la Manche et par les

départemens de l'Eure, de l'Orne et de la Manche. Il est divisé en 6 arrondissemens de sous-préfectures, dont les chefs-lieux sont :

Caen, préfecture, cour royale, collége royal, tr., à 26 myriamètres et demi (67 lieues) de Paris. Industrie, manufacture très-active : pop. 38,000 habitans.

Bayeux, évêché, tr. — *Pont-l'Evêque*, tr. — *Lisieux*, tr. — *Falaise*, tr. — *Vire*, tr.

Ce département abonde surtout en pâturages ; il produit beaucoup de pommes : popul. 490,926 habit.

Il prend son nom des rochers qui se trouvent dans la mer près de l'embouchure de l'Orne, et fournissent beaucoup de poissons et de coquillages. (Partie de la Normandie.)

14. Le département du *Cantal*, situé dans la partie du midi, est borné par ceux du Puy-de-Dôme, de la Haute-Loire, de la Lozère, de l'Aveyron, du Lot et de la Corrèze. Il est divisé en 4 arrondissemens de sous-préfectures, dont les chefs-lieux sont :

Aurillac, préfecture, tr., à 54 myriamètres (133 lieues) de Paris : population 9,576 habitans.

Saint-Flour, évêché, tr. ass. — *Mauriac*, tr. — *Murat*, tr.

Ce département ne produit que du bétail et d'excellens pâturages ; il est d'ailleurs fort pauvre : popul. 268,104 habitans. (Auvergne.)

Il tire son nom du Mont-*Cantal* qui en occupe à peu-près le centre. On évalue à 10,000 le nombre d'habitans qui émigrent chaque année et vont exercer leur profession dans tout le royaume.

15. Le département de la *Charente*, ainsi appelé de la rivière qui l'arrose, est situé dans la partie du milieu ; il est borné par ceux des Deux-Sèvres, de la Vienne, de la Haute-Vienne, de la Dordogne, et de la Charente-Inférieure. Il est divisé en 5 arrondissemens de sous-préfectures, dont les chefs-lieux sont :

Angoulême, préfecture, évêché, tr. ass., à 45 myr. et demi, (116 lieues de Paris : pop. 15,306 habitans.

Ruffec, tr. — *Confolens*, tr. — *Barbesieux*, tr.

Cognac, sur la Charente, tr. Il s'y fait un commerce considérable d'eau-de-vie.

Ce département produit du grain, du vin, et beaucoup de gibier; les truffes y abondent et forment un objet important de commerce; on y fabrique de gros draps, des serges et du papier: il y a des fonderies de fer: population 353,653 habit. (Angoumois et partie de la Saintonge.)

16. Le département de la *Charente-Inférieure*, situé dans la partie du milieu, est borné par ceux de la Vendée, des Deux-Sèvres, de la Charente, de la Dordogne, de la Gironde, et par l'Océan. Il est divisé en 6 arrondissemens de sous-préfectures, dont les chefs-lieux sont:

La Rochelle; préfect., port de mer, évêché, tr., à 47 myriamètres (120 lieues) de Paris: population 14,073 habitans.

Saintes, collége royal, tr. ass.,— *Rochefort*, port célèbre par son arsenal, tr., — *Saint-Jean-d'Angely*, tr., — *Jonsac*, tr. —— *Marennes*, tr.

Il tire son nom du cours de la Charente qui prend sa source dans le depart. de la Haute-Vienne, coule d'abord dans celui de la Charente, entre dans celui de la Vienne pour rentrer dans celui de la Charente, et traverse celui de la Charente-inférieure.

Les îles de *Rhé* et d'*Oléron* sont vers les côtes de ce départem.; la première au nord et la seconde au sud.

Ce département produit du vin, du chanvre et du lin; il s'y fait un grand commerce d'eau de vie: pop. 424,157 habitans. (L'Aunis et partie de la Saintonge.).

17. Le département du *Cher*, ainsi nommé de la rivière qui l'arrose, est situé dans la partie du milieu, et borné par ceux du Loiret, de la Nièvre, de l'Allier, de l'Indre, d'Indre-et-Loire. Il est divisé en 3 arrondissemens de sous-préfect., dont les chefs-lieux sont:

Bourges, préfecture, archevêché, cour royale, collége royal, tr., à 23 myriamètres et demi (59 lieues) de Paris: La cathédrale offre un des plus beaux morceaux d'architecture gothique de l'Europe. pop. 19,500 habitans.

Sancerre, tr. —— *Saint-Amand*, tr.

Ce département produit du chanvre, du lin, des

bestiaux, du bois, des châtaigners : popul. 243,501 habitans. (Partie du Berry).

18. Le département de la *Corrèze*, qui tire son nom d'une rivière qui y prend sa source, est situé dans la partie du midi, et borné par ceux de la Haute-Vienne, de la Creuse, du Puy-de-Dôme, du Cantal, du Lot et de la Dordogne. Il est divisé en 3 arrondissemens de sous-préfectures, dont les chefs-lieux sont :

Tulle, préfecture, évêché, tr. ass., à 46 myriam. (118 lieues) de Paris. Cette ville est batie entre plusieurs vallons resserrés ; plusieurs de ses rues sont adossées contre des rochers et des côtes escarpées, ce qui en rend l'aspect peu agréable et la circulation difficile : population 8,479 habitans

Ussel, tr. — *Brives*, tr.

Ce département produit du vin, du marbre, de l'ardoise : population 284,879 hab. (Partie du Limousin.)

19. Le département de la *Corse* est formé de l'île de ce nom, situé dans la mer Méditerranée. Il est divisé en 5 arrondissemens de sous-préfectures, dont les chefs-lieux sont :

Ajaccio, préfecture, évêché, cour royale, tr. : Patrie de Napoléon Buonaparte et de ses frères. population 7,658 habitans.

Sartenne. tr. — *Bastia*, tr. — *Calvi*, tr. — *Corté*, tr.

Le climat de la Corse est assez salubre, à l'exception des terrains bas, où la stagnation des eaux produit pendant les chaleurs un air très mal sain ; mais mille plantes salutaires et odoriférantes, qui croissent à l'envi dans les charmantes vallées de cette île, purifient l'atmosphère. La Corse quoique en général peu fertile et mal cultivée, produit du blé, du vin, des fruits, de l'huile, de la soie. Elle a de belles forêts, des mines et des carrières. La pêche y est très abondante. Population 184,936 habit.

20. Le département de la *Côte-d'Or*, ainsi nommé d'une chaîne de collines couvertes de riches vignobles, situé dans la partie du milieu, est borné par ceux de l'Aube, de la Haute-Marne, de la Haute-Saône,

du Jura, de Saône-et-Loire, de la Nièvre et de l'Yonne. Il est divisé en 4 arrondissemens de sous-préfectures, dont les chefs-lieux sont :

Dijon, préfecture, évêché, cour royale, collège royal, tr., à 30 myriamètres et demi (78 lieues) de Paris : population 25,552 habitans.

Chatillon, tr. — *Beaune*, d'où l'on tire de très-bon vin, tr. — *Sémur*, tr.

Ce département produit d'excellent vin, des grains, des fruits ; on y trouve des mines de fer. Population 372,029 habit. (Partie de la Bourgogne.)

21. Le département des *Côtes-du-Nord*, situé dans la partie du nord, est borné par l'Océan et par les départemens d'Ille-et-Vilaine, du Morbihan et du Finistère. Il est divisé en 5 arrondissemens de sous-préfectures, dont les chefs lieux sont :

Saint-Brieux, préf., évêché, tr. ass., à 44 myr. et demi (114 lieues) de Paris : pop. 10,360 habitans. — *Dinan*, tr. — *Loudéac*, tr. — *Guinguamp*, tr.

Ce département qui tire son nom des côtes septentrionales de la Bretagne qui le bordent dans sa longueur, est fertile en grains, chanvre, lin, miel, et en excellens pâturages, population 581,684 habitans. (Partie de la Bretagne.)

22. Le département de la *Creuse*, situé dans la partie du milieu, est borné par ceux de l'Indre, de l'Allier, du Puy-de-Dôme, de la Corrèze et de la Haute-Vienne. Il est divisé en 4 arrondissemens de sous-préfectures, dont les chefs-lieux sont :

Guéret, préfecture, tr. ass., à 42 myriamètres (110 lieues) de Paris : population 3,448 habitans.

Boussac, le tr. de prem. instance est à Chambon.

Bourganeuf, tr. — *Aubusson*, célèbre par ses manufactures de tapisseries, tr. — *Cambon*, tr.

L'habitant est pasteur, ouvrier à journée et manufacturier. La principale richesse du pays consiste dans l'émigration d'environ d'environ 20,000 ouvriers qui chaque année se répandent dans toute la France et reviennent à l'approche de l'hiver jouir dans leur foyer du fruit de leurs travaux. Population 248,932 habit. (Haute-Marche et pays circonvoisins.)

23. Le département de la *Dordogne*, situé dans la partie du midi, est borné par les départemens de la Charente, de la Haute-Vienne, de la Corrèze, du Lot, de Lot-et-Garonne, de la Gironde et de la Charente-Inférieure. Il est divisé en 5 arrondissemens de sous-préfectures, dont les chefs-lieux sont :

Périgueux, préfecture, évêché, tr. ass., à 47 myriam. un quart (121 l. de Paris : pop. 11,300 habitans.

Nontron, tr. — *Sarlat*, tr. — *Bergerac*, tr. — *Riberac*, tr.

Ce département a des mines de fer et de cuivre, et produit d'assez bons vins ; on y trouve des châtaignes, des noix, et des truffes qui sont fort estimées. Il tire son nom de la Dordogne qui se forme dans le départ. du Puy-de-Dôme, de la réunion de deux ruisseaux nommés la *Dor* et la *Dogne* elle arrose la Corrèze, le Lot, la Dordogne et la Gironde où elle se réunit à la Garonne pour former la Gironde. Population 463,578 habitans. (Périgord).

24. Le département du *Doubs*, ainsi appelé de la rivière de ce nom : situé dans la partie du du milieu, est borné par ceux de la Haute-Saône, du Haut-Rhin, par la Suisse et le département du Jura. Il est divisé en 4 arrondissemens de sous-préfectures, dont les chefs-lieux sont :

Besançon ; ville forte, préf., arch., cour royale, collége royal, tr. à 39 myriamètres et demi (101 l.). de Paris : population 28,795 habitans.

Beaume, tr. — *Montbéliard*, tr. — *Pontarlier*, tr.

Ce département est peu fertile en grains ; il produit des bois de bonne qualité ; il y a des mines de fer et des forges. L'industrie consiste en manufactures considérables d'horlogerie, fabriques de draps, toiles, hauts-fourneaux, forges nombreuses. Popul. 254,314 habitans. (Franche-Comté).

25. Le département de la *Drôme*, situé dans la partie du midi, tire son nom d'une rivière qui prend sa source dans les Alpes, il est borné par ceux de l'Isère, des Hautes-Alpes, des Basses-Alpes, de Vaucluse et de l'Ardèche. Il est divisé en 4 arrondisse-

mens de sous-préfectures, dont les chefs-lieux sont :

Valence, sur le Rhône, préfecture, évêché, tr. ass., à 56 myriam. (144 lieues) de Paris : la Cathédrale est décorée d'un monument élevé à la mémoire de Pie VI qui termina ses jours à Valence, dans la captivité, en 1799. Population 12,683 habit.

Die, tr. — *Nions*, tr. — *Montélimart*, tr.

Ce département produit des grains et de bons pâturages, on y fabrique des serges et des ratines; il y a des manufactures de savon. (Partie du Dauphiné.) population 284,791 habit.

26. Le département de l'*Eure*; situé dans la partie du nord, est borné par ceux de la Seine-Inférieure, de l'Oise, de Seine-et-Oise, d'Eure-et-Loir, de l'Orne et du Calvados. Il est divisé en 5 arrondissemens de sous-préfectures, dont les chefs-lieux sont:

Evreux, préfecture, évêché, tr. ass., à 10 myriamètres et demi (26 lieues) de Paris : popul. 9,729 habit.

Pont-Audemer, tr. — *Louviers*, célèbre par ses manufactures de draps, tr. — *Les Andelys*, tr. — *Bernay*, tr.

Ce département abonde en grains, en bois et en fruits, en poires et en pommes; on y fait un grand commerce. Entr'autres curiosités, on voit dans les jardins de Gaillon une fontaine en forme de grotte, ornée de stalactites et de congélations tombant en forme de cul-de-lampe : cette fontaine pétrifie tout ce qu'on y jette: population 421,665 habit. (Partie de la Normandie.)

27. Le département d'*Eure-et-Loir*, situé dans la partie du milieu, est borné par ceux de l'Eure, de Seine-et-Oise, du Loiret, du Loir-et-Cher, de la Sarthe et de l'Orne. Il est divisé en 4 arrondissemens de sous-préfectures, dont les chefs-lieux sont :

Chartres, sur l'Eure, préf. évêché, tr. ass., à 9 myriam. un quart (24 lieues de Paris) : on admire sa Cathédrale. Ses deux clochers sont regardés comme les plus précieux morceaux d'architecture gothique. Le plus haut s'élève de 60 toises au-dessus du sol. Le souterrain qui est au-dessous a servi à ce que l'on croit aux assemblées des Druides. Population 13,703 habit.

Nogent-le-Rotrou, tr. — *Chateaudun*, sur le Loir, tr. — *Dreux*, tr.

Ce département est fertile en grains, en pâturages et en fruits; on y fait commerce de bestiaux : population 278,215 habit. (Le pays Chartrain.)

28. Le département du *Finistère*, situé dans la partie du milieu, est borné par l'Océan et par le département des Côtes-du-Nord et du Morbihan. Il est divisé en 5 arrondissemens de sous-préfectures, dont les chefs-lieux sont :

Quimper, préfecture, évêché, tr. ass., à 62 myriamètres un quart (159 lieues de Paris) : commerce, bestiaux, grains, lin, toiles : population 9,693 ha.

Brest, port de mer, célèbre par son arsenal, tr. — *Morlaix*, tr. — *Chateaulin*, tr. — *Quimperlé*, tr.

Ce département produit du blé, du lin, du chanvre et des légumes, des ardoises et du plomb : il comprend 12,770 hectares de forêts; ses côtes sont hérissées de masses de granit d'une hauteur considérable. Les brouillards y sont fréquents, et la côte éprouve souvent des tempêtes : popul. 502,831 habit. (Partie de la Bretagne).

29. Le département du *Gard*, situé dans la partie du midi, est borné par ceux de la Lozère, de l'Ardèche, de Vaucluse, des Bouches-du-Rhône, la Mer Méditerrannée, les départemens de l'Hérault et de l'Aveyron. Il est divisé en 4 arrondissemens de sous-préfectures dont les chefs-lieux sont :

Nîmes, préfecture, évêché, cour royale, collège royal, tr., à 70 myriamètres un quart (180 lieues) de Paris : cette ville est remplie d'antiquités. On y voit la *Maison carrée*, les *Arènes*, la *Porte de César*, une fontaine creusée dans le roc par la nature, en cone renversé, le *Temple de Diane* et la *Tour-Magne*. Nîmes est la patrie de l'Empereur Antonin : pop. 39,068 h.

Alais, tr. — *Uzès*, tr. — *Le Vigan*, tr.

Ce département produit des oliviers en abondance,

on y recueille aussi de bons vins: population 347,550 habit. (Partie du Languedoc).

30. Le département de la *Haute-Garonne*, situé dans la partie du midi, est borné par ceux du Tarn-et-Garonne, Tarn, Aude, Arriége, les Pyrénées, les départemens des Hautes-Pyrénées et du Gers. Il est divisé en 4 arrondissemens de sous-préfectures : dont les chefs-lieux sont :

Toulouse, sur la Garonne, préf., archevêché, cour royale, collége royal, tr., à 67 myriamètres (172 lieues) de Paris; patrie de Benoit XII : popul. 53,319 habit.

Villefranche, tr. — *Muret*, tr. — *Saint-Gaudens*, tr.

Ce département produit des grains, des vins et de bons pâturages ; son territoire au midi est hérissé de hautes montagnes, du sommet de plusieurs jaillissent des sources nombreuses dont quelques unes ont des propriétés minérales. Plusieurs lacs profonds sont enfermés entre des montagnes. D'affreux précipices et des rochers nus se voient souvent près de beaux pâturages, d'épaisses forêts et de riantes vallées. Il s'y fait commerce de draperies, de laines et de mercerie : po. 405,236 habit. (Partie du Languedoc).

31. Le département du *Gers*, situé dans la partie du midi, est borné par ceux de Lot-et-Garonne, Tarn-et-Garonne, Haute-Garonne, Hautes-Pyrénées, Basses-Pyrénées, Landes. Il est divisé en 5 arrondissemens de sous-préfectures, dont les chefs-lieux sont:

Auch, préfecture, évêché, tr. ass., à 74 myriamètres (190 lieues) de Paris. Le plus beau monument de cette ville est l'ancienne Cathédrale fondée par Clovis, remarquable par l'élevation des voutes, un beau portail moderne, deux belles tours carrées, un escalier en granit de 200 marches et par ses vitraux magnifiques : population 10,844 habit.

Condom, tr. — *Lectoure*, tr. — *Lombès*, tr. — *Mirande*, tr.

Ce département produit de beaux fruits et d'assez bons vins; on y fabrique de bonnes eaux-de-vie : population 306,971 habit. (Partie de la Guyenne).

32. Le département de la *Gironde*, situé dans la partie du midi, est borné par ceux de la Charente-Inférieure, de la Dordogne, du Lot-et-Garonne et des Landes. Il est divisé en 6 arrondissemens de sous-préfectures, dont les chefs-lieux sont:

Bordeaux, sur la Garonne, avec un bon port, pouvant contenir 1000 vaisseaux ; préfecture, archevêché, cour royale, collége royal, tr., à 57 myriamètres et demi (147 lieues) de Paris : les quartiers neufs de Bordeaux renferment de beaux édifices: population, 93,549 habitans.

Blaye tr. — *Libourne*, tr. — *La Réole*, sur la Garonne, tr — *Bazas*, tr. — *Lespare*, tr.

Ce département est fertile en grains, en fruits et en bons vins ; il s'y fabrique d'excellentes liqueurs : le commerce d'exportation embrasse outre les productions du pays celles de tout le midi de la France. L'importation s'étend sur les productions des autres pays de l'Europe et les marchandises de tous les pays du monde : population, 537,714 habitans. (Partie de la Guyenne).

33. Le département de l'*Hérault*, situé dans la partie du midi, est borné par ceux de l'Aveyron et du Gard, par la Mer Méditerranée, par les départemens de l'Aude et du Tarn. Il est divisé en 4 arrondissem. de sous-préfectures, dont les chefs-lieux sont:

Montpellier, préfecture, évêché, cour royale, collége royal, tr., à 75 myriamètres un quart (193 lieues) de Paris ; ville reputée par la bonté de son air. Ecole de médecine, de pharmacie, de dessin, d'architecture, Athenée, Observatoire astronomique, etc.: population, 35,842 habitans.

Lodève, tr. — *Béziers*, tr., *St.-Pons*, tr. — *Cette*, port de mer.

Ce département est fertile en grains et en fruits : la vigne, les oliviers, les mûriers y viennent bien ; on y fait un grand commerce d'eau-de-vie, bestiaux, laines, huiles, soieries, etc.: population, 324.564 habitans. (Partie du Languedoc).

34. Le département d'*Ille-et-Villaine*, situé dans

la partie du milieu, est borné par la mer, et par les départemens de la Manche, de Mayenne, de la Loire-Inférieure, du Morbihan et des Côtes-du-Nord. Il est divisé en six arrondissemens de sous-préfectures, dont les chefs lieux sont:

Rennes, préfecture, évêché, cour royale, collége royal, tr., à 34 myriamètres deux tiers (83 lieues) de Paris: population, 29,377 habitans.

Saint-Malo, port de mer, tr. — *Fougères*, tr. — *Vitré*, tr. — *Redon*, tr. — *Monfort*, tr.

Ce département produit du lin, du chanvre, de bons pâturages, des légumes et du fruit; une partie du sol ne présente que des landes arides. On y cultive en grand le tabac, le chanvre et le lin. On y compte 110,057 hectares de forêts et seulement 306 hectares de vignes: population, 551,100 habitans.

35. Le département de l'*Indre*, situé dans la partie du milieu, est borné par ceux d'Indre-et-Loire, de Loir-et-Cher, du Cher, de la Creuze, de la Haute-Vienne et de la Vienne. Il est divisé en 4 arrondissemens de sous-préfectures, dont les chefs-lieux sont:

Châteauroux, préfecture, tr. ass., à 26 myriamètres (65 lieues) de Paris: popul. 11,010 habitans.

Issoudun, tr. — *La Châtre*, tr. — *Le Blanc*, tr.

Il y a dans ce département d'excellentes prairies et beaucoup de bois qui occupent une partie de son territoire. Le reste est couvert de larges étangs peu profonds qui couvrent et abandonnent alternativement les rives plates de leurs bassins; les dépôts qu'y laissent les eaux en se retirant produisent des exhalaisons funestes sur tous les êtres animés de cette contrée: population, 237,628 habitans.

36. Le département d'*Indre-et-Loire*, situé dans la partie du milieu, est borné par ceux de la Sarthe, de Loir-et-Cher, de l'Indre, de la Vienne et de Maine-et-Loire. Il est divisé en 3 arrondissemens de sous-préfectures, dont les chefs lieux sont:

Tours, préfecture, archevêché, tr. ass., à 24 myriamètres un quart (62 lieues) de Paris: beaux édifices, entr'autres la Cathédrale; environs très-

Abr. de Géogr. L

agréables, industrie et commerce en produits de ses manufactures : population, 20,920 habitans.

Loches, tr.—*Chinon*, tr.

Ce département est fertile en blé, en vin, légumes, pâturages, fruits, miel, gomme, huiles, etc. : population, 290,660 habitans. (La Touraine).

37. Le département de l'*Isère*, situé dans la partie du midi, est borné par ceux de l'Ain, des Hautes-Alpes, de la Drôme, de l'Ardèche, de la Loire et du Rhône. Il est divisé en 4 arrondissemens de sous-préfectures, dont les chefs-lieux sont :

Grenoble, sur l'Isère; préfecture, évêché, cour royale, collège royal, tr., à 56 myr. 3 quarts (145 lieues) de Paris : population, 22,149 habitans.

Vienne, sur le Rhône, tr.—*Saint-Marcellin*, tr.—*La Tour-du-Pin*; le tr. est à *Bourgoin*.

Ce département produit du bois, du fer, du charbon de terre, d'excellens vins: son territoire est très montagneux. Les sites les plus pittoresques s'y répètent à l'infini; on remarque surtout la belle vallée de Graisivaudan, aux environs de Grenoble et la grande Chartreuse, vaste monastère très-curieux, situé dans les montagnes et entouré de forêts : pop. 525,984 habit. (Partie du Dauphiné).

38. Le département du *Jura*, situé dans la partie du milieu, est borné par ceux de la Haute-Saône et du Doubs, par la Suisse, par les départemens de l'Ain, de Saône et Loire et de la Côte-d'Or. Il est divisé en 4 arrondissemens de sous-préfectures, dont les chefs-lieux sont :

Lons-le-Saulnier, préfecture, tr.ass., à 41 myriam. (105 lieues) de Paris : popul. 7,864 habitans.

Dôle, tr.—*Saint-Claude*, évêché, tr.

Poligny; le tr. est à *Arbois*.

Ce département produit du blé, des vins, des fruits, des légumes, du maïs ou blé de Turquie : son territoire offre beau marbre, albâtre, acides minéraux, mines de fer, houillères, sources d'eau salée. L'industrie extrêmement active, embrasse la fabrication en grand du fer, de l'acier, le travail des pierres fines et factices ; la grande et très-ancienne fabrique, dite *Tournerie de Saint Claude*, qui convertit le bois, le buis, la corne, et les os en une foule de petits objets, que le commerce répand ensuite dans toute l'Europe. L'horlogerie si renommée du *Comté*; popul. 310,282 (Partie de la Franche-Comté.)

39. Le département des *Landes*, situé dans la partie du midi, est bornée par ceux de la Gironde, de Lot-et-Garonne, du Gers, des Basses-Pyrénées et par la mer. Il est divisé en 3 arrondissemens de sous-préfectures, dont les chefs-lieux sont :

Mont-de-Marsan, préfecture, tr., à 70 myriamèt. un quart(180 lieues) de Paris : pop. 3,088. hab.

Saint-Sever, tr. — *Dax*, tr.

Ce département produit, dans quelques endroits, du grain et du vin : on y trouve aussi des sapins et des chênes ; sur la côte il ne présente absolument que des sables, des pins et des bruyères : population 265,109 habitans. (Partie de la Guyenne.)

40. Le département de *Loir-et-Cher*, situé dans la partie du milieu, est borné par ceux d'Eure-et-Loir, du Loiret, du Cher, de l'Indre et d'Indre-et-Loire. Il est divisé en 3 arrondissemens de sous-préfectures, dont les chefs-lieux sont :

Blois, sur la Loire, préf., évêc., tr. ass. à 18 myriamètres (46 lieues) de Paris. Cette ville dont les rues sont étroites et tortueuses, est traversée par un superbe aqueduc taillé dans le roc. : population 11,337 habitans.

Vendôme, collège royal. tr. — *Romorantin*, tr.

Ce département fait commerce de ganterie, bonneterie, coutellerie, et renferme des mines de fer, des carrières d'albâtre, des pierres de silex, et est le centre d'une grande fabrication de pierres à fusil : pop. 227,666 h. (Partie de l'Orléanais, le Blaisois.)

41. Le département de la *Loire*, situé dans la partie du milieu, est borné par ceux de l'Allier, de Saône-et-Loire, du Rhône, de l'Isère, de l'Ardèche, de la Haute Loire et du Puy-de-Dôme. Il est divisé en 3 arrondissemens de sous-préfecture dont les chefs-lieux sont :

Montbrison, préfecture, tr. ass. à 44 miriam, un tiers (113 lieues) de Paris. Cette ville généralement mal bâtie, est dominée par un rocher volcanique, d'une forme pittoresque. On remarque le dôme de l'église de Sainte Marie d'une belle exécution. Eaux minérales : pop. 5,156 habit.

Roanne, sur la *Loire*, tr. — *SaintEtienne*, tr. Grandes manufactures, mines de fer, houillères abondantes, armes, quincaillerie, clouterie, soieries, rubanerie, draps, toilerie, papeterie, tannerie. Ce département produit du blé et du vin : pop. 375,814 hab. (Le Forez.)

42. Le département de *HauteLoire*, situé dans la partie du midi, est borné par ceux du Puy-de-Dôme, de la Loire, de l'Ardèche, de la Lozère et du Cantal. Il est divisé en 3 arrondissemens de sous-préfectures, dont les chefs-lieux sont :

Le Puy, préfec., évêc. tr. ass., à 58 myriam. et demi (129 lieues) de Paris. Cette ville est bâtie en amphithéâtre au pied et sur la pente méridionale du mont Anis. On remarque le portail de la cathédrale, élevé sur immense perron de 118 marches, et son frontispice orné d'une espèce de mosaïque; on remarque encore les peintures précieuses, et le tombeau de Duguesclin, qui décorent le superbe vaisseau des anciens Dominicains : pop. 14,998 hab.

Brioude, tr. — *Yssingeaux*, tr.

Ce département produit des pâturages et du bois : on en tire ces beaux marrons, connus sous le nom de marrons de Lyon : riches houillères et mines; marbres, pierres meulières, fabrique de dentelles blondes et rubans; soieries; bêtes à laine et mulets : pop. 284,453 hab. (Le Vélai.)

43. Le département de la *Loire-Inférieure*, situé dans la partie du milieu, est borné par ceux du Morbihan, d'Ille-et-Villaine, de Maine-et-Loire, de la Vendée, et par l'Océan. Il est divisé en 5 arrondissemens de sous-préfecture dont les chefs lieux sont :

Nantes, sur la Loire, port, préfecture, évêché, collége royal, tr. ass., à 39 myriamètres (99 lieues) de Paris : population 71,739 habit.

Savenay, tr. — *Châteaubriant*, tr.
Ancenis, tr. — *Paimbœuf*, tr.

Ce département produit du charbon de terre minéral ou fossile ; on y fabrique des cotonnades, des basins, des coutils, des serges ; les marais salans le long de la côte sont d'une grande ressource pour les habit. populat. 455,088. (Partie de la Bretagne.)

44. Le département du *Loiret*, situé dans la partie du milieu, est borné par ceux d'Eure-et-Loir, Seine-et-Oise, Seine-et-Marne, Yonne, Nièvre, Cher, Loir-et-Cher. Il est divisé en 4 arrondissemens de sous préfectures, dont les chefs lieux sont :

Orléans, sur la Loire, préfecture, évêché, cour royale, collège royal, tr. à 12 myriamètres un tiers (31 lieues) de Paris : pop. 40,340 hab.

Pithiviers, tr. — *Montargis* célèbre par ses manufactures de papiers, tr. — *Gien*, tr.

Ce département est fertile en grains, en fruits, en miel, en safran : population 304,233 hab. (Partie de l'Orléannais et du Gatinois.)

45. Le département du *Lot* situé dans la partie du midi, est borné par ceux de la Dordogne, de la Corrèze, du Cantal, de l'Aveyron, du Tarn-et-Garonne et de Lot-et-Garonne. Il est divisé en 3 arrond. de sous-préfectures, dont les chefs-lieux sont :

Cahors, sur le Lot, préfecture, évêché, collège royal, tr. ass., à 56 myriamètres (145 lieues) de Paris : population 12,413 habitans.

Figéac, tr. — *Gourdon*, tr.

Ce département est fertile en blé, en vins et en fruits. On remarque deux fontaines, le Gourg et le Bouley, dont l'irruption n'a lieu qu'après de grosses pluies. Celle de Bouley est ordinairement précédée d'un grand bruit ; elles inondent les vallées, déracinent les arbres et causent les plus grands ravages à la campagne : population 280,715 habitans.

46. Le département de *Lot-et-Garonne*, situé dans la partie du midi, est borné par ceux de la Dordogne, du Lot, de Tarn et Garonne, des Landes et

de la Gironde. Il est divisé en 4 arrondissemens de sous-préfectures, dont les chefs-lieux sont:

Agen, préfecture, évêché, cour royale: collége royal, tr., à 71 myriam. et demi (183 l.) de Paris. Cette ville possède de belles promenades et des ruines, monumens de son ancienne splendeur; fabrique de chandelles, commerce d'eau de vie, prunes d'Agen: popul. 11,971 habitans.

Marmande, tr.—*Nérac*, tr.—*Villeneuve-d'Agen*, tr.

Ce département produit du blé, du vin et des fruits : pop. 336,886 hab. (L'Agénois et partie de la Guyenne.)

47. Le département de la *Lozère*, situé dans la partie du midi, est borné par ceux du Cantal, de la Haute-Loire, de l'Ardèche, du Gard et de l'Aveyron. Il est divisé en 3 arrondissemens de sous-préfectures, dont les chefs-lieux sont :

Mende, préfecture, évêché, tr. ass., à 56 myriam. et demi (145 lieues) de Paris: pop. 5,445 habitans.

Marvejols, tr.— *Florac*, tr.

Ce département est montueux, froid et peu fertile : population 138,958 habitans. (Partie du Languedoc.)

48. Le département de *Maine-et-Loire*, situé dans la partie du milieu, est borné par ceux de la Mayenne, de la Sarthe, d'Indre-et-Loire, de la Vienne, des deux-Sèvres, de la Vendée et de la Loire-Inférieure. Il est divisé en 5 arrondissemens de sous-préfectures, dont les chefs-lieux sont :

Angers, préfecture, évêché, cour royale, collége royal, tr., à 30 myriamètres (76 lieues) de Paris: commerce en productions du pays: popul. 29.978 hab.

Segré, tr.— *Beaugé*, tr.— *Saumur*, tr.— *Beaupréau*, tr.

Ce département produit du grain, du vin, du chanvre, du lin, du bois, des fruits, il s'y fait un grand commerce de bestiaux et d'ardoises : ce pays anciennement habité par les Gaulois, possède plusieurs monumens. On y rencontre des portions de temples et des édifices, restes de la domination des Romains : popul. 458,674 habitans. (L'Anjou et le Saumurois.)

49. Le département de la *Manche*, situé dans la

partie du nord, est borné par la mer, et par les départemens du Calvados, de l'Orne, de la Mayenne et d'Ille-et-Villaine. Il est divisé en 6 arrondissemens de sous-préfectures, dont les chefs-lieux sont :

Saint-Lô, port de mer, préfecture, tr, à 32 myriamètres et demi (83 lieues) de Paris ; on remarque l'église N. D. d'architecture gothique. L'église Saint-Croix regardée comme le morceau d'archit. saxonne le mieux conservé qui nous reste : pop. 8,569 habitans.

Coutance, évêché, tr. — *Valognes*, tr. — *Cherbourg*, port de mer, tr. — *Mortain*, tr. — *Avranches*, tr.

Ce département produit beaucoup de pâturages ; on y récolte aussi du grain et des légumes : population 611,206 habitans. (Partie de la Normandie.)

50. Le département de la *Marne*, situé dans la partie du nord, est borné par ceux de l'Aisne, des Ardennes, de la Meuse, de la Haute-Marne, de l'Aube et de Seine-et-Marne. Il est divisé en 5 arrondissem. de sous-préfectures, dont les chefs-lieux sont :

Chalons, sur la Marne, préf. évêc. ; tr., à 16 myr. et demi (42 lieues) de Paris : popul. 12,419 habitans.

Reims, collége royal, tr. — *Sainte-Menehould*, tr. — *Vitry-sur-Marne*, tr. — *Epernay*, tr.

Ce département produit une grande quantité d'excellens vins. Le pain-d'épice et les biscuits de Reims sont très-estimés : pop. du département. 325,045 hab. (Partie de la Champagne.)

51. Le département de la *Haute-Marne*, situé dans la partie du milieu, est borné par ceux de la Marne, de la Meuse, des Vosges, de la Haute-Saône, de la Côte-d'Or et de l'Aube. Il est divisé en 3 arrond. de sous-préfect. dont les chefs-lieux sont :

Chaumont, préfecture, tr. ass., à 25 myriamètres (63 lieues) de Paris : population 6,027 habitans.

Vassy, tr. — *Langres*, coll. royal, évêché, tr.

Ce département est fertile en grains ; il produit aussi de fort bons vins : il fait un grand commerce de bois en planche et mercin ; son sol recèle d'inépuisables mines de fer : Popul. 244,823 habitans. (Partie de la Champagne.)

52. Le département de la *Mayenne*, situé dans la partie du milieu, est borné par ceux de la Manche, de l'Orne, de la Sarthe, de Maine-et-Loire et d'Ille-et-Vilaine. Il est divisé en 3 arrondissemens de sous-préfectures, dont les chefs-lieux sont :

Laval, préfecture, tr. ass., à 18 myriamètres (72 lieues de Paris: population 15,840 habitans.

Mayenne, tr. — *Château-Gontier*, tr.

Ce département produit des grains, du lin, du chanvre : on y fabrique les toiles connues sous le noms de laval, linge de table, coutils, siamoise, calicots, etc. : population 348,138 habitans. (Partie du Maine et de l'Anjou)

53. Le département de la *Meurthe*, situé dans la partie du Nord, est borné par ceux du Bas-Rhin, des Vosges et de la Meuse. Il est divisé en 5 arrondissemens de sous-préfectures ; dont les chefs-lieux sont :

Nancy, préfecture, évêché, cour royale, collége royal, tr., à 33 myriamètres et demi (85 lieues) de Paris : population 29,122 habitans.

Toul, tr. — *Château-Salins*, tr. — *Sarrebourg*, tr. — *Lunéville*, tr.

Ce département est fertile en blé, en vin, en lin et en chanvre: pop 403,021 hab.(Partie de la Lorraine.)

54. Le département de la *Meuse*, situé dans la partie du nord, est borné par ceux des Ardennes, de la Meurthe, des Vosges, de la Haute-Marne et de la Marne. Il est divisé en 4 arrondissemens de sous-préfectures dont les chefs.lieux sont :

Bar-le-Duc, préfecture, tr., à 25 myriamètres (64 lieues) de Paris: population 12,520 habitans.

Verdun, tr. — *Montmédy*, tr. — *Commercy* : le tr. est à *Saint-Mihiel*.

Ce département produit, comme le précédent, du vin, du blé et du lin : l'industrie consiste dans l'apprêt du fer, la filature et le tissage en grand du coton et de la laine et dans les fabriques de verre, papiers, dentelles, etc. Son sol renferme 180,234 hectares de forêts et 13,0 0 hectares de vigne : pop. 306,332 hab. (Le Barrois, partie de la Lorraine.)

55. Le département du *Morbihan*, situé dans la partie du milieu, est borné par les départemens du Finistère, des Côtes-du-nord, d'Ille-et-Vilaine, de la Loire-Inférieure et par l'Océan. Il est divisé en 4 arrond. de sous-préf. dont les chefs-lieux sont :

Vannes, préfecture. évêché, tr. ass., à 50 myriamètres, (128 lieues) de Paris : commerce actif; construction de navires : popul. 11,289 hab.

Ploermel, tr. — *Lorient*, port de mer, tr. *Pontivy*, collége royal, tr.

Ce département produit du blé, des bestiaux et d'excellens pâturages. Les habitans font un commerce considérable, en beurre, miel, cire et se livrent à la pêche, surtout de la sardine : populat: 435,453 hab. (Partie de la Bretagne.)

56. Le département de la *Moselle*, situé dans la partie du nord, est borné par ceux du Bas-Rhin, de la Meurthe et de la Meuse. Il est divisé en 4 arrondissemens de sous-préf., dont les chefs-lieux sont :

Metz, sur la Moselle, ville forte, préfecture, évêché, cour royale, collége royal, tr, à 31 myriam. (70 lieues) de Paris. Metz doit ses nouvelles et immenses fortifications aux maréchaux de Vauban et de Belle Isle. On remarque les casernes, l'arsenal d'artillerie et la cathédrale, édifice gothique de 363 pieds de long sur 73 de large, et dont la tour a 345 pieds de haut : pop. 45,276 hab.

Briey, tr. — *Thionville*, tr. — *Sarreguemines*, tr.

Ce département produit du blé, de l'orge, du lin et du vin : population 410,410 habitans. (Partie de la Lorraine et les Trois-Evêchés.)

57. Le département de la *Nièvre*, situé dans la partie du milieu, est borné par ceux du Loiret, de l'Yonne, de la Côte-d'Or, de Saône-et-Loire, de l'Allier et du Cher. Il est divisé en 4 arrondissemens de sous-préfectures, dont les chefs-lieux sont :

Nevers, au confluent de l'Allier avec la Loire, préfecture, évêché, tr. ass., à 23 miriamèt. et demi (60 lieues) de Paris : population 15,782 habitans.

Cosne, tr. — *Clamecy*, tr. — *Château-Chinon*, tr.

Ce département produit du blé, des vins, du bois, du charbon de terre, etc.; on y trouve des mines de fer et même des mines d'argent : popul. 271,977 habitans. (Le Nivernois.)

58. Le département du *Nord*, situé dans la partie du nord, est borné par la mer et par les départemens de l'Aisne et du Pas-de Calais. Il est divisé en 6 ar. de sous-préfectures, dont les chefs-lieux sont :

Lille, place forte, préfecture, collège royal, tr., à 23 myriamètres et demi (60 lieues) de Paris. Les rues de cette ville sont larges et propres, elle est entourée de fortifications immenses et défendues par une citadelle construite par Vauban, et regardée comme une des plus belles de l'Europe : population 69,860 habitans.

Douay, place forte, cour royale, collège royal, tr. — *Cambray*, évêché, tr. — *Dunkerque*, port de mer, tr. — *Avesnes*, — *Hazebrouck*, tr.

Ce département est des plus importans de la France, tant sous le rapport de sa population, qui est de 962,558 h. que sous celui de ses productions et de son industrie. (Partie de la Flandre, le Hainaut.)

59. Le département de l'*Oise*, situé dans la partie du nord, est borné par ceux de la Somme, de l'Aisne, de Seine-et-Marne, de Seine-et-Oise, de l'Eure et de la Seine-Inférieure. Il est divisé en 4 ar. de sous-préfectures, dont les chefs-lieux sont :

Beauvais, préfect., tr. ass., à 8 miriam. 3 quarts (22 lieues) de Paris : population 12,865 habit.

Clermont, tr. = *Compiègne*, tr. — *Senlis*, tr.

Ce département produit du blé, du chanvre, du lin, des légumes, du bois, des pommes; on en tire des volailles, des bestiaux et de la laine : pop. 385,144 hab. (Partie de l'Ile-de-France, le Beauvoisis, etc.)

60. Le département de l'*Orne*, situé dans la partie du nord, est borné par ceux du Calvados de l'Eure, l'Eure-et-Loir, de la Sarthe, de la Mayenne et de la Manche. Il est divisé en 4 arrondissemens de sous-préfectures, dont les chefs-lieux sont :

Alençon, préfecture, tr. ass., à 19 myriamètres

un quart (49 lieues) de Paris. C'est dans cette ville que se fabriquent les magnifiques dentelles, connues sous le nom de *point d'Alençon*, ou *point de France*, fabriques établies par Colbert : populat. 14,071 habit.

Domfront, tr. — *Argentan*, tr.
Mortagne, tr. — *Séez*, évêché.

Ce département produit d'excellens pâturages ; popul. 434,379 hab. (Partie de la Normandie ; et partie septentrionale du Perche.)

61. Le département du *Pas-de-Calais*, situé dans la partie du nord, est borné par la mer et par les départemens du Nord et de la Somme. Il est divisé en 6 arrondissemens de sous-préfectures, dont les chefs-lieux sont :

Arras, sur la Scarpe, préfecture, évêché; tr. On y remarque la cathédrale très-grande, de vastes places, la basse ville, de beaux édifices, et les glacis de la citadelle, ouvrage de Vauban : p. 22,173.

Boulogne, port de mer, tr. — *Saint Omer*, place forte, sur l'Aa, coll. royal, tr. — *Béthune*, tr. — *Montreuil*, port de mer, tr. — *Saint-Pol*, tr.

Ce département produit du blé, du chanvre, du lin, du colza, des pâturages : population 642,924 habitans. (L'Artois, etc.)

62. Le département du *Puy-de-Dôme*, situé dans la partie du milieu, est borné par ceux de l'Allier, de la Loire, de la Haute-Loire, du Cantal de la Corrèze et de la Creuze. Il est divisé en 5 arrond. de sous-préfectures, dont les chefs-lieux sont :

Clermont-Ferrant, préfecture, évêché, collége royal, tr. à 33 myriamètres et demi (98 lieues) de Paris : population 30,010 habitans.

Riom, cour royale, tr. — *Thiers*, tr.
Ambert, tr. — *Issoire*, tr.

Ce département produit des pâturages, du beurre, des fromages et des plantes aromatiques. On y retrouve partout les effets des erruptions volcaniques. On y reconnaît une cinquante d'anciens cratères, et environ 70 puys ou montagnes qui sont d'anciens volcans : pop. 566,564 hab. (Partie de l'Auvergne.)

64. Le département des *Basses-Pyrénées*, situé dans la partie du midi, est borné par les départemens des Landes, du Gers, des Hautes-Pyrénées, par les Monts-Pyrénées et par la mer. Il est divisé en 5 arrond. de sous-préfect., dont les chefs-lieux sont :

Pau, préfecture, cour royale, collége royal, tr. à 78 myr. un quart (200 l.) de Paris. On y fabrique beaucoup de toiles et de mouchoirs. C'est aux environs de Pau que naquit Henri IV, dans un château que l'on voit encore : population 11,761 habit.

Baïonne, port de mer, évêché, tr.

Oléron, tr. — *Orthès*, tr. — *Mauléon*, tr.

Ce départ. produit du vin, du millet, de l'avoine, des fruits. Les jambons de Baïonne sont très-estimés : populat. 418,467 habit. (Le Béarn, la Navarre.)

64. Le département des *Hautes-Pyrénées*, situé dans la partie du midi, est borné par ceux des Basses-Pyrénées, du Gers, de la Haute-Garonne et par les Mont-Pyrénées. Il est divisé en 3 arrond. de sous-préfectures, dont les chefs-lieux sont :

Tarbes, préfecture, tr. ass., à 81 myriamètres et demi (208 lieues) de Paris : popul. 8,712 habitans.

Bagnères, tr. — *Argelès*, tr.

Ce département produit du seigle, du millet et du blé d'Espagne ; on y trouve des mines de fer, de plomb, de cuivre ; il fournit d'excellens chevaux : les eaux minérales de Bagnères et de Barège y attirent beaucoup de monde : population 222,059 hab. (Le Bigore, les Quatre-Vallées.)

65. Le département des *Pyrénées-Orientales*, situé dans la partie du midi, est borné par ceux de l'Arriège et de l'Aude, par la mer Méditerranée, et par les Monts-Pyrénées. Il est divisé en 3 arrondis. de sous-préfectures, dont les chefs-lieux sont :

Perpignan, préfecture, tr. ass., à 89 myriamèt. (227 lieues) de Paris : population 15,357 habitans.

Céret, tr. — *Prades*, tr.

Ce département est fertile en vins et en pâturages. On y exploite la houille, l'antimoine. Peu de contrées de la France possèdent autant de sources minérales. Sur les côtes, on met à profit les marais salans : popul. 151,372 habit. (Le Roussillon, la Cerdagne.)

66 Le département du *Bas-Rhin*, situé dans la partie du nord, est borné par le Rhin, par les départemens du Haut-Rhin, des Vosges, de la Meurthe et de la Moselle il est divisé en 4 arrondissemens de sous-préfectures, dont les chefs-lieux sont:

Strasbourg, ville très forte, sur l'Ille, près du Rhin, préfecture, évêché, collége royal, tr. ass. à 46 myriamètres et demi (119 lieues) de Paris: popul. 49,708 habitans.

Wissembourg, ville forte, tr. — *Saverne*, tr. — *Schelestat*, tr.

Ce département produit du vin très-estimé, du chanvre, du tabac; on y trouve des mines de plomb, de cuivre et d'argent : population, 535,467 habitans. (Partie de l'Alsace).

67. Le département du *Haut-Rhin*, situé dans la partie du milieu, est borné par le département du Bas-Rhin : par le Rhin, la Suisse, les départemens du Doubs, de la Haute-Saône, et des Vosges. Il est divisé en 3 arrondissemens de sous-préfectures, dont les chefs-lieux sont :

Colmar, préfecture, cour royale, collége royal, tr., à 48 myriamètres un quart (123 lieues) de Paris : population, 15,496 habitans.

Altkirch, tr. — *Béfort*, tr.

Ce département produit du fer, du vin, du blé et de la garance : pop. 408,741 hab. (Partie de l'Alsace).

68. Le département du *Rhône*, situé dans la partie du milieu, est borné par ceux de Saône-et-Loire, de l'Ain, de l'Isère et de la Loire. Il est divisé en 2 arrondissemens de sous-préfectures, dont les chefs-lieux sont :

Lyon, préfecture, archevêché, cour royale, collége royal, tr., à 47 myriamètres (119 lieues) de Paris. Cette ville est la seconde de France et l'une des principales places de commerce de l'Europe. Elle possède un grand nombre de beaux monumens. On y travaille l'or, l'argent et la soie d'une manière admirable : population, 167,404 habitan».

Villefranche, tr.

Ce département produit du blé, du vin et des fruits; les manufactures de soieries y sont un grand objet de commerce : population, 416,575 habitans. (Lyonnais, Beaujolais).

69. Le département de la *Haute-Saône*, situé dans la partie du milieu, est borné par ceux de la Haute-Marne, des Vosges, du Haut-Rhin, du Doubs, du Jura et de la Côte-d'Or. Il est divisé en 3 arrondissemens de sous-préfectures, dont les chefs-lieux sont :

Vesoul, préfecture, tr. ass., à 35 myriamètres et demi (90 lieues) de Paris : popul. 5,280 habitans.

Gray, tr. — *Lure*, tr.

Ce département produit du blé, du vin, des fruits, des légumes, des pâturages. Le sol recèle minerais de fer, houille, manganèse, salines, beau granit, grès meulier. On y compte jusqu'à cent forges ou hauts fourneaux qui occupent environ 16,000 individus. On y trouve aussi des eaux minérales. Il se fait un grand commerce par le port de Gray, de grains, sel, planches de sapins, bois de construction, merrein etc. pop. 338,900 habit. (Partie de la Franche-Comté).

70. Le département de *Saône-et-Loire*, situé dans la partie du milieu, est borné par ceux de la Nièvre, de la Côte-d'Or, du Jura, de l'Ain, du Rhône, de la Loire et de l'Allier. Il est divisé en 5 arrondissemens de sous-préfectures, dont les chefs-lieux sont :

Macon, sur la Saône, préfecture tr., à 40 myriamètres (102 lieues) de Paris. Cette ville mal bâtie a un quai magnifique ou la Saône forme un canal d'environ demi-lieue de long. On y remarque l'Hôtel de Ville, l'ancienne Cathédrale, le Palais *Montrevel* et l'Arc de Triomphe bati par les Romains : popul. 10,965 habitans.

Autun, évêché, collége royal, tr. — *Chalons-sur-Saône*, tr. — *Charolles*, tr. — *Louhans*, tr.

Ce département produit tout ce qui est nécessaire à la vie, et surtout d'excellent vin : population, 515,706 habitans (Partie de la Bourgogne).

71. Le département de la *Sarthe*, situé dans la partie du milieu, est borné par ceux de la Mayenne, de l'Orne, d'Eure-et-Loir, de Loir-et-Cher, d'Indre-et-Loire, et de Maine-et-Loire. Il est divisé en 4 arron. de sous-préfecture, dont les chefs-lieux sont:

Le Mans, préfecture, évêché, collége royal, tr. ass., à 21 myriamètres un quart (54 lieues) de Paris : population, 19,477 habitans.

Mamers, tr. — *Saint-Calais*, tr. — *La Flèche*, école royale militaire très célèbre.

Ce département produit du blé, de chanvre, des pâturages; les volailles du Mans sont fort estimées : pop. 416,519 habitans. (Partie de l'Anjou, le Maine).

72. Le département de la *Seine*, situé dans la partie du nord, est enclavé dans celui de Seine-et-Oise. Il est divisé en 3 arrondissemens de sous-préfectures, dont les chefs-lieux sont:

PARIS, Capitale de la France, siége du gouvernement, archevêché, préfecture, cour de cassation, Cour royale, cour d'assises, tr., colléges royaux. Cette Capitale renferme une foule d'édifices magnifiques et ne le cède qu'à Rome en monumens. Placée à la tête de toutes les Capitales du monde, sous le rapport de sa magnificence, du nombre de ses édifices publics et de ses établissemens, cette cité peut encore figurer au même rang sous le rapport de l'industrie et du commerce. C'est aussi dans son sein que se font presque toutes les découvertes. Là les Artistes aidés des savans trouvent au conservatoire des arts et métiers de grandes ressources: population, 822,000 habitans.

Saint-Denis, — *Sceaux*.

Ce département fait un commerce considérable en tout genre : les environs de Paris sont délicieux, et répondent à la magnificence de cette ville: population du départ. 1,013,373 hab. (Partie de l'Isle de France).

73. Le département de la *Seine-Inférieure*, situé dans la partie du nord, est borné par la mer et par les départemens de la Somme, de l'Oise et de l'Eure. Il est divisé en 5 arrondissemens de sous-préfectures, dont les chefs-lieux sont:

Rouen, préfecture, archevêché, cour royale, collége royal, tr., à 14 myriamètres (35 lieues) de Paris. Cette ville est une des plus belles, des plus grandes et des plus commerçantes du Royaume. Elle possède de fort beaux édifices, de nombreuses fabriques et une bibliothèque publique de 70,000 volumes : population, 90,000 habitans.

Le Havre ; port de mer, tr. — *Dieppe*, port de mer, tr. — *Yvetot*, tr. — *Neufchâtel*, tr.

Ce département fournit abondamment du blé, du lin, du colza, des pommes et des poires, dont on fait de fort bons cidres et poirés : les fromages dits de Neufchâtel sont fort estimés. Le commerce y est très-considérable : population, 679,295 habitans. (Partie de la Normandie).

74. Le département de *Seine-et-Marne*, situé dans la partie du nord, est borné par ceux de l'Oise, de la Marne, de l'Aube, de l'Yonne, du Loiret et de Seine-et-Oise. Il est divisé en 5 arrondissemens de sous-préfectures, dont les chefs-lieux sont :

Melun, sur la Seine, préfecture, tr. ass., à 4 myriamètres (11 lieues) de Paris : pop. 7,199 habitans.

Meaux, évêché, tr. — *Fontainebleau*, château royal, tr. — *Coulommiers*, tr. — *Provins*, tr. — *Juilly*, collége royal.

Ce département est fertile en blé, en pâturages, et même en vin d'une médiocre qualité ; ses forêts approvisionnent Paris de bois et de charbon : pop. 318,209 habitans. (La Brie et le Gâtinais).

75. Le département de *Seine-et-Oise*, situé dans la partie du nord, est borné par ceux de l'Oise, de Seine-et-Marne, du Loiret, d'Eure-et-Loir et de l'Eure, il entoure de toutes parts le département de la Seine, et est divisé en 6 arrondissemens de sous-préfectures, dont les chefs-lieux sont :

Versailles, préfecture, évêché, collége royal, tr. ass., à 2 myriamètres (5 lieues) de Paris. Ce n'était d'abord qu'un village en 1627, mais il est devenu une grande et belle ville, depuis qu'en 1672 Louis XIV y fit bâtir par Mansard un magnifique château, qui lui coûta 200 millions, sans y comprendre les jardins replantés par Louis XVI : pop. 29.791 habit.

Nantes, tr. — *Pontoise*, tr. — *Rambouillet*, tr. — *Corbeil*, tr. — *Etampes*, tr.

Ce département abonde en blé, grains, vin et bois, le château et le parc y attirent un grand concours d'étrangers : population : 440,871 habitans. (Partie de l'Isle-de-France).

76. Le département des *Deux-Sèvres*, situé dans la partie du milieu, est borné par ceux de Maine-et-Loire, de la Vienne, de la Charente, de la Charente-Inférieure et de la Vendée. Il est divisé en 4 arrondissemens de sous-préfectures, dont les chefs-lieux sont :

Niort, préfecture, collége royal, tr. ass., à 41 myriamètres et demi (106 lieues) de Paris. Cette ville est assez grande et bien bâtie. On remarque les places St.-Galais et Martiale, une église gothique, ouvrage des Anglais, surmontée d'une flèche légère de 45 toises d'élévation. L'hôtel de Ville, ancien palais d'Eléonore d'Aquitaine, la belle fontaine du Viviers dont les eaux jaillissent à plus de 30 mètres au-dessus de leur source : population, 15,799 habitans.

Melle, tr. — *Partenay*, tr. — *Bressuire*, tr.

Ce département produit du seigle, de l'avoine, des graines grasses, des fèves et du bois ; on y élève des bestiaux, et l'on y commerce en laine : populat. 288,260 habitans. (Partie du Poitou).

77. Le département de la *Somme*, situé dans la partie du nord, est borné par ceux du Pas-de-Calais, de l'Aisne, de l'Oise, de la Seine-Inférieure et par la mer. Il est divisé en 5 arrondissemens de sous-préfectures, dont les chefs-lieux sont :

Amiens, sur la Somme, évêché, préfecture, cour royale, collége royal, tr., à 13 myriamètres (33 lieues) de Paris. On admire dans cette ville le Château-d'Eau, la Cathédrale, chef-d'œuvre d'architecture gothique, le plus parfait qui soit en France. Amiens sert d'entrepôt général au produit des manufactures nombreuses des environs, jusqu'aux confins du département du *Pas-de-Calais* : pop. 42,032 h.

Abcville, tr.— *Doulens*, tr.— *Péronne*, tr.— *Montdidier*, tr.

Ce département produit du blé, du chanvre, du lin, des légumes, du colza; il s'y fait un grand commerce d'épiceries: pop. 526,282 h. (P. de la Picardie).

78. Le département du *Tarn*, situé dans la partie du midi, est borné par ceux de Tarn-et-Garonne, de l'Aveyron, de l'Hérault, de l'Aude et de la Haute-Garonne. Il est divisé en 4 arrondissemens de sous-préfectures, dont les chefs-lieux sont:

Alby, sur le Tarn, préfect., arch., tr. ass., à 65 myr. et demi (168 l.) de Paris : pop. 10,993 habitans.

Castres, tr.— *Gaillac*, tr.— *Lavaur*, tr.— *Sorrèze*, collége royal.

Ce département est fertile en vins et en grains; il produit du lin, du chanvre, du pastel, du safran: on y fabrique des toiles, des futaines, des ratines, des flanelles et des tricots. On remarque dans ce département *le Rocher Tremblant*, dont la masse de 360 pieds cubes, du poids d'environ 600 quintaux, est mise en mouvement par la force d'un seul homme. Il repose sur un rocher beaucoup plus gros, il porte sur le petit bout, et n'a d'autre appui qu'une ligne qui va de l'est à l'ouest: population, 327,657 habit. (Partie du Languedoc).

79. Le département de *Tarn et Garonne*, situé dans la partie du midi, est borné par ceux de Lot-et-Garonne, du Lot, de l'Aveyron, du Tarn, de la Haute Garonne et du Gers. Il est divisé en 3 arrondissemens de sous-préfectures, dont les chefs-lieux sont :

Montauban, évêché, préfecture, tr. ass., à 70 myriamètres deux tiers (170 lieues) de Paris : pop. 25,466 habitans.

Moissac, tr.— *Castel-Sarrasin*, tr.

Ce département produit du blé et du vin: pop. 240,586 habitans. (Partie du Languedoc).

80. Le département du *Var*, situé dans la partie du midi, est borné par ceux des Bouches-du-Rhône, de Vaucluse, des Basses-Alpes, par le comté de

Nice et par la mer méditerranée. Il est divisé en 4 arr. de sous-préfectures, dont les chefs-lieux sont : *Draguignan*, préfecture, tr. ass., à 89 myriamètr. (222 lieues) de Paris : pop. 8,835 habit.

Toulon, port de mer, préfecture maritime, tr.
Brignoles, tr.
Grasse, tr., renommée par ses parfumeries.
Fréjus, évêché.

Ce département produit de bons vins, des figues, des olives, des oranges, des citrons, etc. : popul. 314,695 habitans. (Partie de la Provence.)

81. Le département de *Vaucluse*, situé dans la partie du midi, est borné par ceux de la Drôme, des Basses-Alpes, du Var, des Bouches-du-Rhône et du Gard. Il est divisé en 4 arrondissem. de sous-préfectures, dont les chefs-lieux sont :

Avignon, sur le Rhône, préfecture, Archevêché, collége royal, tr., à 71 myriamèt. (181 lieues) de Paris. Cette ville est généralement bien bâtie : elle est située dans une plaine charmante sur la rive gauche du Rhône : elle possède des quais superbes sur ce fleuve. On admire sa cathédrale d'une belle architecture, l'ancien palais des papes à cause de la solidité, de l'élévation de ses tours et de son étendue, ses remparts, les plus beaux, et les mieux conservés de tout le midi de la France : pop. 31,180 habit.

Carpentras, tr. ass. — *Orange*, qui a de belles antiquités, tr.
Apt, tr., ville fort ancienne.

Ce département produit de bons vins, on y cultive les mûriers ; les oliviers et la garance. Il tire son nom de la Fontaine de Vaucluse. Cette fontaine jaillit d'un gouffre dont on n'a jamais pu constater la profondeur. Cette fontaine est à 6 lieues Est d'Avignon : pop. 233,038 habit. (Le comtat Vénaissin, Orange.)

82. Le départ. de la *Vendée*, situé dans la partie du milieu, est borné par ceux de la Loire-Inférieure, de Maine-et-Loire, des Deux-Sèvres, de la Charente-Inférieure et par l'Océan. Il est divisé en 3 arr. de sous-préfec., dont les chefs-lieux sont :

(260)

Bourbon-Vendée, préfect., tr. ass., à 47 myr. (118 lieues) de Paris. popul. 3,904 habit.

Fontenay, tr. — *Les Sables-d'Olonnes*, tr.

Ce département produit du blé, on y élève des chevaux et des mulets : populat. 317,539 habitans. (Partie du Poitou.)

83. Le département de la *Vienne*, situé dans la partie du milieu, est borné par ceux de Maine-et-Loire, d'Indre-et-Loire, de l'Indre, de la Haute-Vienne, de la Charente et des Deux-Sèvres. Il est divisé en 5 arrondissemens de sous-préfectures, dont les chefs lieux sont :

Poitiers, préfecture, évêché, cour royale, collége royal, tr., à 34 myriamèt. un tiers (88 lieues.) de Paris. Cette ville est mal peuplée et tortueuse. On remarque la promenade de *Guillon* une des plus belles de France. On retrouve encore les restes du palais Gorlier, d'un amphitéâtre, une rue des arènes et dans les environs, les vestiges d'une aqueduc et un monument celtique, appelé la *Pierre-Levée* : population 23,168 habitans.

Loudun, tr. — *Chatellerault*, tr.

Montmorillon, tr. — *Civray*, tr.

Ce département produit du bois, du blé, du vin, du lin, du chanvre, des fruits et du miel : population 254,670 habitans. (Partie du Poitou.)

84. Le département de la *Haute Vienne*, situé dans la partie du milieu, est borné par ceux de la Vienne, de l'Indre, de la Creuze, de la Corrèze, de la Dordogne et de la Charente. Il est divisé en 4 arrondissem. de sous préfectures, dont les chefs-lieux sont :

Limoges, sur la Vienne, préfecture, évêché, cour royale, collége royal, tr. à 38 myriamètres. (97 lieues.) de Paris. ses rues sont étroites, tortueuses, escarpées, mais très-propres. Sa cathédrale, bel édifice gothique, renferme un jubé digne d'attention par ses curiosités et le choix bizarre des dessins : population 30,000 habitans.

Belliac, tr. — *Saint Yrieix*, tr.

Rochechouart, tr.

Ce département produit du seigle, de l'avoine des châtaignes, du bois et des pâturages ; on y élève des chevaux estimés. Il y a une mine d'étain, la seule que l'on connaisse en France, d'autres mines et des carrières abondantes. Industrie très active, porcelaine, bois de marine. popul. 276,351 habit. (Partie du Poitou et du Limousin.)

85. Le départ. des *Vosges*, situé dans la partie du milieu, est borné par ceux de la Meuse, de la Meurthe, du Bas-Rhin, du Haut Rhin, de la Haute-Saône et de la Haute-Marne. Il est divisé en 5 arr. de sous-préfect. dont les chefs-lieux sont :

Epinal, préfecture, collége royal, tr. ass., à 28 myr. un quart (97 lieues) de Paris. Cette ville est entourée de promenades délicieuses et dominée par les ruines d'une antique château, p. 8,676 hab.

Neufchateau, tr. — *Mirecourt*, tr.
Saint-Dié, tr. — *Remiremont*, tr.

Ce département produit du blé et du vin ; il a des mines abondantes, sources thermales ; forges ; verreries ; papeteries ; commerce de grains ; liqueurs ; instrumens de musique ; bouteilles ; ouvrages en fer et en bois : popul. 379,839 habitans. (Partie de la Lorraine, des Trois-Evêchés.)

86. Le département de l'*Yonne*, situé dans la partie du milieu, est borné par ceux de Seine-et-Marne, de l'Aube, de la Côte d'Or, de la Nièvre et du Loiret. Il est divisé en 5 arrondissemens de sous préfectures, dont les chefs-lieux sont :

Auxerre, préfecture, tr. ass., à 17 myriamètres (43 lieues) de Paris. On remarque dans cette ville les églises gothiques de Saint Pierre et de l'abbaye Saint Germain. La cathédrale se distingue par la grandeur et l'élévation de sa nef, et par ses vitraux curieux et chargés de peintures. On trouve dans des fouilles beaucoup d'antiquités : pop. 12,065 habit.

Sens, tr. — *Joigny*, tr. *Tonnerre*, tr. — *Avallon*, tr.

Ce département est fertile en blé, avoine, chanvre et bois ; il produit d'excellent vin : pop. 341,816 hab. (Partie de la Bourgogne.)

ARTICLE DEUXIÈME.

DE L'ITALIE.

D. Qu'est-ce que l'Italie ?

R. L'Italie est une grande presqu'île qui a la forme d'une botte ; c'est un des pays les plus beaux et les plus fertiles de l'Europe.

D. Quelles sont les bornes de l'Italie ?

R. L'Italie est bornée au nord par les Alpes, et de tous les autres côtés par la mer.

D. Comment divise-t-on l'Italie ?

R. On divise l'Italie en partie septentrionale et en partie méridionale.

D. Que contient la partie septentrionale ?

R. La partie septentrionale contient, les états du roi de Sardaigne en Italie ; ceux de l'empereur d'Autriche, ou le royaume Lombard-Vénitien ; les duchés de Parme, de Plaisance et Guastalla ; le grand duché de Toscane, le duché de Modène ; les duchés de Lucques et de Massa-Carrara, la République de Saint-Marin ; les états de l'Eglise.

D. Que contient la partie méridionale ?

R. Le royaume de Naples, qui, réuni à la Sicile, s'appelle royaume des deux Siciles et les Iles de Malte, Goso et Comino, à l'Angleterre.

D. Quelles sont les principales rivières de l'Italie ?

R. Le Pô, qui prend sa source au Mont Viso, passe à Turin, à Casal, à Plaisance, à Crémone, et se rend dans le golfe de Venise par plusieurs embouchures ; l'Adige, qui a son embouchure dans le même golfe ; l'Adda et le Tésin qui se jettent dans le Pô; l'Arno et le Tibre qui se jettent dans la Méditerrannée.

PARTIE SEPTENTRIONALE.

ÉTATS DU ROI DE SARDAIGNE.

D. Quels sont les états du roi de Sardaigne ?

R. Ils se composent de sept provinces principales,

savoir : l'Ile de Sardaigne au midi de la Corse dont elle est séparée par le détroit de Bonifacio, le duché de Savoie, le Piémont, le Montferrat, le Milanais-Sarde, le comté de Nice et le duché de Gênes.

SAVOIE.

D. Qu'est-ce que la Savoie?

R. La Savoie est un duché qui est borné à l'occident par la France; au nord, par la Suisse; à l'orient, par le Tésin et le Pô; au sud, par l'état de Gênes. Les Français s'en étaient emparés et en avaient fait un département, sous le nom de Mont-Blanc; mais elle a été rendue au roi de Sardaigne en 1814.

D. Quelles sont les principales villes de la Savoie?

R. *Chambéry*, capitale : population, 12,168 hab. *Saint-Jean de Maurienne.*— *Annecy.*

D. Quelles sont les productions de la Savoie?

R. Ce pays est peu fertile, excepté en quelques endroits où l'on recueille du blé et du vin, il y a peu d'industrie. Il possède des mines de fer, de cuivre et d'argent.

COMTÉ DE NICE.

D. Où est situé le comté de Nice?

R. Il est situé entre le Piémont, la Méditerranée et la France. Il a formé un département français, sous le nom d'Alpes-Maritimes, et a été rendu au roi de Sardaigne en 1814.

D. Quelles sont les principales villes du comté de Nice?

R. *Nice*, qui en est la capitale, dans une situation admirable et sous un ciel extrêmement pur, a près de 20,000 habitans.

Puget-Théniers.—*San-Remo.*

Monaco, qui est enclavé dans le comté, mais qui en est indépendant, et qui a son prince particulier.

PIÉMONT.

D. Qu'est-ce que le Piémont?

R. Le Piémont est une principauté ainsi nommée,

parce qu'elle est au pied des monts ou des Alpes, qui la séparent de la France et de la Savoie. Le fils aîné du roi de Sardaigne portait anciennement le nom de Prince de Piémont ; depuis il a pris celui de duc de Savoie.

D. Quelle est l'étendue du Piémont ?

R. Le Piémont a environ soixante-dix lieues du nord au sud, et trente-six de l'est à l'ouest.

D. Comment divise-t-on le Piémont ?

R. Il est divisé en *Piémont* propre, dans le milieu ; duché d'Aoste, au nord ; seigneurie de Verceil, à l'orient, et marquisat de Saluce, à l'occident. Le comté de Nice fait aussi partie du Piémont. Il a été réuni à la France pendant quelques années, et formait alors cinq départemens. Il a été restitué au roi de Sardaigne en 1814.

D. Quelles sont les productions du Piémont ?

R. Le Piémont, quoique montagneux en plusieurs endroits, est fort peuplé, et fertile en vin, en blé et en fruits.

D. Quelles sont les principales villes du Piémont ?

R. *Ivrée* sur la *Doire*, capitale du duché de ce nom : population 7,194 habitans. — *Aoste*, capitale du duché de ce nom. — *Chivas*.

Verceil, capitale de la seigneurie de ce nom : population 16.170 habitans. — *Bielle*, au nord-ouest de Verceil. — *Santhia*.

Turin, capitale de tout le Piémont, sur le Pô, *ville fortifiée* ; constructions et places magnifiques, manufactures nombreuses et fournissant à un grand commerce, patrie d'un grand nombre de savans : population 91,000 habitans. — *Suze*, marquisat.

Pignerol. — *Alexandrie*, sur le Tanaro, place forte, capitale du Milanais-Sarde. Foires considérables ; toiles, soieries, bougies, filatures : population, 30,400 habitans. — *Asti*, ville forte et ancienne, grand commerce de soie, vins muscats : population, 21,350 habitans. — *Casal*, capitale du Mont-Ferrat, place forte, près de 16,000 habitans.

Coni, belle ville, bien fortifiée, sur une montagne,

grand commerce de soie, chanvre et blé: populat. 16 990 habitans. — *Alba.* — *Mondovi*, place forte, riche en vin, chataignes et soie: pop. 15,000 habit.

Saluce, capitale du marquisat de ce nom. — *Bobbio*, a titre de comté. — *Novi.* — *Tortone*, ville assez forte, avec un beau château. — *Voghera*, ville fortifiée.

ÉTAT DE GÊNES.

D. Qu'est-ce que l'état de Gênes ?

R. L'état de Gênes était une ancienne république qui a formé, pendant plusieurs années, trois départemens français, et a été réunie, par l'acte du congré de Vienne, du 9 juin 1815, aux états du roi de Sardaigne.

D. Quelles sont les productions de l'état de Gênes ?

R. Ce pays, quoique plein de montagnes, est d'un climat très-doux, il est fertile, et produit d'excellens vins, de très-bons fruits, et surtout quantités d'olives; il a des mines. Le duché de Gênes jouit du privilége d'avoir un sénat, des conseils provinciaux, un tribunal suprême, etc.

D. Quelles sont les principales villes de l'état de Gênes ?

R. *Gênes*, capitale, grande et belle ville, qui s'élève en amphithéâtre, sur le bord de la mer. On la nomme *Gênes la superbe*, à cause de la magnificence de ses palais, où le marbre est prodigué de toutes parts: population, 76,800 habitans.

Savone, grande ville, à l'occident de Gênes, peuplée, et fort marchande: population, 11,200 habit.

Acqui, ville médiocre, mais peuplée, célèbre par ses eaux chaudes — *Ceva.* — *Port-Maurice.* — *Chiavari*, dentelles, foires considérables: population 8,200 habitans. — *Sarzana*, ville forte, avec un bon port. — *Pontremoli.* — *Specia.*

DUCHÉS DE PARME, PLAISANCE ET GUASTALLA.

D. Quelles sont les limites du duché de Parme ?
R. Le duché de Parme est borné au midi par l'é-

tat de Gênes ; au nord, par le Pô ; à l'orient, par le Modénois ; à l'occident, par le Piémont.

D. Comment se divise le duché de Parme ?

R. Il se divise, 1.° en duché de *Parme*, à l'orient ; 2.° duché de *Plaisance*, à l'occident ; 3.° marquisat de *Busseto*, au nord ; 4.° duché de *Guastalla*, au nord-est.

D. A qui appartient ce duché ?

R. Ce duché, après avoir formé un département français, sous le nom du *Taro*, a été détaché de la France en 1814, et donné viagèrement par l'acte du congrès de Vienne, à son Altesse Impériale Marie-Louis, fille de S. M. l'Empereur d'Autriche, actuellement veuve de Napoléon Buonaparte.

D. Quelles sont les productions du duché de Parme ?

R. Ce duché est fertile en blé, et en vins, en excellens pâturages, en bestiaux et en soie.

D. Nommez-en les principales villes ?

R. *Parme*, capitale de tout le duché, sur le *Parma*, grande et belle ville : avec une citadelle. Imprimerie de Bodoni, manufactures de porcelaines, soieries, toiles : Population 32,000 habitans.

Plaisance, au confluent du *Pô* et de la *Trebia*, ville bien bâtie, plus grande, mais moins peuplée que Parme. Fabriques de soieries, coutils, chapellerie, grandes foires, belles imprimeries. populat. 20,000 habitans.

Borgo san Domino.—*Busseto*, capitale du marquisat de ce nom.—*Guastalla*, capitale du duché de ce nom.

DUCHÉ DE MODÈNE.

D. Où est situé le duché de Modène ?

R. Il est à l'est du duché de Parme.

D. Quels états renferme ce duché ?

R. Il renferme les duchés de *Modène* et de *Reggio* ; celui de *Mirandole* en dépend.

D. Quelles sont les principales villes du duché de Modène ?

R. *Modène*, capitale de tout le duché, évêché : 20,000 habitans.

La Mirandole, au nord de Modène, évêché.
Reggio, capitale du duché de ce nom: population, 14,000 habitans. Le sol de ce duché est fertile quoique montagneux, il s'y fait commerce de bestiaux, soieries, vin, chanvre, tannerie, verre.

DUCHÉS DE LUCQUES ET DE MASSA-CARRARA.

D. Que dites-vous du duché de Lucques ?

R. Il est situé entre les duchés de Modene et de Toscane et est traversé par les Monts-Appennins ; il est très industrieux, produit beaucoup d'huile d'olives, de grains, de chataignes, de figues, de soie, de bestiaux.—*Lucques*, capitale du duché, est fort belle ville et très-commerçante. Ce duché a été donné par le congrès de Vienne en indemnité à Marie-Louise-de-Bourbon, anciennement reine d'Etrurie, mais il est reversible au grand Duché de Toscane.

D. Faites-nous connaître Massa-Carrara ?

R. Il est placé entre le Piémont, Modene, la Toscane et Lucques, et se compose des villes Massa et Carrara : ensemble 37,000 habitans. Ce duché produit d'excellens fruits, huile, vin, chanvre, soie. Carrara est fameuse par ses beaux marbres connus sous le nom de marbre de *Carrare*.

GRAND DUCHÉ DE TOSCANE.

D. Où est situé le grand-duché de Toscane ?

R. Il est situé entre la Méditerranée et l'état de l'Eglise.

D. Comment est-il divisé ?

R. En trois états : 1°. le Florentin ; 2°. le Pisan ; 3°. le Siennois.

D. A qui appartient le grand-duché de Toscane ?

R. Il formait il y a quelques années trois départemens français. Détaché de la France en 1814, il a été rendu, par l'acte du congrès de Vienne, à S. A. R. l'archiduc Ferdinand d'Autriche.

D. Quelles sont les productions de la Toscane ?

R. La Toscane est une des plus belles et des plus

fertiles contrées de l'Italie. On y trouve des carrières de marbre, des mines d'Alun et d'argent.

D. Quelles sont les principales villes du grand-duché de Toscane ?

R. *Florence*, capitale du grand-duché, sur l'*Arno*, dite la belle : population 80,000 habitans. C'est la ville d'Italie où l'on parle le mieux la langue italienne. Elle fut pendant plusieurs siècles la capitale d'un des plus puissans états de l'Europe.

Pistoie, ville située au pied de l'Appennin, jadis république détruite, avec celle de Pise.

Arrezzo, grande ville, bâtie sur une montagne.

Livourne, grande et belle ville, port célèbre qui attire beaucoup d'étrangers, 56,000 habitans.

Pise, capitale du Pisan, sur l'*Arno* ; elle a un bon port : population 20,000 habitans.

Voltera, au sud-est de Livourne.

Sienne, capit. du Siennois : popul. 21,000 hab.

Montepulciano. — *Grosseto*.

D. l'Ile d'Elbe ne dépend-elle pas de la Toscane ?

R. Elle fait partie des Etats du Grand-Duc, sur la côte desquels elle se trouve. Après l'abdication de Buonaparte en 1814, elle lui fût donnée en souveraineté, et est retournée au Grand-Duc. Le terrain de cette île est montueux ; il produit olives, figues, vin, liége, fer, aimant : capitale Porto-Ferrayo, 5,000 h.

ÉTAT DE L'ÉGLISE.

D. Qu'est-ce que l'Etat de l'Eglise ?

R. C'est une partie de l'Italie, bornée au nord par le Modénois ; au nord-est, par le golfe de Venise ; à l'orient, par le royaume de Naples ; au midi, par la Méditerranée.

D. Pourquoi l'appelle-t-on Etat de l'Eglise ?

R. Parce que c'est le Pape qui en est le souverain. Cet état, dont le Saint Père avait été dépouillé : d'abord par la république Française, et plus tard, par Buonaparte, avait été par ce dernier réuni partie à la France, partie au royaume d'Italie ; mais il a été rendu en 1814 à son légitime souverain.

D. Comment se divise l'état de l'Eglise ?

R. Il se divise en onze provinces, qui sont du midi au nord-ouest, la *Campagne de Rome*, le *Patrimoine de Saint-Pierre*, l'*Orviétan*, la *Terre de Sabine*, le *Pérougin*, l'*Ombrie*, la *Marche d'Ancône*, le duché d'*Urbin*, la *Romagne*, le *Bolonais* et le *Ferrarais*.

D. Quelles sont les principales villes de l'Etat de l'Eglise ?

R. *Rome*, sur le *Tibre*, capitale. Elle est surnommée la Sainte, parce qu'elle est le centre de la vraie Religion, et qu'un grand nombre de Martyrs y sont morts pour la foi. C'est une des premières villes de l'univers ; d'abord, parce qu'elle est regardée comme la capitale du monde chrétien ; c'est d'ailleurs la ville qui offre le plus de beaux monumens anciens et modernes : populat. 144,000 habit.

Velletri, ville agréable, popul. 9,500 habit.

Viterbe, belle ville, plusieurs édifices remarquables.

Tivoli, célèbre par le séjour d'Horace, Mécène, Tibulle. Ruines antiques. Un débordement de l'Anio, en 1826, a renversé une partie de la ville, et détruit les cascades qu'on y admirait.

Frossinone. --- *Rieti*.

Spoleto, capitale de l'Ombrie, ville ancienne.

Foligno, jolie ville détruite par des tremblemens de terre en 1832. --- *Perugia*, sur le *Tibre*. --- *Todi* sur une colline, près du *Tibre*. --- *Fermo*.

Ancone : population 30,330 habit, dont 5,000 juifs, port très-commerçant, fortifié sur l'Adriatique.

Urbino --- *Pezaro*. --- *Sinigaglia*.

Ravenne, grande et belle ville, port.

Comachio. --- *Ferrare*, belle ville : population, près de 24,000 habitans.

Bologne, l'une des plus belles villes de l'Italie, fameuse université, elle a 64,000 habitans.

Forli, 12,900 habitans. --- *Ponte-Corvo* et *Bénévent*, enclavés dans le royaume de Naples.

RÉPUBLIQUE DE SAINT-MARIN.

D. Où est situé cet état ?

R. Au nord du duché d'Urbin dans lequel il se

trouve enclavé. Cette république date de 1300, elle est sur une montagne escarpée, et n'a que la ville, de son nom, 7000 habitans.

ROYAUME LOMBARD-VÉNITIEN.

D. En quoi consiste les possessions italiennes de l'Empereur d'Autriche ?

R. Elles consistent dans la Valteline, qui faisait autrefois partie du pays des Grisons, au N. O. ; 2°. dans l'état de Venise, les duchés de Milan et de Mantoue.

ÉTAT DE VENISE.

D. Qu'est-ce que l'état de Venise ?

R. Venise était la plus ancienne république de l'Europe. Elle fut cédée par le traité de Lunéville à l'empereur d'Autriche, fit depuis partie du royaume d'Italie, et fut rendue à l'empereur d'Autriche, par le congrès de Vienne.

D. Quelles sont les limites de l'état de Venise ?

R. Ses limites sont, au nord, le pays des Grisons, un des cantons Suisses ; le Trentin et le Tyrol, qui appartiennent aussi à l'empereur d'Autriche ; à l'orient, le golfe de Venise ; au midi, les duchés de Ferrare et de Mantoue ; à l'occident, le Milanais, ou le duché de Milan.

D. Quelles sont les productions de l'état de Venise ?

R. Les blés, les pâturages et les fruits de toute espèce y abondent : on y trouve des bois de construction et des eaux minérales.

D. Quelles sont les principales villes ?

R. *Venise*, capitale ; une des plus peuplées et des plus marchandes, et des plus fortes villes de l'Europe: population 110,000 habitans. On la surnomme *la Riche*. Elle est bâtie sur soixante-douze îles, qui communiquent les unes avec les autres, au moyen d'un grand nombre de ponts. Son commerce l'avait rendue, au XIV siècle, un des plus puissans états de l'Europe.

Chiozza, ville qui est au milieu des eaux comme Venise. --- *San-Dona*. --- *Adria*.

Vicence, place forte, ville grande et peuplée de 24,000 habitans.

Schio. — *Bassano.* — *Aziado.* — *Castelfranco.*
Trevise. 12,000 habitans. — *Conegliano.*
Ceneda. — *Pordenone.* — *Spilenberg.*
Padoue, fameuse université, 41,457 habit.
Este — *Piave.* — *Campo-San-Piero.*
Udine, 18,000 habit. — *Tolmezo.* — *Cividale.*
Gradisca. — *Bellune.* — *La Pieve de Cadore.*
Feltres. — *Brescia*, place forte ; elle a 36,000 h.
Crême, place forte, sur le *Serrio.*
Vérone, sur l'*Adige* ; remarquable, par le congrès de 1822, 1823 : elle renferme 41,000 habit.

DUCHÉ DE MILAN.

D. Comment divise-t-on le duché de Milan ?
R. En neuf délégations ou cercles d'administration, savoir :

Milan, capitale du royaume Lombard-Vénitien, c'est une des plus belles et des plus riches villes de l'Italie : population 140,000 habitans.

Mantoue, dans un lac formé par le Mincio, ce qui la rend très-forte. Elle est la capitale du duché de ce nom, qui est très-fertile.

Brescia, belle ville, 35,000 habitans.
Crémone, ville commerçante, 24,000 habitans.
Bergame, place forte, 25,000 habitans.
Come, belle ville, 7,500 habit.
Fondrio ou *Valtelina.*
Pavie, fameuse par la bataille où François Ier fut fait prisonnier, en 1525.
Lodi, ville forte : que les Français prirent sur les Autrichiens, en 1796, après avoir passé un pont sous le feu de leur artillerie.

Les autres villes moins considérables ou gros bourgs, du duché de Milan, sont :

Varese. — *Menaggio.* — *Lecco.* — *Chiavenna.*
Bormio. — *Monsa.* — *Gallarato.* — *Revero.*
Castiglione. — *Delle-Stiviere.* Ces deux dernières villes sont du duché de Mantoue.

PARTIE MÉRIDIONALE.

ROYAUME DE NAPLES.

D. Qu'est-ce que le royaume de Naples ?

R. Un état situé à l'extrémité inférieure de l'Italie ; c'est un pays que son extrême fertilité, et la beauté de son ciel a fait nommer le *paradis de l'Italie*.

D. Quelles sont les bornes du royaume de Naples ?

R. Ce royaume est borné au nord-ouest par l'État de l'Église, et de tous les autres côtés, par la mer.

D. Comment divise-t-on le royaume de Naples ?

R. On partage ce pays en quatre grandes provinces, dont chacune se subdivise en trois.

Les quatre premières sont :

1. La terre de Labour, au sud.
2. L'Abruze, } au nord, sur le golfe de Venise.
3. La Pouille, }
4. La Calabre, au sud-est.

D. Quelles sont les principales villes de la terre de Labour ?

R. *Naples*, une des plus belles villes du monde, archevêché, port, capitale de tout le royaume et de la Terre de Labour propre. Elle est surnommée la *Noble* et la *Gentille*. 335,000 hab.

Capoue, archevêché. — *Bénévent*, archevêché de la principauté ultérieure. — *Conza*, archevêché.

Salerne, } archevêchés, dans la principauté ci-
Amalfi, } térieure.

D. Qu'y a-t-il de remarquable auprès de Naples ?

R. Le Mont-Vésuve, célèbre par ses éruptions volcaniques, on en compte 35 désastreuses ; le cratère qui est à 3700 pieds au dessus de la mer, vomit presque continuellement des flammes.

D. Quelles sont les principales villes de l'Abruze ?

R. *Molise*, dans le comté de Molise, qui fait partie de l'Abruze.

Chietti, } a.chevêchés, dans l'Abruze cité-
Lanciano, } rieure.

Aquila, évêché dans l'Abruze ultérieure.

D. Quelles sont les principales villes de la Pouille ?

(273)

R. *Manfredonia*, archevêché, dans la Capitanate, qui est dans la Pouille.

Erani,   } archevêchés, dans la terre de Bari,
Bari,   } aussi dans la Pouille.

Brindisi, } archevêchés, dans la terre d'Otrante,
Otrante, } qui est la troisième partie de la
Tarente, } Pouille.
Matera,

D. Quelles sont les principales villes de la Calabre ?

R. *Cirenza*, archevêché, dans la Basilicate, qui est de la Calabre.

Rossano,   } archevêchés, dans la Calabre ci-
Cosenza,   } térieure.

San-Severina, } archevêchés, dans la Calabre
Reggio,   } ultérieure.

DES PRINCIPALES ILES D'ITALIES.

D. Quelles sont les principales îles de l'Italie ?

R. Elles sont au nombre de quatre, savoir :

1. La Sicile, qui se divise en trois parties ou vallées.
2. Malte, au midi de la Sicile.
3. La Sardaigne, qu'on partage en deux caps.
4. La Corse, au nord de celle de Sardaigne ; et qui, comme il a été dit, forme un département de la France.

ILE DE SICILE.

D. Où est située la Sicile ?

R. La Sicile, qui appartient au roi de Naples, est située au sud-ouest du royaume de Naples, dont elle est séparée par un détroit nommé détroit de *Messine*.

D. Quelles sont les villes principales de la Sicile ?

R. *Messine*, archevêché, sur le phare de son nom, dans la vallée de Demona, qui est une des trois parties de la Sicile.

Syracuse ; évêché, port de mer avec de belles ruines. —— *Noto*, capitale de la vallée de Noto.

Palerme, archevêché,   }
150 000 habitans, capitale }
de toute la Sicile,   } dans la vallée de Mazara.
Montréal, archevêché   }
Mazara, évêché,   }

D. Qu'y a-t-il de remarquable dans la Sicile?

R. On remarque, au sud-ouest de Messine, le mont Gibel, autrefois le mont Etna, beaucoup plus consirable que le mont Vésuve, et qui, comme lui, jette du feu; ses éruptions sont plus rares.

ILE DE MALTE.

D. Qu'est-ce que l'île de Malte?

R. L'île de Malte est un rocher fortifié, et presque stérile, qui ne produit que quelques fruits. Elle est située au midi de la Sicile, et appartient aux anglais; sa population en y comprenant les petites îles de de Gozzo et Comino, est de 160,000 habitans.

D. Quelle est la capitale de cette île?

R. *Malte*, évêché; elle a appartenu aux chevaliers du même nom, appelés autrefois de Saint-Jean-de-Jérusalem, jusqu'en 1797. Elle est divisée en trois parties, 1.° la Cité-Valette, 2.° la Cité-Victorieuse, 3.° l'île de Saint-Michel. Cette île est rocheuse, recouverte par de terre importée, et garnie de fortifications inexpugnables; très-fertile, climat superbe. On y parle italien, français, grec moderne et arabe.

ILE DE SARDAIGNE.

D. Qu'est-ce que la Sardaigne?

R. La Sardaigne, qui appartient au roi de ce nom, est une grande île qui a le titre de royaume, et dont l'air est très-mal sain, le sol assez fertile, et le peuple fort grossier. Elle est à l'occident de l'Italie, et au sud de la Corse, dont elle n'est séparée que par un détroit de trois lieues.

D. Quelles en sont les principales villes?

R. *Cagliari*, archevêché, capitale de l'île et de la partie nommée *cap de Cagliari*, résidence d'un vice-roi; bon port, grand commerce de vin et d'huile; 35,000 habitans.

Oristagni, archevêché; soie, vin, pêche du thon: 6300 habitans.

Sassari, archevêché, chef lieu de la division, capit. Sassari, université, territoire fertile 30,400 hab.

Pour l'ILE DE CORSE, voyez la France.

ARTICLE TROISIÈME.
ILES IONIENNES.

D. Qu'est-ce que les îles ioniennes.

R. Après avoir appartenu aux Vénitiens, aux Turcs, aux Russes et aux Français, ces îles forment aujourd'hui un état prétendu indépendant, mais réellement sous la domination de l'Angleterre ; elles sont situées le long des côtes dans la mer Ionienne.

D. Dites les noms de ces sept îles ?

R. 1.° Corfou, près de l'entrée du golfe de Venise, 2°. Paxo, à 4 lieues de Corfou ; 3.° Sainte-Maure, très-voisine du continent ; 4.° Theachi, au sud de Sainte-Maure ; 5.° Céphalonie, la plus grande de ces îles, au sud de Theachi ; 6.° Zante, séparée de Céphalonie par un canal de 4 lieues ; 7.° Cérigo, à une grande distance de Zante, au sud de la Morée. Toutes ces îles à l'exception de Paxo ont des capitales qui portent les mêmes noms ; elles jouissent d'un printemps presque continuel. Leur sol est montueux, elles ont des vallons et des plaines fertiles en vin et fruits.

ARTICLE QUATRIÈME.
GRÈCE.

D. Que dites-vous de ce royaume ?

R. Ce pays qu'une lutte sanglante et héroïque a enfin arraché au joug des Turcs qui l'occupaient depuis trois siècles, offre de tous côtés l'affligeant spectacle de villes détruites et de champs déserts et incultes. La Grèce jouit d'ailleurs d'un beau ciel, d'un climat doux et d'un air pur ; sol naturellement fertile, mais mal cultivé.

D. Comment le nouvel état grec s'est-il formé ?

R. Les Grecs secouèrent en 1820 le joug des Turcs, et pendant sept ans ils ont soutenus contre eux des guerres sanglantes. Le concours de la Russie, de l'Angleterre, et l'intervention armée de la France, ont enfin assuré l'indépendance des Grecs.

D. Comment divise-t-on la Grèce ?

R. En trois parties, savoir : la Livadie, la Morée, et les isles de l'Archipel.

D. Quelles sont les principales villes de la Grèce ?

R. Ce sont *Lépante*, qui donne son nom au golfe dans lequel don Juan d'Autriche, remporta en 1571, une célèbre victoire sur la flotte turque.

Missolonghi, célèbre par la défense héroïque des grecs en 1826.

Livadia, qui a donné son nom à la province.

Athènes, qui fut la patrie des lettres et des arts; et dans laquelle on admire les précieux restes de son ancienne splendeur.

Corinthe et *Argos*, jadis si florissantes, et qui ne sont maintenant que des bourgs.

Tripolita, bâtie sur les ruines de Mantinée.

Napoli-de-Romanie, place très-forte, port.

Misithra, près de l'ancienne Sparte.

Navarin, célèbre par la victoire que les flottes combinées de la France, de l'Angleterre et de la Russie, y remportèrent sur les Turcs et les Egyptiens.

Coron et *Modon*, places fortes. — *Patras*.

D. Quelles sont les iles qui dépendent de la Grèce ?

R. *Negrepont*, très-fertile et séparée de la Livadie, par un détroit si resserré, qu'un pont la joint à la terre ferme, elle a une ville de son nom, place forte.

Samos, patrie de Pythagore. — *Pathmos*, roche stérile où S. Jean, écrivit son apocalypse. — *Hydra*. — *Salamis*. — *Andros*. — *Tine*. — *Mycone*.

Naxos, surnommée la reine des Cyclades.

Paros, renommée par son marbre.

Antiparos, célèbre par sa grotte où l'on voit les plus belles stalactites qu'il y ait au monde. — *Santorin*.

ARTICLE CINQUIÈME.

DE L'ESPAGNE.

D. Qu'est-ce que l'Espagne ?

R. L'Espagne est un grand pays, borné au nord-est par les Pyrénées, qui la séparent de la France; à l'orient et au midi par la mer Méditerranée; à l'occident par le Portugal, et au nord-ouest par l'Océan. L'air y est chaud, mais pur; le sol serait fertile s'il était bien cultivé. L'Espagne produit des vins délicieux, de belles laines, de la soie et des chevaux.

D. Quel est le gouvernement de l'Espagne ?

R. Le gouvernement est monarchique, et le roi porte le titre de *catholique*.

D. Comment divise-t-on l'Espagne ?

R. L'Espagne se divise en treize provinces, qui ont presque toutes le titre de royaume. Trois au nord sur l'Océan ; 1. la Biscaye, 2. les Asturies, 3. la Gallice.

Une, au sud-est, aussi sur l'Océan. — L'Andalousie.

Quatre du sud au nord-ouest sur la Méditerranée.

1. Grenade. — 2. Murcie. — 3. Valence. — 4. Catalogne.

Cinq au milieu.

1. Navarre. — 2. Arragon. — 3. Castille vieille. — 4. Royaume de Léon. — 5. Castille nouvelle.

D. Quels sont les principaux fleuves de l'Espagne ,

R. Les principaux fleuves sont du nord au sud.

Le Minho,
Le Douro,
Le Tage,   } qui se jettent dans l'Océan.
La Guadiana,
Le Guadalquivir,

Et l'Ebre, qui se jette dans la Méditerranée.

PROVINCES DU NORD.

D. Quelles sont les principales villes des provinces du nord ?

R. Ce sont, pour la Biscaye :

Bilbao, évêché, capitale de la Biscaye, et de la Biscaye propre, ville riche et commerçante.

Fontarabie, capitale du Guipuscoa, ville forte.

Vittoria, capitale de l'Alava, jolie ville.

Pour les Asturies :

Oviédo, évêché, université, capitale des Asturies.

Santillana, capitale des Asturies de ce nom.

Pour la Gallice :

Compostelle, archevêché, lieu d'un célèbre pélérinage au tombeau de S. Jacques le majeur, qu'on croit y avoir été enterré. Capitale de la Galice.

Mondonedo, évêché, au nord.—*Lugo.*—*Tuy.*
Orencé, célèbre par ses eaux thermales. *Gijon*, ville et port fortifié.

La Corogne, port de mer, ville forte, où se livra un combat sanglant entre les Anglais et les Français, en 1809.

Le Ferrol, excellent port de mer, arsenal de marine. *Pampelune*, capit. de la Navarre, pl. forte.

Sarragosse, fameuse par le siége opiniâtre qu'elle soutint contre les Français, en 1809.

PROVINCES DU SUD.

D. Quelles sont les principales villes de l'Andalousie ?

R. *Séville*, archevêché, capitale de l'Andalousie, si belle, qu'elle a donné lieu au proverbe espagnol, *qui n'a point vu Séville n'a point vu de merveilles.*

Cordoue, évêché. —— *Anduxar*. —— *Baeça.*
Jaen, évêché, au sud de Becca.

Cadix, évêché, dans l'île de ce nom, au sud-ouest de cette province, une des villes les plus commerçantes du monde, très-forte, bon port, célèbre par la révolution de 1820.

Gibraltar, fort, sur un rocher à 1400 pieds au dessus de la mer. Les Anglais s'en emparèrent par surprise, en 1704, et l'ont gardé.

PROVINCES DU SUD AU NORD OUEST.

D. Quelles sont les principales villes ou provinces du sud au nord-ouest ?

R. Ce sont, pour le royaume de Grenade :

Grenade, ville très-célèbre sous les Maures. On y remarque l'Alhambra, palais magnifique de leurs rois.

Guadix, évêché. —— *Alméria*, évêché, port.
Malaga, évêché, port, connu par ses bons vins.
Pour le royaume de Murcie.

Murcie, capitale du royaume de Murcie.
Cartagene, évêc., le meilleur port de l'Espagne.
Pour le royaume de Valence.

Valence, archevêché, capit. du roy. de ce nom, une des plus florissantes villes de l'Espagne.

Segorbe, évêché, au nord-ouest de Valence.
Alicante, port, renommée par ses vins.
Orihuella, évêché, au sud.
Pour la Catalogne :
Barcellone, évêché, port, ville très-forte, capitale de la Catalogne.

Visch,
Gironne, } évêchés, près les Pyrénées.
Urgel,

Solsone, évêché, au sud d'Urgel.
Lérida, évêché, sur la Sègre.
Tarragone, archevêché, sur la Méditerranée.
Tortose, évêché, presqu'à l'embouch. de l'Ebre.

PROVINCES DU MILIEU.

D. Quelles sont les principales villes des provinces du milieu ?

R. Ce sont, pour la Navarre :

Estella, sur l'Ega. — *Olite*.
Sanguesa, sur l'Aragon. — *Tudella*, sur l'Ebre.
Pour l'Aragon :

Albarasin, } évêchés, sur le Gualdalaviar, au
Teruel, } sud-ouest de l'Aragon.

Jacca, évêché, au nord sur l'Aragon.
Taraçona, évêché, à l'occident.
Huesca, évêché, à l'orient de Taraçona.
Pour la Castille vieille :
Burgos, archevêché, capitale de la Castille vieille.
Valladolid, évêché, à l'ouest.
Osma, évêché, sur le Douro.
Siguença, évêché, au sud-ouest d'Osma.
Ségovie, évêché, au sud, célèbre par ses laines.
Avila, évêché, au sud-ouest de Ségovie.
Pour le royaume de Léon :
Léon, capitale du royaume de ce nom ; sa cathédrale est superbe.

Astorga,
Palencia,
Zamora, sur le Douro, } évêchés, du nord au sud.
Salamanque, célèbre université,
Ciudad-Rodrigo,

Et pour la Castille nouvelle :

Madrid, capitale de toute l'Espagne, et de la Castille nouvelle, et en particulier de l'Algarve, résidence ordinaire du roi d'Espagne. Beaux palais et monumens, galeries, académ., observ. 160,000 hab.

Tolède, archevêché, ville très-ancienne, sur le Tage, au midi de Madrid, célèbre université.

L'Escurial, magnifique couvent et palais-royal, au nord-ouest de Madrid.

Cuença, évêché, capitale de la Sierra.

Calatrava, chef-lieu d'un ordre de chevalerie, capitale de la Manche.

Badajoz, évêché, capitale de l'Estramadure, sur la Guadiana.

D. Quelles sont les îles que l'Espagne possède en Europe ?

R. Ce sont les anciennes îles Baléares dans la méditerrannée. Majorque, la plus grande, peuplée de 18,000 habitans, capitale, Palma. Minorque, qui a 45,000 habitans ; capitale *Citadella*.— *Port-Mahon*, pris d'assaut par les Français en 1756. *Iviça*, avec une capitale du même nom, très-fertile. *Formentèra*, peu habitée à cause du grand nombre de serpens qui s'y trouvent ; elle a des salines.

ARTICLE SIXIÈME.

DU PORTUGAL.

D. Qu'est-ce que le Portugal ?

R. Le Portugal est un royaume qui est borné au nord et à l'est par l'Espagne, au sud et à l'ouest par l'Océan. L'air y est pur, sain et tempéré, cependant plus chaud que froid. Le sol produit de bons vins et des fruits excellens.

D. Quels sont les principaux fleuves du Portugal ?

R. Ce sont le Tage, dans le milieu, le Douro, au nord, et le Guadiana, au sud-ouest. Ces trois fleuves ont leur source en Espagne, dont ils parcourent une partie avant d'entrer en Portugal.

D. Comment divise-t-on le Portugal ?

R. On divise le Portugal en six provinces, qui sont du nord au sud.

1. Entre-Minho-e-Douro. — 2. Tra-los-Montes. — 3. Béira. — 4. Extramadure portugaise. — 5. Alentejo. — 6. Algarve.

D. Quelles sont les villes principales de la province d'Entre-Minho-e-Douro?

R. *Brague*, capitale. — *Porto* ou *Opporto*, renommée par ses vins. Ville très commerçante.

D. Quelles sont les villes principales de la province de Tra-los-Montes?

R. *Miranda-de-Douro*, évêché, capitale. — *Bragance*, duché, ancien patrimoine de la maison régnante.

D. Quelles sont les villes principales de la province de Béira?

R. *Coïmbre*, capitale de la province de Béira, fameuse université.

La Guarda, — *Lamego*, sur le Douro, — *Viseu*. } évêchés.

D. Quelles sont les villes principales de l'Estramadure portugaise?

R. *Lisbonne*, vaste port, un des meilleurs de l'Europe, capitale de tout le royaume et de l'Estramadure portugaise; renversée par le tremblement de terre de 1755, elle est entièrement réparée : pop. 240.000 habitans. — *Leria*, évêché.

D. Quelles sont les villes principales de l'Alentejo?

R. *Evora*; université; capitale de l'Alentejo. — *Elvas*, — *Portalègre*, évêchés.

D. Quelles sont les villes principales de l'Algarve?

R. *Tavira*, port de mer, capitale de l'Algarve. — *Faro*, évêché.

ARTICLE SEPTIÈME.

DE LA SUISSE.

D. Qu'est-ce que la Suisse?
R. Une république formée de plusieurs cantons.
D. Quelles sont les bornes de la Suisse?

R. La Suisse est bornée au nord, par le grand-duché de Bade ; à l'orient par le lac de Constance, et les royaumes de Bavière et d'Italie ; au midi et à l'occident, par le royaume d'Italie et la France. Le pays est élevé et rempli de montagnes.

D. Que dites-vous de cette contrée ?

R. Elle est couverte de lacs et de montagnes d'où descendent un grand nombre de rivières. C'est le pays de l'Europe qui offre le plus de sites pittoresques et de sublimes horreurs. Ses montagnes sont couvertes de glaces éternelles tandis que les vallées offrent les douceurs du printemps. Peu fertile en grains, la Suisse possède d'excellens paturages qui sont sa principale ressource.

D. Nommez les principales rivières de la Suisse ?

R. Le Rhin et le Rhône, dont on a déjà parlé, le Tésin, qui va en Italie et se jette dans le Pô, y prennent leur source, aussi bien que l'Aar, le Reuss et l'Inn.

D. Comment divise-t-on la Suisse ?

R. On divisait la Suisse en dix-neuf cantons ; il en a été ajouté trois par l'acte du Congrès de Vienne, lesquels sont formés du Valais, du territoire de Genève, et de la principauté de Neufchâtel. Voici leurs noms par ordre alphabétique, ainsi que ceux des chefs-lieux.

CANTONS.	CHEFS-LIEUX.	CANTONS.	CHEFS-LIEUX.
1. APPENZEL,	*Appenzel.*	11. SCHWITZ,	*Schwitz.*
2. ARGOVIE,	*Arau.*	12. SOLEURE,	*Soleure.*
3. BALE,	*Bâle.*	13. TÉSIN,	*Bellinzona.*
4. BERNE,	*Berne.*	14. TURGOVIE,	*Frawenfeld.*
5. FRIBOURG,	*Fribourg.*	15. UNDERWALD,	*Stantz.*
6. GLARIS,	*Glaris.*	16. URI,	*Altdorff.*
7. GRISONS,	*Coire.*	17. VAUD,	*Lauzanne.*
8. LUCERNE,	*Lucerne.*	18. ZUG,	*Zug.*
9. SAINT-GALL,	*Saint Gall.*	19. ZURICH,	*Zurich.*
10. SCHAFFHOUSE,	*Schaffhouse.*		

Cantons ajoutés par l'acte du Congrès de Vienne.

20. VALAIS,	*Sion.*	22. NEUFCHATEL,	*Neufchâtel.*
21. GENÈVE,	*Genève.*		

D. Comment la Suisse est elle gouvernée ?

R. Les affaires qui touchent à l'intérêt général

sont réglées par une diète, qui se rassemble tous les ans, dans l'un des six cantons qui sont alternativement canton-directeur, et dans lequel se choisit aussi chaque année, le chef de l'état nommé le Landammann. Des vingt-deux cantons, neuf sont catholiques, sept protestans, et six mixtes. On parle français dans ceux qui se trouvent près de la frontière de France, Italien dans ceux qui sont au S. des Alpes, et Allemand dans les autres.

D. Quelles sont les principales villes de la Suisse?

R. Bâle, sur le Rhin, ci-devant évêché, avec une université célèbre. Elle est très-commerçante.

Berne, sur l'Aar, ville remarquable par sa propreté et l'une des plus belles de l'Europe.

Porentrui, capitale du ci-devant évêché de Bâle, qui est réuni au canton de Berne.

Zurich, sur le lac de même nom, ville forte et commerçante; près de cette ville est celle de *Bade*, remarquable par ses bains.

Saint-Gall, qui avait une célèbre abbaye. On y fabrique des toiles et des mousselines.

Fribourg, sur la Sane, avec un évêché. = Gruyères, au sud de Fribourg, est connue par ses fromages.

Schaffouse, sur le Rhin. — Coire, dans le pays des Grisons, est le siége d'un évêché.

Lucerne, sur le lac de ce nom. — Soleure, sur l'Aar, dans un site agréable.

Lausanne, jolie ville, près du lac de Genève, avec une université. — Vévay, sur le même lac.

Genève, sur le Rhône, près du lac de même nom, ci-devant capitale de la République de Genève. Elle a une académie; ses manufactures d'horlogerie sont célèbres. C'est la patrie de J. J. Rousseau, et de plusieurs savans.

Neufchâtel, sur le lac de même nom: on y fabrique beaucoup d'horlogerie. C'est le chef-lieu d'une principauté qui est sous la haute souveraineté du roi de Prusse.

Sion, chef-lieu du Vallais, évêché, jolie ville sur le Rhône. Elle est au pied des deux montagnes sur lesquelles s'élèvent deux châteaux forts.

ARTICLE HUITIÈME.

Royaume des Pays Bas, comprenant la Belgique et la Hollande.

D. Qu'est-ce que le royaume des Pays-Bas ?

R. C'est un royaume qui avait été créé par le Congrès de Vienne en 1815, et qui était formé de la Hollande et de la Belgique.

D. Qu'est-ce que la Belgique ?

R. C'est un royaume incorporé à la France en 1801, par le traité de Luneville, fut divisé en dix départemens. En 1814, la France perdit la Belgique. Celle ci réunie à la Hollande, forma le royaume des Pays Bas. Depuis 1830, la Belgique séparée de la Hollande, forme un royaume indépendant.

D. Quelles sont les bornes, la population, la religion et le gouvernement de la Belgique ?

R. La Belgique est bornée au N. par la Hollande, à l'O. par la mer du Nord, au S. par la France, et à l'E. par l'Allemagne. Elle renferme 4,000,000 d'habitans, presque tous catholiques. Le gouvernement est monarchique représentatif.

D. Comment divise-t-on la Belgique ?

R. En huit provinces, savoir : au milieu, le duché de Brabant, à l'Orient, le grand-duché de Luxembourg, le duché de Gueldre; le comté de Flandre, à l'occident; et ceux de Hainaut et de Namur, au midi.

D. Quelles sont les principales villes du duché de Brabant ?

R. *Bruxelles*, capitale, sur la Senne, grande et belle ville : population 72,280 habitans.

Nivelle, au midi de Bruxelles, jolie ville, située dans un pays agréable.

Louvain, à l'orient de Bruxelles, sur la Dyle, grande ville, mal peuplée.

Malines, sur la Dyle, jolie ville.

Anvers, sur l'Escaut, grande ville, forte et bien bâtie : population 59,000 habitans.

D. Quelle est la principale ville du grand duché de Luxembourg?

R. *Luxembourg*, capitale, sur l'Else: c'est une des plus fortes villes de l'Europe : pop. 9 300 habitans.

D. N'y a-t-il rien à remarquer sur le grand duché de Luxembourg?

R. Conformément à l'acte du Congrès de Vienne, le grand-duché de Luxembourg fait partie de la Confédération Germanique, et le Prince, roi des Pays-Bas, qui a ajouté à ces titres celui de Grand-duc de Luxembourg, entre en cette qualité dans le système de cette Confédération.

D. Quelle est la principale ville du duché de Gueldre?

R. *Ruremonde*, au confluent de la Roër et de la Meuse, ville riche, marchande et bien fortifiée.

D. Quelles sont les principales villes du comté de Flandres?

R. *Gand*, capitale, ville riche, grande et commerçante : population 70,000 h. Patrie de Charles V.

Termonde, au confluent de la Dendre et de l'Escaut.

Audenaerde, sur l'Escaut, ville forte et riche.

Courtray, sur la Lys. Fabriques de toiles et dentelles.

Bruges, grande ville, à l'ouest de Gand ; popu- 83,000 hab. Nombreuses fabriques et manufactures.

Ostende, port, et ville très-forte.

Ypres, grande et belle ville, sur l'Yperle.

Furnes, place forte. — *Tournai*, place forte.

D. Quelle est la principale ville du comté de Hainaut?

R. *Mons*, capitale: population 19,000 habitans.

D. Quelles sont les principales villes du comté de Namur?

R. *Namur*, capitale, ville forte, au confluent de la Sambre et de la Meuse : 16,000 habitans.

Charleroy, ville forte, sur la Sambre.

D. Dites-nous quelque chose du climat et des productions de ce pays?

R. L'aspect général de la Belgique, est celui d'une vaste plaine entrecoupée de quelques collines embragées de forêts et de vallées couvertes de gras pâturages ; son sol fertile et bien cultivé produit des grains, du lin, du chanvre, du tabac, et renferme de riches mines de fer. L'industrie y est active, on y fait un grand commerce de toiles dentelles et soieries.

D. Qu'est-ce que la Hollande ?

R. Ce pays était anciennement gouverné par un stathouder, après avoir été réunis à la France en 1810 il fut détachée en 1814, par le traité de Paris. Il forme un royaume borné à l'Orient, par l'Allemagne, au midi, par la Belgique, à l'Occident et au Nord, par l'océan.

D. Comment se divise-t il ?

R. En sept provinces, et le pays de la Généralité ; savoir : la Gueldre hollandaise ou septentrionale, au S. E. ; la Hollande, à l'occident ; la Zélande, au S. O. ; la province d'Utrecht, au milieu ; la Frise, au nord ; l'Overyssel et la province de Groningue, au N. O. ; le pays de la Généralité est au nord.

D. Quelles sont les principales villes de la Gueldre Hollandaise ou septentrionale ?

R. *Nimègue*, capitale, sur le Vahal, ville forte et marchande. — *Arnheim*, ville fortifiée.

Zutphen, sur l'Yssel, ville ancienne et forte.

D. Quelles sont les principales villes de la Hollande?

R. *Amsterdam*, capitale, très-commerçante, port, la plus grande ville des Provinces-Unies et du royaume des Pays-Bas : population 210.000 habitans.

Alkmaer, la plus ancienne ville de la Hollande.

Haarlem, sur le lac de ce nom. Elle dispute à Mayence, la gloire d'avoir inventé l'imprimerie.

Leyde, sur le Rhin. Arsénal considérable.

La Haye, capitale de la Hollande méridionale, près la mer, jolie ville, très-commerçante. Elle n'est pas entourée de murailles : pop. 48,000 habit.

Rotterdam, port, sur la Meuse, près de l'embouchure de ce fleuve, amirauté : pop. 66,000 hab.

Dordrecht, sur la Meuse, au midi. — *Gorcum*, ville forte sur la Meuse, à l'orient de Dordrecht.

Briel, port sur la Meuse, dans l'île de Vorn.

D. Quelles sont les principales villes de la Zélande?

R. *Middelbourg*, capitale, dans l'île de Walcheren, ville belle et très-marchande : pop. 7,000 habit.

Goès, ville forte et riche.—*Zierickzée*, petite ville, avec un bon port, dans l'île de Schowen.

D. Quelles sont les principales villes de la province d'Utrecht?

R. *Utrecht*, capitale, sur le Rhin.

Amersfoort, sur l'Ems, au nord-est d'Utrecht.

D. Quelle est la principale ville de la Frise?

R. *Leuwarden*, cap., au nord : pop. 15,000 habit.

D. Nommez les principales villes de la province d'Overyssel?

R. *Deventer*, capitale, sur l'Yssel, ville forte et bien bâtie.—*Zwolle*, place forte.

D. Quelle est la principale ville de la province de Groningue?

R. *Groningue*, capitale, ville forte, et peuplée de 23,000 habitans.

D. Quelles sont les principales villes du pays de la Généralité?

R. *Breda*, ville forte et marchande.

Bois-le-Duc, sur le Dommel.

Maestricht, ville forte, sur la Meuse.

D. Quelles sont les principales îles qui dépendent du royaume de Hollande?

R. Elles sont très-nombreuses. La province de Zélande toute entière, se compose d'un grand nombre d'îles formées par l'Escaut et la Meuse ; une des principales est Walcheren, qui renferme Middelbourg capitale de la province, et Flessingue. Une autre île remarquable est Texel, à l'entrée du Zuiderzée, fameuse par deux batailles navales livrées en 1653 et 1673.

D. Quelles sont les productions, le climat et les possessions lointaines de la Hollande?

R. L'industrie et l'activité des Hollandais ont transformés en champs bien cultivés et en excellens pâturages, les marais qui couvraient la plus grande partie de leur pays, dont le climat est très-humide

La fabrication des toiles et la pêche du hareng procurent d'immenses revenus à ce peuple, qui avait avant les Anglais, le monopole du commerce dans toutes les parties du monde, où il conserve encore de nombreuses possessions, renfermant près de 10 millions d'habitans.

ARTICLE NEUVIÈME.

DE L'ALLEMAGNE,

OU DE LA CONFÉDÉRATION GERMANIQUE.

D. Qu'est-ce que l'Allemagne ?

R. L'Allemagne était un vaste état, composé d'un grand nombre de souverainetés ecclésiastiques et séculières, de plusieurs villes impériales, et autres qu'on nommait anséatiques.

D. Quel titre portait le chef de l'Allemagne ?

R. Il portait le titre d'Empereur.

D. Cette dignité était-elle héréditaire ?

R. Non : L'Empereur d'Allemagne était élu par neuf princes, trois ecclésiastiques et six séculiers, qu'on appelait, à cause de cela, électeurs.

D. Quels étaient les trois électeurs ecclésiastiques ?

R. C'étaient les archevêques de Mayence, de Cologne et de Trèves.

D. Quels étaient les six autres électeurs ?

R. Le roi de Bohême, le duc de Bavière, le comte Palatin, le duc de Saxe, le marquis de Brandebourg, et le duc d'Hanovre.

D. Qu'entendez-vous par villes impériales ?

R. On appelait ainsi des villes libres qui ne dépendaient que de l'Empereur. Il y en avait anciennement 51 en Allemagne, mais il y a quelques années on en avait supprimé la plus grande partie ; et il n'en restait plus que six, lorsque l'empire d'Allemagne fut détruit en 1806, savoir : Augsbourg, Nuremberg, Francfort, Brême, Hambourg et Lubeck. Ces trois dernières étaient aussi anséatiques.

D. Qu'entendez-vous par villes anséatiques ?

R. On nommait ainsi des villes libres qui s'étaient

unies ensemble pour soutenir leur commerce : il y en avait six : cinq en Allemagne : les trois qui viennent d'être nommées, Cologne et Rostock, et une en Pologne, Dantzick.

D. Comment divisait-on l'Allemagne ?

R. L'Allemagne était divisée en neuf cercles ou grandes provinces, qui comprenaient chacune plusieurs Etats, dont les chefs s'assemblaient pour leurs affaires communes. Il y avait quatre cercles dans la haute Allemagne, au midi, et cinq dans la basse, au nord.

D. Quels étaient les quatre cercles de la haute Allemagne ?

R. C'étaient, d'orient en occident, ceux d'Autriche, de Bavière, de Souabe ; et au nord de ces deux derniers, celui de Franconie.

D. Quels étaient les cinq cercles de la basse Allemagne ?

R. C'étaient, le long de l'Océan et de la mer Baltique, ceux de haute Saxe, de basse Saxe et de Westphalie ; et au sud de ce dernier, ceux du Haut-Rhin et du Bas-Rhin ou cercle électoral.

1. D. Où était situé le cercle d'Autriche ?

R. Ce cercle, à l'orient et au midi de l'Allemagne, était borné au nord par la Bohême et la Moravie, à l'orient par la Hongrie, au midi par la seigneurie de Venise, et à l'occident, par la Bavière et le pays des Grisons.

D. Combien renfermait-il de pays ?

R. Le cercle d'Autriche renfermait cinq pays : quatre du nord au sud, l'archiduché d'Autriche (aujourd'hui à l'Autriche), l'électorat de Saltzbourg (au roi de Bavière), les duchés de Styrie, de Carinthie et de Carniole (à l'Autriche) ; le cinquième était le comté de Tyrol (partie au roi de Bavière, partie au royaume d'Italie).

2. D. Quelles étaient les limites du cercle de Bavière ?

R. Ce cercle était borné au nord par la Franconie

et la Bohême, à l'orient et au midi par le cercle d'Autriche, et à l'occident par la Souabe.

D. Combien renfermait-il d'États principaux?

R. Le cercle de Bavière renfermait cinq états principaux, deux séculiers et trois ecclésiastiques, ce sont; 1.° le duché de Bavière, au midi du Danube, et le Palatinat de Bavière au nord; 2.° le duché de Neubourg, à l'ouest du cercle de Bavière; 3.° l'évêché de Freysingen, au milieu du duché de Bavière; 4.° l'évêché de Ratisbonne, et 5.° l'évêché de Passaw, l'un et l'autre le long du Danube (tous ces pays font partie du royaume de Bavière).

3. D. Quelles étaient les limites du cercle de Souabe?

R. Il était borné au nord par le cercle électoral du Rhin et de la Franconie, à l'orient par la Bavière, au midi par la Suisse, et à l'occident par le Rhin, qui la séparait de l'Alsace ou de la France.

D. Quels étaient les principaux états de ce cercle?

R. Ce cercle avait 31 villes impériales, et grand nombre d'états ecclésiastiques et séculiers. Les principaux étaient au nombre de six, 1.° le duché de Wurtemberg, au nord (au roi de Wurtemberg); 2.° la principauté et comté de Furstemberg (au grand-duc de Bade), à l'ouest et au sud du duché de Wurtemberg; 3.° le marquisat de Bade (au grand-duc de Bade); 4.° l'évêché d'Augsbourg, à l'orient (au roi de Bavière); 5.° l'abbaye de Kempten, au sud-est (au roi de Bavière); 6.° l'évêché de Constance, au midi (au grand-duc de Bade).

4.° D. Quelles étaient les limites du cercle de Franconie?

R. Ce cercle, situé au milieu de l'Allemagne, était borné au midi par la Souabe, à l'orient par la Bavière et la Bohême, au nord par le cercle de la Haute-Saxe, et à l'occident par celui du Haut-Rhin.

D. Quels étaient les principaux États du cercle de Franconie?

R. Les principaux États de ce cercle étaient les évêchés de Bamberg (au royaume de Bavière), et de

Wurtzbourg au milieu, (au grand-duc de Wurtzbourg); l'évêché d'Aichstat au sud-est (au roi de Bavière); le marquisat d'Anspach et de Culembach, au midi et au nord-est (au royaume de Bavière).

D. Combien y avait-il de villes impériales et libres dans ce cercle ?

R. Il y en avait cinq en Franconie.

5. D. Comment divisait-on le cercle de Haute Saxe?

R. Ce cercle se divisait en trois parties : 1.° la Saxe, au roi de Saxe); 2.° l'électorat de Brandebourg (au roi de Prusse); 3.° le duché de Poméranie (partie au roi de Prusse, partie au roi de Suède).

Il n'y avait que deux villes impériales, Mulhausen et Northausen vers l'occident.

6. D. Combien le cercle de Basse-Saxe comprenait-il de parties ?

R. Ce cercle comprenait huit principales parties : 1.° le duché de Brunswick; 2.° l'évêché de Hildesheim; 3.° la principauté de Halberstat; 4.° le duché de Magdebourg; 5.° les états de Brunswick-Hanover, ou de l'électeur d'Hanovre (tous ces pays faisaient partie du royaume de Westphalie, qui n'existe plus); 6.° le duché de Meckelbourg (au duc de Meckelbourg); 7.° le duché de Holsthein (au roi de Danemarck); 8.° l'évêché de Lubeck (au duc de Holsthein-Oldembourg.

D. Combien y avait-il dans ce cercle de villes impériales ?

R. Il n'y en avait que quatre, savoir : Goslard (au roi de Prusse), Brême, Hambourg et Lubeck, villes libres.

7. D. Quelles étaient les limites du cercle de Westphalie?

R. Ce cercle avait au nord; l'Océan ; à l'orient, la Basse-Saxe : au midi, le cercle du Haut-Rhin ; à l'occident, les Pays-Bas.

D. Combien renfermait-il d'Etats principaux ?

R. Il renfermait treize états principaux, savoir : 1.° l'évêché de Liége ; 2.° le duché du Juliers ; 3.° le duché de Berg, à l'orient.

(au roi de Prusse); 4.º le duché de Westphalie ou le Saureland, au nord-est de celui de Berg (au grand duc de Hesse-Darmstad); 5.º le duché de Clèves et le comté de la Marck (au roi de Prusse); 6.º l'évêché de Munster; 7.º l'évêché de Paderborn; 8.º l'évêché d'Osnabruck; 9.º la principauté de Minden, et le comté de Ravensberg; 10.º le comté d'Hoye; 11.º le duché de Ferden au nord-est du même évêché; 12.º le comté d'Oldembourg; et 13.º la principauté d'Oost-Frise.

D. Combien y avait-il de villes impériales dans ce cercle?

R. Il y avait en Westphalie deux villes libres et impériales: Aix-la-Chapelle dans le duché de Juliers, et Dormond dans le comté de la Marck.

8. D. Quels étaient les principaux États du cercle du Bas-Rhin?

R. Ce cercle, qui coupait celui du Haut-Rhin, se nommait aussi *Cercle Électoral*, parce qu'il comprenait quatre électorats, savoir : 1.º Mayence, 2.º Trèves, 3.º Cologne, 4.º le Palatinat du Rhin. Il renfermait encore une ville impériale qui était Cologne, et quelques petits états peu considérables.

9. D. Quels étaient les principaux États renfermés dans le cercle du Haut-Rhin?

R. Ce cercle renfermait huit principaux États, savoir : 1.º l'évêché de Worms, 2.º celui de Spire; 3.º l'évêché de Bâle (partie à la Suisse, partie au grand-duché de Bade), 4.º le duché de Deux-Ponts; 5.º le duché de Simmeren; 6.º le landgraviat de Hesse et le landgraviat de Darmstadt (au grand-duc de Hesse-Darmstadt); 7.º le comté de Nassau (au prince de Nassau); 8.º la principauté de l'abbaye et évêché de Fulde.

D. La constitution de l'Allemagne n'a-t-elle pas éprouvé depuis des changemens?

R Oui; dès le commencement de la révolution française, plusieurs villes et portions de territoire avaient été détachées de l'Allemagne et réunies à la France. En 1806, l'Empire d'Allemagne fut remplacé par une confédération des princes Allemands, sous le titre de Confédération du Rhin ; elle a été dissoute à son tour ; une autre, que l'on désigne sous le nom de Confédération Germanique, l'a remplacée.

D. Quelques princes d'Allemagne n'avaient-ils pas aussi changé de titres ?

R. Oui ; les électeurs de Saxe et de Bavière, et le duc de Wurtemberg ont pris, lorsque la Confédération du Rhin s'est formée, le titre de Rois, qu'ils ont conservé ; et d'autres, celui de Grand-Duc, etc. Un royaume, qui n'existe plus, s'était formé d'une partie du cercle de Westphalie et du Hanovre, sous le nom de royaume de Westphalie.

D. Quels étaient les états qui composaient la Confédération du Rhin ?

R. Les duchés de Berg et de Meckembourg, le royaume de Westphalie, celui de Saxe, le grand duché de Varsovie, qui a passé, avec le titre de royaume, sous la domination de l'empereur de Russie ; les royaumes de Bavière et de Wurtemberg, les grands duchés de Bade et de Hesse-Darmstadt, le duché de Nassau, le grand-duché de Francfort, le grand-duché de Wurtzbourg, et plusieurs autres principautés d'Allemagne.

D. Quels sont les principaux états qui composent la Confédération germanique ?

R. L'Autriche et la Prusse, pour leurs états d'Allemagne ; le roi de Danemark, pour le Holstein ; le roi des Pays-Bas, pour le grand-duché de Luxembourg ; le roi d'Angleterre, en qualité de roi d'Hanovre ; les Rois de Bavière, de Saxe, de Wurtemberg ; le duché de Bade ; la Hesse-Electorale ; le grand-duc de Hesse ; les villes libres du Lubeck, Francfort, Brême et Hambourg.

D. Quel est le but de la Confédération germanique ?

R. De maintenir la sûreté extérieure et intérieure de l'Allemagne, l'indépendance et l'inviolabilité des états confédérés.

D. Quelles sont les principales rivières qui traversent l'Allemagne ?

R. 1.° L'Elbe, qui prend sa source en Bohême,

traversé le royaume de Saxe, et se jette dans la mer du Nord ; 2.º le Weser, qui se jette dans la même mer; 3.º le Danube, qui prend sa source près de la Forêt-Noire, passe à Ulm, traverse le royaume de Bavière, l'empire d'Autriche, la Turquie d'Europe, et se jette dans la mer noire.

D. Quelles sont les principales villes de l'Allemagne?
R. *Dusseldorf*, capitale du grand duché de Berg, (au roi de Prusse), belle ville ; le port en est très-fréquenté.

Cassel, capitale du duché de Hesse-Cassel, à l'électeur de Hesse.

Magdebourg, au roi de Prusse, ville forte, commerce actif.

Hanovre, à l'Angleterre, capitale du royaume d'Hanovre.

Dresde, capitale du royaume de Saxe; *Leipsick*, au roi de Saxe, très-belle ville, des plus industrieuses.

Munich, capitale de la Bavière, très-belle ville ; *Ratisbonne*, ancienne capitale de la Bavière.

Salzbourg, grande ancienne et forte ville, à l'Autriche ainsi que Inspruch, capitale du Tyrol.

Stuttgard, capitale du royaume de Wurtemberg; *Ulm*, (au roi de Wurtemberg.)

Carlsruhe, *Bade*, *Manhein*, (au grand-duc de Bade).

Francfort sur le *Mein*, ville libre, siège de la diète de la Confédération germanique.

Vienne, capitale de l'Autriche et de toute la monarchie autrichienne; ville la plus peuplée et la plus importante de toute l'Allemagne: *Gratz*, capitale du duché de Styrie ; *Laybach*, capitale du duché de Carniole ; *Clagenfurt*, capitale de la Carinthie ; *Trieste*, capitale de l'Istrie, port de mer; *Trente*, dans le Tyrol, célèbre par le concile qui s'y assembla en 1545 et dura 18 ans ; ces diverses villes appartiennent à l'empereur d'Autriche.

Berlin, capitale du Brandebourg et de toute la monarchie Prussienne ; elle renferme un grand nombre d'édifices remarquables ; *Francfort*, sur l'*Oder*, commerce considérable de transit; *Brandebourg*, ville ancienne qui a donné son nom à la province; *Stettin*, capitale de la Poméranie prussienne; ces diverses villes sont au roi de Prusse.

L'empereur d'Autriche et le roi de Prusse se sont en outre partagés la partie de l'Allemagne en deçà du Rhin, qui avait été réunie à la France, et qui formait les quatre départemens dits de la rive gauche du Rhin.

Gluckstadt, port, principale ville du duché d'Holstein; *Kiel*, bon port dans ce même duché, au roi de Danemarck.

ARTICLE NEUVIÈME.

EMPIRE D'AUTRICHE.

D. Quels sont les autres états de l'empereur d'Autriche?

R. Ces états, outre le royaume d'Italie et l'empire d'Autriche, sont: le royaume de Bohême, le marquisat de Moravie, la Silésie autrichienne, le royaume de Hongrie, l'Esclavonie, la Transylvanie, la Gallicie orientale.

ROYAUME DE BOHÊME.

D. Où est situé le royaume de Bohême?
R. Au nord de l'archiduché d'Autriche.
D. Quelle est la capitale de ce royaume?
R. *Prague*, ville forte, l'une des principales de l'Allemagne, remarquable par ses beaux édifices et son ancienne université, sur la Moldau: elle a 80,000 habitans.

MARQUISAT DE MORAVIE.

D. Où est situé ce marquisat?
R. A l'est du royaume de Bohême.
D. Quelle en est la capitale?
R. *Brunn*, qui a de belles fabriques de drap.

SILÉSIE AUTRICHIENNE.

D. Où est située cette province?
R. Elle est au nord-est de la Moravie.

D. Quelle en est la ville principale ?

R. *Troppau*, ville forte, au confluent de l'Oppa et de la Mæhra : population 11,000 habitans.

ROYAUME DE HONGRIE.

D. Qu'est-ce que le royaume de Hongrie ?

R. C'est un état assez étendu qui occupe le centre de la monarchie Autrichienne. Il est borné à l'occident par la Styrie, l'Autriche et la Moravie ; au nord par la Silésie et la Gallicie ; à l'orient et au midi par la Turquie d'Europe.

D. Comment divise-t-on le royaume de Hongrie ?

R. On le divice en trois parties ; 1.° la Hongrie occidentale ; 2.° la Hongrie orientale ; 3.° le Bannat de Temeswar.

D. Quelles sont les principales villes de la Hongrie?

R. *Presbourg*, sur la rive gauche du Danube, capitale de la Hongrie occidentale. Cette ville, qui est située sur les frontières de l'Autriche, a 35,000 habitans.

Tokai, fameuse pour ses vins délicieux. *Kremnitz* et *Schemnitz*, célèbres par leurs mines d'or et d'argent, *Pest*, la ville la plus peuplée et la plus commerçante de la Hongrie.

Agria, place forte. — *Bude*, ou *Ophen*, sur le Danube, capitale de la Hongrie orientale, et de tout le royaume.

Gran ou *Strigonie*, sur le Danube, archevêché.

Temeswar, capitale du Bannat de ce nom, place très-forte, au confluent des rivières de Bega et de Témès.

ESCLAVONIE.

D. Où est située l'Esclavonie ?

R. Au sud-est de la Hongrie.

D. Quelles sont les villes princip. de l'Esclavonie ?

R. *Essek*, ville forte, dans un lieu marécageux : population 10 000 habitans.

Peterswaradein ou *Petervàras*, place forte, sur le Danube 2,000 habitans.

TRANSYLVANIE.

D. Où est située la Transylvanie ?

R. Au sud-est de la Hongrie.

D. Quelle est la capitale de ce pays ?

R. *Germanstadt*, grande et belle ville pop. 14,000 hab. située sur le Zibin, au pied du Foharran.

GALLICIE ORIENTALE.

D. Où est située cette province ?

R. Au nord-est de la Hongrie, dont elle est séparée par les monts Krapacks.

D. Quelle est la capitale de la Gallicie occidentale?

R. *Lemberg* ou *Leopolis*, sur la petite rivière de Peltew: 42,000 habitans, dont 15,000 juifs.

ARTICLE DIXIÈME.

ROYAUME DE PRUSSE.

D. Quelles sont les autres possessions du royaume de Prusse?

R. La Silésie prussienne, et la Prusse proprement dite, qui donne son nom à la monarchie.

D. Quelles sont les principales rivières du royaume de Prusse ?

R. 1.° L'Oder, qui prend sa source à l'extrémité de la Silésie, traverse cette province dans toute sa longueur, puis le Brandebourg et la Poméranie, et va se jeter dans la mer Baltique; 2.° la Vistule, qui prend sa source en Silésie, traverse la Prusse et la Pologne, et se jette dans la mer Baltique.

SILÉSIE PRUSSIENNE.

D. Qu'est-ce que la Silésie?

R. Un duché d'une grande étendue, qui est situé à l'est des royaumes de Saxe et de Bavière.

D. Comment se divise la Silésie?

R. En Silésie prussienne et Silésie autrichienne. La première est incomparablement la plus grande, et est au nord-ouest de l'autre ; elle sépare le royaume de Saxe du duché de Varsovie.

D. Quelles sont les principales villes de la Silésie prussienne ?

R. *Breslau*, sur l'Oder, grande et belle ville, édifices remarquables, capitale de toute la Silésie : cette ville renferme 79,200 habitans.

Glogau, sur l'Oder. — *Schweidnnitz*, place forte. — *Glatz*, *Oppelen* et *Ratibor*.

PRUSSE.

D. Qu'est-ce que la Prusse ?

R. Un royaume d'une médiocre étendue, qui est situé à l'est de la Poméranie.

D. Comment divise-t-on la Prusse ?

R. En deux parties : la Prusse orientale et la Prusse occidentale.

D. Quelles sont les principales villes de la Prusse orientale ?

R. *Kœnisberg*, capitale de la province et de tout le royaume, port, université, un peu au-dessus de l'embouchure du Prégel ; c'est une grande et belle ville fortifiée, avant 1793 cette ville était libre et anséatique. Elle soutint un siège mémorable en 1813. Population 56,000 habitans, dont 1,000 juifs.

Pillau, sur la mer Baltique, port et place forte.

Memel, sur la même mer, port et place forte.

D. Quelles sont les principales villes de la Prusse occidentale ?

R. *Dantzig* sur la Vistule, capitale de la Prusse occidentale, place forte, port. Cette ville, qui est une des principales de l'Europe par son commerce, et qui compte 47,000 habitans, appartient au roi de Prusse, en vertu de l'acte du congrès de Vienne.

Marienbourg, place forte.

Elbing, au nord, place forte, ville commerçante.

ARTICLE ONZIÈME.

DES ILES BRITANNIQUES.

D. En quoi consistent les îles Britanniques ?

R. Les îles Britanniques consistent en deux grandes îles et plusieurs petites.

Les deux grandes sont :

1.º La Grande Bretagne, qui comprend le royaume d'Angleterre et celui d'Ecosse.

2.° L'Irlande, qui est aussi un royaume.

Ces trois royaumes appartiennent au même roi, qui porte le titre de *Roi de la Grande Bretagne.*

D. Où sont situées les Iles Britanniques ?

R. Elles sont situées au nord de la partie occidentale de la France.

§ I.er DE L'ANGLETERRE.

D. Qu'est-ce que l'Angleterre ?

R. Un des trois royaumes formés par les îles Britanniques.

D. Quelles sont les bornes de l'Angleterre ?

R. Ses bornes sont, au nord, l'Ecosse ; à l'est, la mer du Nord ; au sud, le Pas-de-Calais et la Manche, qui la séparent de la France ; à l'ouest, le canal St.-Georges, d'Irlande, canal du nord qui la séparent de l'Irlande.

D. Quelles sont les productions de l'Angleterre ?

R. Ce pays ne produit point de vins, non plus que tous les autres pays du nord ; mais il est très-fertile en blé, et nourrit beaucoup de bestiaux, dont la laine est très-estimée.

D. Quelles sont les principales rivières de ce royaume ?

R. Ses principales rivières sont :

La Tamise, l'Humbert, à l'orient.

La Saverne ; à l'occident.

D. Quelles sont les curiosités naturelles et les antiquités les plus remarquables que l'on trouve dans les Iles Britanniques ?

R. Ce sont : En Angleterre, 1.° les restes de la muraille que les Romains construisirent pour empêcher les excursions de Pictes ; elle commençait à l'ouest de Carlisle et se terminait à l'est de Newcastle ; 2.° le Stonehenge, dans le comté de Wilts, espèce de cirque formé d'une triple enceinte de pierres énormes ; en Ecosse, les Cascades de la Clyde ; en Irlande, la fameuse Chaussée-des-Géants, amas étonnant de colonnes Basaltiques.

D. Comment divise-t-on ce royaume ?

R. Il se divise en Angleterre à l'orient, et principauté de Galles à l'occident.

La première contient quarante comtés, et la seconde douze, qui portent presque tous le même nom que leur capitale.

D. Quelles sont les villes principales de l'Angleterre?

R. Les villes principales de l'Angleterre sont:

Yorch, sur l'Ouse, capitale du comté d'Yorck, la deuxième ville d'Angleterre, au nord-est: 21,000 h.

Lancastre, à l'occident d'York, capitale du comté de Lancastre: 10,000 habitans.

Bristol, vers l'embouchure de la Saverne, la troisième ville d'Angleterre: pop. 88,000 habitans.

Oxford, au confluent du Cherwell et de la Tamise, université célèbre, capitale du comté d'Oxfort: population 14,000 habitans.

Londres, capitale de tout le royaume, sur la Tamise, port célèbre. C'est la ville la plus peuplée qu'il y ait après Pekin, et la plus commerçante de l'univers. Elle a de beaux édifices; d'innombrables fabriques et manufactures fournissent à tous les besoins, et 15,000 vaisseaux y apportent annuellement les richesses de toutes les parties du Globe: popul 1,265,600 habitans.

Cambridge, université célèbre, capitale du duché de Cambridge, au nord de Londres: 13,000 habit.

Cantorbéry, au sud ouest de Londres, archevêché, primat du royaume, capitale du comté de Kent.

Douvres, port fortifié, vis-à-vis Calais.

D. Quelles sont les principales villes de la principauté de Galles?

R. *Caernavon*, au nord-ouest; son château un des plus beaux de l'Europe, fut bâti en 1282 par Edouard I.er

Cardigan, au sud-ouest, vers le canal Saint-Georges, qui sépare cette principauté de l'Irlande.

D. Quelles sont les principales îles qui dépendent de l'Angleterre?

R L'île de Man, au nord-ouest, capitale Douglas

L île de Wight, au midi, capitale Nieuport.

Les îles de Guernesey et de Jersey, sur les côtes de France, capitales, Saint Pierre, Saint Hélier.

§. II. DE L'ÉCOSSE.

D. Qu'est-ce que l'Ecosse ?
R. Un des trois royaumes, compris sous la dénomination générale d'Îles Britanniques.

D. Où est située l'Ecosse ?
R. Ce royaume est situé au nord de l'Angleterre ; il est plus froid et moins fertile que ce dernier.

D. Quelles sont les rivières les plus considérables de l'Ecosse ?
R. Le Tay, qui la traverse et la divise en Ecosse septentrionale et Ecosse méridionale.

La Spey, qui se jette dans la mer, au nord-est.

La Clyde, à l'ouest. — La Nith, au sud.

D. Quelles sont les principales villes de l'Ecosse?
R. *Edimbourg*, capitale, avec un vieux château, sur la baie de Forth, célèbre université ; nombreuses fabriques ; grand commerce : pop. 104,000 non compris Leith qui en est le port.

Glascow, sur la Clyde, seconde ville d'Ecosse, château, belle église gothique, université, grande pêche, navigation de long cours : 151,060 habitans ; le canal de Glasgow long de 12 lieues et large de 56 pieds, réunit la mer du nord à la mer d'Irlande.

Aberdeen, marché considérable, bon port, pop. 31,090 habitans.

Dundée, à l'embouchure du Tay, ville forte et bon port, avec phare, navigation active : 29660 h.

D. Quelles sont les Îles de l'Ecosse.
R. On les classe sous trois divisions : les *Hébrides* à l'ouest, les *Orcades* au nord, et les îles de Shetland. Parmi ces trois groupes l'on remarque :

L'île d'Arran à l'occident, capitale *Lamlash*.

L'île de Lewis, la plus grande des Hébrides, capitale *Stornuway*.

Les îles d'Uist, deux des îles Hébrides.

L'île de Mainland, la principale des Orcades ; au nord de l'Ecosse, capitale *Krikwal*.

§. III. DE L'IRLANDE.

D. Qu'est-ce que l'Irlande?

R. L'une des deux grandes îles Britanniques, et l'un des trois royaumes connus sous ce nom.

D. Où est située l'Irlande?

R. A l'Occident de la Grande-Bretagne.

D. Quelles sont les productions du royaume d'Irlande?

R. On y recueille du blé, du miel; le gibier et le poisson y sont communs; le sol est naturellement pierreux à sa surface et produit d'excellens paturages. Le climat est plus humide qu'en Angleterre.

D. Quelles sont les principales rivières de l'Irlande?

R. La Banne, qui se jette dnas l'Océan, au nord.

La Boyne, qui se jette dans l'Océan, à l'est.

Le Blackwater, au sud.

Le Shannon, à l'ouest.

D. Quelles sont les principales villes de l'Irlande?

R. *Dublin*, sur le Liffey, ville maritime, capitale de l'Irlande, agréablement située entre deux chaines de côteaux. Université, centre du commerce irlandais: pop. 168,900 hab.

Cork, la 2e ville d'Irlande, port maritime très-commerçant, manufactures de grosses étoffes. Premier marché d'Irlande, pop. 102,400 habit.

Limerick, sur le Shannon, excellent port; et navigation: pop. 46,000 habit.

Waterford, près la baie de ce nom, formée par l'embouchure de la Barrow dans la Suir, ville riche et considérable renfermant de beaux édifices, grand commerce: pop. 30,000 hab.

ARTICLE DOUZIÈME.

ÉTATS DU ROI DE DANEMARCK.

D. Quels sont les états du roi de Danemarck?

R. Ils consistent principalement dans le Danemarck-propre, l'Islande et les duchés de Holstein et de Lawembourg et les isles situées à l'entrée de la mer Baltique, dont les principales, sont: la Zélande et la Fionie.

§ I.er *Du Danemarck.*

D. Qu'est-ce que le Danemarck ?

R. C'est un royaume peu considérable, mais fort peuplé, dont les bornes sont, à l'occident et au nord l'Océan, à l'orient la mer Baltique.

D. Comment divise-t-on le Danemarck ?

R. Il se divise en deux parties, la presqu'île de Jutland, qui se partage en Nord-Jutland et Sud-Jutland, ou duché de Sleswick. Il renferme de gras pâturages.

D. Quelles sont les productions du Danemarck ?

R. Le terroir, quoiqu'entouré de mers, n'est pas marécageux ; mais il est très-froid pendant l'hiver qui dure neuf mois, et la chaleur y est extrême en été. On y nourrit beaucoup de chevaux et de bœufs ; la chasse et la pêche y sont abondantes ; mais il manque de vin, de sel et de métaux.

D. Quelles sont les villes principales du Danemarck ?

R. *Copenhague*, capitale de tout le royaume, vaste port de mer dans le détroit du Sund, sur la côte orientale de l'île Seeland, ville forte, université, grand commerce : 103,000 habit.

Viborg, sur le lac Water, capitale du Nord-Jutland, collège, fabriques : popul. 4,500 hab.

Altona, ville du Holstein, sur l'Elbe, en face de Hambourg, grand commerce, port spacieux et sûr : pop. 26,000 hab.

Lawembourg, sur l'Elbe, capitale du duché de ce nom, cédée par la Prusse en 1815, pour la Poméranie suédoise.

§. II. *De l'Islande.*

D. Qu'est-ce que l'Islande ?

R. Une grande île, située sous le méridien de l'île de Fer, près du cercle polaire. Elle est couverte de montagnes, de neiges et de glaces, et ne produit que des pâturages. Le mont Hekla, y vomit souvent des flammes, des pierres et de l'eau bouillante.

D. Quelles en sont les villes principales ?

R. *Reikiavirk*, au sud, capitale, fabrique de drap, lainages, société astronomique : pop. 5,550 habit.

Skalhot, sur l'Huikaa, avec un bon port et une imprimerie.

Entre la Norwège et l'Islande, sont les îles Féroë, qui appartiennent au roi de Danemarck.

ARTICLE TREIZIÈME.

DE LA SUÈDE.

D. Qu'est-ce que la Suède ?

R. Un royaume baigné dans toute sa longueur, par la mer Baltique : l'air y est froid ; ce royaume est assez stérile, mais abondant en troupeaux, en renards et hermines, qui fournissent de belles fourrures. Ses principales richesses consistent dans ses mines d'argent, de cuivre, de plomb et de fer. La pêche du hareng forme une branche importante de son commerce.

D. Comment divise-t-on la Suède ?

R. On la divise en cinq parties, savoir :

1. La Suède propre, à l'ouest de la mer Baltique. 2. La Gothie, 3. La Bothnie. 4. La Laponie Suédoise, au nord. 5. La Norwége.

D. Quelles en sont les principales rivières ?

R. Le Gotha, la Sala, le Mothala, le Dahl, le Ljusma, le Tornea, la Clara et un grand nombre de lacs.

D. Quelles sont les principales villes de la Suède ?

R. Les principales villes de la Suède sont :

1.° Dans la Suède propre :

Stockholm, capitale de toute la Suède, et en particulier de l'Uplande, port, entre le lac Meler et la mer Baltique, nombreux édifices, arsenal. Environs magnifiques, pop. 77,000 hab.

Upsal, sur la Sala, célèbre université : pop. 6,000 hab.

Gothenbourg, bon port, ville forte et commerçante : pop. 23,800 hab.

Carlstad, sur le lac Wener où l'on pêche beaucoup de Saumons; dans la Bothnie.

Tornea, sur le golfe de Bothnie à l'embouchure de la rivière de Tornea. On y voit une pyramide élevée en souvenir des observations astronomiques qu'y firent les académiciens.

Calmar, à l'est, port, capitale du Smaland.

3.° Dans le territoire de Bahus :

Bahus, cédée à la Suède par le Danemarck en 1678.

D. Comment divise-t-on la Laponie Suédoise ?

R. La Laponie se divise en six marches ou préfectures, qui n'ont pas de villes, excepté la 1re, et qui prennent le nom des rivières qui les arrosent.

Ce sont du sud au nord :

Aosalha, lieu principal de la préfecture des Lapons d'Angermanie.

Les Lapons d'Uma. — de Pitha. — de Lula. — de Tornea. — de Kimi.

Les îles principales qui appartiennent à la Suède, sont celles de Gothland et d'OEland.

DE LA NORWÈGE.

D. Qu'est-ce que la Norwège ?

R. Un royaume assez étendu qui est situé entre la Suède, la Russie, l'Océan glacial, la mer d'Allemagne et le Cathégat. Il appartenait au Danemarck, qui l'a cédé à la Suède.

D. Comment divise-t-on la Norwège ?

R. Elle se divise en cinq gouvernemens, du sud au nord, savoir : Christiansand. — Agerrhus. — Berghen. — Drontheim. — Wardus.

D. Nommez-en les capitales ?

R. *Christiansand*, capitale du gouvernement de ce nom, évêché, bon port : pop. 5,000 habit.

Christiania, capitale de tout le royaume et du gouvernement d'Agerrhus, bon port sur la baie d'Anson : pop. 13,000 hab.

Berghen, capitale du gouvernement de Berghen, port. Pêche considérable : pop. 21,000 habit.

Drontheim, évêché, capitale du gouvernement de ce nom, port, ville forte.

Wardhus, dans une île au nord-est, principal bourg du gouvernement de Wardhus qu'on appelait aussi Laponie-Danoise.

ARTICLE QUATORZIÈME.

DE LA RUSSIE OU MOSCOVIE.

D. Qu'est-ce que la Russie ?

R. Un vaste empire qui s'étend en Asie, et dont le souverain porte le titre d'*Empereur de toutes les Russies*.

D. Quelles sont les bornes de la Russie ?

R. La Russie est bornée au nord par l'Océan glacial, à l'occident par la Suède, la mer Baltique, la Prusse, le royaume de Pologne et les états Autrichiens ; au midi, par la Turquie d'Europe et la mer Noire, la Tartarie indépendante et la Tartarie chinoise, et à l'orient, par l'Océan pacifique.

D. Quelles sont les principales rivières de la Russie ?

R. Le *Wolga*, qui traverse la Russie européenne de l'ouest à l'est, et se jette dans la mer Caspienne, en Asie, et au-dessous d'Astracan.

Le *Don*, qui coule du nord au sud, en faisant un grand circuit, et se décharge dans la mer d'Azof.

La *Duna*, appelée par les Russes Dwina occidentale, vient du gouvernement de Twer, traverse le lac Okhvat, reçoit plusieurs rivières, parcourt les gouvernemens de Witepsk et Pskow, et débouche dans le golfe de Riga, près de Dunamunde.

Le *Dnieper* qui prend sa source dans le gouvernement de Smolensk, coule au sud et se jette dans la mer Noire, entre Otchakov et Kimbourn.

La *Dwina*, septentrionale qui se forme du concours des rivières de la Soukhonia et du Joug, et se jette dans la mer Blanche, au nord de la Russie ?

D. Quels sont les principaux lacs de la Russie ?

R. Les principaux lacs de la Russie sont ceux de Ladoga et d'Onéga, vers la Finlande.

D. Comment divise-t-on la Russie d'Europe ?

R. On la divise en 48 gouvernemens, dont quinze dans la partie du nord, savoir :

GOUVERNEMENS.	CAPITALES.
ARKANGEL.	Arkhangel.
OLONETS.	Petrozawodsk.
FINLANDE.	Abo.
WIBOURG.	Wibourg.
REVEL.	Revel.
RIGA.	Riga.
PÉTERSBOURG.	Pétersbourg.
PSKOW.	Pskow.
NOWOGOROD.	Nowogorod.
WOLOGDA.	Wologda.
PERM.	Perm.
TWER.	Twer.
JAROSLAW.	Jaroslaw.
KOSTROMA.	Kostroma.
VIATKA.	Viatka.

D. Quelles sont les principales villes de cette partie de la Russie ?

R. Pétesbourg, ville forte, bâtie sur les bords de la Newa, près du golfe de Finlande, et en partie dans les îles qui sont à l'embouchure de ce fleuve. Capitale, résidence ordinaire des souverains. Grand nombre de palais, de manufactures et fabriques. Commerce très-étendu : Population 300,540 habit. dont 25,000 étrangers.

Riga, la plus commerçante de la Russie après Pétersbourg. Elle est située dans une plaine environ à trois lieues de la Dwina, 38,000 habitans.

Cronstad, dans une petite île du golfe de Finlande ; arsenal de la marine russe avec trois ports et un château fort. On équipe à Cronstad et on y désarme les vaisseaux de guerre.

Archangel, avec un port autrefois fréquenté, sur la Dwina, près de la mer blanche.

D. Combien la partie du centre comprend-t-elle de gouvernemens ?

R. Elle en comprend dix-neuf, dont voici les noms.

GOUVERNEMENS.	CAPITALES.
SMOLENSK.	Smolensk.
MOSKOU.	Moskou.
WLADIMIR.	Wladimir.
NISCHGOROD.	Nischgorod.
KARAN.	Karan.
SIMBIRSK.	Simbirsk.
OUFA.	Oufa.

KALOUGA.	Kalouga.
TOULA.	Toula.
RIAZAN.	Riazan.
PENZA.	Penza.
TAMBOF.	Tambof.
SARATOF.	Saratof.
NOVOGOROD-SEVERSKY.	Novogorod-Seversky.
OREL.	Orel.
KOURSK.	Koursk.
WORONESCH.	Woronesch.
TCHERNICKOW.	Tchernickow.
KHARKOW.	Kharkow.

D. Quelles sont les principales villes de la partie du milieu ?

R. *Moskou*, ancienne capitale de la Russie, sur la Moskowa. Cette ville bâtie à la manière des Asiatiques, renferme grand nombre de palais, d'églises, de couvens et autres édifices publics. Brûlée en 1812 par les français, elle a été promptement rebâtie : elle possède 250,000 habit. l'été, et 400,000 l'hiver.

Smolensk, grande et belle ville, sur le Dnieper, célèbre par la campagne des Français en 1812. Elle fut alors prise et livrée aux flammes. Elle a été rebâtie avec élégance : Population 14.000 habit.

Koursk, belle ville, au confluent de la Touscara et de la Koura. Gymnase, école normale. Territoire fertile en très-beaux fruits : Popul. 13,000 habit.

Toula, au confluent de la Toulitza avec l'Oupa. Cette ville possède une célèbre manufacture d'armes, fondée par Pierre le-Grand. Son commerce est actif: Population 40,000 habitans.

D. Combien la partie méridionale de la Russie contient-elle de gouvernemens ?

R. Elle en renferme quatorze, savoir :

GOUVERNEMENS.	CAPITALES.
KHERSON.	Kherson.
KIEW.	Kiew.
TAURIDE.	Simféropol.
CAUCASE.	Astrakhan.
GEORGIE ou GURGISTAN.	Téflis.
DAGHESTAN.	Tarkou.
WITEPSK.	Witepsk.

MOHILEW.	*Mohilew.*
COURLANDE.	*Mittau.*
VILNA.	*Vilna.*
BIELSK.	*Bielsk.*
MINSK.	*Minsk.*
VOLHINIE.	*Zitomirsz,*
PODOLIE.	*Zaminiec.*

D. Quelles sont les villes principales dans les gouvernemens du midi ?

R. *Kiew*, ville forte, sur le Dnieper, qui fut avant Moskou la capitale de la Russie.

Simféropol ou *Caffa*, située au bord du Salguir, au pied des montagnes de la Crimée, dans un vallon délicieux. Cette ville est divisée en ancienne et en nouvelle. La première habitée par des Tartares a des rues tortueuses et des maisons à la turque. La seconde offre un constraste frappant avec la ville Tartare. Tout y est européen. Elle est régulièrement bâtie ; elle a de belles places, un palais, des tribunaux, des casernes : Popul. 24,000 habitans.

Astrakhan, ancienne capitale d'un royaume Tartare ; cette ville située dans une des îles que forme le Volga à son embouchure, figure assez bien du dehors avec ses nombreuses églises, ses vergers, ses vignobles, ses grands fauxbourgs et sa citadelle nommée Kreml ou Kremlin ; mais ce n'est pas une belle ville. Elle fait un grand commerce de fourrures qui en portent le nom, et tire de la pêche sa principale richesse. C'est une des plus riches de l'empire : Population 57,000 habitans.

Au sud du gouvernement d'*Astrakhan* se trouvent les Cosaques de la mer Noire, la province du Caucase et la Circassie, dont les femmes passent pour être d'une grande beauté.

ROYAUME DE POLOGNE.

D. Faites-nous connaître l'état ancien et actuel de la Pologne ?

R. *La Pologne* qui formait avant la fin du siècle dernier un des plus grands royaumes de l'Europe, fut démembrée, en 1793 et 1795, par la Russie, la Prusse et l'Autriche, qui s'en partagèrent les provinces. Réconstituée, en 1807, sous le nom de Grand-Duché de Varsovie, elle a repris en 1815 le nom de royaume de Pologne, sous la souveraineté de l'empereur de Russie, qui la fesait gouverner par un vice roi avec un sénat et une chambre des députés. Jalouse de recouvrer son indépendance, elle s'est soulevée en 1830, et après quelques mois d'une lutte sanglante, vaincue et soumise de nouveau à la Russie, elle ne forme plus aujourd'hui qu'une province de ce vaste Empire.

D. Quel est l'aspect du pays, quels en sont le climat, les productions et la religion ?

R. La Pologne est un pays plat, arrosé par la Vistule, le Niémen, le Boug, la Warta et la Prosna. Le climat y est tempéré mais moins doux qu'en Allemagne. Le Sol peu fertile en fruits, est très-riche en grains, pâturages excellens, bois, houblon, chanvre, ambre jaune, chevaux, brebis, gros bétail. Sa population est d'environ 4 millions d'habitans. On y trouve beaucoup de juifs; la religion catholique y est dominante.

D. Quelles sont les villes remarquables de la Pologne ?

R. *Varsovie*, sur la Vistule, siège du gouvernement ; nombreux et beaux édifices, entr'autres, bibliothèque Tsalousky, palais Constantin, monument de Kosciusko, hôpital militaire et arsénal, etc. Sa population a beaucoup diminuée dans la dernière guerre.

Lublin, habitée en grande partie par les juifs, foires et commerce en toiles, blé, vin de Hongrie : Population 10,000 habitans.

Cracovie à 60 lieues sud de Varsovie, au confluent de la Rudawa et de la Vistule, évêché, université, commerce actif avec la Gallicie et la Hongrie : Population 28,000 habitans.

ARTICLE QUINZIÈME.
DE LA TURQUIE.

D. Quelles sont les limites de la Turquie, ou empire Ottoman ?

R. Cet empire s'étend en Europe et en Asie, il est borné au nord par l'Autriche et la Russie, à l'est par la Perse, au sud par la mer Méditerranée et l'Arabie, à l'ouest par la Dalmatie, le canal d'Otrante, la mer Ionienne et la mer Méditerranée : la population de tout cet empire peut être évaluée à 19,000,000 h.

Le Grand Seigneur a aussi des possessions en Affrique et en Abyssinie. L'Egypte qui fesait aussi partie des états de ce Souverain, s'est soulevée et a proclamé hautement son indépendance.

Nous allons parler de la Turquie d'Europe ; nous décrirons la Turquie d'Asie et les possessions de l'empire Ottoman en Afrique, quand nous en serons à ces parties du monde.

DE LA TURQUIE D'EUROPE.

D. Qu'est-ce que la Turquie d'Europe ?

R. C'est une grande presqu'île, bornée au nord par la Russie et l'Autriche, à l'ouest par la Dalmatie, la mer Adriatique, le canal d'Otrante et la mer Ionienne ; au sud par la Livadie qui fait partie de la Grèce, le détroit des Dardanelles et la mer de Marmara, et à l'est par le canal de Constantinople et la mer Noire. L'île de Candie et les îles du nord de l'Archipel appartiennent aussi à la Turquie d'Europe. Son gouvernement est despotique, et a pour chef le Sultan appelé aussi le Grand Turc.

D. Comment se divise la Turquie d'Europe ?

R. La Turquie d'Europe se compose des dix provinces suivantes ; la Moldavie et la Valachie, la Bulgarie et la Servie, la Bosnie comprenant la partie de la Croatie qui appartient à la Turquie. L'Albanie, la Macédoine, la Roumélie et une partie de la Livadie ; enfin les îles qui en dépendent, et qui sont entre Candie, celles qui occupent, comme nous l'avons dit, toute la partie septentrionale de l'Archipel.

Ces îles sont Tasso, Samotraki, Imbro, Stalimène (autrefois Lemnos), la plus grande des quatre. La grande île de Candie d'environ 200 lieues de tour est peuplée de 240 000. habit. Cette île qui appartient aux Turcs depuis 1669, a pour capitale Candie, port fortifié sur la côte septentrionale, peuplée de 12,000 habitans. Pendant le 17me siècle, les Vénitiens, maîtres des îles, soutinrent dans cette ville un siège de 24 ans contre les Turcs.

D. Quelles sont le climat, les productions le commerce et la population de la Turquie d'Europe ?

R. La Turquie d'Europe jouit d'un climat délicieux et d'un air pur. Ce pays est montagneux, mais entrecoupé par un grand nombre de plaines, de vallons et de rivières, parmi lesquelles on distingue le Danube, la Save, le Dniester, le Dnieper, le Don et le Pénée. Le sol en est fertile, mais l'agriculture comme les autres arts y est fort négligée. Les abeilles abondent en Turquie, les mines n'y sont pas exploitées. La Tessalie offre des plaines fertiles où de gras pâturages nourrissent des chevaux estimés. La Moldavie et la Valachie produisent aussi beaucoup de chevaux. Les routes sont telles dans cet empire qu'on ne peut y voyager qu'à pied ou à cheval. Les Turcs sont très-ignorans et s'adonnent très-peu au commerce, qu'ils laissent exercer par les Grecs, les Arméniens et les Juifs. La population de cette contrée peut être évaluée à environ 9 millions d'habitans.

D. Quelles sont les villes principales de la Turquie d'Europe ?

R. Les principales sont *Iassi*, capitale de la Moldavie, résidence d'un gouverneur, nommé par le Sultan, *Targovist*, capitale de la Valachie, *Bukharest*, ville forte, très-peuplée et très-commerçante. *Varna*, le meilleur port de la Turquie d'Europe, sur la mer Noire. *Belgrade*, au confluent du Danube et de la Save, ville forte, capitale de la Servie. Les Autrichiens et les Turcs se la sont long-temps disputée. *Scutari*, sur le lac du même nom. *Constantinople*, dans la position la plus belle et la plus avantageuse de l'univers, avec un port immense, et l'un des plus sûr de l'Europe. Les européens ne peuvent habiter cette ville, et résident ainsi que les ambassadeurs dans le fauxbourg de Péra. *Andrinople*, sur la Mariza, seconde ville de la Turquie, qui fut la résidence des Sultans, avant la prise de Constantinople. *Salonique*, sur le golfe du même nom, ville grande, commerçante et peuplée de 70 mille habitans. *Janina*, dans une île et sur un lac qui porte son nom.

CHAPITRE SECOND.

DE L'ASIE.

D. Qu'est-ce que l'Asie, quelles en sont les bornes et la population ?

R. l'Asie la plus grande des cinq parties du monde est bornée au nord par l'Océan glacial arctique, à l'ouest par les monts Poyas, les monts Ourals, le fleuve Oural, la mer Caspienne, le Caucase, la mer Noire, le détroit de Constantinople, la mer de Marmara, l'Archipel, la Méditerranée, l'Itsme de Suez et la mer Rouge ; au sud par la mer des Indes, et à l'est par le grand Océan qui la sépare de l'Amérique. Elle a environ 2,400 lieues de long, sur 2,000 lieues de large. Sa population est mal connue et elle a été fort exagérée, elle paraît être de 390 millions d'hab.

D. Qu'est-ce qui distingue l'Asie des autres parties du monde ?

R. Elle a été le berceau du genre humain, celui des arts et des sciences ; elle a été le siège des premières et des plus grandes monarchies ; c'est de là que les hommes se répandant dans l'univers, y portèrent avec eux leurs connaissances et leur histoire. C'est encore dans l'Asie qu'ont pris naissance les quatre grandes croyances religieuses qui se partagent inégalement la terre.

D. En combien de parties principales peut-on diviser l'Asie ?

R. En sept parties principales, savoir : 1. La Turquie d'Asie ; 2. l'Arabie ; 3. la Perse qui comprend le royaume de Caboul ; 4. l'Inde qui contient l'Indostan et les deux presqu'îles en deçà et au delà du Gange ; 5. la Chine ; 6. la Tartarie qui comprend la Russie d'Asie ou Sibérie : 7. le Japon.

Abr. de geogr.   O

D. Quelles sont les principales montagnes et les principaux fleuves de l'Asie ?

R. Les principales montagnes sont le Taurus, le Liban, l'Ararat, le Caucase, les monts Ourals, les monts Poyas et la chaîne des monts Altaïques. Les plus grands fleuves sont l'Obi, le Géniséa et la Léna en Sibérie, l'Amur ou Sagalien, au nord de l'empire Chinois, le Hoang et le Kiang au sud est, le Gange qui traverse les Indes, l'Indus, et enfin, le Tigre et l'Euphrate qui se déchargent dans le golfe Persique.

D. Quels sont les principaux golfes et les grands lacs de l'Asie ?

R. Les principaux golfes sont : le golfe Persique, le golfe de Bengale, le golfe de Siam, celui de Tonquin et la mer Jaune. Les lacs les plus remarquables, sont la mer Caspienne à l'est de la Méditerranée, le lac Aral, à l'est de la mer Caspienne, et le lac de Baïcal au sud de la Sibérie.

ARTICLE PREMIER.

DE LA TURQUIE D'ASIE.

D. Comment divise-t-on la Turquie d'Asie ?

R. La Turquie d'Asie se divise en 4 grandes régions, chacune d'elles se subdivise en gouvernemens ou pachalicks. Les 4 grandes régions sont :

1. La Natolie. — 2. La Syrie. 3. La Turcomanie. — 4. Le Diarbeck.

Auxquelles il faut joindre les îles qui sont situées dans la mer Méditerranée.

§. I. *De l'Anatolie.*

D. Qu'est-ce que l'Anatolie ?

R. C'est une grande presqu'île située entre la mer Noire, l'Archipel et la Méditerranée : on la nommait autrefois Asie mineure.

D. Nommez les villes principales de l'Anatolie ?

R. *Ghiutaye*, capitale de l'Anatolie, résidence d'un pacha. — *Smyrne*, à l'occident, sur l'Archipel, port fameux. — *Burse*, au nord, grande ville, ancienne capitale de l'empire Ottoman. — *Konïeh*, capitale de la Caramanie, fait un grand commerce de maroquins, et de tapis semblables à ceux de Perse. — *Amasie*, vers la mer Noire, dans le Sivas. — *Sivas*, au sud-est d'Amasie, capitale du Sivas, résidence du pacha. — *Malathia*, près l'Euphrate, dans l'Aladulie. — *Trébizonde*, port et place forte sur la mer noire.

§. II. *De la Syrie.*

D. Comment divise-t-on la Syrie ?

R. Elle se divise, du nord au sud, en Syrie propre, Phénicie et Judée ou Palestine.

D. Quelles sont les principales villes de la Syrie ?

R. *Alep*, au nord, grande ville, très-peuplée et très-commerçante, capitale de la Syrie propre. Population 80,000 habitans. — *Damas*, ville très-ancienne, située dans une vallée délicieuse, au pied du mont Liban. — *Tripoli*, ville et port sur la Méditerranée. — *Jérusalem*, ville célèbre par les mystères du christianisme qui s'y sont opérés ; quoique bien déchue de son ancien état, elle renferme cependant des monumens précieux pour la religion, et qui sont encore continuellement visités par une foule de pélerins.

§. III. *De la Turcomanie.*

D. Qu'est-ce que la Turcomanie ?

R. C'est une grande province, dont la partie principale qui est à l'occident obéit aux Turcs. La partie orientale est sous la domination des Russes, qui l'ont réunie à la Georgie. La Turcomanie est l'ancienne Arménie. La ville principale de cette province est *Erzéroum*, près la source de l'Euphrate, dans une plaine, au pied d'une chaîne de montagnes, résidence d'un pacha : Population 70,000 habitans.

D. Comment divise-t-on le Diarbeck ?

R. Il se divise en Diarbeck propre, à l'ouest, (ancienne Mésopotamie.) Yrac-Arabi, au sud.

D. Quelles en sont les principales villes ?

R. *Diarbékir*, capitale du Diarbeck propre, sur le Tigre, en face de l'ancienne Ninive.

Mosul, sur le Tigre, presque ruinée.

Bagdad, sur le Tigre, capitale de l'Yrac-Arabi.

§. IV. *Des îles de la Turquie d'Asie.*

D. Quelles sont les îles les plus remarquables de la Turquie d'Asie?

R. Les plus remarquables de ces îles, dans la Méditerranée, sont:

1. Chypre, entre l'Anatolie et la Syrie. — 2. Rhodes, près de la côte méridionale de l'Anatolie.

D. Quelles en sont les villes principales?

R. *Nicosie*, capitale de l'île de Chypre. — *Famagouste*, port, ville forte; on y voit les ruines de Salamis. — *Rhodes*, capitale de l'île de ce nom, ville belle et forte.

ARTICLE SECOND.

DE L'ARABIE.

D. Qu'est-ce que l'Arabie?

R. C'est une grande presqu'île, bornée à l'occident par l'isthme de Suez et la mer Rouge, qui la séparent de l'Afrique, au midi, par la mer des Indes, à l'orient par le golfe Persique et l'Yrac-Arabi; et au nord, par la Syrie et le Diarbeck, dont elle est séparée par l'Euphrate.

D. Quelles sont les productions de ce pays?

R. Ce pays, qui est très-sec, produit de l'encens, du baume et du café excellent.

D. Comment divise-t-on l'Arabie?

R. L'Arabie se divise en trois parties, du nord au sud. — 1. Arabie pétrée. — 2. Arabie déserte. — 3. Arabie heureuse.

D. Quelles sont les principales villes de l'Arabie?

R. *Tor*, port, sur la mer Rouge, principale ville de l'Arabie pétrée. — *Médine* et *La Mecque*, capitales des états des chérifs de ce nom, dans l'Arabie déserte: la première a le tombeau de Mahomet, et la seconde est le lieu de sa naissance. — *Moab*, ca-

pitale du royaume d'Yémen dans l'Arabie heureuse.
— *Moka*, Port, célèbre par le commerce de l'excellent café, qui porte son nom —*Mascate*, port, à l'orient : elle dépend d'un prince qui prend le nom de Calife. — *Elcatif*, port, sur le golfe Persique.

ARTICLE TROISIEME.

DE LA PERSE.

D. Qu'est-ce que la Perse ?

R. Un royaume fort ancien, qui est borné à l'occident par le Diarbeck, la Turquie Asiatique; au nord, par la Géorgie, la Circassie, la mer Caspienne, et le pays des Usbecks; à l'orient, par l'Inde; et au midi, par le golfe Persique et la mer des Indes.

D. Quelles sont les productions de la Perse ?

R. La Perse produit d'excellens fruits, du vin, du riz, etc. : on en tire beaucoup de soie et de fort-belles toiles peintes.

D. Comment se divise la Perse ?

R. Vers la fin du siècle dernier, de sanglantes révolutions ont divisé la Perse en deux royaumes bien distincts : la Perse propre à l'occident et le royaume de Caboul à l'orient.

D. Comment se nomme le roi de la Perse propre ?

R. Il prend le titre de Sophi ou de Schah.

D. Quelles sont les principales villes de la Perse proprement dite ?

R. *Téhéran*, capitale et résidence du roi, située sur la province de Mazanderan, sur le Jajeron : Population 160,000 habitans.

Hispahan, ancienne capitale de la Perse, était une des plus grandes et des plus florissantes cités de l'orient : elle avait huit lieues de tour, et on y comptait plus d'un million d'habitans. Les révolutions qui ont agité la Perse en couvrant de ruines cette cité, lui ont laissé très-peu de restes de son ancienne magnificence.

Tauris, ville importante par son commerce, sa grandeur, sa richesse et sa beauté ; elle fut autrefois le séjour des souverains.

Les Persans suivent la religion de Mahomet.

D. Dites-nous quelque chose du royaume de Caboul.

R. Ce nouvel état a pour capitale *Caboul*, ville qui lui donna son nom. Cette ville est située entre Lahor et Samarcande. Le royaume de Caboul est borné au nord par la Tartarie-Indépendante, à l'est par l'Indostan, au sud et à l'ouest par la Perse. Cet état se compose de provinces enlevées à la Perse et à l'Indostan, et du sud de la grande Bouckarie. Il renferme environ 6,000,000 d'habitans, qui pour la plupart professent le mahométisme. Cependant il se trouve aussi parmi eux un assez grand nombre de Brahmistes.

D. Quelles sont les villes principales du royaume de Caboul ?

R. *Caboul*, jolie ville, résidence d'été du souverain, entrepôt du commerce entre la Perse, la Boucharie et l'Indostan.

Ballk, au nord-ouest de Caboul, capitale de la partie de la Boucharie, qui fait maintenant partie du royaume de Caboul.

Cachemire, grande ville, bâtie sur une rivière, capitale de la province de ce nom ; dans ses environs se fabriquent ces schals si estimés qui portent son nom.

Candahar, ville riche et peuplée ; elle est le point de réunion, entre la Perse et l'Inde.

Au sud du royaume de Caboul, se trouve le Béloutchistan, état fort peu connu et formé de quelques contrées, enlevées à la Perse et à l'Inde.

ARTICLE QUATRIÈME.

DE L'INDE.

D. Qu'est-ce que l'Inde ?

R. L'Inde est une vaste contrée, qui a reçu son nom du fleuve Indus, ou Sinde, et qui se divise en deux parties, savoir :

1°. L'Indostan, ou presqu'île en deçà du Gange, appelée aussi Inde occidentale.

2°. La presqu'île au delà du Gange, ou Inde orientale.

§. 1. DE L'INDOSTAN *ou* DE LA PRESQU'ILE EN DEÇA DU GANGE.

D. Quelles sont aujourd'hui les principales puissances de l'Indostan.

R. Les trois principales puissances de l'Indostan, sont : les *Seiks*, les *Marattes* et la *Compagnie anglaise des Indes*. Dans l'intérieur des terres il y a quelques états encore indépendans ; là se trouve la ville de *Golconde*, si célèbre par ses mines de diamans.

1. *Etat des Seiks.*

D. Quelles sont les bornes de cet état ?

R. Il est borné au nord par des montagnes situées vers le Thibet et la province de Cachemire ; à l'est par le Gemmeh, jusqu'au près de Delhi ; au sud par le désert de Résistan et à l'ouest par le fleuve Indus.

D. Quelles sont les principales villes des états des Seiks ?

R. *Lahor*, capitale, grande et belle ville, où résidaient autrefois les Mogols, dont l'empire est détruit.

Semanah, ville assez considérable.

Moultan, fameuse par les arcs qu'on y fabrique.

2. *Marattes.*

D. Comment divise-t-on les Marattes ?

R. On les divise en occidentaux et orientaux.

D. Quelles sont les principales villes des Marattes occidentaux ?

R. *Pouna*, ancienne capitale.

Amadabad, ville peuplée et commerçante, capitale de Guzerate.

Cambaye, *Surate*, vers l'entrée du golfe de Cambaye. Les anglais ayant la citadelle de Surate, on peut les regarder comme maîtres de la ville. Les anglais possèdent encore Delhi et Agra, villes autrefois sous la domination des Marattes.

D. Quelles sont les principales villes des Marattes orientaux ?

R. *Negpour*, capitale. — *Visapour*, ville considérable ; autrefois capitale d'un royaume de ce nom ; elle a dans son voisinage des mines de diamans. — *Katek*, port, sur le golfe de Bengale, auprès de la fameuse Pagode, ou temple de *Jagrenat*.

3. *Possessions Anglaises.*

D. Comment se divisent les possessions anglaises dans l'Inde ?

R. Les possessions anglaises peuvent se diviser en quatorze provinces; 1.° le Bengale ; 2.° le Bahar ; 3.° le Bénarez ; 4°. les cinq Circars, ou cinq provinces situées entre la côte d'Orixa et celle de Coromandel, dont voici les noms : Cicoale, Raja-Mondry, Ellore, Gondapilly et Gountour; 5.° le Carnate ; 6.° le Tanjaour ; 7.° le Maduré. Les provinces suivantes formaient les états de Tipoo-Saëb, qui sont actuellement possédés par les Anglais, savoir : 8.° le Travancore; 9.° le Calicut ou province des Naïrs ; 10.° le Dindigul ; 11.° le Coimboutour ; 12.° le Canara ; 13.° le district de Goa ; 14.° enfin le district de Bombay. Quand au royaume de Mysore, il est gouverné par un rajah, tributaire des Anglais.

D. Quelles sont les principales villes des possessions anglaises dans l'Inde ?

R. *Calcutta*, sur le bras occidental du Gange, ville principale du Bengale et de toutes les possessions anglaises : le gouverneur-général de l'Inde y réside : Population 500,000 habitans.

Ougli, *Chandernagor*, aussi dans le Bengale. En vertu du traité de paix de 1814, Chandernagor a été rendu à la France. — *Masulipatan*, ville autrefois très-florissante, mais très-déchue de sa prospérité, dans le Circar de Condapilly. — *Paliacat*, dans le Carnate, sur la côte orientale, à la presqu'île au deçà du Gange, qu'on nomme côte de Coromandel. Paliacat était aux Hollandais. — *Madras*, ville très-grande et très-peuplée, aussi dans le Carnate, et d'où s'exporte une quantité immense de

tissus de soie et de coton, que l'on fabrique principalement à Masulipatan : on y compte 300 mille habit.
— *Tranquebar*, chef-lieu des possessions Danoises dans l'Inde. — *Pondichéry*, dans la même province. Par le traité de 1814, cette dernière ville a été rendue à la France par les Anglais. C'est le plus bel établissement français dans l'Inde, et la meilleure rade de la côte de Coromandel. — *Négapatan*, dans le Tanjaour, port et place forte, était aux Hollandais. — *Maduré*, capitale de la province de ce nom. — *Tutucurin*, sur la côte, dans la même province, était aux Hollandais. — *Cochin*, dans le district de ce nom, ville considérable qui appartenait aux Hollandais. — *Palicut*, dans la province de ce nom, avec un excellent port, sur la côte de Malabar. — *Mangalor*, capitale du Canara. — *Barcelore* et *Onore*, dans la même province. — *Séringapatam*, dans le Mysore, était la capitale des états de Typoo-Saëb, vaincu et mort en 1799. — *Bombay*, avec un excellent port. — *Surate*, ville fameuse par son immense commerce ; à 40 milles des possessions anglaises, est située la ville de *Goa*, archevêché, port, grande ville, dans une île de 9 lieues de tour, sur la côte de Coucan ; elle appartient avec ses dépendances aux Portugais, qui possèdent encore sur la côte de Guzerate l'île Diu, qui renferme une forteresse du même nom.

§. 2. DE LA PRESQU'ILE AU DELA DU GANGE OU INDE ORIENTALE.

D. Comment divise-t-on la presqu'île au delà du Gange ?

R. On peut la partager en trois parties principales: 1. La partie occidentale, qui comprend du nord au sud les royaumes d'Aracan, d'Ava et de Pégu, formant ce qu'on appelle l'empire Birman, depuis 1754. 2. La partie orientale, qui renferme la Cochinchine, le royaume de Laos et le Tunquin. 3. La partie méridionale, qui comprend la presqu'île de Malaca, le royaume de Siam et le royaume de Camboge.

1.° *Partie occidentale* ou *empire Birman.*

D. Quelles sont les principales villes de l'empire Birman ?

R. *Ummerapoura*, sur l'Irrawady ou rivière d'Ava, capitale de l'empire Birman. — *Rangoun*, port principal. — *Syriam*, avec un comptoir anglais. — *Aracan*, jadis capitale du royaume de ce nom. — *Ava*, anciennement capitale du royaume du même nom ; ville tombée en ruines. — *Pégu* ou *Pégou*, capitale de l'ancien royaume de ce nom.

2.° *Partie orientale.*

D. Quelle est la ville principale de la partie orientale ?

R. *Hué* ou *Kéhué*, capitale de la Cochinchine. Ce pays extrêmement fertile est tributaire de la Chine, ainsi que le Tunquin. — *Leng*, capitale de Laos, sur le Méçon. — *Kécho*, capitale du Tunquin, dont les habitans ont beaucoup de rapport avec les chinois.

3°. *Partie méridionale.*

D. Quelles sont les principales villes de la partie méridionale ?

R. *Siam*, capitale du royaume de ce nom, sur le golfe de Siam. La partie occidentale de ce royaume a été récemment conquise par les Birmans. La religion de cette contrée, comme celle de toute la presqu'île orientale et même de la Chine, est celle de *Boudha*, ses prêtres sont appelés *Talapoins* à Siam, et *Bonzes* à la Chine. — *Camboge*, capitale du royaume de même nom, qui est arrosé ainsi que le Laos, par le fleuve Méçon ou Camboge. — *Malaca*, aux Hollandais, port, dans la presqu'île qui porte son nom, vis-à-vis l'île de Sumatra.

ARTICLE CINQUIÈME.

DE LA CHINE.

D. Qu'est-ce que la Chine ?

R. La Chine est un vaste empire dont le gouvernement, est despotique mais paternel. Il est très-peuplé, fertile et bien cultivé ; ses habitans sont ingénieux et sa police admirable : on évalue sa population à environ 180,000,000 d'habitans.

D. Quelles sont les bornes de la Chine?

R. La Chine est bornée au nord, par la Tartarie, dont elle est séparée par une muraille qui a quatre cent cinquante lieues de long ; à l'occident, par de hautes montagnes et des déserts ; au midi, par les royaumes de Tunquin, de Laos et de Cochinchine, et par l'Océan, qui la borne aussi à l'orient.

D. Quelles sont les principales rivières de la Chine?

R. Les principales rivières de la Chine sont le Hoang, ou rivière jaune, et le Kiang, ou rivière bleue.

D. Comment la Chine se divise-t-elle?

R. Le fleuve Kiang la divise en deux parties, septentrionale et méridionale. La première contient six provinces, de l'ouest à l'est ; la seconde contient neuf provinces. Ces provinces renferment ensemble, dit-on, 4,000 villes murées, la plupart grandes et peuplées.

D. Quelles sont les six provinces de la partie septentrionale ?

R. 1. Le Chensi. — 2. Le Chansi. — 3. Le Petcheli. — 4. Le Changtong. — 5. Le Setchuen, à l'occid. — 6. Le Honang, au milieu.

D. Quelles sont les neuf provinces de la partie méridionale ?

R. 1. Le Kiangnan, ou Nankin, à l'orient. — 2. Le Houquang, au milieu. — 3. Le Kiangsi. — 4. Le Chekian, au sud-est. — 5. Le Fokien. — 6. Le Quantong. — 7. Le Quangsi, au sud. — 8. Le Queicheou. — 9. Le Younan, au sud-ouest.

Au nord-est, se trouve le royaume de Corée, qui est tributaire de la Chine.

D. Quelles sont les principales villes de la partie septentrionale.

R. *Singan*, capit. du Chensi.—*Tayven*, capit. du Chansi.—*Pékin*, capit. de tout l'empire de la Chine et du Petcheli, résidence de l'empereur de la Chine, qui est Tartare d'origine, depuis que la Chine fut conquise par les Tartares, vers le milieu du 17.me siècle. Cette ville renferme un million d'habitans. Un peu au nord, on trouve la grande muraille qui sépare la Chine de la Tartarie chinoise. — *Tsinan*, au sud-est de Pékin, capitale du Changtong. — *Tchington*, sur le Kiang, capitale du Setchuen. — *Caifong*, sur le fleuve Honang, capitale du Honang.

D. Quelles sont les principales villes de la partie méridionale.

R. *Nankin*, capitale du Kiangnan, port, presque à l'embouchure de Kiang, seconde ville de la Chine; c'est dans cette ville que l'on voit la fameuse tour de porcelaine à neuf étages.

Voutchan, sur le Kiang, capitale du Houquang. — *Nantchang*, capitale du Kiangsi. — *Foutcheou*, capitale du Fokien. — *Taiouan*, capitale de l'île de Formose, grande île, vis-à-vis le Fokien. — *Quangtcheou*, port, capitale du Quantong, dont dépendent les îles de Hainan, dont la capitale est Kuntcheou, et Macao, qui a pour capitale Macao, aux Portugais. — *Queiling*, capitale du Quangsi. — *Queyan*, capitale du Queicheou. — *Yunnan*, capitale de l'Yunnan ou Younan.

D. Quels sont les pays tributaires de la Chine?

R. Ces pays qui fesaient autrefois partie de la Tartarie indépendante, sont : 1.° celui des Eleuths ou Calmoucks ; 2.° le Thibet ou Boutan.

D. Où sont situés les états des Calmoucks?

R. Ils sont situés à l'extrémité occidentale de l'empire Chinois.

D. Quelles en sont les principales villes ?

R. *Cialis*, capitale au sud-est. — *Turfan*, capit. du pays du même nom. — *Yarkand*, *Cashgar*, *Cotun*, principales villes de la petite Boukharie.

D. Qu'est-ce que le Thibet ?

R. Le Thibet est un pays considérable, situé au midi des Calmoucks. *Lassa* en est la capitale. A deux lieues de cette ville se trouve le palais du Dalaï-Lama.

D. Quels sont les autres états tributaires de la Chine ?

R. Ce sont 1.° le royaume de Corée, 2°. les îles de *Likeyo*, à l'orient. — *Kingkitao*, capitale du royaume de Corée.—*Lieou-Kieou*, est la principale des îles Liceyo, *Kien-Tching*, en est le chef-lieu.

ARTICLE SIXIÈME.

DE LA GRANDE TARTARIE.

D. Qu'est-ce que la grande Tartarie ?

R. La Tartarie est une vaste région de l'Asie qui s'étend au nord, depuis la Turquie d'Asie, la Perse, l'Inde, et la Chine, jusqu'à la mer Glaciale.

D. Comment divise-t-on la grande Tartarie ?

R. Elle se divise en trois parties, dont les deux premières sont au midi, savoir : 1. La Tartarie chinoise. 2. La Tartarie indépendante. 3. La Tartarie russe, ou la Russie asiatique qui occupe tout le nord : elle porte aussi le nom de Sibérie.

§ 1. *De la Tartarie chinoise.*

D. Où est située la Tartarie chinoise.

R. Elle est située à l'orient de la Tartarie indépendante, et séparée de la Chine par la grande muraille.

D. Comment partage t-on la Tartarie chinoise ?

R. On la partage en partie orientale et partie occidentale ; à l'occident sont les pays tributaires de la Chine.

La partie orientale est appelée le pays des Mantchéoux ou Nyuches, et comprend le Leaotong ; la partie occidentale se nomme pays des Mongols ou Mugales, dont il y a de deux sortes, les Mugales noirs, qui sont tributaires de la Chine, et les Mugales jaunes, qui sont sous sa protection. Les seconds n'ont pas de villes remarquables. La partie occidentale renferme le pays des Calmoucks ou Eleuths et le Thibet, qui tesaient autrefois partie de la Tartarie indépendante, et qui sont maintenant tributaires de la Chine.

D. Quelles sont les principales villes de la Tartarie chinoise ?

R. *Mukden*, capitale des Tartares Mantchoux. — *Tzé-Hol*, ville considérable, où l'empereur de la Chine passe une partie de l'année. — *Kirin*, capitale d'un gouvernement de ce nom, sur le Songari ou Singal. — *Titcicar*, capitale d'un gouvernement du même nom : ville nouvellement bâtie. — *Ningouta*, d'où est sortie la dynastie actuelle des empereurs de la Chine.

§ 2. *Tartarie indépendante.*

D. Quelles sont les bornes de la Tartarie indépendante ?

R. Cette partie de la Tartarie, est bornée au nord par la Tartarie russe, au midi par les Indes, à l'occident par la mer Caspienne, à l'orient par la Tartarie russe et l'empire Chinois.

D. Quelles sont les principales villes de la Tartarie indépendante ?

R. *Samarcand*, entre le Gihon et le Sirk, capitale. — *Balk*, au sud, près du Gihon. — *Bochara*, sur le Gihon, à l'ouest de Samarcand, dans la grande Bucharie, ou pays des Usbeks. — *Anderab*, capitale du Turkestan.

§ 3. *De la Tartarie Russe, Sibérie, ou Russie d'Asie.*

D. Quelles sont la position, les bornes et la population de la Sibérie ?

R. La Sibérie occupe toute la partie septentrionale de l'Asie, dans une longueur de 13,000 lieues de l'ouest à l'est, sur 500 de largeur du nord au sud. Elle est bornée au nord par l'Océan glacial arctique ; à l'ouest par le fleuve Kara, les monts Povas et les monts Ourals, qui la séparent de la Russie d'Europe ; au sud, par la Tartarie, la Mongolie et la Mantchourie, et à l'est par le grand Océan et le détroit de Behring. La population de cette immense contrée est loin de répondre à son étendue ; on la porte au plus à 3 millions 800 mille habitans, à cause des marais inaccessibles qui couvrent tout le nord, et des vastes déserts nommés *Steppes*, qui en occupent la plus grande partie, et dans lesquels errent seulement quelque tribus nomades, telles que les Kalmoucks, les Samoyedes, les Ostiaks, les Tungules, etc.

D. Quelles sont les principales villes de la Tartarie russe ou Sibérie.

R. *Téflis*, capitale de la Géorgie, province située entre le Caucase, la mer Noire et la mer Caspienne. — *Akalziké*, forteresse, dans la même province. — *Terki*, près la mer Caspienne. — *Taman*, sur le détroit de Caffa, dans la Circassie. — *Tobolsk*, archevêché, capitale du gouvernement de son nom et de la Sibérie. Cette ville est au confluent du Tobol et de l'Irtis. — *Iéniséisk*, sur le Iénséa, ville assez grande. — *Irkustk*, sur l'Angara, capitale du gouvernement de ce nom. — *Iacustk*, sur le Lena, au nord-ouest. — *Nersinsk*, ou *Nipchou* sur l'Amur, à l'est, a dans ses environs des mines d'argent où l'on fait travailler les exilés de Russie. — *Saint Pierre* et *Saint Paul*, port, au sud, de Kamtschatka, est la plus grande ville de ce district. Le commerce des fourrures, le principal de la Sibérie, rend presque toutes ces villes assez importantes.

D Quelles sont les îles qui dépendent de la Sibérie ?

R. Ce sont : 1.º la *Nouvelle Sibérie* et les îles Liaïkof, découvertes par le fameux navigateur de ce nom, au nord, de l'embouchure du Léna. 2.º Les îles *Aléutiennes* ou îles aux *Renards*, qui forment une chaîne qui va de la côte du Kamtschatka à la pointe nord-ouest de l'Amérique. Elles furent découvertes en 1756, par les Russes qui en tirent de belles fourrures. 3.º Les Kuriles, autre chaîne de 21 petites îles, dont 14 seulement sont habitées, elles s'étendent de la pointe sud du Kam'schatka au îles du Japon, et appartiennent en partie à la Russie et en partie au Japon.

ARTICLE SEPTIÈME.

DU JAPON.

D. Donnez-nous quelques notions sur l'empire du Japon.

R. L'empire du Japon séparé à l'ouest de la Chine par la mer qui porte son nom, se compose de quatre grandes îles, et d'un nombre assez considérable de petites. Ses productions sont à-peu-près les mêmes que celles de la Chine. Les îles du Japon sont hérissées de montagnes. La température y est très-variable : les étés brûlans, les hivers froids, et les orages très-fréquens. Le sol recèle, dit-on, de riches mines d'or, d'argent de cuivre et de pierres précieuses ; mais il est peu fertile. Ses habitans qui paraissent appartenir à la même race que les chinois, sont partagés entre deux religions : le bouddhisme et la secte de Sinto, particulière à ce pays. Le gouvernement qui était autrefois entre les mains d'un empereur pontife, appelé *Daïri*, a passé presque entièrement depuis 1585, entre les mains du *Koubo*, ou chef militaire. La population est évaluée à 25 millions d'habitans.

D. Quelles sont les principales îles du Japon ?

R. Les îles du Japon forment un empire puissant ; ce sont :

Niphon. -- Ximo-Fisen et Bongo. -- Sikof, ou Tonsa.

D. Quelles sont les villes principales du Japon ?

Iédo, capitale de l'île de Niphon, et de tout le Japon, port, dans une baie, résidence du Koubo, c'est-à-dire, de l'empereur temporel, idolâtre. On y voit le palais de ce prince qui formerait à lui seul une ville considérable, puisqu'on lui donne cinq lieues de tour.

Méaco, résidence du Daïri. Sa population est, dit-on, de 400 mille habitans.

Nangasacki, capitale de Ximo-Fisen, le seul port du Japon où il soit permis aux Européens de jetter l'encre pour faire le commerce.

Funay, capitale de la province de Bongo.
Tonsa, au sud, capitale de Sikof ou Tonsa.

CHAPITRE TROISIÈME.
DE L'AFRIQUE.

D. Qu'est-ce que l'Afrique ?

R. L'Afrique est une des quatre parties du monde. Elle forme une grande presqu'île, qui n'est jointe au continent d'Asie, que par une langue de terre appelée isthme de Suez ; elle est séparée de l'Europe par le détroit de Gibraltar et la Méditerranée.

D. Quels sont les principaux caps de l'Afrique ?

R. Elle a trois fameux caps, qui sont :
  1. Le Cap-Vert, à l'ouest.
  2. Le cap de Bonne-Espérance, au sud.
  3. Le cap Guardafui, à l'est.

D. Quelles sont les principales montagnes de l'Afrique ?

R. Le mont Atlas, au nord, qui traverse toute la Barbarie, de l'ouest à l'est ; les monts de la Lune, au sud-ouest de l'Abyssinie, et le Lupata dans la Guinée.

D. Quels sont les principaux fleuves de l'Afrique ?

R. Ses principaux fleuves sont :

Le Nil, qui se jette dans la Méditerranée, après avoir traversé l'Egypte, qu'il fertilise, par des débordemens annuels et périodiques.

Le Sénégal, qui se jette dans l'Océan, à l'ouest.

Le Niger, qui traverse la Nigritie, de l'ouest à l'est, et se décharge dans un lac aux environs de Bournou.

Le Zaïre, qui arrose le Gongo, au nord, et se jette dans l'Océan, à l'ouest.

Le Zambèse ou Cuama, qui se décharge à l'orient dans le golfe de Sofala.

D. Comment divise-t-on l'Afrique ?

R. l'Afrique peut se diviser en trois parties générales :

  1. La partie du nord, qui contient — L'Egypte,

à l'orient; — la Barbarie, à l'occident; — le Sahara, ou grand désert, au midi de la Barbarie.

2. La partie du milieu, qui renferme de l'ouest à l'est: — la Guinée, comprenant la Sénégambie; — la Nigritie; — la Nubie; — l'Abyssinie.

3. La partie du midi, qui comprend — Le Gongo, à l'occident; — la Cafrerie pure, qui s'étend jusqu'au cap de Bonne-Espérance; — la Cafrerie mélangée, qui renferme les côtes de Zanguebar et d'Ajan.

A ces dix parties, contenues dans les trois parties générales, il faut ajouter les îles.

ARTICLE PREMIER.

DE L'ÉGYPTE.

D. Qu'est-ce que l'Égypte ?

R. C'est un pays sabloneux situé au nord de l'Afrique; il est traversé par le Nil à qui il est redevable de son admirable fertilité. Ce pays a secoué le joug de la Porte-Ottomane.

D. Comment divise-t-on l'Egypte ?

R. On la divise en trois parties :

1. La haute Egypte ou Saïd, au sud.
2. Celle du milieu.
3. Et la basse, au nord.

D. Quelles sont les principales villes de l'Egypte ?

R. *Girgé*, capitale de la Haute-Egypte? — *Syène* que l'on nomme aujourd'hui *Assouan*; ancienne et célèbre ville de la haute Egypte, voisine du Tropique du Cancer, et auprès des Cataractes du Nil. — *Ibrim*, dernière place des Turcs, qui en possèdent plusieurs sur la côte d'Abeck, qui est plus au sud. — *Le Caire*, sur le Nil, capitale de l'Egypte du milieu et de toute l'Egypte, résidence du Pacha. — *Suez*, qui donne le nom à l'Isthme qui joint l'Afrique à l'Asie. — *Alexandrie*, port, sur la Méditerranée, capitale de la Basse-Egypte. — *Rosette*. — *Damiette*, aux deux embouchures du Nil.

ARTICLE SECOND.

DE LA BARBARIE.

D. Comment divise-t-on la Barbarie ?

R. On peut la partager en quatre parties :
1. La régence de Tripoli. — 2. La régence de Tunis. — 3. La régence d'Alger. — 4. L'empire de Maroc, de qui dépend celui de Fez, et le Biledulgerid, ou pays des Dattes.

D. Quelles sont les principales villes de la Barbarie propre ?

R. *Derne*, capitale du pays de ce nom. — *Tripoli*, capitale du royaume de Tripoli, port, sur la Méditerranée. — *Tunis*, port, capitale de la régence de Tunis, près des ruines de Carthage. — *Alger*, port, capitale de la régence de ce nom; ses habitans s'adonnaient à la piraterie. Cette ville fut plusieurs fois inutilement bombardée ; enfin, elle a cédé en 1830 aux glorieux efforts des français, sous la conduite du maréchal de Bourmont et de l'amiral Duperré.— *Oran.* — *La Marca* ou *Marsalquivir*, ports de la régence d'Alger. — *Fez*, capitale du royaume de ce nom, qui appartient au roi de Maroc. — *Larache.* — *Salé*, ports, sur l'Océan. — *Maroc*, capitale du royaume de Maroc.

D. Que comprend le Bilédulgerid ?

R. Il comprend de l'ouest à l'est, plusieurs pays; dont voici les villes principales :

Sus ou *Tarudan*, capitale du royaume de Sus.

Tafilet, capitale du royaume de Tafilet, sur la rivière du même nom.

Sigilmessa, sur le Ziz, capitale de la province de ce nom.

Le Tegoraraïn et le *Zab*, qui suivent d'occident en orient, n'ont pas de villes remarquables.

Le Zab est habité par les Berbers qui sont les plus anciens peuples de la Barbarie ; le reste de la Barbarie est peuplée par les Arabes.

ARTICLE TROISIÈME.

DU SAHARA, OU GRAND DÉSERT DE BARBARIE.

D. Qu'est-ce que le Sahara?

R. C'est un désert immense entièrement stérile et couvert de sables mouvans; parmi lesquels s'élèvent de distance en distance quelques oasis ou îles de terres fertiles et cultivées. Vers la partie ouest, voisine de l'Océan, on trouve quelques peuplades pauvres et inhospitalières, qui recueillent la gomme dans des forêts de gommiers que l'on rencontre en quelques endroits et la portent au Sénégal.

ARTICLE QUATRIEME.

DE LA GUINÉE.

D. Qu'est-ce que la Guinée?

R. Une vaste contrée qui s'étend le long des côtes occidentales de la partie du milieu de l'Afrique : elle est habitée par des Nègres.

D. Comment divise-t-on la Guinée?

R. La Guinée peut se partager en septentrionale et méridionale.

D. Que comprend la Guinée septentrionale?

D. La Guinée septentrionale, qui est entre les rivières du Sénégal et de Gambie, n'a pas de villes considérables : on y remarque seulement les royaumes d'Ouale, ou de Brac, des Foules ou de Galam.

Dans le premier, les Français possèdent l'île Saint-Louis, et, auprès du Cap-Vert, au sud ouest, l'île de Gorée.

D. Comment divise-t-on la Guinée méridionale?

R. La Guinée méridionale se divise en Malaguette, Guinée propre, et royaume de Benin.

D. Que contient la Malaguette?

R. La Malaguette a plusieurs petits royaumes; dans celui de Sanguin on remarque: *Petit-Dieppe*, port.

A l'extrémité septentrionale, est le pays de Sierra-

Leonne, ainsi nommé des montagnes voisines, où il y a beaucoup de lions.

D. Comment divise-t-on la Guinée propre ?

R. La Guinée propre se divise en Côte-des-Dents, parce qu'on y trouve beaucoup d'ivoire ; Côte-d'Or, parce qu'on y ramasse de la poudre d'or, et côte des Graines, à cause du poivre qu'on en tire avec abondance.

D. Quelles sont les principales villes de la Guinée propre ?

R. La Côte-des-Dents et celle des Graines n'ont pas de villes remarquables : celles de la Côte-d'Or, sont : *La Mine*, au sud, place forte et port.—*Cabo-Corso*, port, aux Anglais.— *Christiansbourg*, port, aux Danois.

D. Quelles sont les principales villes du royaume de Benin ?

R. *Benin*, capitale, sur la rivière de Benin.

Owerre, capitale du royaume du même nom, qui dépend de Benin. — *Juda* et *Ardra*, capitales des deux petits royaumes des mêmes noms, à l'ouest de Benin ; qui furent conquis par un prince puissant et guerrier, et qui forment aujourd'hui, avec quelques contrées voisines, l'empire *Dahoman*, appelé aussi royaume de Dahomey.

ARTICLE CINQUIÈME.
DE LA NIGRITIE.

D. Où est située la Nigritie ?

R. La Nigritie, ou pays des Nègres, est à l'orient et au nord de la Guinée.

D. Comment divise-t-on la Nigritie ?

R. Ce pays se partage en plusieurs états arabes, dont les plus connus sont de l'ouest à l'est, ceux de Tombut ou Tombouctou, Houssa, Bournou, Ouangara et Darkoulla

D. Quelles sont les principales villes de la Nigritie ?

R. *Bambouc* et *Songo*, principales habitations des Mandingues, peuple doux et laborieux.

Tombut, ou *Tombouctou*, capitale du royaume de ce nom.

Agadès, capitale du royaume de ce nom.

Bournou, capitale du royaume de ce nom, appelé *Karné* par M. d'Anville.

ARTICLE SIXIÈME.

DE LA NUBIE.

D. Qu'est-ce que la Nubie ?

R. La Nubie est un grand royaume, situé à l'est de la Nigritie. Le Nil le traverse du sud au nord ; il abonde en or, en musc, en ivoire et en cannes à sucre.

D. Quelles sont les principales villes de la Nubie ?

R. *Sennaar*, sur le Nil, capit. de tout le royaume.

Dongola, sur le Nil, capitale du royaume de son nom, tributaire du roi de Nubie.

ARTICLE SEPTIÈME.

DE L'ABYSSINIE.

D. Qu'est-ce que l'Abyssinie ?

R. C'est un pays situé au sud-est de la Nubie ; il se partage en plusieurs royaumes ou provinces ; la capitale est *Gondar*; l'empereur se nomme le *Grand-Négus*.

La côte d'Abesh, qui est le long de la mer Rouge, est partagée entre le Grand-Seigneur, qui a le nord, et le roi de Dancali, qui a la partie du midi.

Suaquem, port, sur la mer Rouge, au nord, appartient au Grand-Seigneur.

ARTICLE HUITIÈME.

DU CONGO.

D. Comment divise-t-on le Congo ?

R. Le Congo se divise en plusieurs royaumes, dont les principaux sont, du nord au sud :

Loango, — Congo, — Angola, — Benguela.

D. Quelles sont les principales villes du Congo ?

R. *Loango*, capitale du royaume de ce nom ?

San-Salvador, évêché, capitale du royaume de Congo et de la province de Bamba ; les autres provinces de ce royaume sont Songo, Sandy, Pango,

Batta et Pemba, dont les capitales portent les mêmes noms. Les Portugais font presque tout le commerce de ce royaume.

Saint-Paul-de-Laonda, évêché, capitale du royaume d'Angola. — *Mapungo*, résidence du roi d'Oarii, ou de Dongo, royaume situé dans la partie orientale. — *Benguela* ou *Saint-Philippe*, capitale du royaume de Benguela.

ARTICLE NEUVIÈME.
DE LA CAFRERIE PURE.

D. Qu'est-ce que la Cafrerie pure ?

R. C'est un vaste pays inculte, peu commerçant, situé dans l'intérieur de l'Afrique, et habité par de peuplades de nègres fort grossières.

D. Comment divise-t-on la Cafrerie pure ?

R. On peut la partager en trois parties : — La septentrionale, qui contient tous les pays qui sont au milieu de l'Afrique. — La méridionale, où est le cap de Bonne-Espérance. — Et l'orientale, qui comprend les états du Monomotapa.

D. Que contient la partie septentrionale ?

R. Elle renferme plusieurs royaumes, dont on ne connaît guère que les noms ; ce sont ceux de

Mojac, Biafara, à l'orient du royaume de Benin.
Gingiro ou Gingirbomba, près de l'Abyssinie.
Macoco ou Auzico, au nord-est du Congo.
Monoémugi ou Niméamaie, et plusieurs autres.

D. Par qui est habitée la partie méridionale ?

R. Ce pays est habité par divers peuples, auxquels on a donné le nom général de *Hottentots*.

D. Quelle ville remarquable trouve-t-on dans cette partie de la Cafrerie pure ?

R. *Le Cap de Bonne-Espérance*, ville et port fameux, où abordent presque tous les vaisseaux qui vont aux Indes orientales, et en reviennent ; il appartient aux Anglais.

D. Comment divise-t-on les états du Monomotapa ?

R. Les états du Monomotapa, qui forment la partie orientale, se divisent en cinq royaumes, du nord au sud : — 1. Le royaume de Monomotapa propre. — 2. Le royaume de Manica. — 3. Le royaume de Sofala, ou de Quitevé. — 4. Le royaume de Sabia. — 5. Le royaume d'Imhambane.

D. Quelles sont les principales villes du Monomotapa ?

R. *Zambaoé*, résidence du roi du Monomotapa. — *Manica*, capitale du royaume de ce nom. — *Sofala*, près l'embouchure de la rivière de ce nom, aux Portugais. — *Manboné*, capitale du royaume de Sabia, au sud de celui de Sofala, près la mer. — *Tonge*, capitale du royaume d'Imhambane, vers l'embouchure de la rivière de Manica, ou du Saint-Esprit. — *Inhaqua*, fort, aux Portugais, au midi.

ARTICLE DIXIÈME.
DE LA CAFRERIE MÉLANGÉE.

D. Qu'est-ce que la Cafrerie mélangée ?

R. C'est un pays qui occupe toute la côte orientale de l'Afrique, et qui est appelé ainsi parce qu'il est habité par des Cafres, c'est-à-dire, infidèles, mêlés d'Arabes, à la différence de la Cafrerie pure, où il n'y a que des Cafres.

D. Comment divise-t-on la Cafrerie mélangée ?

R. On la divise en deux parties : — 1. Le Zanguébar, qui s'étend depuis le golfe de Sofala jusqu'à l'équateur. — 2. La côte d'Ajan, qui commence à l'équateur, et finit au cap de Guardafui.

§. Ier *Du Zanguebar.*

D. Quels sont les pays contenus dans le Zanguebar ?

R. Le Zanguebar comprend, du sud au nord, les royaumes de Mozambique, — Mongale, — Quiloa, — Moulbaça, — Mélinde.

D. Quelles en sont les principales villes ?

R. *Mozambique*, capitale de l'île de ce nom, port, aux Portugais. — Le roi de Mozambique, qui habite dans les terres, est mahométan. — *Mongale*, sur la Mona, capitale du royaume de ce nom. — *Quiloa*, dans l'île de ce nom, a été abandonné par les Portugais au roi de Quiloa, qui habite sur la côte, dans une autre ville nommée le Vieux Quiloa, pour le distinguer de l'autre ; un peu au nord est l'île de *Zanzibar* extrêmement fertile. — *Monbaze*, capitale du royaume de ce nom, dans l'île de Monbaze. — *Melinde*, port, capitale du royaume de Mélinde. — *Lamo*, *Ampazé*, *Paté*, îles au nord de Mélinde, qui ont des princes tributaires des Portugais.

§. II. *De la côte d'Ajan.*

D. Quels sont les principaux états de la côte d'Ajan ?

R. Ses principaux états, du sud au nord, sont :
La république de Brava. — Le royaume de Magadoxo. — Le royaume d'Adel.

D. Quelles en sont les principales villes ?

R. *Brava*, capitale de la république de son nom, tributaire des Portugais. — *Magadoxo*, capitale du royaume du même nom, port, à l'embouchure du Magadoxo. — *Ancagurelle*, capitale du royaume d'Adel.—*Zeila*, *Barbora*, ports, sur la mer Rouge.

ARTICLE ONZIÈME.

DES ILES DE L'AFRIQUE.

D. Où sont situées les îles de l'Afrique ?

R. Les unes sont dans la mer des Indes, à l'orient de l'Afrique, et les autres dans l'Océan, à l'occident.

§ 1. *Des îles à l'orient de l'Afrique.*

D. Quelles sont les principales îles à l'orient de l'Afrique ?

R. Madagascar, île très-vaste, à l'est du canal de Mozambique. Elle est traversée par de hautes montagnes, arrosée par un grand nombre de rivières et plusieurs lacs ; marécageuse et mal-saine à la côte, du reste elle jouit d'un climat excellent et son sol est assez fertile. Les Indigènes sont bien faits, de bon naturel, ont le teint olivâtre, la chevelure longue et frisée, ils sont mêlés de Malaise, et à la côte de Maures. Cette île a 10,500 milles géographiques carrés ; elle est peuplée de 4,000,000 d'habitans. Elle a *Port-Dauphin* sur la côte sud-est, ci-devant établissement français. — *Foulepointe* au nord, place la la plus fréquentée.— L'île Bourbon, l'île de France, qui sont à l'est de Madagascar. — Les îles de Comore, qui sont au nord-ouest de Madagascar, ont de petits princes, tributaires des Portugais.—*Tamarin*, est la capitale de l'île de Socotora, située à l'entrée du détroit de Babelmanded, à 50 lieues Est du cap Guardafui. Elle est gouvernée par un chef Arabe; et ses habitans professent la religion de Mahomet.

§ 2. *Des îles à l'occident de l'Afrique.*

D. Quelles sont les plus remarquables de ces îles?

R. Les plus remarquables sont, du nord au sud, Madère. — Les îles Canaries. — Les îles du Cap-Vert. — Saint-Thomas. — Et les îles près de la ligne, dont la plus remarquable est Sainte-Hélène.

D. Quelles en sont les villes principales?

R. *Fonchal*, évêché, aux Portugais, capitale de l'île de Madère. — *Canarie*, évêché, capitale de toutes les Canaries, et en particulier de l'île de son nom, fertile en bons vins, aux Espagnols, ainsi que la suivante. — *Laguna*, capitale de l'île de Ténériffe, résidence du gouverneur. C'est dans cette île que se trouve le fameux pic de son nom, un des plus élevés du globe. — *Ribeira*, évêché, capitale de l'île de San-Iago, principale des îles du Cap-Vert aux Portugais. — *Provoaçan*, évêché, capitale de l'île Saint-Thomas, aux Portugais.

Les autres îles n'ont pas de villes considérables.

CHAPITRE QUATRIÈME.
DE L'AMERIQUE.

D. Qu'est-ce que l'Amérique?

R. L'Amérique est la quatrième partie du monde.

C'est un vaste continent, baigné à l'orient par l'océan Atlantique, et à l'occident par le grand Océan. Ce continent, qui a été découvert dans le quinzième siècle par Christophe Colomb, a reçu son nom *d'A-méric-Vespuce*, Florentin, à qui on en attribua faussement la découverte; on l'appelle aussi *Nouveau-Monde* et *Indes occidentales*.

D. Comment divise-t-on l'Amérique?

R. La nature elle-même semble avoir partagé l'Amérique en deux grandes portions, savoir: 1. l'Amérique septentrionale. 2. L'Amérique méridionale. Ces deux portions sont jointes par l'isthme de Panama.

D. Quelles sont les productions de l'Amérique?

R. l'Amérique est fertile en tout ce qui est nécessaire à la vie, surtout l'Amérique méridionale: elle produit quantité de plantes, de fruits et d'animaux qu'on ne trouve pas en Europe.

D. Quels golfes remarque-t-on en Amérique?

R. Ses principaux golfes sont ceux de Saint-Laurent et du Mexique: tous les deux sont dans l'Amérique septentrionale, le premier au nord et le second au sud.

D. Quels sont les caps les plus célèbres?

R. Il y en a trois, deux dans l'Amérique septentrionale, 1. le cap Breton, à l'entrée du golfe Saint-Laurent. 2. Le cap de la Floride, dans le golfe du Mexique; et un dans l'Amérique méridionale, le cap de Saint-Augustin, sur les côtes du Brésil.

D. Quels sont les fleuves les plus considérables de l'Amérique?

R. On en compte cinq principaux, deux dans l'Amérique septentrionale;

1. Le fleuve Saint-Laurent, qui se décharge dans le golfe du même nom. 2. Le Mississipi, qui se décharge dans le golfe du Mexique;

Et trois dans l'Amérique méridionale;

1. Le fleuve des *Amazones*, qui la traverse d'occident en orient, et se jette dans la mer entre la Guyanne et le Brésil; c'est le plus grand fleuve du monde. 2. L'Orénoque, au nord de la Guyanne; ce fleuve a donné son nom à une grande contrée qui l'arrose. 3. Le fleuve de la Plata, qui a son embouchure dans la mer, à Buenos-Aires, au sud-est.

D. Quels lacs remarque-t-on en Amérique?

R. Il y a dans l'Amérique septentrionale, cinq

grands lacs, qui se rendent les uns dans les autres ; et ensuite dans le fleuve Saint-Laurent, ce sont : 1. Le lac Supérieur. — 2. Le lac Michigan. — 3. Le lac Huron. — 4. Le lac Erié. — 5. Le lac Ontario.

D. Quelles sont les montagnes les plus considérables de l'Amérique ?

R. Les chaînes de montagnes les plus considérables de l'Amérique sont dans l'Amérique méridionale, savoir : Les Cordilières ou les Andes, dans le Pérou et le Chili, à l'ouest. Les Cordilières du Brésil, à l'est.

ARTICLE PREMIER.

DE L'AMÉRIQUE SEPTENTRIONALE.

D. Comment divise-t-on l'Amérique septentrionale ?

R. On peut la diviser en sept parties. 1. Le Canada et la Louisiane. 2. Les Etats-Unis de l'Amérique, au sud-est et au nord du Canada. 3. La presqu'île de la Floride. 4. Le Mexique, ou Nouvelle-Espagne. 5. Le Nouveau-Mexique, au nord de la Nouvelle-Espagne, qui appartient aussi aux Espagnols. 6. Les nouvelles découvertes, à l'ouest et au nord du Canada, appartenant en partie aux Anglais et en partie aux Russes, sous la domination générale de l'Amérique Russe. 7. Les îles de cette partie de l'Amérique.

§ 1. *Du Canada et de la Lousiane.*

D. Qu'est-ce que le Canada et la Lousiane ?

R. On appelle ainsi deux vastes contrées de l'Amérique, qu'on comprenait autrefois, sous le nom de *Nouvelle France*, parce qu'elles ont été possédées par les Français. Le Canada a depuis été cédé aux Anglais ; et la Louisiane, partie aux Espagnols, partie aux Etats-Unis.

D. Nommez les principales villes du Canada ?

R. *Québec*, capitale, sur le fleuve de Saint-Laurent, résidence du gouverneur.

Montréal, sur le même fleuve.

D. Quelle est la principale ville de la Lousiane ?

R. *La Nouvelle-Orléans*, capitale, vers l'embouchure du Mississipi.

§ 2. *État-Unis d'Amérique.*

D. Qu'est-ce que les Etats-Unis ?

R. C'est une république fédérative, qui était autrefois sous la domination de l'Angleterre, à laquelle elle s'est soustraite en 1776 ; son gouvernement est démocratique. Elle se compose de vingt-une provinces principales, savoir :

PROVINCES.	VILLES PRINCIPALES.
NEW-HAMPSHIRE,	*Portsmouth.*
MASSACHUSSET,	*Boston.*
RHODE-ISLAND,	*Providence.*
CONNECTICUT,	*Hartfort,*
NEW-YORCK,	*New-Yorck.*
NEW-JERSEY,	*Elizabeth Town.*
PENSYLVANIE,	*Philadelphie,*
DELAWARE,	*New-Castle,*
MARILAND,	*Annapolis.*
VIRGINIE,	*Richmond.*
CAROLINE septentrionale.,	*New-Berne.*
CAROLINE méridionale,	*Columbia.*
GÉORGIE (la Nouvelle),	*Louisville.*
VERMONT,	*Bennington.*
KENTUKEY,	*Francfort.*
MAINE,	*Portland.*
TENNESSÉE,	*Knoxville.*
MISSISSIPI,	*Nouvelle-Orléans.*
OHIO,	*Marietta.*
INDIANA,	*Vincennes.*
ILLINOIS,	»

§ 3. *De la Floride.*

D. Qu'est-ce que la Floride ?

R. C'est une vaste presqu'île qui fut découverte en 1512, par les Espagnols, qui l'ont conservée jusqu'en 1819, époque où ils la cédèrent aux Etats-Unis.

D. Comment divise-t-on la Floride ?

R. En Floride orientale et occidentale. La première a pour capitale Saint-Augustin, et l'autre Pensacola, sur le golfe du Mexique. La population de cette contrée est de 40,000 habitans.

§ 4. *Du Mexique, ou Nouvelle-Espagne.*

D. Où est situé le Mexique, quels sont ses habitans, leur religion, son gouvernement?

R. Ce pays est borné au nord par le nouveau Mexique, au sud-est, par l'isthme de Panama, à l'ouest, par le grand Océan et la mer Vermeille, et à l'est, par le golfe de son nom et la mer Caraïbe. Il renferme 6 millions 500 mille habitans, dont un trente-troisième environ d'origine Européenne, et un huitième de race mélangée. Le nombre des langues que parlent les peuplades du Mexique se montent à plus de vingt. En 1820 le Mexique s'est détaché de l'Espagne qui le possédait depuis 1521, et a formé un état indépendant. C'est maintenant une république fédérative, gouvernée par un Congrès ; la religion Catholique y est seule tolérée.

D. Quelles sont les principales villes du Mexique ?

R. *Mexico*, archevêché, capit. de toute la Nouvelle-Espagne, et de la province de Mexico.— *Mechoacan*, capit. de la province du même nom. — *Mérida*, évêc. capitale de l'Yucatan, presqu'île qui s'avance dans le golfe du Mexique. — *Panuco*, au nord-est de Mexico, capitale de la province de Guasteca. — *Tlascala*, à l'est de Mexico. — *La Vera-Crux*, port, sur le golfe du Mexique. — *Cinaloa*, près de la mer Vermeille, capitale de la province de Cinaloa. — *Culiacan*, capitale de la province de ce nom. — *Sainte-Barbe*, capitale de la Nouvelle-Biscaye. — *Monterey*, capitale de la Californie, grande presqu'île le long de la mer Vermeille ; elle dépend de l'audience de Guadalajara. — *Guatimala*, évêché, capitale de la province de son nom. — *Chiapa*, au nord-ouest de Guatimala, capitale de la province de Chiapa. — *Valladolid*, évêché, capit. de la province de Honduras, sur le golfe du même nom. — *Saint-Léon-de-Nicaragua*, évêché, capitale de la province de Nicaragua. — *Carthago*, évêché, capitale de la province de Costarica.

§ 5. *Du Nouveau-Mexique.*

D. Qu'est-ce que le Nouveau-Mexique ?

R. Ce pays qui a suivi le sort du Mexique est situé au nord de la Nouvelle-Espagne ; il est habité par plusieurs nations sauvages, parmi lesquelles on distingue les Apaches, nation très-belliqueuse.

D. Quelle en est la ville principale ?

R. *Santa-Fé*, au nord, capitale, près la rivière de Norte, qui se jette dans le golfe du Mexique, au sud-est.

D. Comment nomme-t-on les parties du Nouveau-Mexique qui sont à l'ouest sur la mer Vermeille ?

R. Elles se nomment la Nouvelle-Navarre et le Sonora ; elles n'ont point de places importantes.

6. *Des nouvelles découvertes à l'ouest du Canada.*

D. En quoi consistent les nouvelles découvertes à l'ouest du Canada ?

R. Elles se réduisent aux découvertes des Russes le long du détroit de Bering et au Groënland, vaste pays situé entre l'Europe et l'Amérique ; l'air y est si froid que la mer y gèle.

Comme ces pays n'ont pas de villes ; nous ne nous y arrêterons pas davantage.

§ 7. *Des îles de l'Amérique septentrionale.*

D. Quelles sont les principales îles de l'Amérique septentrionale ?

R. Les principales îles de l'Amérique septentrionale sont : Les îles du golfe Saint-Laurent, — Les Açores, — Les Lucayes, — Les Antilles.

D. Quelles sont les principales îles du golfe Saint-Laurent ?

R. L'île de Terre-Neuve, où l'on fait une grande pêche de la morue, capitale *Plaisance* ; l'île Royale, ou du cap Butin, capitale *Louisbourg*.

D. Quelle est la principale des Açores ?

R. Tercères, dont la capitale est *Angra*.

D. Quelles sont les principales Lucayes ?

R. Bahama. — La Providence. — Guanahani ou Saint-Sauveur.

D. Comment partage-t-on les Antilles ?

R. On les partage en grandes et petites.

Les grandes sont :

Cuba, aux Espagnols ; la Havane, capitale *San-Iago*, évêché.—La Jamaïque, aux Anglais ; *Spanis-*

Town, cap.—Porto-Rico ; *Saint-Domingue*, cap.
—Saint-Domingue ; *Saint-Jean-de-Porto-Rico*, cap.

D. Quelles sont les plus remarquables des petites Antilles ?

R. La Martinique ; le *Fort-Royal*, capitale.—La Guadeloupe, qui n'a pas de villes ;—La Saint-Christophe, La Barbade, aux Anglais.—Curaçao ou Curacou, près la Terre-Ferme, aux Hollandais.—La Marguerite, La Trinité, aux Espagnols.

ARTICLE SECOND.

DE L'AMÉRIQUE SEPTENTRIONALE.

D. Comment divise-t-on l'Amérique méridionale ?

R. Elle se divise en neuf parties principales : 1. La Colombie, au nord. 2. Le Pérou. 3. Le haut Pérou ou Bolivia. 4. Le Chili, à l'ouest. 5. Le pays des Amazones, dans le milieu. 6. Le Brésil. 7. La Guyanne, à l'orient. 8. La Plata. 9. La Terre Magellanique, au sud.

§ 1. *De la Colombie.*

D. Qu'est-ce que la Colombie ?

R. C'est une république gouvernée par un président et un congrès. Elle est formée des anciennes provinces espagnoles de *Caracas*, de la Nouvelle Grenade, et de la *Guyane Espagnole*. Ce n'est qu'en 1822, qu'après une lutte de plusieurs années, ces provinces se sont rendues indépendantes. Cet état renferme environ 3,000,000 d'habit. qui tous professent la religion catholique, la seule qui y soit permise.

D. Quelles en sont les principales villes ?

R. *Panama*, évêché, port.

Porto-Belo, sur le golfe du Mexique, port fameux vis-à-vis Panama.—*Carthagène*, évêché, port, capitale de la province du même nom. — *Sainte-Marthe*, évêché, port. — *Vénézuela*, ou *Coro*, évêché. — *Cumana*, port, à l'est de Carcas. — *Santa-Fé-de-Bogata*, archevêché, capitale de la Colombie. — *Popayan*, au sud, ville commerçante et riche. — *Quito*, ville considérable, bâtie sur le penchant du Pichincha : peuplée de 60,000 hab.

§ 2. Du Pérou.

D. Où est situé le Pérou ; quels en sont le gouvernement, la religion et la population ?

R. Ce pays qui depuis 1821 a secoué le joug des Espagnols, pour se constituer en république, est situé au midi de la Colombie : il est peuplé d'environ 700,000 habitans tous catholiques.

D. Quelles en sont les villes principales ?

R. *Lima*, archevêché, capitale du Pérou.

Truxillo, évêché, au nord-ouest de Lima.

Cusco, au sud-est, ancienne capitale de l'empire des Incas. — *Guamanca*, entre Lima et Cusco. — *Arequipa*, au sud-est de Lima, sur la côte.

§ 3. Du haut Pérou ou Bolivia.

D. Qu'est-ce que le haut Pérou ?

R. Ce petit état après avoir pendant plusieurs années fait partie de la république fédérative, qui s'est formée dans la *vice-royauté de La Plata*, s'en est détaché en 1825 pour s'ériger en république indépendante, renfermant environ 1 million 500 mille habitans, dont la seule religion est la catholique.

D. Quelles en sont les villes remarquables ?

R. *La Plata*, archevêché, regardée comme la capitale de toute la république.

La Paz, capitale de la province de ce nom, qui possède des mines d'or très-abondantes.

Potozi, près la Plata, fameux par ses mines inépuisables d'argent.

§ 4. Du Chili.

D. Où est situé le Chili ?

R. Le Chili est situé au midi du Pérou, le long de la mer du sud. Il appartenait aussi aux Espagnols, dont il secoua le joug en 1818 et se constitua république.

D. Comment divise-t-on le Chili ?

R. On le divise en trois provinces ;

1. Chili propre. 2. Araucanie. 3. Les îles de Chiloé.

D. Quelles sont les principales villes du Chili ?

R. *San-Iago*, évêché, capitale de tout le Chili et

du Chili propre. — *La Conception*, évêché, capit. de l'Impériale. — *Impériale*, évêché, port. — *San-Carlos* et *Castro*, villes principales des îles Chiloé.

§ 5. *Du pays des Amazones.*

D. Où est situé le pays des Amazones ?

R. Le pays des Amazones est situé à l'orient du Pérou.

D. D'où lui vient ce nom ?

R. Il est appelé ainsi du fleuve des Amazones qui le traverse ?

D. Y a-t-il des villes dans ce pays ?

R. Non : il n'y a pas de villes, mais des missions espagnoles et portugaises le long du fleuve. Celles des Espagnols sont à l'ouest, et celles des Portugais sont à l'est : ces dernières commencent un peu au-dessous de l'embouchure du Yavari, dans le fleuve des Amazones.

§ 6. *Du Brésil.*

D. Qu'est-ce que le Brésil ?

R. On comprend sous le nom de Brésil, la région la plus orientale de l'Amérique méridionale ; cet état est devenu une monarchie constitutionnelle, dont le souverain porte le titre d'empereur du Brésil.

D. Quelles sont les principales villes du Brésil ?

R. *Riojaneiro*, sur le fleuve de son nom, à deux lieues de son embouchure, capitale du Brésil et siége du gouvernement. ; ville très-forte avec un bon port : population 119,000 habitans.

Olinde ou *Fernambouc*, port, la ville la plus commerçante du Brésil.

Natal-los-Reyes, à l'embouchure de Rio-Grande.

San-Salvador, archevêché. — *Saint-Sébastien*, évêché. — *Saint-Vincent*. — *Saint-Paul*, évêché au nord-ouest de Saint-Vincent, autrefois république de brigands, mais subjuguée depuis par les Portugais.

Colonia-do-Sacramento, dans la province Del-Rey, qui s'étend depuis Saint-Vincent jusqu'à l'embouchure de Rio-de-la-Plata, au nord des îles Saint-Gabriel, qui appartiennent aux Espagnols.

§ 7. *De la Guyane.*

D. Qu'est-ce que la Guyane ?

R. C'est une vaste contrée, située entre la rivière des Amazones et celle de l'Orénoque.

D. Que dites-vous de ce pays ?

R. Une partie appartient au Brésil, une autre à la Colombie, le reste aux Européens, savoir :

La Guyanne anglaise 144,000 habitans, capitale *Stabrock*; la Guyanne hollandaise, 70,000 habitans, cap. *Paramaribo*; la Guyanne française, 66,000 habitans capitale *Cayenne*.

§ 8. *De La Plata.*

D. Où est situé La-Plata ?

R. La-Plata est situé à l'orient du Pérou et du Chili, on y comprend ordinairement le Paraguay, qui est jusqu'ici resté indépendant sous l'administration d'un chef qui est absolu et prend le titre de *Dictateur*. Ces pays appartenaient aux Espagnols dont-ils ont secoué le joug en 1810.

D. Nommez les villes principales.

R. *Villa-Rica*, capitale du Paraguay propre, qui occupe les côtes de la rivière du même nom.

Ciudad-Réal, capitale de la province de Guairia, à l'orient de celle du Paraguay.

L'Assomption, évêché, capitale de la province de Rio-de la-Plata.

Buenos-Aires, évêché, cap. des Provinces-Unies et de La-Plata, à l'embouchure du fleuve de Rio-de-la Plata, dans la même province.

San-Salvador, capit. de la province d'Uruguay, du nom de cette rivière.

San-Miguel-de-Tucuman, évêché, cap du Tucuman.

Les deux autres provinces, savoir, celles de Chaco et de Parana n'ont pas de villes.

La province de Parana, le long de la rivière de ce nom, est habitée par des naturels du pays, que les Jésuites ont civilisés et qu'ils ont gouverné jusqu'à la destruction de leur ordre.

§ 9. *De la Terre Magellanique, ou Patagonie.*

D. Qu'est-ce que la Terre Magellanique ?

R. On comprend sous ce nom la grande région qui est à l'extrémité de l'Amérique méridionale, au sud de Rio-de-la-Plata ou Paraguay. Elle est appelée ainsi de Magellan, qui l'a découverte en 1520 ; elle appartient aux Espagnols, et n'a pas de villes. Le climat y est froid et le sol presque stérile ; les habitans sont d'une taille élevée, assez doux, et divisés en plusieurs tribus, parmi lesquelles on remarque les Tchuctches qui n'enterrent point leurs morts, mais les portent en commun dans des déserts sous des huttes de terre, autour desquelles ils rangent les squelettes de leurs chevaux.

Au sud du détroit de Magellan on trouve la Terre de Feu, ainsi nommée, à cause des volcans qui y brûlent au milieu des neiges perpétuelles. On trouve encore au sud de la Patagonie les îles Falkland, la Terre des États, la Nouvelle Géorgie et la Terre de Sandwich.

CHAPITRE CINQUIEME
OCÉANIE.

D. Où est située l'Océanie ?

R. Cette cinquième partie du monde, se trouve circonscrite dans une ligne courbe, qui s'étend depuis la pointe de l'île de Sumatra à la dernière des îles des Larrons au nord, à l'est vers l'Archipel dangereux, et au sud à la nouvelle Zélande. On la divise en trois parties principales : la Notasie ou Archipel Indien, l'Australasie et la Polynésie.

ARTICLE PREMIER.
DE L'ARCHIPEL INDIEN OU NOTASIE.

D. Quelles sont les îles qui forment l'Archipel Indien ?

R. Ce sont les îles de la *Sonde*, de *Bornéo*, les *Philippines*, les *Célébes*, les *Moluques* et les îles *Timoriennes*.

D. Où se trouvent les îles de la Sonde ?

R. Ces îles ainsi nommées, d'un détroit qui sépare deux d'entr'elles, sont au nord-ouest de la Nouvelle Hollande.

D. Quelles en sont les principales ?

R. *Sumatra*, qui peut avoir 240 lieues de long sur 150 de large. Cette île renferme les royaumes d'*Achen*, de *Ben-Coulen* et celui de *Palenbang* qui est sous la protection des Hollandais. Son climat est mal sain, mais la chaleur et l'humidité rendent sa végétation forte et riche. L'île de *Java*, située au sud-est de la précédente, dont elle est séparée par le détroit de la sonde, a 172 lieues de long sur environ 25 de large. Elle renferme les royaumes de *Batam* de *Mataremet* et de *Chéribon*. La principale ville de cette île est *Batavia*, ville grande, mal saine, ancienne capitale du royaume de Tacatra, le rendez-vous des Européens et le chef-lieu des possessions Hollandaises dans l'Océanie.

D. Qu'est ce que l'île de Bornéo ?

R. Cette île, la plus considérable de l'Archipel qui porte son nom, la plus grande île du monde, après la nouvelle Hollande, est peu connue. Elle renferme environ trois milliers d'habitans. Malgré la férocité des indigènes et l'insalubrité du climat, qui empêchent les étrangers de s'y fixer, les Hollandais y ont formé un établissement nommé Benjarmassin.

D. Donnez-nous quelques notions sur les îles Célèbes et les Philippines ?

R. La principale des îles Célèbes renferme plusieurs états dont le plus puissant est celui de Macassar. On y trouve des mines d'or. Elle produit du riz, du coton, des arbres précieux, et le Lupas, poison des plus violens, dont les insulaires empoisonnent leurs traits.

Les îles Philippines dont la plus considérable est Luçon, ont été découvertes ainsi que les précédentes par Magellan qui y perdit la vie. Ces îles sont fertiles, mais remplies de volcans. Elles appartiennent aux Espagnols.

D. Comment se divisent les Moluques et les îles Timoriennes ?

R. Les Moluques se divisent en grandes à l'est, et en petites au nombre de cinq à l'ouest. Ces îles produisent du poivre, du girofle, du camphre, du riz, qui sont l'objet d'un grand commerce des Hollandais. Amboine capitale de l'île de ce nom est après Batavia leur principale possession dans l'Océanie. Les îles Timoriennes dont les principales sont Timor, Flores et Solor aux Hollandais, sont situées au sud des précédentes.

ARTICLE SECOND.

DE L'AUSTRALASIE.

D. De quoi se compose l'Australasie ?

R. De trois grandes îles qui sont : la *Nouvelle-Guinée* ou *Terre-des-Papous*, la *Nouvelle-Hollande* avec la *Terre-de-Diémen* et la *Nouvelle-Zélande*.

D. Quelles sont la position, l'étendue et les habitans de la Nouvelle-Hollande ?

R. La Nouvelle-Hollande, située au sud de l'Asie, est assez grande pour qu'on puisse lui donner le nom de continent. Elle a près de mille lieues de long du nord au sud, et près de 800 lieues de large. Depuis 1616 qu'un navigateur hollandais nommé Hartings en fit la découverte, elle a été visitée par plusieurs nations, surtout par les anglais qui y ont fondé des établissemens où ils envoient leurs criminels. Le climat y est très-doux et les saisons y sont opposées à celles de l'Europe. Les habitans sont fort laids et très-sauvages, ils vont tout nus et parlent un langage agréable.

La terre de Diémen, au sud de la précédente, dont elle est séparée par le détroit de Bass, appartient aux anglais ; sa capitale est *Hobart-Town*.

D. Qu'est-ce que la Nouvelle-Zélande ?

R. La Nouvelle-Zélande, au sud-est, se compose de deux îles séparées par le détroit de Cook. Elles furent découvertes en 1642, par le navigateur Tasman. Les habitans sont perfides et antropophages, et les seuls quadrupèdes qu'on y trouve sont des chiens-renards et des rats.

ARTICLE TROISIÈME.

DE LA POLYNÉSIE.

D. Quelles sont les îles que l'on comprend sous le nom de Polynésie ?

R. Cette dénomination renferme toutes les îles dispersées dans le grand Océan, sur une étendue de trois mille lieues, et réunies en divers grouppes ou archipels. Elles sont habitées par une même race qui paraît être d'origine Malaie.

D. Quels sont les principaux de ces archipels ?

R. Les îles Palaos ou Pelew, habitées par un peuple doux, humain et soumis à un roi ; l'archipel des Mulgraves, celui des îles Mariannes ou des Larrons, l'archipel des îles Sandwich, au nombre de quatorze, dont la principale est Owihée où fut tué le capitaine Cook qui les avait découvertes. Le climat de ces îles est agréable, et leurs habitans semblent faits pour la civilisation ; l'archipel Dangereux et les îles de la société, découvertes en 1768 par Bougainville, où l'on remarque Otaïti, célèbre par la douceur et l'aménité de ses habitans qui obéissent à un roi et reconnaissant un Dieu suprême ; enfin l'Archipel des navigateurs, ainsi nommé, à cause de l'adresse de ses habitans à construire et à manier les pirogues, et les îles des Amis que le capitaine Cook appela ainsi, en reconnaissance des bons traitemens qu'il avait reçu des insulaires.

FIN.

DE L'HISTOIRE.

D. *Qu'est-ce que l'histoire ?*

R. C'est le récit fidèle des faits et des événemens passés.

D. *Qu'est-ce qu'il faut savoir pour étudier l'histoire avec fruit ?*

R. Il faut savoir la géographie pour connaître la situation des lieux où les faits se sont passés, et la chronologie qui enseigne en quel temps les événemens sont arrivés.

D. *Comment divise-t-on l'histoire ?*

R. En histoire sacrée et en histoire profane.

D. *De quoi traite l'histoire sacrée ?*

R. De ce qui s'est passé par rapport à la vraie religion et au culte de Dieu, parmi les Patriarches et les Juifs, puis parmi les Chrétiens, depuis le commencement du monde jusqu'à présent.

D. *Et de quoi traite l'histoire profane ?*

R. Des affaires d'état, des guerres, des gouvernemens, des mœurs et des cérémonies religieuses, des usages, des sciences, des arts, etc., des nations anciennes et modernes.

D. *Quel plan suit-on pour former une histoire universelle de l'histoire sacrée et profane ?*

R. On commence par l'Histoire sainte proprement dite, qui est celle de l'ancien et nouveau Testament, et on y ajoute celle des quatre premières monarchies.

D. *Qu'est-ce qu'une monarchie dans ce sens ?*

R. C'est la domination qu'un seul homme exerce sur une ou plusieurs nations.

D. *Combien y a-t-il eu de monarchies universelles ?*

R. Quatre savoir : celle des Assyriens, fondée par le roi *Nemrod*; celle des Perses, établie par *Cyrus*; celle des Grecs, établie par *Alexandre-le-Grand*, roi de *Macédoine*; et enfin, celle des Romains, fondée par le peuple de ce nom.

D. *Subsistent-elles encore ?*

R. Non; elles ont été détruites l'une par l'autre, et de la dernière il ne reste qu'une ombre.

D. *Combien y a-t-il de gouvernemens ?*

R. On en compte trois formes; savoir : le gouvernement monarchique, le gouvernement aristocratique, et le gouvernement démocratique.

D. *Quel est le gouvernement monarchique ?*

R. C'est lorsqu'un seul homme est le souverain d'un pays.

D. *Les monarques ont-ils tous le même degré de pouvoir ?*

R. Non; les uns sont despotes, c'est-à-dire, font ce qu'ils veulent, sont les maîtres absolus de la vie et des biens de leurs sujets; ils n'ont d'autre règle de leur conduite que leur volonté : les autres ont une autorité bornée par les lois.

D. *Quels sont ces souverains despotiques ?*

R. C'est l'empereur des *Turcs*, et en général tous les potentats de *l'Asie* et de *l'Afrique*; et en *Europe*, c'est l'empereur de *Russie*.

D. *Quel est le gouvernement aristocratique ?*

R. C'est lorsque l'autorité souveraine se trouve entre les mains d'un certain nombre de personnes de la noblesse.

D. *Qu'est-ce qu'un gouvernement démocratique ?*

R. C'est lorsque chaque citoyen a le droit de voter ou de donner sa voix dans les affaires d'état, pour faire des lois, etc.

D. *Quel est le meilleur gouvernement ?*

R. Cette question n'est pas décidée, et elle est fort inutile; car le meilleur gouvernement, quelle que soit sa forme, est celui qui est le mieux administré, où chacun jouit de ses droits; mais l'on peut dire que le gouvernement monarchique est celui qui renferme le plus de bien avec le moins d'inconvéniens.

DES EMPIRES D'EUROPE.

D. *Qu'est-ce qu'un empereur ?*

R. C'est un potentat du premier ordre.

P ***

D. *Un empereur est-il plus qu'un roi ?*

R. Oui, mais seulement par rapport au rang, et non par rapport au pouvoir souverain.

D. *L'autorité d'un empereur diffère-t-elle de celle d'un roi ?*

R. Non; mais le mot d'empereur, en faisant naître l'idée d'un état plus vaste que celui d'un royaume, convient mieux à de grands pays, qui renferment quelquefois plusieurs royaumes.

DE L'EMPIRE D'ALLEMAGNE.

D. *Comment fut rétabli l'empire d'Occident ou d'Allemagne ?*

R. Il avait fini l'an 476 dans *Augustule*, dernier empereur romain, par l'invasion des peuples du nord qui ravagèrent l'Italie et s'y établirent, et il fut renouvelé par *Charlemagne* en 800.

D. *Comment l'empire d'Occident a-t-il passé aux Allemands ?*

R. Louis III, dernier prince de la race de Charlemagne, étant mort en 912 sans laisser d'enfant mâle, Conrad, comte de Franconie, son gendre, fut élu empereur. L'empire passa aux Allemands : il était héréditaire sous les princes Français ?

D. *Quel titre prend l'empereur d'Allemagne ?*

R. Voici les titres que prend le souverain actuel : François II, par la grâce de Dieu, élu empereur des Romains, de tous les temps extenseur de l'empire, *empereur d'Allemagne*, roi de Germanie, de Jérusalem, de Hongrie, de Bohême, de Dalmatie, de Croatie, d'Esclavonie, de Gallicie, et de Lodomerie : Archiduc d'Autriche, duc de Lorraine, de Venise, de Salzbourg, etc.

TABLE chronologique des Empereurs d'Occident ou d'Allemagne.

Charlemagne, *depuis* 800 *jusqu'en*	814	Louis II,	875
		Charles le Chauve,	877
Louis le Débonnaire,	840	*Interrègne de* 3 *ans.*	
Lothaire I,	855	Charles le Gros,	888

Gui,	894	Louis de Bavière,	1347
Arnoul,	898	Charles IV,	1378
Berenger et Lambert,	902	Wenceslas *déposé en*	1400
Louis III,	912	Robert, palatin du Rhin,	1410
Conrad I,	918	Josse de Moravie, 4 *mois en*	
Henri l'Oiseleur,	936		1411
Othon le Grand,	973	Sigismond de Luxembourg,	
Othon II,	983		1438
Othon III,	1002	Albert II d'Autriche,	1439
Henri II,	1024	Frédéric III,	1493
Conrad II, le Salique,	1039	Maximilien I,	1519
Henri III, le Noir,	1056	Charles V,	1557
Henri IV,	1106	Ferdinand I,	1564
Henri V,	1125	Maximilien II,	1576
Lothaire II,	1137	Rodolphe II,	1612
Conrad III,	1152	Matthias,	1619
Frédéric I, Barberousse,	1190	Ferdinand II,	1637
Henri VI,	1197	Ferdinand III,	1658
Philippe,	1208	Léopold,	1705
Othon IV,	1218	Joseph I,	1711
Frédéric II,	1250	Charles VI,	1740
Conrad IV,	1254	Charles VII, de Bavière,	1745
Guillaume,	1256	François I, duc de Lorraine,	1765
Troubles et interrègne jusqu'en	1273	Marie-Thérèse, archiduchesse d'Autriche, fille de Charles VI,	1780
Rodolphe d'Hapsbourg, chef de la maison d'Autriche,	1291	Joseph II,	1790
Adolphe de Nassau,	1298	Pierre-Léopold II, *mort le* 1 *mars*	1792
Albert d'Autriche,	1308		
Henri VII de Luxembourg,	1313	François II, *élu le* 14 *juillet*	1792
Frédéric n'est pas compté,	1314		

CONFÉDÉRATION GERMANIQUE, *voyez page* 291.

DE L'EMPIRE OTTOMAN.

D. *Comment s'est établi l'empire Ottoman ?*

R. Vers l'an 1300, Ottoman, prince Turc, fit de si grandes conquêtes sur l'empereur Grec et ses successeurs, qu'elles mirent fin à l'empire des Sarrasins, fondé par Mahomet l'an 622, et à celui des Grecs, dont le leur est aujourd'hui composé.

D. *La dignité d'empereur est-elle héréditaire ?*

R. Oui; mais la succession de cet empire n'est pas si bien réglée que celle des autres princes de l'Europe.

D. *Comment nomme-t-on cet empereur ?*

R. On le nomme *Sultan*, ou *Grand-Seigneur.*

D. *Quel titre lui donne-t-on ?*

R. En parlant de lui, on dit *Sa Hautesse.*

D. *Comment dit-on lorsqu'on parle de lui et de son gouvernement ?*

R. L'on emploie les mots *la Porte-Ottomane*, et on dit aussi *la Sublime Porte.*

D. *Ce monarque est-il obligé de se conformer à quelques lois ou constitutions de l'état ?*

R. Oui, quoique le plus souvent il fasse selon son bon plaisir, et selon les avis de son divan.

D. *Est-ce un prince puissant ?*

R. L'empire turc a été une puissance des plus formidables ; mais à présent cette puissance se trouve fort déchue.

D. *Quelle est la religion dominante en Turquie ?*

R. C'est la mahométane, fondée par *Mahomet*, qui a vécu vers la fin du VIe et au commencement du VIIe siècle. Il est mort à *Médine* en *Arabie*, l'an 632 de J. C., à l'âge de 63 ans. Les successeurs de sa puissance furent nommés *Califes.*

D. *Comment nomme-t-on le livre qui contient les dogmes de cette religion ?*

R. On le nomme *Alcoran*, ou *Koran.*

D. *Ne permet-on pas en Turquie l'exercice de quelques autres religions ?*

R. On y tolère les juifs et les chrétiens, de quelque secte qu'ils soient, pourvu qu'ils payent un tribut. Les chrétiens Grecs y sont en grand nombre.

EMPEREURS Ottomans.

Othman ou Osman, mort en	1326	Bajazet II,	1512
Orchan ou Orkan,	1360	Sélim I,	1520
Amurat I,	1389	Soliman II,	1566
Bajazet I,	1403	Sélim II,	1574
Soliman I,	1410	Amurat III,	1595
Muza-Chélébi,	1413	Mahomet III,	1603
Mahomet I,	1421	Achmet I,	1617
Amurat II,	1451	Mustapha *chassé en*	1618
Mahomet II,	1481	Osman I,	1622

Mustapha, *rétabli*,	1623	Osman II,	1767
Amurat IV,	1640	Mustapha III,	1774
Ibrahim,	1649	Achmet IV,	1789
Mahomet IV, *déposé en*	1687	Sélim III, *proclamé en*	1789
Soliman III,	1691	*déposé en* 1807, *et assassiné en* 1808.	
Achmet II,	1695		
Mustapha II,	1703	Mustapha IV, *proclamé en* 1807, *et déposé en*	1808
Achmet III, *abdique en*	1730		
Mahomet V,	1759	Mahmoud, *proclamé en*	1808

DE L'EMPIRE DE RUSSIE.

D. *Qui a jeté les fondemens de la puissance de cet empire ?*

R. Pierre-le-Grand, qui tira cet état de l'espèce de néant où il était, est le premier qui porta le nom d'*Empereur*. Ce prince civilisa ses sujets, assujettit les soldats à la discipline, et introduisit les arts dans le séjour de la barbarie.

D. *Quelle est la forme de ce gouvernement ?*

R. Il est absolu et despotique. Mais sous Catherine II, on y a fait un Code de lois qui fait honneur à cette princesse, et le bonheur de ses sujets.

D. *Ses états sont-ils considérables ?*

R. Oui, par rapport à l'étendue, ils sont les plus grands de toutes les souverainetés du monde.

D. *Quelle est la religion dominante ?*

R. C'est la religion chrétienne grecque, que les Russes ont reçu de l'Eglise grecque. La plupart de ses dogmes ne diffèrent pas de ceux de l'Eglise Catholique Romaine, dont ils refusent cependant de reconnaître l'autorité.

D. *Quel est le caractère des Russes, et quelles sont leurs mœurs ?*

R. Ils sont superstitieux ; mais en général ils sont robustes, bons soldats, adonnés au commerce, et propres à réussir dans les sciences et les arts. Si leurs mœurs sont sauvages dans quelques provinces, dans d'autres elles sont très-policées.

D. *La succession au trône est-elle héréditaire ?*

R. La couronne est héréditaire, même aux filles;

mais le souverain, depuis Pierre le-Grand, a le droit de désigner dans sa famille celui ou celle qui doit lui succéder.

EMPEREURS et Impératrices de Russie.

Pierre-le-Grand,	*jusqu'en* 1725	Elizabeth Petrowna,	1762
Catherine I,	1727	Pierre III,	1762
Pierre II, Alexiowitz,	1730	Catherine II,	1796
Anne Iwanowna,	1740	Paul I,	1796
Iwan,	1741	Alexandre I,	1825
		Nicolas Paulowitch, *élu en*	1825

ROYAUMES D'EUROPE.

LE PORTUGAL.

D. *Quelles révolutions a-t-il essuyées ?*

R. Ce royaume, qui semble ne faire qu'une des provinces d'Espagne, a presque toujours suivi le sort de cet état. Sous le nom de *Lusitanie*, il fut soumis aux Romains, et à la chute de leur empire, il devint le partage des peuples du Nord au commencement du Ve. siècle, et des Maures au commencement du VIIIe. Vers la fin du XIe. Henri de Bourgogne, arrière petit-fils de Robert, roi de France, ayant passé en Espagne pour aider Alphonse VI, roi de Castille et de Léon, à chasser les Maures, conquit sur eux une partie du Portugal, qu'il reçut à titre de comté. Alphonse, fils de Henri, ayant défait cinq rois Maures, et prit Lisbonne, fut proclamé roi par son armée, en 1139.

D. *Ses descendans conservèrent-ils long-temps cette couronne ?*

R. Cette maison se maintint sur le trône jusqu'en 1580 avec éclat. Les conquêtes importantes que les Portugais firent en Afrique, dans les Indes, et en Amérique, augmentèrent encore ce lustre.

D. *Que devint alors le Portugal ?*

R. Philippe II, roi d'Espagne, se saisit du Portugal, que son petit-fils Philippe IV perdit par une conspiration générale des Portugais, qui mirent à sa place Jean IV, duc de Bragance, qui descendait d'un fils naturel d'un de leurs rois dont la postérité occupe encore le trône.

D. *Ce royaume est-il héréditaire ?*

R. Oui, même aux fils naturels au défaut d'enfans légitimes.

D. *Quelle religion y professe-t-on ?*

R. La religion Catholique Romaine étoit la seule qui y fût permise, toutes les autres y sont tolérées depuis 1826.

D. *Que peut-on remarquer en général sur ce royaume ?*

R. Que c'est un pays assez fertile, mais de peu d'étendue, n'ayant que 250 lieues de circuit, et contenant environ 3,300,000 habitans; il est cependant assez considérable par son commerce. Il possédoit, il n'y a que peu d'années encore, la belle province du Brésil en Amérique qui fournit de l'or, de l'argent, des diamans, etc. mais elle a été démembrée sous le règne de Jean VI, mort en 1826: son fils, qui habitoit le Brésil, en a fait un état indépendant dont il est devenu empereur.

Rois de Portugal.

Henri, *Comte de Portugal*,	1112	Henri, *Cardinal*,	1580
Alphonse Henriquez I, *jusqu'en*	1185	Antoine, *roi titulaire*,	1595
		Philippe I,	1598
Sanche I,	1211	Philippe II, *Rois d'Esp.*	1621
Alphonse II,	1223	Philippe III,	1640
Sanche II,	1248	Jean IV, *duc de Bragance*,	1656
Alphonse III,	1279	Alphonse VI, *déposé en*	1667
Denys le Libéral,	1325	Pierre II,	1706
Alphonse IV,	1357	Jean V,	1750
Pierre le Sévère,	1367	Joseph,	1777
Ferdinand,	1383	Marie-Françoise et Don Pédro,	1786
Interrègne,	1385		
Jean I, *dit* le Grand,	1433	Marie-Françoise, *seule depuis*	1786
Edouard,	1438		
Alphonse V, *dit* l'Africain,	1481	Jean-Marie-Joseph-Louis, régent,	1801
Jean II, *dit* le Parfait,	1495	Jean VI,	1826
Emmanuel le Fortuné,	1521	Maria-da-Gloria, fille de Don Pedro, empereur du Brésil, née le 4 avril	1819
Jean III,	1557		
Sébastien,	1578		

DE L'ESPAGNE.

D. *Quels ont été les différens souverains de l'Espagne?*

R. Les Romains ayant conquis l'Espagne sur les Carthaginois, en furent maîtres jusqu'au commencement du Ve. siècle que les peuples du nord s'en emparèrent.

D. *Ces derniers y régnèrent-ils long-temps ?*

R. Jusqu'au commencement du VIIIe siècle, que les Sarrasins, qui étaient maîtres de la côte d'Afrique, passèrent la mer, et conquirent presque toute l'Espagne, qu'ils gardèrent plus de 700 ans.

D. *Comment les Sarrasins furent-ils chassés d'Espagne?*

R. Les Chrétiens qui s'étaient réfugiés dans les montagnes des Asturies et de Léon, élurent Pélage pour leur roi. Ses successeurs s'y fortifièrent et s'agrandirent peu-à-peu par l'expulsion des Maures, qui virent en 1497 la fin de leur royaume dans la prise de Grenade, le siége de leur domination.

D. *L'Espagne a-t-elle toujours été soumise à un seul roi?*

R. Elle fut long-temps partagée en plusieurs royaumes, dont les principaux étaient ceux de Léon, de Castille, d'Aragon, de Navarre ; mais en 1479 ces différens états furent réunis par le mariage de Ferdinand V, roi d'Aragon, avec Isabelle, héritière de Castille.

D. *Quel est le gouvernement d'Espagne ?*

R. L'Espagne est un état monarchique, héréditaire, même aux filles.

D. *De quel chef un Bourbon a-t-il régné en Espagne jusqu'à présent ?*

R. Du chef de Marie-Thérèse d'Autriche, reine de France, fille du roi d'Espagne, Philippe IV.

D. *Comment nomme-t-on les enfans d'un roi d'Espagne?*

R. On les appelle *Infans* ou *Infante*.

D. *Quel nom donne-t-on au fils aîné ?*

R. On le nomme le *Prince des Asturies*.

D. *Le roi d'Espagne possède-t-il aussi des états hors de l'Europe ?*

R. Il a de vastes et riches possessions en Amérique, dont les plus considérables sont le Mexique et le Pérou ; mais ces provinces s'étant insurgées et créées en différentes républiques qui ont été reconnues par plusieurs états européens, il est bien à craindre qu'elles soient perdues pour le roi d'Espagne : il possède en outre en Asie les îles Philippines et les villes de Ceuta, de Melille et d'Oran sur la côte d'Afrique.

D. *Quelle religion est professée en Espagne ?*
R. La seule religion Catholique et Romaine.

D. *Que dites-vous de l'Espagne ?*
R. C'est un des plus beaux et des plus grands royaumes de l'Europe. Son circuit est de 700 lieues, mais il est à proportion de sa grandeur peu peuplé ; n'ayant qu'environ sept millions d'habitans. Le Clergé y a beaucoup d'autorité et de grands revenus. La nation est peu industrieuse, mais brave et altière.

L'Espagnol est naturellement sobre dans le boire et le manger ; de l'ail et quelques légumes lui suffisent. Il dort après le dîner qui se fait de bonne heure : ce repos, qu'il appelle la *sieste*, lui est commun avec les Portugais et les Italiens.

Rois d'Espagne depuis la réunion des différens royaumes.

Ferdinand V, roi d'Aragon, jusqu'en	1504	Philippe V, de Bourbon ; abdique en	1724
Philippe I d'Autriche,	1506	Louis I,	1724
Jeanne sa femme, *seule*,	1516	Philippe V, *remonte sur le trône*,	1746
Charles I, *abdique en*	1556	Ferdinand VI,	1759
Philippe II,	1598	Charles III,	1789
Philippe III,	1621	Charles IV, *né le 11 novembre 1748, abdique en*	1808
Philippe IV,	1665		
Charles II,	1700	Ferdinand VII,	1808

LA FRANCE.

D. *Quel nom portait autrefois la France ?*
R. Le nom de Gaule ; elle comprenait alors la France, la Savoie, la Suisse et la plus grande partie

des Pays-Bas, étant terminée par les deux mers, le Rhin, les Alpes et les Pyrénées.

D. *Quel était le caractère des Gaulois ?*

R. Ils étaient braves et hospitaliers. L'ardeur martiale, jointe à une grande population, les entraînait souvent hors de leur pays, pour entreprendre des conquêtes et établir des colonies. L'Italie, la Grèce, l'Asie furent inondées de leurs soldats. Les Romains les craignaient tellement, que les citoyens dispensés du service militaire par leur âge ou d'autres fonctions, ne jouissaient pas de cette dispense en cas d'invasion des Gaulois.

D. *Leur bravoure les mit-elle toujours à l'abri du joug des Romains ?*

R. Ce pays fut soumis aux Romains, comme presque tout le reste de l'Europe, peu de temps avant J. C. Jules-César employa dix ans à en faire la conquête. Vers l'an 420, Pharamond, à la tête des Francs, nation germanique, passa le Rhin et enleva aux Romains quelques provinces de la Gaule.

D. *Quel est celui de ses successeurs qui chassa entièrement les Romains de la Gaule ?*

R. C'est Clovis, le cinquième roi de la première race, qui ayant défait complètement Siagrius, général romain, s'établit le premier en deçà du Rhin dans la Gaule qui prit le nom de France.

D. *Quelle est la forme du gouvernement ?*

R. Monarchique, héréditaire aux seuls enfans mâles légitimes; les femmes en étant exclues par la loi salique, ce qu'on exprime en disant que *le royaume de France ne tombe point en quenouille.*

D. *Combien y a-t-il eu de rois de France depuis Pharamond ?*

R. Depuis Pharamond jusqu'à Charles X on compte 71 rois sous trois races : 22 sous la première, dite des Mérovingiens, 13 dans la seconde, dite des Carlovingiens, et 36 sous la troisième, dite des Capétiens.

D. *Comment nomme-t-on l'héritier présomptif du Roi de France ?*

R. Dauphin.

D. *Pourquoi porte-t-il ce nom ?*

R. Le Dauphiné ayant été donné en 1349, par Humbert II, à Philippe VI *dit* de Valois, il en investit son petit-fils Charles, appelé depuis Charles V, et qui a été le premier des fils de France qui ait porté ce titre. Depuis lui tous les fils aînés des rois de France ont été nommés Dauphins.

D. *Quelle est la religion dominante en France ?*

R. C'est la religion catholique romaine, depuis plus de 1200 ans; aussi le roi de France porte-t-il le titre de *roi très-chrétien, et de fils aîné de l'Eglise.*

Rois de France.

Pharamond, I. Roi de France, régna 8 ans, V. siècle. 418.

Partage du royaume entre les fils de Clovis.
Childebert I, VI. Roi de France, régna 47 ans, VI. siècle. 511.

Clodion, dit le chevelu, II. Roi de France, régna 20 ans, V. siècle. 428.

Clotaire I, VII. Roi de France, régna 50 ans, VI. siècle. 560.

Partage entre les fils de Clotaire I.

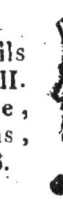
Mérouée, fils de Clodion, III. Roi de France, régna 10 ans, V. siècle. 448.
Caribert, VIII. Roi de France, régna 9 ans, VI. siècle. 562.

Childéric I, IV. Roi de France, régna 23 ans, V. siècle. 458.

Chilpéric I, IX. Roi de France, régna 23 ans, VI. siècle. 571.

Clovis I, dit le grand, V. Roi de France, et premier roi chrétien, régna 30 ans, V. siècle. 481.

Clotaire II, *fils de Chilpéric* I, X. Roi de France, régna 44 ans, VI. siècle. 584.

 Dagobert I, XI. Roi de France, régna 10 ans, VII.s iècle. 628.

 Dagobert II, XVIII. Roi de France, régna 4 ans, VIII. siècle. 711. *Roi fainéant.*

Clovis II, XII. Roi de France, régna 17 ans, VII. siècle. 638.

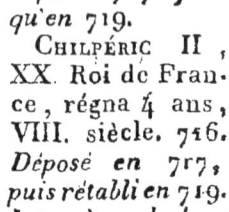 Clotaire IV, XIX. Roi de France, régna 17 mois. VIII. siècle. 715. *Fantôme de roi depuis 717 jusqu'en 719.*

 Clotaire III, XIII. Roi de France, régna 14 ans, VII. siècle. 656.

Chilpéric II, XX. Roi de France, régna 4 ans, VIII. siècle. 716. *Déposé en 717, puis rétabli en 719. Interrègne de deux ans.*

Childéric II, fils de Clovis second, XIV. Roi de France, régna 2 ans, VII. siècle. 671.

 Théodorig ou Thierri II, XXI. Roi de France, régna 17 ans, VIII. siècle. 720.

Thierry I, fils de Clovis II, XV. Roi de France, régna 18 ans, VII. siècle. 673. *Déposé, puis rétabli.*

Childéric III, dit l'Insensé, XXII. Roi de France et le dernier de la première race, régna 10 ans, VIII. siècle. 742.

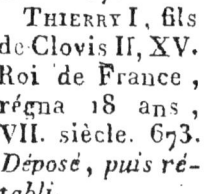 Clovis III, XVI. Roi de France, régna 5 ans, VII. siècle. 691. *Roi fainéant.*

 Pépin, dit le Bref, *fils de Charles Martel*, XXIII, Roi de France, régna 16 ans, VIII. siècle. 752.

 Childebert II, dit le Juste, XVII. Roi de France, régna 1 ans, VII. siècle. 695. *Roi fainéant.*

 Charles I.er, dit le Grand, ou Charlemagne, *fils de Pepin*, XXIV Roi de France, et Emp. d'Occident régna 46 ans, VIII. siècle. 768.

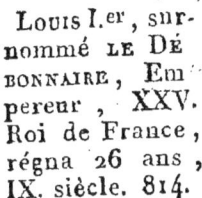

Louis I.er, surnommé LE DÉBONNAIRE, Empereur, XXV. Roi de France, régna 26 ans, IX. siècle. 814.

CHARLES II, dit le CHAUVE, Empereur, XXVI. Roi de France, régna 37 ans, IX. siècle. 840.

LOUIS II, dit le BÈGUE, Empereur, XXVII. Roi de France, régna 2 ans, IX. siècle. 877.

LOUIS III et CARLOMAN, XXVIII et XXIX Rois de France, régnèrent 5 ans, IX. siècle. 879.

CHARLES III, dit le GROS, Empereur, XXX. Roi de France, régna 2 ans, IX. siècle. 885.

EUDES ou ODON, XXXI. Roi de France, régna 10 ans, IX. siècle. 887.

CHARLES IV, dit le SIMPLE, *fils de Louis-le-Bègue*, XXXII. Roi de France, régna 31 ans, IX. siècle. 898.

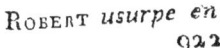

ROBERT usurpe en 922.

RAOUL, duc de BOURGOGNE, XXXIII. Roi de France, régna 13 ans, X. siècle. 923.

LOUIS IV, dit D'OUTREMER, *fils de Charles-le-Simple*, XXXIV. Roi de France, régna 18 ans, X. siècle. 936.

LOTHAIRE. XXXV. Roi de France, régna 32 ans, X. siècle. 954.

LOUIS V, dit LE FAINÉANT, XXXVI. Roi de France, régna 1 an, X. siècle. 986.

Ici commence la IIIe race.

HUGUES CAPET, XXXVII. Roi de France, âgé de 45 ans, régna 9 ans, X. siècle. 987.

ROBERT, LE PIEUX, XXXVIII Roi de France, âgé de 24 à 25 ans, régna 35 ans, X. siècle. 996.

HENRI premier, XXXIX. Roi de France, âgé de 18 ans, régna 29 ans, XI. siècle. 1031.

Phillippe I.er, XL. Roi de France, régna 48 ans, XI. siècle. 1060.

Louis VI, dit le Gros, XLI. Roi de France, âgé de 30 ans, régna 29 ans, XII. siècle. 1108.

Louis VII, dit le Jeune, XLII. Roi de France, âgé de 18 ans, régna 43 ans, XII. siècle. 1137.

Phillippe Auguste ou le Conquérant, XLIII. Roi de France, âgé de 15 ans, régna 43 ans, XII. siècle. 1180.

Louis VIII, surnommé Cœur-de-Lion, XLIV. Roi de France, âgé de 36 ans, régna 3 ans, XIII siècle. 1223.

Saint Louis, 9.e du nom, XLV. Roi de France, âgé de 11 ans, régna 44 ans, XIII. siècle. 1226.

Philippe-le-Hardi, 3.e du nom, XLVI. Roi de France, âgé de 25 à 26 ans, régna 15 ans, XIII. siècle. 1270.

Philippe-le-Bel, quatrième du nom, XLVII. Roi de France, âgé de 17 ans, régna 29 ans, XIII. siècle. 1285.

Louis Hutin, dixième du nom, XLVIII. Roi de France, âgé de 25 ans, régna 2 ans, XIV. siècle. 1314. *Interrègne de 5 mois.*

Philippe-le-Long, cinquième du nom, XLIX. Roi de France, âgé de 23 ans, régna 5 ans, XIV. siècle. 1319.

Charles-le-Bel, quatrième du nom, L. Roi de France, âgé de 26 ans, régna 6 ans, XIV. siècle. 1322.

Branche des Valois

Philippe de Valois, sixième du nom, LI. Roi de France, âgé de 36 ans, régna 22 ans, XIV. siècle. 1328.

Jean-le-Bon, *fils de Philippe de Valois*, LII. Roi de France, âgé de 30 ans, régna 14 ans, XIV. siècle. 1350.

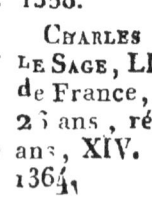
Charles V, dit le Sage, LIII. Roi de France, âgé de 26 ans, régna 16 ans, XIV. siècle. 1364.

(367)

 CHARLES VI, LIV. Roi de France, âgé de 12 ans, régna 42 ans, XIV. siècle. 1380.

CHARLES VII, dit LE VICTORIEUX, LV. Roi de France, âgé de 20 ans, régna 39 ans, XV. siècle. 1422.

LOUIS XI, LVI. Roi de France, âgé de 39 ans, régna 22 ans, XV. siècle. 1461.

CHARLES VIII, dit L'AFFABLE, LVII. Roi de France, âgé de 13 ans, régna 15 ans, XV. siècle. 1483.

LOUIS XII, surnommé LE PÈRE DU PEUPLE, LVIII Roi de France, âgé de 36 ans, régna 17 ans, XV. siècle. 1498.

FRANÇOIS I, surnommé le Père des Lettres, LIX. Roi de France, âgé de 21 ans, régna 32 ans, XVI. siècle. 1515.

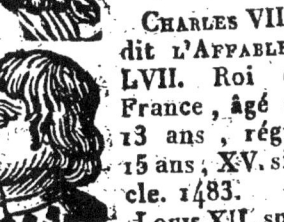 HENRI II, fils de François premier, LX. Roi de France, âgé de 29 ans, régna 12 ans, XVI. siècle. 1547.

 FRANÇOIS II, fils de Henri II, LXI. Roi de France, âgé de 16 ans, régna 17 mois, XVI. siècle. 1559.

CHARLES IX, second fils de Henri II, LXII. Roi de France, âgé de 10 ans, régna 14 ans, XVI. siècle. 1560.

HENRI III, troisième fils de Henri II, LXIII. Roi de France, âgé de 23 ans, régna 15 ans, XVI. siècle. 1574.

Branche des Bourbons.

 HENRI IV, dit LE GRAND, LXIV. Roi de France, âgé de 36 ans, régna 21 ans, XVI. siècle. 1589.

LOUIS XIII, dit le JUSTE, fils de Henri IV, LXV. Roi de France, âgé de 9 ans, régna 33 ans, XVII. siècle. 1610.

LOUIS XIV, dit LE GRAND, LXVI. Roi de France, âgé de 5 ans, régna 72 ans, XVII. siècle. 1643.

  LOUIS XV, LXVII. Roi de France, âgé de 5 ans, régna 59 ans, XVIII. siècle. 1715.

 Louis XVI, LXVIII. Roi de France, âgé de 20 ans, régna 19 ans, XVIII. siècle 1774.

 Louis XVIII, dit le Désiré, LXX. Roi de France, âgé de 40 ans, régna 20 ans, XVIII. siècle. 1795.

 Louis XVII, LXIX. Roi de France, âgé de 10 ans, régna environ deux ans, XVIII. siècle. 1793.

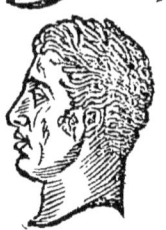 Charles X, dit le Bien-aimé, LXXI. Roi de France, âgé de 67 ans, règne depuis 1824, XIX. siècle.

L'ANGLETERRE.

D. *D'où ce pays, nommé autrefois Bretagne et Albion, tire-t-il le nom d'Angleterre ?*

R. Au commencement du 5e. siècle, les Romains, maîtres de ce pays depuis l'an 78 de J. C., n'étant plus en état de défendre une province si éloignée, l'abandonnèrent à ses anciens habitans qui, désolés par les Pictes, habitans des montagnes d'Ecosse, appelèrent à leur secours des peuples de Basse-Saxe, nommés *Angles* ou *Anglais* et *Saxons*. Ceux-ci, après avoir délivré la Bretagne de ses ennemis, en chassèrent les Bretons eux-mêmes, et y fondèrent sept petits royaumes qui prirent le nom d'*Angleterre*, et qui furent réunis au commencement du neuvième siècle sous un seul roi.

D. *Quel nom donnait-on au roi ?*

R. On le nommait roi de la Grande-Bretagne et de l'Irlande.

D. *Pourquoi ?*

R. Parce qu'il est aussi roi d'Ecosse : ce royaume et celui d'Angleterre étant réunis depuis 1701, s'appellent la Grande-Bretagne ; et parce que les rois d'Angleterre sont souverains de l'Irlande depuis plus de six cents ans.

D. *Ce même nom subsiste-t-il toujours ?*

R. Le parlement d'Irlande ayant été réuni, en

janvier 1801, à celui de la Grande-Bretagne, le roi porte le titre de *Roi du royaume uni de la Grande-Bretagne et d'Irlande.*

D. *Quel titre prend-il dans ses Lettres-Patentes et sur les Monnoies ?*

R. Celui de roi d'Angleterre, de France, d'Ecosse, d'Irlande, de Hanovre, etc.

D. *Pourquoi de France ?*

R. Parce qu'Edouard III, roi d'Angleterre, étant petit-fils, par sa mère, de Philippe-le-Bel, roi de France, prétendit être plus proche de la couronne que Philippe de Valois qui lui succéda, et qui n'était que son neveu ; dès-lors Edouard en prit le titre. Ensuite Henri VI, roi d'Angleterre, ayant été couronné roi de France à Paris, l'an 1422, ce fut un nouveau prétexte pour garder ce titre.

D. *La couronne est-elle héréditaire ?*

R. Oui, même aux filles ; mais l'ordre de la succession a souvent été troublé par les guerres civiles et par les révolutions. Charles I, ayant été condamné à mort par la faction de Cromwel en 1649, Charles II, son fils, ne remonta sur le trône que dix ans après, à la mort de l'usurpateur. Jacques II, son frère, lui succéda, et fut chassé trois ans après par Guillaume d'Orange, son gendre. Anne, deuxième fille de Jacques I, régna depuis 1702 jusqu'en 1714. Après elle, les Anglais ont appelé George d'Hanovre, du droit de sa grand'mère maternelle Elisabeth Stuart, sœur de l'infortuné Charles I. Sa postérité est restée en possession de ce trône.

D. *Comment nomme-t-on l'héritier présomptif de la couronne ?*

R. On le nomme *Prince de Galles.*

D. *Quelle religion professe-t-on dans cet état ?*

R. La prétendue réformée, partagée en deux communions : l'une nommée *l'Eglise Anglicane*, qui a des archevêques et des évêques, est la dominante en Angleterre ; l'autre qui est la *Presbytérienne*, l'est en Ecosse. Les catholiques romains y sont tolérés, pourvu qu'ils exercent leur culte à huis clos, et il y en a un grand nombre, surtout en Irlande. Outre celles-ci, il y a des sectes sans nombre, parce que ce peuple n'ayant aucune règle fixe et certaine pour sa foi, après s'être écarté de la vraie église, chacun se fait une religion à sa mode.

D. *Le roi d'Angleterre peut-il faire la guerre et la paix comme il lui plait ?*

R. Oui, il en a le pouvoir en plein.

D. *Mais peut-il faire des lois et imposer des taxes sur ses sujets ?*

R. Non ; il faut que le parlement y consente.

D. *Que peut-on remarquer en général de l'Angleterre ?*

R. C'est une île très-considérable, et qui, par sa situation, n'a presque rien à craindre d'une invasion. Le nombre de ses habitans monte au-delà de treize millions. La couronne a de grands établissemens en Asie, en Afrique et en Amérique. La nation est fort marchande et la plus puissante sur mer. En fait de négociations d'argent le crédit de l'état est parfaitement bien établi ; mais sa dette est immense.

Rois d'Angleterre.

Egbert I, *jusqu'en*	837	Guillaume le Conquérant, *duc de Normandie*,	1087
Etulphe *ou* Etolwolph,	857		
Ethelbald,	860	Guillaume II, *dit* le Roux,	1100
Ethelbert,	866	Henri I,	1135
Ethelred I,	871	Etienne,	1154
Alfred le Grand,	900	Henri II, Plantagenet,	1189
Edouard I, l'Ancien,	924	Richard I, Cœur-de-Lion,	1199
Aldestan *ou* Adelstan,	940		
Edmond I,	946	Jean Sans-Terre,	1216
Edred,	955	Henri III,	1272
Edvy	959	Edouard I,	1307
Edgard,	975	Edouard II,	1327
S. Edouard II, le Jeune,	979	Edouard III,	1377
Ethelred II,	1014	Richard II,	1399
Suénon, *roi de Danemarck*,	1015	Henri IV,	1413
		Henri V,	1422
Edmond II,	1017	Henri VI,	1461
Canut, *roi de Danemarck*,	1037	Edouard IV,	1483
Harald I,	1039	Edouard V,	1483
Hardi Canut,	1042	Richard III,	1485
Edouard III, le Confesseur,	1066	Henri VII,	1509
		Henri VIII,	1547
Harald II,	1066	Edouard VI,	1553

Marie, *reine*;	1558	Jacques II, *obligé de fuir*,	1688
Elisabeth, *reine*,	1602	Guillaume III, de Nassau,	
Jacques I,	1625		1702
Charles I, *décapité en*	1649	Anne, *reine*,	1714
Interrègne.	1653	Georges I, de Brunswick,	
Olivier Cromwel, *Protecteur*,			1727
	1658	Georges II,	1760
Richard Cromwel, *chassé en*		Georges III,	1820
	1660	Georges IV, *roi d'Anglet. et*	
Charles II,	1685	*d'Hanovre*, né le 12 août 1762	

L'ITALIE.

L'Italie est une grande contrée de l'Europe renfermant plusieurs grands et petits états ; savoir : le Piémont, la Savoie, les duchés de Parme, Plaisance, Guastalla, l'état de Modène, le Milanois, les anciennes républiques de Gênes et de Venise, la Toscane, les provinces dépendantes de l'état de l'Eglise, et le royaume de Naples. *Voyez* dans la Géographie chacune de ces parties.

NAPLES ET SICILE.

D. Qui a fondé le royaume de Naples et de Sicile ?
R. Quelques seigneurs normands dans le XIe. siècle, s'étant rendus maîtres de Naples et de la Sicile, fondèrent en 1130 le royaume qu'on a dans la suite appelé *royaume des deux Siciles*. Il passa ensuite à la maison de Souabe ; puis à un prince Français, le Pape en ayant investi Charles d'Anjou, frère de St. Louis. Les Aragonais s'emparèrent de la Sicile après le massacre qui fut fait des Français en 1282, le jour de Pâques au premier coup de vêpres, ce qu'on nomme *les vêpres Siciliennes*. En 1442 Alphonse V, roi d'Aragon et de Sicile, s'étant rendu maître de Naple, donna ce royaume à Ferdinand son bâtard, dont la postérité a régné à Naples jusqu'à la fin du XVe. siècle. En 1495, Charles VIII, roi de France, conquit le royaume de Naples en 15 jours, et le perdit en presque aussi peu de temps.

Louis XII, son successeur, le reprit conjointement avec Ferdinand le Catholique, roi d'Aragon; mais une dispute sur les limites occasionna une guerre pendant laquelle Ferdinand se rendit maître de tout le royaume. Il est resté aux Espagnols jusqu'en 1707, que l'empereur Joseph s'en empara. Les Espagnols, en 1734, le reprirent aussi bien que la Sicile, et la possession leur en fut confirmée par le traité de paix fait à Vienne en 1736, à condition qu'il formerait un royaume indépendant.

Le royaume de Naples compte environ 5,000,000 d'habitans, celui de Sicile 1,700,000.

D. *Qu'y avait-il de particulier à cet état ?*

R. C'est qu'il relevait en fief du Saint-Siége apostolique, et que le roi était obligé d'en payer tous les ans au Pape la redevance, consistant en un cheval blanc, qu'on nomme une *Haquenée*, et une bourse de cinq mille ducats.

D. *Quelles remarques générales fait-on sur ce royaume ?*

R. Le pays de Naples est très-beau, et le climat est extrêmement doux. Il s'y fait un assez grand commerce. Le Mont Vésuve n'est pas fort éloigné de la capitale. L'île de Sicile est fertile en grains et en toutes sortes de fruits. La religion établie dans l'un et dans l'autre de ces pays est la catholique romaine. Les juifs y sont tolérés.

Rois de Naples.

Roger, *jusqu'en*	1154	Jeanne I,	1382
Guillaume I, *dit* le Mauvais,	1166	Charles III,	1386
		Ladislas,	1414
Guillaume II, *dit* le Bon,	1189	Jeanne II, *dite* Jeannelle,	1435
Tancrède,	1194	Alphonse d'Aragon,	1458
Guillaume III,	1194	Ferdinand I,	1493
Constance et Henri,	1197	Alphonse II,	1495
Frédéric,	1250	Ferdinand II,	1496
Conrad I,	1254	Frédéric, le Catholique,	1504
Conrad II, *dit Conradin*,	1258	Ferdinand III, *roi d'Espagne*,	1516
Mainfroi,	1266		
Charles d'Anjou,	1285	*Le royaume de Naples,*	
Charles II,	1309	*ainsi que celui de Sicile,*	
Robert,	1343	*demeura uni à la monarchie*	

d'Espagne jusqu'en	1707	Charles IV,	1759
La maison d'Autriche	le	Ferdinand IV,	1825
posséda jusqu'en	1734	François, né le 19 avril	1777

SAVOIE ET SARDAIGNE.

D. *Depuis quel temps la Sardaigne a-t-elle été érigée en royaume ?*

R. Depuis 1720, que Victor-Amédée, duc de Savoie, reçut cette île avec titre de royauté, en échange de la Sicile, dont Philippe V, roi d'Espagne, lui avait fait cession en 1713.

D. *Quelles remarques peut-on faire sur les états du roi de Sardaigne ?*

R. Ils se composent, 1.° du duché de Savoie, du comté de Nice, de la principauté du Piémont, et de l'état de Gênes; 2.° de la Sardaigne, une des îles de la mer Méditerranée, qui peut avoir 50 lieues de longueur sur 30 de large, et 120 lieues de tour. Elle est actuellement très-peuplée, et rapporte peu à son souverain. L'on y souffre les juifs.

Rois de Sardaigne.

Victor Amédée II, abdiqua en	1730	met en faveur du duc d'Aost son frère, en juin	1802
Charles-Emmanuel, mort en	1773	Victor-Amédée IV, se démet en fav. de son frère en mars	1821
Victor-Amédée III,	1796	Charles-Félix de Savoie, né le 6 avril 1765.	
Charles-Emmanuel IV, se dé-			

LA SUÈDE.

D. *Le royaume de Suède est-il fort ancien ?*

R. Quelques historiens prétendent que ce pays eut des rois 2000 ans avant J. C., mais rien ne constate une si haute antiquité, et la chronologie de ses rois connus ne date que du VIIIe. siècle.

D. *Ce royaume est-il héréditaire ?*

R. Il a été électif jusqu'en 1528, que les Suédois le rendirent héréditaire dans la famille de Gustave-Wasa, même en faveur des filles.

D. *Qui partage l'autorité avec le roi ?*

R. Depuis le changement qui s'est fait dans le gouvernement en 1772, le roi est souverain et ne partage son pouvoir qu'avec les états qui s'assemblent tous les trois ans.

D. *De combien d'ordres sont composés les états ?*

R. De quatre, qui sont : la noblesse, le clergé, les bourgeois et les paysans. Chaque ordre envoie ses députés à l'assemblée.

D. *Qui nomme les sénateurs ?*

R. Depuis la révolution de 1772 le roi nomme les sénateurs ; il les congédie présentement quand il le trouve bon.

D. *Qu'y a-t-il à remarquer sur ce royaume ?*

R. Le pays est fort étendu, mais d'un climat froid et rude. Il produit du blé ; on en tire du cuivre, du fer, de la poix, de la résine, des mats de vaisseaux, et des fourrures. La religion luthérienne est la seule qu'on y professe ; elle a ses archevêques et évêques.

Rois de Suède, depuis le VIIIe. siècle.

Eric V,	717	Magnus I,	1141
Tordo III,	764	S. Eric IX,	1160
Biorne III,	816	Charles VII,	1168
Bratemunder,	827	Canut,	1192
Siwast,	834	Suercher III,	1210
Heroth,	856	Eric X,	1220
Charles VI,	868	Jean,	1223
Biorne IV,	882	Eric, le Bègue,	1250
Indegelde I,	891	Vadlemar,	1279
Olaüs,	900	Magnus II,	1290
Indegelde II,	907	Birger II,	1310
Eric VI,	926	Magnus III,	1365
Eric VII,	940	Albert,	1388
Eric VIII,	980	Marguerite, *reine de Dane-*	
Olaüs II,	1018	*marck,*	1412
Amund II,	1037	Eric XII,	1438
Amund III,	1037	Christophe,	1448
Hackon III,	1054	Charles Canutson,	1471
Stenchil,	1059	Christiern I,	1481
Indegelde III,	1064	Jean II,	1513
Halsten,	1080	Christiern II,	1523
Philippe,	1110	*La Suède se soustrait au*	
Indegelde IV,	1129	*Danemarck.*	
Ragualde,	1129	Gustave-Wasa I,	1560

Eric XIII,	1568	Charles XII,	1718
Jean III,	1592	Ulrique-Eléonore et Frédé-	
Sigismond, roi de Pologne,		ric de Hesse,	1751
déposé en	1604	Adolphe-Frédéric,	1771
Charles IX,	1611	Gustave III, de Holstein-Eu-	
Gustave-Adolphe II, le		tin, assassiné en	1792
Grand,	1632	Gustave IV, détrôné en	1809
Christine, se démet en	1654	Charles XIII, élu en	1809
Charles Gustave,	1660	Charles XIV, Français, élu	
Charles XI,	1697	en	1818

LE DANEMARCK.

D. *Par qui était habité autrefois le Danemarck ?*

R. On croit que la presqu'île qui forme la partie la plus considérable du Danemarck, nommée aujourd'hui *Jutland*, fut anciennement le pays des Cimbres, dont une nombreuse colonie, jointe aux Teutons, se rendit si redoutable aux Romains, et fut défaite par Marius 100 ans avant Jésus-Christ. Elle fut ensuite habitée par les Goths; on la nommait *Chersonèse-Cimbrique*. Nous n'avons aucune connaissance exacte concernant ce pays avant l'année 714, que nous trouvons Gormo gouvernant ce pays avec le titre de roi.

D. *Quels sont les autres pays du roi de Danemarck ?*

R. Il possède une partie du duché de Holstein.

D. *L'autorité royale est-elle bornée en Danemarck ?*

R. Elle l'était autrefois par les états, composés des trois ordres : la noblesse, le clergé et les bourgeois ; mais en 1660 elle fut rendue absolue ; de sorte que le roi peut faire les lois qu'il juge à propos.

D. *Ce royaume est-il héréditaire ?*

R. Il avait été électif jusqu'en 1660, que les états furent obligés de le rendre héréditaire, même aux filles.

D. *Comment nomme-t-on l'héritier présomptif de la couronne ?*

R. On le nomme *Prince royal*.

D. *Quelle religion est établie dans ce royaume ?*

R. On y professe la luthérienne ; elle a ses archevêques et évêques.

Rois de Danemarck.

Gormo, *jusqu'en*	764	Canut V,	1203
Sigefridus,	765	Waldemar II,	1241
Getticus,	809	Eric VI,	1250
Olaüs III,	810	Abel,	1252
Hemmingius,	812	Christophe I,	1259
Ringo Siwardus,	817	Eric VII,	1286
Harald I,	843	Eric VIII,	1320
Klak,	843	Christophe II,	1336
Siwardus II,	846	Waldemar III,	1375
Eric I,	847	Olaüs V, et Marguerite sa mère,	1387
Eric II,	863		
Canut I,	873	Marguerite, *seule*,	1412
Gormo II,	897	Eric IX,	1439
Harald II,	909	Christophe III,	1448
Gormo III,	930	Christiern I,	1481
Harald III,	980	*Interrègne.*	
Suénon,	1015	Sténon I, *gouverneur du royaume*,	1513
Canut II, le Grand,	1036		
Canut III, *dit* Hardi Canut,	1042	Jean,	1513
		Christiern II,	1523
Magnus,	1048	Frédéric I,	1533
Suénon II,	1074	Christiern III,	1559
Harald IV,	1080	Frédéric II,	1588
S. Canut,	1086	Christiern IV,	1648
Olaüs IV,	1095	Frédéric III,	1670
Eric III,	1106	Christiern V,	1699
Nicolas,	1134	Frédéric IV,	1730
Eric IV,	1139	Christiern VI,	1746
Eric V,	1147	Frédéric V,	1766
Suénon III,	1157	Christiern VII,	1769
Waldemar I, *dit* le Grand,	1182	Frédéric VI, *né le 28 janvier*,	1768

ROYAUME DES PAYS-BAS.

La réunion de la Hollande à la Belgique et le duché de Luxembourg forment ce royaume qui ne date que de 1814, les puissances de l'Europe ayant réglé la formation de cet état à cette époque. Son souverain est un prince de la maison d'Orange Nassau.

Guillaume, grand duc de Luxembourg, *né le* 24 *Août* 1772.

LA POLOGNE.

D. Depuis quel temps la Pologne avait-elle le titre de royaume ?

R. La Pologne, après avoir été long-temps gouvernée par des ducs, fut érigée en royaume par l'empereur Othon, l'an 1000 de Jésus-Christ.

D. Ce royaume était-il électif ou héréditaire ?

R. Ce royaume était le seul de l'Europe qui fût électif.

D. Qui faisait cette élection ?

R. C'était la noblesse, composée des principaux seigneurs et des gentilshommes du pays.

D. Quelle religion professe-t-on en Pologne ?

R. La dominante est la Catholique Romaine. L'on y tolère les juifs, qui sont en grand nombre. Il s'y trouve aussi des protestans et des grecs, qui ont une pleine tolérance et surtout depuis 1772.

D. Quelles remarques générales peut-on faire sur la Pologne ?

R. C'est un pays très-étendu, bien peuplé, et fertile en grains, mais mal situé pour le commerce. Ce gouvernement étoit peu redoutable, parce qu'il étoit continuellement agité de dissentions domestiques. Portant dans son sein le germe de toutes les divisions, sans force intérieure, sans armée, sans places de défense, il a ouvert une voie de conquête aux puissances étrangères. Nous avons vu en 1772 l'Autriche, la Prusse et la Russie démembrer ce grand royaume, se le partager en 1795 et reconnaître en 1815 l'empereur de Russie roi de ce royaume.

Rois de Pologne.

Boleslas I,	1025	Boleslas III,	1139
Micislas I,	1034	Uladislas II,	1146
Interregne.		Boleslas IV,	1173
Rischa, *veuve du précédent*,		Micislas II,	1177
	1041	Casimir II,	1194
Casimir I,	1058	Lesko I,	1227
Boleslas II,	1081	Boleslas V,	1279
Uladislas I,	1102	Lesko II,	1289

Uladislas Loketek, *frère de Lesko, et Przemislas, duc de Posnanie*, ont le titre de gouverneurs jusqu'en 1295
Przemislas, 1296
Uladislas, *deposé en* 1300
Wenceslas, *roi de Bohême*, 1304
Uladislas, *pour la seconde fois en 1304 jusqu'en* 1333
Casimir III. le Grand, 1370
Louis, *roi de Hongrie*, 1382
Interrègne de 3 *ans.*
Uladislas V, autrement Jagellon, *Grand duc de Lithuanie, depuis* 1386 *jusqu'en* 1434
Uladislas VI, 1441
Interrègne jusqu'en 1447
Casimir IV, 1492
Jean-Albert, 1501
Alexandre, 1506
Sigismond I, 1548
Sigismod II. 1573
Henri, *duc d'Anjou*, 1575
Et. Battori, *prince de Transylvanie*, 1586
Sigismond III, 1632
Uladislas VII, 1648
Jean Casimir, *abdique en* 1669
Michel, 1674
Jean Sobieski, 1696
Frédéric-Auguste I, *déposé en* 1704
Stanislas I, *élu en* 1705, *mais ne possède pas, et est forcé de quitter la Pologne, en* 1709
Frédéric-Auguste I, *rétabli en* 1709 *jusqu'en* 1733
Stanislas, *élu pour la seconde fois en* 1733, *manque encore la couronne, et y renonce tout-à-fait en* 1736
Frédéric-Auguste II, 1763
Stanislas-Auguste II, *se démet en* 1795
Alexandre I, empereur de Russie, roi de Pologne, en 1826
Nicolas Paulowitz, *né le* 2 *juillet* 1796

LA PRUSSE.

D. *Le royaume de Prusse est-il ancien?*

R. La Prusse, long-temps habitée par des peuples idolâtres, fut subjuguée par les chevaliers Teutons en 1283. Albert de Brandebourg, grand-maître de l'ordre, s'étant fait luthérien, ainsi qu'une partie des chevaliers, s'attribua ce pays en propriété à lui et à ses descendans, en le rendant une principauté séculière. Il reçut en même-temps le titre de duc de Prusse, à condition d'en faire hommage à la Pologne. En 1683, la Pologne reconnut l'indépendance de ce duché, et en 1701, l'électeur Frédéric se couronna lui-même roi de Prusse. En 1713, à la paix d'Utrecht, ce titre fut reconnu des autres puissances de l'Europe, excepté de la Pologne qui ne le reconnut qu'en 1764.

D. *Quelle religion exerce-t-on dans ce pays?*

R. La religion réformée et la luthérienne sont

les dominantes; mais la liberté de conscience y est entière.

Rois de Prusse.

Frédéric I, *jusqu'en* 1713
Prédéric Guillaume I, 1740
Frédéric II, le Grand, 1786
Frédéric-Guillaume II, 1797
Frédéric-Guillaume III, *né le 3 août 1770, roi en 1797*

LA SAXE.

Les états de la Saxe, limitrophes de l'Autriche au midi, dans le reste de leur circonférence bordés des provinces prussiennes, ne formaient qu'un électorat dont Wittemberg était la capitale; ce pays fut érigé en royaume par le traité de Posen du 11 décembre 1806. Dresde en est maintenant la capitale. Ce royaume était important et se divisait en 15 cercles, mais il a été considérablement réduit par le traité du 9 juin 1815.

Rois de Saxe.

Frédéric-Auguste, *né le 23 décembre 1750 roi de Saxe, en décembre 1806.*

LA BAVIÈRE.

Le Tyrol, la Bavière proprement dite, le Haut-Palatinat et les provinces de Souabe forment la masse principale de ce nouveau royaume.

Plusieurs ducs de Bavière ont porté le titre de roi. Ce ne fut que vers l'an 778 que la dynastie des Agilolfinges, perdit ce titre et son ancien héritage. Des partages empêchèrent la Bavière de se maintenir dans le rang qu'elle avoit occupé. Nous avons vu dans le siècle dernier, en 1742, l'électeur de Bavière élu empereur sous le nom de Charles VII, dépouillé de tous ses états par la maison d'Autriche, et porter d'exil en exil la couronne impériale. Ce royaume a été recréé en 1805.

Rois de Bavière.

Maximilien-Joseph, *né le 27 mai 1756*, roi de Bavière *en 1806.*

WURTEMBERG.

Cet état érigé, comme les précédens, en royaume en 1806, est situé entre le royaume de Bavière et le grand duché de Bade.

Rois de Wurtemberg.

Frédéric, né le 6 novembre 1754, roi de Wurtemberg en 1806, duc souverain de Souabe et de Tock.
Guillaume, né le 27 septembre 1781, roi en 1826.

LA HONGRIE.

D. *De qui ce pays a-t-il reçu le nom de Hongrie ?*
R. Vers la fin du IXe. siècle, les Hongrois, peuple Tartare, vinrent s'établir en ce pays, auquel ils donnèrent leur nom. Geisa, l'un de leurs ducs ou chefs, embrassa le Christianisme en 969; et en 1000, Saint Etienne son fils fut le premier roi de Hongrie, et comme l'apôtre de son peuple. La race de Geisa s'étant éteinte en 1301, le royaume devenu électif, passa successivement à des princes de diverses familles et maisons. Les élections occasionnèrent plusieurs guerres entre les Allemands et les Turcs. Ceux-ci s'emparèrent des principales villes; mais en 1683, ayant tâché de chasser de la Hongrie l'empereur Léopold I, ils en furent chassés eux-mêmes, et de 23 comtés qu'ils y avaient possédés, il ne leur en resta plus qu'un, qu'ils ont perdu en 1716. Les Turcs, en 1739, cédèrent à l'empereur leurs prétentions sur la Hongrie; mais ils retinrent et possèdent encore Belgrade, qui est leur dernière place de ce côté.

D. *Ce royaume est-il héréditaire ?*
R. Depuis que la maison d'Autriche le possède, il est devenu héréditaire.

D. *Quelle religion est la dominante ?*
R. C'est la catholique Romaine. Cependant il s'y trouve un grand nombre de réformés, à qui on a

accordé plusieurs priviléges par rapport à l'exercice de leur culte.

D. *Que peut-on remarquer en général sur ce royaume ?*

R. La Hongrie est un pays assez étendu, très-fertile, abondant en pâturages, en bestiaux, et a de très-bon vin dans quelques districts ; mais il est d'ailleurs peu commerçant. La noblesse jouit de grandes prérogatives, les bourgeois ont peu de ressources. Enfin il est à remarquer que chaque fois que la Porte-Ottomane a quelque démélés avec la maison d'Autriche, ce royaume devient le théâtre de la guerre.

Rois de Hongrie.

S. Etienne, *jusqu'en*	1038	Wenceslas,	1304
Pierre, *déposé en*	1041	Othon de Bavière,	1309
Aba *ou* Owon,	1044	Charobert,	1342
Pierre, *rétabli en*	1047	Louis I,	1382
André I,	1061	Marie, *seule*,	1392
Béla I,	1063	Marie et l'Empereur Sigis-	
Salomon,	1074	mond,	1437
Geisa I,	1077	Albert d'Autriche,	1440
S. Ladislas I,	1095	Uladislas *ou* Ladislas IV,	
Coloman,	1114		1444
Etienne II,	1131	Jean Corvin Huniade, Ré-	
Béla II,	1141	gent,	1453
Geisa II,	1161	Uladislas V,	1458
Etienne III,	1174	Mathias Corvin,	1490
Béla III,	1196	Uladislas VI,	1516
Emeric,	1204	Louis II,	1526
Ladislas II,	1204	Jean Zapolski,	1540
André II,	1235	Ferdinand I, *depuis lequel*	
Béla IV,	1270	*la maison d'Autriche pos-*	
Etienne IV,	1272	*sède la Hongrie. Voyez*	
Ladislas III,	1290	*la chronologie des empe-*	
André III,	1301	*reurs d'Allemagne*, p. 351.	

LA BOHÊME.

D. *Depuis quel temps les souverains de Bohême portent-ils le titre de Roi ?*

R. Les souverains de Bohême portèrent le titre de *Ducs*, jusqu'en 1086, que l'empereur Henri IV donna le titre de *Roi* à Uratislas II, qui en était le dix-huitième duc.

D. *A qui appartient ce royaume ?*

R. Il appartient, ainsi que la Hongrie, à l'empereur d'Allemagne, comme chef de la maison d'Autriche.

D. *La couronne est-elle héréditaire ?*

R. Elle a été élective jusqu'en 1648, quelle fut reconnue héréditaire dans la maison d'Autriche, qui la possédait par élection depuis Ferdinand I.

D. *Quelle qualité avait le roi de Bohême ?*

R. Il était le premier des électeurs séculiers de l'empire.

D. *Quelle religion professe-t-on dans ce royaume ?*

R. La Catholique Romaine, qui est la dominante. Il s'y trouve un très-grand nombre de juifs, particulièrement à Prague, qui en est la capitale.

D. *Quelles remarques peut-on faire sur ce royaume ?*

R. Il est assez étendu, assez peuplé, très-fertile et abondant en vivres. Son commerce est peu considérable. Ce pays est fameux par les troubles excités par les Hussites, hérétiques du XVe. siècle. Il a aussi beaucoup souffert par les guerres depuis environ 60 ans ; pendant ce temps Prague a été plusieurs fois prise et reprise.

Rois de Bohême.

Uratislas II, *proclamé roi en* 1086, *règne jusqu'en*	1091	Premislas ou Ottocare II,	1276
		Interrègne jusqu'en	1288
Conrad, *sept mois en*	1093	Wenceslas IV,	1304
Bretislas II,	1100	Wenceslas V,	1305
Uladislas I, *trois mois en*	1100	Henri de Carinthie,	1310
Borzivoi, 1101, *et derechef en* 1109, *jusqu'en*	1124	Jean de Luxembourg,	1346
		Charles IV, *empereur*,	1378
Suatolpuc,	1109	Wenceslas, *empereur*,	1419
Uladislas II,	1125	Sigismond, *empereur*,	1437
Sobieslas I,	1140	Albert d'Autriche,	1439
Uladislas III,	1174	Uladislas V,	1458
Sobieslas II,	1178	Georges Podiebrad,	1479
Frédéric I,	1190	Uladislas VI,	1511
Conrad II,	1191	Louis,	1526
Wenceslas II, *trois mois en*	1191	Ferdinand I, *empereur*,	1564
		Maximilien, *empereur*,	1575
Henri Bretislas,	1196	Rodolphe, *empereur*,	1611
Uladislas IV,	1197	*Voyez la suite dans la*	
Premislas ou Ottocare I,	1230	*chronologie des empereurs d'Al-*	
Wenceslas III,	1253	*lemagne*, page 351.	

ÉTATS-UNIS D'AMÉRIQUE.

Ces états étaient autrefois sous la domination Anglaise. Des impôts excessifs, exigés avec hauteur, ayant aigri les esprits, il se forma une insurrection qui, après une guerre de sept ans, les fit reconnaître comme libres et indépendans par toutes les puissances, et par l'Angleterre elle-même, (en 1783.)

Le congrès des États-Unis se compose d'un sénat, d'une chambre des représentans, et d'un président élu pour quatre ans.

PRÉSIDENS du Congrès.

Georges Washington, en 1789
Continué en 1793
John Adams, en 1797
Thomas Jefferson, le 17 février 1802, réélu le 17 février, 1805
Madisson, le 4 mars 1809, réélu en 1815
Quincy Adams, élu le 4 mars 1825

DU PAPE.

D. *Qu'est-ce que le Pape?*

R. C'est le chef de la religion Catholique Romaine, et le souverain de l'Etat Ecclésiastique ; de sorte qu'on peut le considérer comme ecclésiastique et comme prince souverain.

D. *Qu'est-il en sa première qualité?*

R. Il est souverain pontife et le chef spirituel de toute l'Eglise Catholique Romaine.

D. *Comment le nomme-t-on encore?*

R. On le nomme le *Vicaire de Jésus-Christ, le Successeur de Saint Pierre, le Saint-Père ;* et en parlant de lui, on dit *Sa Sainteté.*

D. *Est-il fort considéré des rois et des princes catholiques romains?*

R. Ils le traitent avec beaucoup de vénération, et en lui écrivant ils lui témoignent un respect filial.

D. *Quel droit entr'autres a le Pape comme chef spirituel ?*

R. Il décide en matière de religion, quand il s'agit de la foi et de la morale ; il veille à l'observance des canons de l'église, en accorde des dispenses pour cause légitime, et enfin envoie ses décrets par tout le monde catholique.

D. *Comment nomme-t-on sa cour ?*

R. Le *Siége Apostolique* ou *le Saint-Siége* ; des cardinaux et plusieurs autres prélats la composent.

D. *Qu'est-ce qu'un cardinal ?*

R. C'est un ecclésiastique qui a le rang immédiatement après le Pape ; quand le nombre est complet, il y en a soixante et dix : on les nomme *Princes de l'Église.*

D. *Qui a le droit d'élire le Pape ?*

R. Ce sont les cardinaux assemblés.

D. *Le Pape considéré comme prince, est-il tout-à-fait souverain ?*

R. Oui ; il est autant qu'un roi, dans l'Etat Ecclésiastique.

Le Pape actuel se nomme LÉON XII, Annibal della Genga, né à la Genga le 2 août 1760, élu Pape à Rome le 27 septembre 1823.

DES RÉPUBLIQUES.

D. *Quelle est la république la plus puissante ?*

R. C'est celle de Suisse.

D. *Quelles sont ses prérogatives ?*

R. D'être au nombre des principales puissances, et d'envoyer des ambassadeurs, à qui l'on rend les mêmes honneurs qu'à ceux des rois.

Cette république commença à se former dans le XIVe. siècle. Elle était composée de treize cantons, dont chacun était aussi une république à part. Pour la division actuelle, *voyez la page* 280.

D. *Quelle était la plus ancienne de toutes les républiques ?*

R. C'était Venise, établie vers l'an 697.

D. *Par qui était-elle gouvernée ?*

R. Par les nobles, qui avaient à leur tête un d'entre eux qu'on nommait *Doge.*

D. Que dites-vous de la ci-devant république des Provinces-Unies, ou de Hollande ?

R. C'était la république la plus puissante de toutes. Sa souveraineté était reconnue depuis 1648.

Chacune de ses provinces faisait une souveraineté à part. Elles envoyoient des députés à la Haye, lesquels y formoient une assemblée où l'on délibérait sur les affaires qui concernaient tout l'état.

DES CARTES GÉOGRAPHIQUES.

D. Qu'est-ce que les cartes géographiques ?

R. Ce sont des figures planes qui représentent la surface de la terre, ou quelqu'une de ses parties, suivant les lois de la perspective, et qui marquent les situations des pays, des provinces, des montagnes, des rivières, des villes, etc.

D. Combien d'espèces de cartes géographiques y a-t-il ?

R. Il y en a deux: 1°. les cartes universelles, qui représentent toute la surface de la terre, ou les deux hémisphères : on les appelle ordinairement Mappemondes.

2°. Les cartes particulières, qui représentent quelques pays particuliers ou quelque portion d'un pays; on nomme ordinairement ces dernières *Cartes topographiques*.

D. Quelles sont les conditions requises pour une bonne carte ?

R. Ce sont 1°. que tous les lieux y soient marqués dans leur juste situation, en égard à celle où ils se trouvent en effet sur la terre.

2°. Que les grandeurs des différens pays aient entre elles les mêmes proportions sur la carte, qu'elles ont sur la surface de la terre.

3°. Que les différens lieux soient respectivement sur la carte aux mêmes distances les unes que les autres et dans la même situation que sur la terre.

D. Comment faut-il orienter une carte ?

R. Dans les cartes où il n'est pas marqué autrement, le septentrion ou nord est en haut de la carte;

le midi, en bas; l'orient, à droite; et l'occident, à gauche. *Voyez la page* 216.

DE L'ENLUMINURE

DES CARTES ET ESTAMPES.

D. *Qu'entendez-vous par enluminure ?*

R. C'est l'art de mettre les couleurs à l'eau et à la gomme avec le pinceau, sur les cartes géographiques, sur les plans et autres estampes gravées.

D. *Pouvez-vous en décrire la méthode ?*

R. Il faut avoir des pinceaux de différentes grandeurs, et toutes les couleurs ordinaires à l'eau dans lesquelles on fait dissoudre un peu de gomme arabique, à mesure qu'on s'en sert.

1°. *Pour enluminer une carte.* Il faut observer que dans les cartes géographiques les pays et les provinces sont séparés par des lignes et des points. Les grandes divisions sont distinguées par de plus grands points; les petites divisions par de plus petits, en raison de chacune. En enluminant, il faut suivre ces points comme un guide. Si c'est une carte qui contient plusieurs nations différentes, comme celle d'Europe, par exemple, chaque nation comme la France, l'Espagne, l'Angleterre, etc. doit être enluminée d'une couleur différente, au moins à l'égard des nations contiguës. Si c'est la carte d'une seule nation, on doit observer la même chose par rapport à ses diverses provinces. La règle générale est qu'on ne doit jamais se servir de la même couleur pour deux nations ou deux provinces qui se touchent, et ainsi des moindres divisions.

La méthode française et anglaise d'enluminer les cartes, est de suivre, en dedans, les points qui marquent les limites de chaque royaume ou de chaque province, avec une ligne de couleur d'une largeur égale, et de laisser l'intérieur de la division en blanc ou sans couleur.

La méthode allemande est de passer la couleur entièrement sur chaque division; et alors les bords ou les limites doivent être plus foncés que le milieu, afin de mieux les distinguer. Mais il faut toujours avoir l'attention que les couleurs soient partout assez transparentes pour laisser paraître distinctement toute la gravure de la carte. On ne doit ainsi enluminer que les seuls pays ou provinces qui sont proprement et entièrement renfermés dans la carte ; mais on peut, sans produire aucune confusion, marquer jusqu'aux bords de la carte les divisions des pays, etc. qui sont hors des limites des premiers, avec de simples lignes de couleurs, comme on fait pour toute la carte dans la méthode française.

Dans une carte, soit générale, soit particulière, qui est ainsi enluminée, on voit distinctement, d'un coup-d'œil, l'étendue et les limites de chaque pays, de chaque province, enfin de chaque division de la carte ; et c'est pour cela, bien plutôt que pour l'ornement, qu'on a coutume d'enluminer les cartes géographiques.

2°. S'il s'agit d'enluminer le plan d'une terre qu'on aura arpentée, etc. il faut suivre la même méthode à-peu-près que dans les cartes. On doit entourer chaque champ, etc. en dedans de ses bornes, avec une seule couleur, qui doit être distincte de celle dont on se sert pour toutes les autres divisions du plan qui sont contiguës à celle-là. Cette couleur doit être plus foncée où elle touche les limites, et devenir graduellement plus claire vers l'intérieur du champ, jusqu'à disparaître entièrement sur le papier ; ceci produira le meilleur effet, tant pour la clarté et la distinction, que pour la beauté du plan.

3°. Pour enluminer les estampes, soit d'architecture, de villes, de paysages, ou de choses animées, il faut soigneusement imiter la nature, en mettant chaque chose dans les couleurs convenables, et ne s'en écarter jamais pour tomber dans l'arbitraire et le bizarre. Pour arriver à ce but, il n'y a que deux moyens ; savoir : ou de bien observer et étudier la nature, afin de l'imiter sur le papier, ou de prendre pour guide des estampes de même espèce, enluminées par un bon maître.

DES SEPT MERVEILLES DU MONDE.

D. *Qu'est-ce que l'on désigne par les sept merveilles du monde ?*

R. On désigne sept monumens, qui dans l'antiquité ont excité une admiration générale.

D. *Nommez-nous ces merveilles ?*

R. Ces merveilles étaient les *jardins* et les *murs de Babylone*, les *pyramides d'Egypte*, la *statue de Jupiter olympien*, le *Mausolée*, le *temple de Diane*, le *colosse de Rhodes*, et le *phare d'Alexandrie*.

D. *Faites la description des murs de Babylone.*

R. Ces murs, d'une grandeur prodigieuse, avaient douze toises et demie d'épaisseur, cinquante de hauteur, et vingt-quatre lieues de circuit. Ils formaient un carré parfait, dont chaque côté avait six lieues et vingt-cinq portes d'airain, ce qui faisait cent portes en tout. Entre ces portes et aux angles de chaque carré, il y avait plusieurs tours élevées de dix pieds plus haut que les murailles. Ces murailles étaient bâties de larges briques cimentées de bitume, liqueur épaisse et glutineuse, qui sort de terre dans ce pays-là, qui lie plus fortement que le mortier et qui devient beaucoup plus dur que la brique ou la pierre à laquelle elle sert de ciment. Ces murailles étaient entourées d'un vaste fossé rempli d'eau, et revêtues de briques des deux côtés. La terre qu'on en avait tirée en le creusant, avait été employée à faire les briques dont les murailles étaient construites.

D. *Passez à la description des fameux jardins de Babylone ?*

R. Ces jardins formaient un carré dont chaque côté avait quatre cents pieds. Ils étaient élevés et formaient plusieurs terrasses, posés en forme d'amphithéâtre, dont la plus haute égalait la hauteur des murs de la ville. On montait d'une terrasse à l'autre par un escalier large de dix pieds. La masse entière était soutenue par de grandes voûtes bâties l'une sur

LES MURS ET JARDINS DE BABYLONE.

l'autre et fortifiées d'une muraille de 22 pieds d'épaisseur, qui l'entourait de toutes parts. Sur le sommet de ces voûtes on avait posé de grandes pierres plates de seize pieds de long et de quatre de large; on avait mis par-dessus une couche de roseaux enduits d'une grande quantité de bitume, sur laquelle il y avait deux rangs de briques liés fortement ensemble avec du mortier. Tout cela était couvert de plaques de plomb, et sur cette dernière couche était posée la terre du jardin. Ces plates-formes avaient été ainsi construites, afin que l'humidité de la terre ne perçât point en bas, et ne s'écoulât point au travers des voûtes. La terre qu'on y avait jetée était si profonde, que les plus grands arbres pouvaient y prendre racine. Aussi, toutes les terrasses en étaient-elles couvertes, ainsi que de toutes sortes de plantes et de fleurs propres à embellir un lieu de plaisance. Sur la plus haute terrasse, il y avait une pompe qui ne paraissait point, par le moyen de laquelle on tirait en haut de l'eau de la rivière, et on en arrosait de-là tout le jardin. On avait ménagé dans l'espace qui séparait les voûtes sur lesquelles était appuyé tout l'édifice, de grandes et magnifiques salles, qui étaient fort éclairées et qui avaient une vue très-agréable.

D. *Donnez une idée des pyramides d'Egypte?*

R. Les pyramides que l'on voit dans les environs du Caire, sont d'une antiquité des plus reculées; ce sont les monumens les plus anciens que le temps ait épargné. On ignore quand et par qui ils furent élevés. On remarque principalement les trois plus grosses, distantes l'une de l'autre d'environ quatre cents pas. Leurs quatre faces répondent précisément aux quatre points cardinaux. La plus grande a 500 pieds de hauteur perpendiculaire. Chaque face en a 682 de largeur. Il y a une de ces pyramides qui est ouverte; l'ouverture en est assez petite et l'on n'y pénètre que difficilement; on trouve dans l'intérieur plusieurs petites salles; la plus remarquable est revêtue de granit, et l'on y voit un sarcophage de la même matière, ce qui fait croire que le monument entier n'a été élevé que pour contenir un tombeau. On voit à quelques pas de cette pyramide, une énorme tête de sphynx taillée en pierre.

D. Qu'avait de remarquable le Jupiter olympien?
R. Cette magnifique statue, ouvrage de Phydias, se trouvait dans le temple d'Olympie, en Elide. Elle était d'ivoire, enrichie d'or et de pierreries.

Quoiqu'assise elle avait environ 212 pieds de hauteur. Les richesses immenses qu'on avait amassées, les oracles qui s'y rendaient, et les jeux olympiques qu'on célébrait aux environs en l'honneur du dieu rendaient ce temple fameux.

D. *Qu'était le Mausolée ?*

R. Le Mausolée était un superbe tombeau que la reine Arthémise avait érigé dans la ville d'Halicarnasse, capitale du royaume, à Mausole son époux, roi de Carie. Cette reine, modèle de la tendresse conjugale, ne crut pas qu'il fût possible de mieux honorer les cendres de son mari qu'en les prenant dans

son breuvage. Ensuite elle entreprit de lui élever un monument qui bravât pendant des siècles les injures du temps; mais la douleur ne lui permit pas de voir ce magnifique ouvrage achevé ; elle mourut au bout de 2 ans. Chaque façade du mausolée était ornée de 36 colonnes superbes, de bas-reliefs et de statues, faits par les plus célèbres scuplteurs. Une pyramide s'élevait au-dessus de tout le monument, et un char attelé de quatre chevaux se trouvait au sommet.

D. *Donnez-nous une idée du temple de Diane ?*

R. Le temple de Diane, à Éphèse, avait 485 pieds de longueur, 220 de largeur, et était orné dans l'intérieur de 127 colonnes de marbre, hautes de 60 pieds. Trente-six de ces colonnes étaient ciselées et ornées de bas-reliefs magnifiques. Ce temple avait été élevé et embelli aux frais des Grecs de l'Asie mineure. La statue de Diane que l'on y voyait était en or et en ivoire. Un fou, appelé Erostrate, voulant rendre son nom fameux, brûla ce temple l'an 354 avant J. C., précisément le jour de la naissance d'Alexandre-le-Grand.

D. *Parlez-nous du Colosse de Rhodes ?*
R. Cette statue, dédiée au soleil, avait 205 pieds de hauteur; placée à l'entrée du port, les navires passaient à pleines voiles entre ses jambes. Elle tenait dans sa main droite un fanal qu'on éclairait pour indiquer aux vaisseaux l'entrée du port. On y montait par un escalier pratiqué dans l'intérieur. Cette statue, commencée l'an 300 avant J.C. et finie l'an 288, fut renversée par un tremblement de terre, 65 ans après son élévation. Les débris de cette prodigieuse figure restèrent par terre sans qu'on y touchât pendant 894 ans. Ce ne fut que vers l'an de J.C. 672 que Moawial, le 6e. Calife ou empereur des Sarrasins, ayant pris Rhodes, les vendit à un marchand juif qui en eut la charge de 900 chameaux, c'est-à-dire qu'en comptant 8 quintaux pour une charge,

l'airain de cette statue, après le déchet de tant d'années, par la rouille, et ce qui vraisemblablement en avait été volé, se montait encore à 720,000 livres.

D. Donnez la description du phare d'Alexandrie ?
R. Lorsque la navigation se fut perfectionnée, les ports furent munis de tours, tant pour défendre les vaisseaux que pour servir la nuit à guider ceux qui allaient sur mer par le moyen des feux

qu'on y allumait. La fameuse tour élevée dans une petite île appelée Pharos, à l'entrée du port d'Alexandrie, prit, de l'île où elle se trouvait, le nom de *Phare*; et ce nom fut ensuite donné à tous les feux que l'on allumait pour guider les navigateurs. Ce phare d'Alexandrie consistait en une tour très-élevée, dont les étages allaient en diminuant et se terminaient par un fanal. On admirait surtout l'escalier construit en dehors, qui conduisait par des terrasses jusqu'au sommet. L'ensemble formait un édifice vraiment magnifique, et fut mis au rang des sept merveilles du monde.

DES NOUVELLES MESURES FRANÇAISES.

D. *Comment a-t-on formé les nouvelles mesures ?*

R. De la grosseur même de la terre, et pour que l'unité de longueur, d'où on a déduit toutes les autres mesures, fût fixe et invariable, on a pris la dix-millionnième partie de la distance du pôle à l'équateur; on l'a nommé *mètre* (nom tiré d'un mot grec qui veut dire *mesure*).

D. *Quelles sont les diverses unités de mesures ?*

R. Le *mètre* est, comme nous l'avons vu, l'unité de mesure linéaire; le *litre* est l'unité de mesure de capacité; le *gramme*, l'unité de poids; *l'are*, l'unité de surface; le *stère*, l'unité de mesure pour le bois de chauffage; et le *franc* est l'unité monétaire.

D. *Comment a-t-on déduit les autres mesures du mètre ?*

R. Le litre égale un cube qui aurait la 10e partie du mètre en longueur, en largeur, et en profondeur.

Le gramme est égal au poids d'un cube d'eau pure, qui aurait la centième partie du mètre en longueur, en largeur, et en profondeur, et à la température de la glace fondante.

L'are est une surface de dix mètres de long, sur dix mètres de large, ce qui fait cent mètres carrés.

Le stère est égal à un mètre cube; et le franc est égal à une pièce d'argent à neuf dixièmes de fin, pesant cinq grammes.

D. *Quel est le rapport des nouvelles mesures avec les anciennes ?*

R. Le mètre vaut 3 pieds 11 lignes 296es.

Le litre vaut un peu plus que la pinte de Paris.

Le gramme vaut 18 grains 82715es.

L'are, 26 toises carrées et 32449es.

Le stère, environ la demi-voie de Paris.

Et le franc, une livre tournois, plus trois deniers ou un liard.

D. *Quelle est la division des nouvelles mesures ?*

R. Elles vont toutes en décroissant et en augmentant par une valeur décuple, c'est-à-dire, qu'elles se divisent en dixièmes, centièmes, millièmes, etc. et qu'elles se composent en rassemblant dix unités pour faire une dixaine; dix dixaines pour faire une centaine; dix centaines pour faire un mille, etc.

D. *Comment exprime-t-on les mesures décroissantes ?*

R. En mettant devant le nom de l'unité principale, les mots *deci*, *centi*, *milli*, qui marquent que ce sont des dixièmes, des centièmes, des millièmes de cette unité.

D. *Comment s'expriment les mesures composées ?*

R. En mettant devant le nom de l'unité principale, les mots *déca*, *hecto*, *kilo*, *myria*, qui marquent qu'elles valent dix, cent, mille, dix mille de ces unités.

D. *Donnez-moi des exemples des mesures décroissantes et des mesures composées.*

R. Le *déci-mètre*, exprime la dixième partie du mètre; *centi-mètre*, la centième partie; *milli-mètre*, la millième partie. Le mot *déca-mètre* exprime dix mètres; *hecto mètre*, cent mètres; *kilo-mètre*, mille mètres; *myria-mètre*, dix mille mètres. Il en est de même pour les autres mesures.

D. *Les monnaies s'expriment-elles de même ?*

R. Non; le franc se divise bien aussi en dixièmes et centièmes, mais ses dixièmes se nomment *décimes*, et ses centièmes *centimes*.

D. *Quel est l'avantage des nouvelles mesures ?*

R. C'est 1°. d'être les mêmes partout, tandis que les anciennes variaient souvent pour chaque ville.

2°. De se diviser toutes de même et d'une manière qui simplifie beaucoup les calculs.

ABRÉGE
DE L'HISTOIRE POÉTIQUE.

DE LA FABLE EN GÉNÉRAL.

D. *Qu'est-ce que la Fable?*
R. C'est l'histoire des fausses divinités du paganisme. Les Métamorphoses d'Ovide forment le corps le plus complet que les anciens nous aient laissé sur cette matière. Au reste, ce n'est qu'un tissu d'imaginations bizarres, et un amas de faits sans ordre chronologique et sans vraisemblance; un composé monstrueux de faussetés, d'impiétés, d'iniquités, sur un fond de vérité qui devient méconnaissable.

D. *Quelle est l'origine de la fable?*
R. 1.° C'est l'ignorance des hommes, qui, n'ayant plus qu'une lueur de la connaissance du vrai Dieu, tournèrent leurs vœux vers les objets sensibles. 2.° La vanité, qui mit au rang des dieux des hommes que leurs exploits avaient rendus glorieux et formidables, ou qui, par l'invention des arts, s'étaient rendus utiles à la société; de là, chaque nation voulut avoir ses dieux et ses héros. Les princes et les personnages redoutés se prêtèrent aux opinions populaires, parce qu'elles leur assujétissaient les esprits, et facilitaient le succès de leurs grandes entreprises.

D. *L'étude de la fable n'est-elle pas frivole?*
R. Elle le paraît au premier coup-d'œil et offre néanmoins de grands avantages comme on le verra bientôt: elle entre dans tous les cours d'éducation, et il serait honteux de l'ignorer.

D. *Ne donne-t-on pas aussi à la fable le nom de Mythologie?*
R. *Mythologie* est un mot grec qui peut se traduire par *connaissance de la Fable*, ou *histoire des fausses*

divinités du paganisme; et tel est en effet son objet.

La fable, qui est un composé de faits réels et de mensonges embellis, est née de la vérité, c'est-à-dire, de l'histoire, tant sacrée que profane, dont plusieurs événemens ont été altérés en différentes matières et en différens temps, soit par les opinions populaires, soit par les fictions des poëtes. Nous en fournirons les preuves par quelques rapprochemens de la fable avec l'histoire sacrée. Nous les aurions multipliés davantage si nous n'avions voulu nous borner à quelques exemples frappans.

D. *Quel pays regarde-t-on comme le berceau de la Fable et de l'Idolâtrie?*

R. On croit, avec assez de vraisemblance, qu'elles prirent naissance dans la famille de Cham, dont les descendans s'établirent dans l'Egypte et dans la Phénicie. De ces contrées, l'Idolâtrie se répandit en Orient, parmi les descendans de Sem, puis en Occident parmi ceux de Japhet. La Grèce, où elle fut portée par des colonies phéniciennes, l'adopta, l'embellit et la transmit aux Romains. Ceux-ci bâtirent un temple, nommé le *Panthéon,* où ils rassemblèrent toutes les divinités honorées en divers pays; et le culte des faux dieux fut ainsi propagé avec la puissance romaine, jusqu'aux extrémités de la terre.

On comptait plus de trente mille dieux chez ce peuple conquérant; ce qui ne doit pas surprendre, si on considère qu'on en avait imaginé pour présider aux différentes parties de l'univers, aux passions, et aux divers besoins de la vie. On distinguait plus de trois cents Jupiter, et plus de quarante Hercule: aussi un poëte latin nous représente-t-il Atlas gémissant sous le poids du ciel, à cause de la multitude prodigieuse des dieux qu'on y logeait.

D. *Quels sont, je vous prie, les avantages qu'on peut tirer de l'étude de la Mythologie?*

R. D'abord, elle nous apprend ce que nous devons à Jésus-Christ, en nous faisant connaître dans quelles ténèbres épaisses étaient plongés nos pères, et jusqu'à quelle folie l'erreur avait conduit le genre humain, avant que ce divin libérateur nous eût appelés à l'admirable lumière de l'Evangile.

Sans la Mythologie, non-seulement il n'est pas possible de bien entendre les poëtes grecs et latins, et l'histoire des nations païennes, qui est nécessairement liée à celle de leur religion, mais encore les ouvrages que les saints Pères et les grands docteurs de l'Eglise ont composé contre le paganisme. De plus, elle nous présente plusieurs allégories très-instructives. Par exemple, les aventures de Phaéton et d'Icare nous font connaître les suites funestes de l'ambition. L'histoire de Tantale et celle des Harpies peuvent s'appliquer aux avares; la métamorphose de Narcisse représente bien ceux qui, par une folle vanité, n'aiment que leur propre personne.

Enfin, la Mythologie nous met en état de reconnaître et d'apprécier les chefs-d'œuvre des peintres et des sculpteurs célèbres, dont la plupart des tableaux et des statues sont empruntés de la Fable.

Tels sont les principaux et même les seuls avantages que nous pouvons tirer de cette science, si nous l'étudions avec la sagesse et les précautions que la religion inspire et prescrit; car si vous ne la considériez que par rapport à l'idée qu'elle nous donne de la divinité, vous ne trouveriez rien de plus absurde, de plus bizarre et de plus ridicule.

D. *Est-ce que les grands hommes de l'antiquité, ces philosophes dont on parle avec tant d'éloge, croyaient toutes ces extravagances ?*

R. La plupart se livraient aux superstitions du vulgaire, tant l'aveuglement était général! Cependant il y en avait plusieurs qui blâmaient le paganisme et ses folies, mais timidement, à voix basse, et souvent dans l'enceinte de leurs écoles. Adorateurs d'un Dieu unique et souverainement parfait, ils suivaient le peuple dans les temples, et se prosternaient avec lui devant des dieux auxquels ils auraient rougi de ressembler. Tous craignaient de s'exposer au ressentiment d'une populace grossière et fanatique; et pour justifier leur conduite, ils disaient que le sage doit se conformer à la religion de l'état.

D *Comment les anciens pouvaient ils distinguer leurs dieux les uns d'avec les autres ?*

R. La théologie payenne avait distribué tous les dieux en quatre classes. La première comprenait les dieux suprêmes, appelés encore *les grands dieux des nations*, parce qu'ils étaient connus et révérés de tous les peuples. Ils étaient au nombre de vingt, et on les subdivisait en quatre ordres; les uns présidaient au ciel, les autres régnaient dans les enfers; ceux-ci avaient l'empire des eaux, et ceux-là commandaient à la terre: toutes ces divinités réunies formaient ce que l'on appelait *le conseil des dieux*.

La seconde classe était composée des dieux nommés *les dieux inférieurs des nations*. Ils n'avaient point de place dans le ciel; ils étaient regardés comme des divinités bourgeoises. On les appelait encore *Indigètes*, c'est-à-dire, issus de la terre, et *Semones*, c'est-à-dire, hommes divinisés.

Les demi-dieux occupaient la troisième classe: c'étaient les divinités qui tiraient leur origine d'un dieu et d'une mortelle, ou d'un mortel et d'une déesse. On mettait aussi parmi eux les héros que leur mérite avait élevés au rang des immortels indigètes.

Enfin, les divinités de la quatrième classe étaient les Vertus qui avaient formé les grands hommes, et qui font le bonheur des mortels, ou les Vices qui les tyrannisent et les dégradent. Telle était la division des dieux du paganisme: les premiers avaient une autorité souveraine, les autres étaient subordonnés; mais tous avaient un maître commun qui était le Destin.

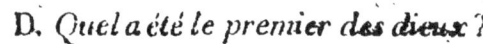

D. *Quel a été le premier des dieux?*

R. C'était le *Ciel*, ils le nommaient *Uranus* et le représentaient comme un vieillard vénérable entouré des signes célestes. Sous le nom de *Démogorgon*, ils adoraient le génie de la nature, habitant le centre de la terre et le peignaient sous la figure d'un vieillard porté sur des nuages. Le Ciel eut deux enfans, savoir Titan et Saturne ou le Temps. Titan qui était l'aîné céda son droit à son frère Saturne, à condition qu'il n'éléverait aucun enfant mâle. Saturne observa les conditions de ce traité et dévorait tous ses enfans mâles aussitôt qu'ils étaient nés : mais Rhée ou Cybèle, sa femme, à qui cette cruauté déplaisait, eut soin dans la suite de cacher Jupiter, Neptune et Pluton, et les fit élever secrètement. Elle ne faisait voir que sa fille Junon.

D. *Titan ne découvrit-il pas cette tromperie?*

R. Oui : et croyant que Saturne y avait part, il le détrôna, et le mit en prison avec sa femme. Jupiter étant devenu grand, vainquit son oncle Titan, et rendit l'empire du monde à son père. Saturne ayant ensuite voulu faire périr son fils Jupiter, celui-ci le chassa du ciel, et se rendit maître de l'empire de l'univers. Saturne se retira alors dans le Latium, qui est appelé aujourd'hui l'Italie. Il fut bien reçu par Janus, roi du pays. En mémoire du séjour de Saturne dans le Latium, on célébrait tous les ans à Rome, au mois de décembre, les fêtes des Saturnales.

D. *Que remarquez-vous au sujet de l'histoire de Saturne et de quelques autres principaux dieux ou héros de la fable?*

R. C'est qu'on y trouve de respectables restes des traditions plus ou moins altérées de l'histoire Sainte. La fable de Saturne peut être rapportée à Noé ; elle a même des ressemblances avec l'histoire d'Adam : car l'âge d'or et l'empire de Saturne finissent en même temps. Saturne enseigna l'agriculture aux hommes, comme Adam cultiva la terre après son péché ; mais la fable, qui confond les temps et les événemens, ne distingue point la création du monde d'avec son renouvellement après le déluge.

D. *Faites-nous connaître plus particulièrement les rapports de Saturne avec Noé?*

1. Noé fut père de Sem, Cham et Japhet.	R. 1. Saturne avait trois enfans, Jupiter, Neptune et Pluton.
2. Noé et sa femme sortirent des eaux du déluge.	2. Plusieurs poëtes font sortir Saturne et sa femme de l'Océan et de Thétis.
3. Noé ne sauva du déluge que ses trois fils.	3. Saturne dévora tous ses enfans, à l'exception de trois.
4. Sem, Cham et Japhet partagèrent la terre après la confusion des langues.	4. Saturne divisa le monde à ses trois fils.
5. L'Ecriture le dit en termes formels de Noé.	5. On attribue à Saturne l'honneur d'avoir le premier planté la vigne.
6. Cham insulta son père Noé, et entreprit d'usurper la portion de Sem.	6. Jupiter persécuta Saturne, et le chassa du ciel.
7. Cela se rapporte à l'arche merveilleuse de Noé, où il se réfugia.	7. Le navire était le Symbole de Saturne, il s'en servit pour venir en Italie se sauver de la colère de Jupiter.

D. Qu'y a-t-il à remarquer sur Janus?

R. On représente ce roi avec deux visages, un par-devant, qui marque sa sage prévoyance, et un par-derrière, qui est la marque de la mémoire qui lui rappelait les choses passées. Numa Pompilius, second roi de Rome, lui bâtit un temple qui était ouvert pendant la guerre, et qu'on fermait pendant la paix.

D. Comment représente-t-on Saturne?

R. On lui donne une figure de vieillard, avec une longue barbe, des ailes, un sablier et une faux à la main; emblêmes du Temps, qui est très-ancien, qui passe vite, et qui détruit tout. La Vérité, sa fille et mère de la Vertu l'accompagne quelquefois. On la peint avec un air majestueux et vêtue simplement, un miroir à la main, ou bien au fond d'un puits, tant elle est difficile à trouver.

D. *Comment s'appelait la femme de Saturne?*

R. Elle était connue sous divers noms, on lui donnait ceux de Cybèle, Vesta, Rhéa, Dyndimène, Berecinthe, Palès, etc. Comme présidant à la terre, on la peint assise, un lion à ses pieds, tenant une corne d'abondance et un tambour, sur sa tête elle a une couronne faite de creneaux de murailles. Sous le nom de Vesta ou déesse du feu, elle tient un flambeau à la main et répand des parfums sur le feu sacré. Considérée comme déesse des pâturages, des bergers, des troupeaux, on la nomme Palès et on la représente avec une brebis. Quelques-uns ont fait de Palès une divinité particulière.

D. *Que fit Jupiter lorsqu'il se vit maître de l'empire du monde?*

R. Il partagea avec ses frères, prit pour lui le ciel, donna le gouvernement des eaux à Neptune, et celui des enfers à Pluton. Au commencement de son règne il eut à soutenir la guerre des géans, si fameuse dans la fable, et qu'il vint à bout de terminer heureusement. Ces géans étaient des hommes d'une grandeur démesurée; quelques-uns avaient cent bras, et tous étaient d'une force extraordinaire.

D. *Jupiter n'eut-il point aussi quelque démêlé avec les dieux?*

(404)

R. Prométhée avait fait des hommes avec de la terre détrempée, et les avait animés du feu qu'il

avait tiré du soleil. Jupiter se croyant offensé, le fit attacher sur le mont Caucase, et lui fit dévorer le foie par un vautour. Les dieux, irrités de ce que Jupiter prétendait avoir seul le droit de créer les hommes, formèrent une belle femme, à qui ils donnèrent toutes les perfections. Mais Jupiter, sous prétexte de lui faire aussi son présent, lui donna une boîte dans laquelle tous les maux de la nature étaient renfermés. Le frère de Prométhée l'ayant ouverte, ils se répandirent sur la terre, et il ne resta au fond que la seule Espérance, dont on a fait une divinité allégorique, qu'on peint avec une corne d'abondance et appuyée sur une ancre. Jupiter avait pour messagère la Renommée ; elle allait jour et nuit ; on la peint avec des ailes et tenant dans chaque main une trompette. On peint Jupiter sur des nuages, tenant la foudre et ayant un aigle à ses côtés.

D. *Quelles furent les femmes de Jupiter?*

R. Il épousa d'abord Junon, sa sœur, et il en eut Hébé, déesse de la jeunesse, qui épousa Hercule et qu'on peint avec sa massue, tenant de l'autre côté une aiguière parce qu'elle versait à boire aux dieux. Jupiter eut aussi de Junon Vulcain. Celui-ci étant tout contrefait, son père le précipita d'un coup de pied dans l'île de Lemnos, où il devint le dieu des forgerons. C'était lui qui faisait les foudres de Jupiter; il avait pour compagnons les Cyclopes, monstres qui n'avaient qu'un œil au milieu du front. Jupiter épousa ensuite d'autres femmes dont il eut plusieurs enfans.

D. *Que faut-il savoir de Junon?*

R. Cette déesse, fille de Saturne et de Cybèle, et femme de Jupiter, était regardée comme la reine des dieux, la déesse des royaumes, des richesses. Elle présidait aux mariages: on la nomme en cette occasion Lucine. On la représente richement parée, ayant à son côté un paon: c'était son espion, nommé Argus, qui fut tué par Mercure, et qu'elle changea en cet oiseau; Iris était sa messagère: c'est l'arc-en-ciel.

D. *Qu'était-ce que Thémis?*

R. Elle fut aussi femme de Jupiter; elle en eut la *Paix*, dont les attributs sont l'abondance, le commerce et les arts. Thémis présidait à la justice; on la peint avec une balance d'une main et une épée de l'autre.

D. *Quels étaient les dieux de la guerre chez les Payens?*

R. Ils en comptaient plusieurs, savoir: Pallas, Mars et Bellone. Pallas sortit du cerveau de Jupiter toute

armée, la lance à la main. Cette déesse portait aussi le nom de Minerve, et alors elle présidait aux sciences et aux arts dont on voit souvent les attributs autour d'elle. Mars était fils de Jupiter et de Junon; on le représente le casque en tête et l'épée à la main, souvent sur un char. Bellone, qu'on voit armée de pied en cap, lançant le flambeau ou foudre de guerre, était sa sœur.

D. *De qui Apollon était-il fils?*
R. De Jupiter et de Latone. Il naquit dans l'île de Délos. Ce dieu présidait à la médecine, à la musique et à la poésie. Il eut un fils nommé Esculape, qui est regardé plus particulièrement comme le dieu de la médecine. Esculape avait un temple à Epidaure, d'où l'on prétend qu'il se rendit à Rome sous la figure d'un serpent. On peint Apollon son père avec la lyre.

D. *N'arriva-t-il pas quelques disgrâces à Apollon?*
R. Ce dieu ayant tué les Cyclopes qui avaient forgé les foudres dont Jupiter avait frappé Esculape, fut banni du ciel pour un temps. Il fut d'abord réduit à l'état de berger, mais ayant tué par inadvertance le petit Hyacinthe, qui fut changé en fleur, il se retira dans la Troade, et se joignit à Neptune pour bâtir les murailles de la ville de Troie.

D. *Apollon n'est-il pas aussi regardé comme le soleil?*
R. Les poètes confondent souvent Apollon et Phœbus: cependant lorsqu'on parle du soleil, il est plus

à propos de le nommer Phœbus, et, en ce cas, il est fils d'un des Tytans, nommé Hypérion. On feint qu'il est porté sur un char de vermeil, attelé de quatre chevaux de front que les Heures sont chargées d'atteler. Il eut un fils nommé Phaéton, qui, ayant eu la témérité de vouloir conduire le char de son père, pensa embrâser le ciel et la terre, et fut frappé de la foudre par Jupiter: il alla tomber dans l'Eridan.

D. *Quelles étaient les muses?*

R. Elles passaient pour être filles de Jupiter et de Mnemosyne; on en comptait 9, savoir:

CLIO.　　　THALIE.　　　MELPOMÈNE.

Cette muse, chargée de la gloire des héros, est couronnée de lauriers et tient le livre de l'immortalité.

Muse de la satyre, est quelquefois couronnée de lierre et a toujours un masque à la main.

Muse de la tragédie, offre l'image d'une douleur héroïque et s'incline sur une urne funéraire.

EUTERPE. Cette muse qui préside à la musique et à la poésie pastorale tient une double flûte.

TERPSICHORE. Elle préside à la danse, on la peint dansant et s'accompagnant sur la harpe.

ERATO. C'est la muse de la poésie lyrique, ses attributs sont la lyre, un flambeau et l'amour.

POLYMNIE. Muse de l'éloquence; elle est enveloppée d'un manteau. On lui attribue l'invention de la lyre.

URANIE. Muse de l'astronomie, est couronnée d'étoiles, et mesure avec un compas un globe céleste.

CALLIOPE. Muse de la poésie héroïque ou épique, embouche la trompette et se tient sur des faisceaux d'armes.

Les muses étaient sous la conduite d'Apollon, et habitaient le mont Hélicon et le mont Parnasse.

D. *Que dit-on de Pluton et de Proserpine?*

R. Ils régnaient dans les enfers. Proserpine était fille de Jupiter et de Cérès. Un jour qu'elle cueillait

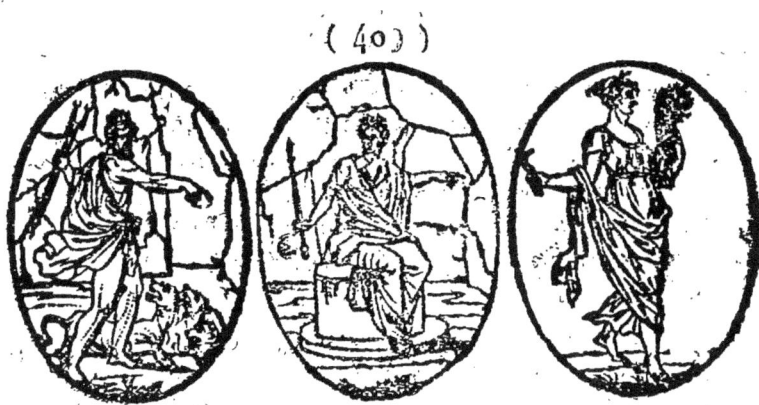

des fleurs au pied du mont Etna, elle fut enlevée par Pluton. Cérès la chercha par toute la terre, et ayant découvert le lieu où elle était, elle obtint que sa fille passerait six mois au ciel et six mois aux enfers. On peint Pluton avec un bident ou fourche à la main. Cerbère, chien à trois têtes, est à ses côtés. Proserpine, assise sur une pierre, tient un sceptre. On considère Cérès comme la déesse des blés, et on la représente avec des épis et une faucille, ou quelquefois même tenant un flambeau, parce qu'elle s'en était servie en cherchant sa fille Proserpine.

D. *Rapportez-nous l'histoire de Bacchus?*

R. Il était fils de Jupiter et de Sémélé. On le regardait comme le dieu du vin, parce qu'il avait appris aux hommes à cultiver la vigne. Il était représenté sous la figure d'un bel enfant ou d'un jeune homme couronné de pampres ou de lierre, une peau de tigre sur l'épaule, le thyrse à la main, et quelquefois dans un char traîné par des tigres. Silène, vieux satyre et nourricier de Bacchus, le suivait partout, monté sur son âne, et s'enivrait tous les jours. Bacchus eut un fils nommé Priape, dont les païens firent une divinité abominable ; il présidait à toutes les débauches. On le représente avec une barbe négligée et une faucille à la main.

D. *Les principales actions de la vie de Bacchus peuvent-elles être rapportées à celles de Moïse ?*

R. Oui, en voici le rapport :

1. *Moïse était Egyptien ; il fut abandonné sur le Nil. On l'appela Moïse, parce qu'il avait été sauvé des eaux.*

1. Bacchus naquit en Egypte, dans l'île de Naxe, où on le trouva exposé. Il fut retiré des eaux, et surnommé *Myses*, c'est-à-dire, *Sauvé des eaux*.

2. *Moïse en eut aussi deux, Jocabed et la fille de Pharaon, qui, selon Philon, feignit d'être grosse et d'en être accouchée.*

2. Bacchus eut deux mères, Jupiter et Sémélé.

3. *Moïse passa 40 jours sur la montagne de Sinaï, enveloppé dans les flammes et dans les éclairs, du milieu desquels il sortit comme un homme nouveau.*

3. Bacchus naquit au milieu des éclairs et des foudres de Jupiter, d'où il fut nommé *Enfant du feu*.

4. *Moïse demeura 40 jours sur le mont Sinaï, dont Nisa est l'anagramme.*

4. Bacchus fut élevé sur une montagne nommée Nisa.

5. *Je vous ordonne, dit Dieu à Moïse, de tirer mon peuple de l'Egypte, pour aller se saisir des pays des Chananéens, des Héthéens ; et ne craignez pas tous ces rois, je les ai livrés entre vos mains, avec tout leur peuple. Exode 3, 17.*

5. Bacchus reçoit de Jupiter l'ordre de défaire les rois d'Arabie et des Indes, d'exterminer leurs peuples, et de faire avec son thyrse des exploits dignes du ciel.

6. *Moïse traversa aussi cette mer avec une pareille armée composée d'hommes et de femmes, pour aller à la terre promise.*

6. Bacchus passa la mer Rouge avec une armée composée d'hommes et de femmes, pour aller à la conquête des Indes.

7. *Moïse défit des armées nombreuses, prit des villes fortes, abattit les géants de la race d'Enoch.*

7. Bacchus mit en pièces des géants, défit de puissantes armées.

8. *Moïse est le législateur*

8. Bacchus fut grand légis-

des Juifs ; il leur donna la loi écrite sur deux tables.

9. Moïse portait deux rayons de lumière sur son front, et tenait une verge miraculeuse, convertie de même en serpent en présence de Pharaon.

10. Ce sont les eaux du rocher frappé par la verge de Moïse, et les flammes sorties de la terre, pour consumer Coré, Dathan et Abiron.

11. Ce sont les ténèbres dont l'Egypte fut couverte pendant qu'il faisait un jour fort clair pour tout le peuple d'Israël.

12. Ce sont les expressions de l'Ecriture pour peindre la terre où Moïse conduisait les Israélites. Exod. 3, 17.

13. Ce trait est tiré de l'histoire de Josué, successeur de Moïse, et confondu avec lui.

14. C'est l'histoire des Betsamites, punis pour avoir voulu trop curieusement voir l'arche sainte.

15. Moïse fit sortir l'eau du rocher d'Oreb, en le frappant de sa verge.

lateur, et donna, selon Orphée, ses lois en deux tables.

9. On représente Bacchus avec des cornes et un thyrse à la main, orné de serpens entortillés. Ce thyrse jeté par terre, s'était changé en serpent.

10. Bacchus faisait sortir de l'eau des rochers, en les frappant de son thyrse, et des flammes de la terre, en la frappant de même.

11. Bacchus et son armée jouissaient d'une claire lumière, et ses ennemis étaient dans les ténèbres.

12. Pour dépeindre le pays où Bacchus conduisait toute sa suite, la fable dit qu'il découlait de vin, de lait, de miel.

13. Bacchus arrêta le soleil, et l'obligea de retarder sa course pour prolonger le jour.

14. Eurypyle fut puni par Bacchus, pour avoir, par curiosité, ouvert une caisse où l'image de ce dieu était enfermée.

15. Bacchus frappa la terre de son thyrse, et en fit sortir une fontaine de vin.

Malgré les altérations inévitables dans les traditions par le temps et le passage d'une nation à une autre, on ne peut méconnaître ici que l'histoire de Bacchus ne soit une copie de celle de Moïse, ni désirer une ressemblance plus sensible.

D. Qu'était-ce que Diane?

R. Les poëtes donnent différens noms à cette déesse, sœur d'Apollon, et la confondent avec d'autres divinités dont ils lui attribuent les fonctions. Sous le nom de Diane, elle préside aux forêts ; c'est

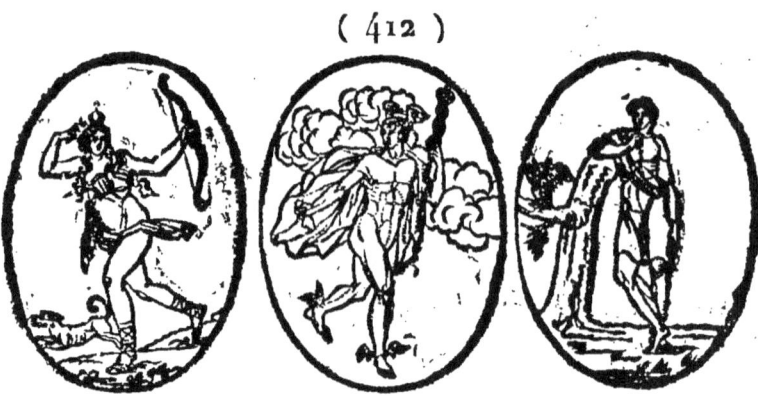

la déesse de la chasse, et on la peint avec un arc et un chien. Si on la regarde comme la lune, on la nomme Phœbé et alors elle préside aux enchantemens. Enfin si elle est prise pour Hécate, elle préside aux enfers, et on la confond avec Proserpine.

D. *De qui Mercure était-il fils?*

R. De Jupiter et de Maïa. Il était le messager des dieux; c'est pourquoi il avait des ailes aux talons. Il portait dans la main une baguette entre deux serpens, cette baguette se nommait caducée. C'était lui qui conduisait les âmes des morts aux enfers. Il présidait aussi au commerce. Il épousa Muta, déesse du silence. Celle-ci est quelquefois prise pour Harpocrate qui a les mêmes attributions, et qu'on représente à demi vêtu et tenant le doigt sur la bouche.

D. *Avec quelle partie des livres Saints peut-on trouver des rapports dans l'histoire de Mercure?*

R. Avec celle de Chanaan.

1. *Le mot Chanaan en hébreu, signifie* marchand.	1. Mercure était le dieu du commerce.
2. *Chanaan a été condamné à être le serviteur de ses frères.*	2. Mercure était le serviteur et le ministre des autres dieux.
3. *Les Chananéens entreprirent les premiers de grands voyages.*	3. Mercure était le dieu des chemins et des voyages.
4. *C'est des Chananéens et des Phéniciens que les Grecs apprirent les lettres.*	4. Mercure a été reconnu pour le dieu de l'éloquence et des beaux arts.
5. *Chanaan habitait une terre où coulaient des ruisseaux de lait.*	5. On offrait du lait à Mercure.

(413)

D. *Quelle était Vénus?*

R. C'était une fille de Jupiter et de Dioné. Elle passe pour la déesse des amours. Elle avait deux fils, Cupidon, dieu de l'amour, qu'on peint comme un enfant ou un beau jeune homme avec des ailes, un arc et un carquois. Son second fils, appelé Hymen, présidait aux mariages; on le peint avec une couronne et un flambeau. Vénus avait encore des filles; c'étaient les trois Grâces. Elles président à tous les arts de goût et d'agrément. On les représente nues ou légèrement vêtues, pour montrer que la beauté doit être naturelle.

D. *Quel était le dieu de la mer?*
R. Nous avons déjà vu que Jupiter donna à Neptune l'empire des eaux. Neptune avait pour femme

(414)

Amphytrite. Les principales divinités, après lui, étaient l'Océan, fils de ce Dieu, qui, ayant épousé Thétis, en eut Nérée et Doris. La Fortune était aussi fille de l'Océan; on la peint avec un bandeau sur les yeux, le pied sur une roue, et répandant au hasard une corne d'abondance. De Nérée et Doris sortirent plusieurs nymphes, dont les unes furent appelées Néréides, parce qu'elles présidaient à la mer; les autres étaient les Naïades, qui avaient inspection sur les fontaines et les rivières: d'autres enfin sont connues sous le nom de Napées, de Dryades, d'Hamadryades; elles habitaient les forêts, les prés et les montagnes.

On représente Neptune debout sur une vaste coquille, tirée par deux chevaux marins, et ayant dans la main une fourche à trois dents. Amphytrite a un semblable char.

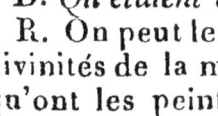

D. *Qu'étaient les Syrènes?*
R. On peut les ranger parmi les divinités de la mer par l'habitude qu'ont les peintres de les représenter moitié femmes, moitié poissons. Ces monstres chantaient dit-on avec tant de mélodie qu'elles attiraient les passans et ensuite les dévoraient. Beaucoup de poëtes et d'anciens auteurs dépeignent les Syrènes, moitié femmes, moitié oiseaux.

D. *Que dites-vous d'Eole?*
R. Il était fils de Jupiter et régnait sur les vents. Eolie, son royaume était composé de sept petites

îles, entre la Sicile et l'Italie. On le peint sur des nuages disposant des tempêtes et ayant à ses pieds les vents sous la forme de têtes bouffies. Borée et Zéphire étaient ses principaux enfans ; on peint le premier soufflant avec effort, et Zéphire avec des ailes de papillon.

D. *Quelles sont les divinités des enfers ?*

R. Nous avons déjà dit que le souverain des enfers était Pluton, frère de Jupiter ; ses états étaient l'empire des morts : il y avait un endroit pour récompenser les bons, ce qu'on appelait les Champs-Elisées ; et un autre où les méchans étaient punis, et qu'on appelait le Tartare. Les fleuves de l'enfer sont l'Achéron, le Cocyte, le Phlégéton et le Styx. Cerbère, chien à trois têtes, était le portier de ce séjour ténébreux. Eaque, Minos et Rhadamante, jugeaient les âmes qui y descendaient. Mégère, Tysiphone et Alecton étaient trois furies chargées de tourmenter les criminels ; elles ont des serpens pour cheveux et des torches à la main. Clotho, Lachésis et Atropos filaient la vie des hommes ; on les nommait les trois Parques.

D. *Quelle description plus particulière les poëtes ont-ils fait de l'enfer des payens ?*

R. On le représente dans un lieu sombre et plein de feu ; outre les divinités dont nous avons parlé, on y voit la Mort, la plus implacable des déesses. Némésis, déesse de la vengeance, qui châtie ceux qui ont abusé des présens de la Fortune. On la représente avec des ailes, tenant une torche enflam-

(416)

mée et des serpens. Sa tête est couronnée et surmontée d'un bois de cerf. On voit dans les enfers le vieux Caron qui passe dans sa barque les âmes des morts, sur l'Achéron, le Styx et le Cocyte: le chien Cerbère est le portier de l'enfer; on y voit Titye, à qui un vautour déchire les entrailles; Tantale est au milieu des eaux, sans qu'il en puisse boire, sans pouvoir manger des fruits qui pendent sur sa tête, et cela en punition de ce qu'il servit aux dieux les membres de son fils Pélops. Sysiphe, pour avoir trahi les amours de Jupiter, y roule une grosse pierre qui tombe au pied de la montagne autant de fois qu'il la porte au sommet. Ixion, pour avoir attenté à l'honneur de Junon, y est attaché à une roue qui tourne sans cesse. On y voit encore les cinquante Danaïdes, filles de Danaüs, qui s'efforcent inutilement de remplir d'eau une cuve percée. On y ajoute aussi les Champs-Elisées, où sont les âmes des héros, et de ceux qui ont gardé la justice.

D. *Quelles étaient les divinités champêtres des Payens?*

(417)

R. Nous avons parlé de *Cérès*, déesse des blés, de *Palés* qui présidait aux troupeaux, nous y ajouterons Pan, le premier de ces dieux, et suivant quelques-uns le dieu de toute la nature. On le représente avec le corps d'un homme et les jambes d'un bouc. Vertumne, dieu de l'automne, qui pouvant se métamorphoser comme il voulait, était adoré sous mille formes différentes. On le peint ordinairement avec un masque. Pomone, déesse des vergers, femme de Vertumne; elle est entourée de corbeilles de fruits.

D. *Les Payens n'avaient-ils pas aussi divinisés le Sommeil et la Nuit?*

R. Ils honoraient le Sommeil sous le nom de Morphée, et le peignaient avec des ailes de chauve-souris, endormi et entouré de pavots. La Nuit est représentée avec un grand manteau parsemé d'étoiles et la lune sur la tête. Morphée et la Nuit eurent un fils appelé Momus, qui fut le dieu de la raillerie; il présidait aux jeux et aux amusemens de l'Olympe

S 3

Il a l'air jovial, tient une marotte à la main et est coiffé d'un bonnet garni de grelots.

D. *Ne connaissez-vous pas encore quelques autres divinités ?*

R. On en compte encore beaucoup de subalternes et d'allégoriques ; nous nous bornerons à parler ici des principales.

Dans les divinités champêtres on remarque Flore, déesse des fleurs, qui en est couronnée et qui les répand autour d'elle. Les payens reconnaissaient aussi un dieu des festins, c'était Comus qu'on voit prêt à vider une coupe. Ils avaient des dieux domestiques nommés Lares ou Pénates. Chaque personne avait un génie qui naissait et mourait avec elle ; on le peignait en jeune homme avec des ailes et une flamme sur la tête.

D. *Faites-nous connaître quelques autres divinités allégoriques ?*

R. La *Prudence*, on la représentait avec un miroir et un serpent à la main. La *Félicité*, assise sur son

trône comme une reine, répand une corne d'abondance. La *Fidélité*, deux femmes qui se donnent la main sur un autel, représentent ordinairement cette déesse.

La *Providence* était figurée par une femme appuyée sur une colonne, tenant d'une main une corne d'abondance, et indiquant de l'autre un globe qui représente l'univers ; l'*Amitié* était peinte comme une femme qui tient l'emblème des saisons, pour montrer qu'elle est égale en tous temps. Son autre main appuyée sur son cœur, tient une légende sur laquelle on lit *de loin et de près*. La *Liberté* est appuyée sur une table des lois et tient une épée pour les défendre.

D. *Continuez à nous faire connaître les Divinités allégoriques?*

R. Les Payens rendaient un culte à la *Pâleur* et à la *Peur*. On peint celle-ci précédée d'un lièvre ;

ses cheveux sont hérissés, et elle a des oreilles d'âne. La figure de la paleur est maigre et allongée, les cheveux et le regard abattus. On honorait le

Destin, qui, né du cahos, gouvernait tout par une nécessité absolue. On le peint aveugle sous la forme d'un vieillard, tenant dans une urne le sort des humains ; devant lui est un livre dans lequel l'avenir est écrit. La *Pudeur*, qu'on peint montrant son front, pour indiquer qu'il est pur et sans tache. Le Dieu *Terme* qu'on plaçait dans les terres pour distinguer

les propriétés. Une pierre, un morceau de bois étaient le symbole de cette divinité, plus communément représentée en une pierre de forme pyramidale, surmontée d'une tête. On peint l'envie avec des yeux égarés et le teint livide, coiffée de couleuvres, ayant des vipères à la main et un serpent qui lui ronge le sein. La *Discorde* a la tête remplie de serpens ; elle tient une torche et un poignard d'une main, une couleuvre et du poison de l'autre ; elle a des aîles de chauve-souris.

Il sera du reste facile de suppléer aux divinités allégoriques que nous supprimons ; les poètes et les anciens, en parlant d'elles dans leurs ouvrages, s'attachent à les dépeindre et on les reconnaît toujours ausi très-aisément.

Outre les divinités dont nous avons parlé, chaque ville, chaque famille, chaque maison et même chaque particulier avait, chez les payens, ses dieux domestiques à qui l'on s'adressait pour les affaires personnelles et que chacun invoquait comme ses patrons dans les dangers où il se trouvait. On les nommait communément *Lares* et *Pénates*.

DES DEMI-DIEUX

OU

HÉROS DE L'ANTIQUITÉ.

D. *Qu'entendez-vous par les demi-dieux ?*
R. J'entends ceux qui, étant nés de mères mortelles, tiraient leur origine de quelque dieu.
D. *Rapportez-nous les histoires de ces demi-dieux ?*
R. Je commence par Persée.

Persée.

Acrise, roi d'Argos, ayant appris de l'oracle qu'il périrait par l'enfant que sa fille Danaé mettrait au monde, enferma celle-ci dans une tour d'airain ; mais Jupiter s'étant changé en pluie d'or, épousa secrètement Danaé, qui mit au monde un fils à qui on donna le nom de Persée. Acrise ayant eu connaissance de ce qui se passait, fit jeter l'enfant dans la mer, mais il fut retiré par des pêcheurs. Étant devenu grand, il tua son grand-père sans le connaître. Par le secours des ailes de Mercure et du bouclier de Minerve, il fit de belles actions. Il coupa la tête à Méduse, dont les cheveux étaient des serpens, et qui avait la vertu de changer en pierre ceux qui la regardaient. Il changea Atlas en montagne, en lui présentant cette tête. Il délivra Andromède qui était exposée sur un rocher pour être dévorée par un monstre marin. Ayant épousé cette princesse, il fut obligé de combattre contre Phinée, qui voulait la lui ravir. Phinée fut changé en pierre, ainsi que ses compagnons. Enfin, Persée fut mis au nombre des constellations.

Hercule.

Le plus grand des héros de l'antiquité est sans contredit Hercule, fils de Jupiter et d'Alcmène. Dès le berceau il donna des marques de sa force, ayant déchiré deux serpens que Junon avait envoyés pour le faire périr. Il entreprit, par ordre d'Eurysthée, roi de Micène, diverses aventures qu'on nomme communément les douze travaux d'Hercule. Il arrêta et étrangla un lion furieux dans la forêt de Némée; tua l'hydre de Lerne, qui avait sept têtes; fit mourir un effroyable sanglier dans la forêt d'Erimanthe; attrapa une biche qui avait les pieds d'airain et les cornes d'or; mit en fuite les harpies qui couvraient le lac Stymphale; vainquit les amazones, qui étaient des femmes guerrières; détourna un fleuve et le fit entrer dans les étables d'Augias, roi d'Elide, pour les nettoyer; se saisit d'un taureau qui jetait feu et flammes; fit périr trois tyrans, savoir : Diomède, roi de Thrace, qui nourrissait ses chevaux de chair humaine; Busiris, roi d'Egypte, qui égorgeait les étrangers sur les autels de Jupiter; et Géryon, roi d'Espagne, qui avait trois corps, et qui exerçait aussi de grandes cruautés. Hercule enleva les pommes d'or du jardin des Hespérides, et tira des enfers le chien Cerbère. Tels sont les douze travaux d'Hercule, si vanté dans la fable. Il fit, outre cela, d'autres belles actions; car il tua Cacus, insigne voleur, et le géant Antée, fils de la Terre, qu'il fut obligé d'étouffer en le soulevant, parce que sa mère lui prêtait de nouvelles forces; il vainquit en combat singulier le fleuve Achéloüs, et sépara deux montagnes, ce qui donna lieu au détroit de Gibraltar, par lequel l'Océan forma la Méditerranée; mais ce grand homme eut la faiblesse de prendre un habit de femme, et de se servir de la quenouille chez Omphale, reine de Lydie. Comme il sacrifiait sur le mont OEta, sa femme Déjanire lui envoya un voile teint du sang du centaure Nessus, comme un remède à son indifférence. A peine en fut-il couvert, qu'il sentit un feu caché qui le dévorait. Pour mettre fin aux maux qu'il souffrait, il fut obligé de se brûler, et il fut mis au nombre des Dieux. On le représente sous l'air d'un homme robuste, appuyé sur sa massue et ayant sur ses épaules la peau du lion de Némée.

D. *Que remarquez-vous au sujet de l'histoire d'Hercule?*
R. C'est que plus on examine ce fantôme de l'imagination de tant de poètes, plus on y aperçoit des traits sensibles de l'histoire de Josué et de Samson.

1. *Manué épouse une femme à qui un ange promet un fils d'une force extraordinaire.*

2. *Samson fait, dès sa première jeunesse, des prodiges de force, déchire un lion, fait de grands carnages des Philistins.*

3. *Samson prend trois cents renards, les lie l'un à l'autre par leurs queues, y attache des flambeaux allumés, et les chasse au milieu des blés, des vignes, des oliviers, qui furent entièrement consumés.*

4. *Josué combattant pour les Gabaonites contre les cinq rois Amorrhéens, le ciel fit tomber sur ceux-ci de grosses pierres qui les firent périr.*

5. *Samson défit mille Philistins avec une mâchoire d'âne.*

1. Jupiter épouse Alcmène, et lui promet un fils distingué par sa force.

2. Hercule se saisit, encore enfant, de deux serpens monstrueux qui se jetaient sur lui, défit le lion de Némée, vainquit les Nymiens, et mit sa patrie en liberté.

3. C'est l'origine de la cérémonie qu'on pratiquait à Rome tous les ans : on faisait courir dans le cirque des renards liés ensemble, avec des torches attachées à leur queue. *Cela venait,* dit Ovide, *d'un pays où des renards, attachés dans de la paille et du foin qu'on avait allumés, avaient porté le feu dans les moissons.* Fast. 14.

4. Hercule combattant contre les Liguriens, Jupiter lui envoya le secours d'une pluie de cailloux.

5. Hercule abattait les géans et défaisait ses ennemis avec une massue.

6. Après la défaite des Philistins, Samson allait périr de soif, lorsque Dieu fit sortir d'une dent de cette mâchoire une fontaine.

6. Quand Hercule eut défait le dragon qui gardait le jardin des Hespérides, et qu'il se vit en danger de périr de soif, les dieux firent sortir une fontaine d'un rocher qu'il frappa au pied.

7. La force prodigieuse de Samson était accompagnée d'une faiblesse surprenante pour les femmes.

7. La fable n'a pas oublié ce caractère de faiblesse pour les femmes dans son Hercule.

8. Samson, dont la force était attachée à ses cheveux, confie son secret à Dalila, sa maîtresse, qui le trahit, lui coupa les cheveux pendant qu'il dormait, et le mit, dépouillé de toute sa force, entre les mains des Philistins.

8. La fable, qui défigure tout ce qu'elle touche, transporte cette aventure à Nisus, roi de Mégare, et à Scylla sa fille. Scylla ayant pris de la passion pour Minos, qui assiégeait Nisus dans sa capitale, trahit son père, lui coupa le cheveu fatal, et le livra entre les mains de son ennemi.

9. Samson finit sa vie étant le jouet de ses ennemis, et renversant un édifice qui contenait une multitude assemblée, qui y périt.

9. Hérodote rapporte que, Hercule étant destiné pour être sacrifié à Jupiter, fut orné comme une victime, et amené avec pompe au pied de l'autel, et qu'il massacra tous les spectateurs de la pompe et du sacrifice.

Thésée.

Thésée, fils d'Egée, roi d'Athènes, était parent et contemporain d'Hercule. Il voulut aussi se distinguer par de grandes actions. Il fit mourir plusieurs tyrans : tels étaient Phalaris en Sicile, qui faisait brûler des hommes dans un taureau d'airain; Scyron, qui faisait jeter dans la mer tous les étrangers; Procuste, qui ordonnait qu'on coupât les jambes à ceux qui excédaient la longueur de son lit. Il vainquit le Minotaure, demi-homme et demi taureau, à qui les Athéniens étaient obligés d'envoyer tous les ans un certain nombre de jeunes garçons et de jeunes filles pour être dévorés, en punition de ce qu'ils avaient fait mourir Androgée, fils de Minos, roi de Crète. Thésée s'étant ensuite lié d'amitié avec Pirithoüs, punit les Centaures (demi-hommes et demi-chevaux) qui avaient massacré les sujets de Pirithoüs, le jour de son mariage avec Hippodamie. Ces deux amis voulurent enlever Proserpine; mais Pirithoüs fut dévoré par Cerbère, et Thésée ne fut délivré qu'à la prière de Neptune.

Thésée avait eu un fils de sa première femme, nommée Hippolyte, reine des Amazones. Ce fils, nommé aussi Hippolyte, fut faussement accusé par Phèdre, sa belle-mère; Thésée, trop crédule, le chassa de ses états; mais comme ce jeune prince passait sur le bord de la mer, ses chevaux furent effrayés par un monstre marin; ils prirent le mors aux dents, et brisèrent le char où était Hippolyte, qui fut lui-même déchiré le long des rochers. Esculape le ressuscita; il fut nommé Virbius, habita les forêts, et épousa la nymphe Aricie.

Les Epirotes ayant fait Thésée prisonnier, Menesthée s'empara de ses états. Thésée étant retourné à Athènes, chassa l'usurpateur du trône, y remit ses enfans et gouverna parfaitement son peuple. Après sa mort on lui dressa des autels.

Bellérophon.

Il était fils de Glaucus, roi d'Epire. Ayant tué par malheur à la chasse son frère Pirenne, il alla se réfugier chez Prœtus, roi d'Argos, et plut à Antée sa femme. Celle-ci n'ayant pu faire partager ses coupables amours à Bellérophon, elle le calomnia auprès de son époux. Prœtus ne voulant point violer les droits de l'hospitalité, l'envoya en Lycie, avec des lettres adressées à Iobatès, père d'Antée, à qui il recommandait de l'exposer à des périls qui lui procurassent une mort certaine. En conséquence Bellérophon eut ordre d'aller combattre la Chimère, monstre affreux et terrible qui, vomissant le feu et la flamme, désolait la Lycie. Il monta le cheval Pégase et défit ce monstre. On lui suscita une infinité d'ennemis dont il triompha par sa valeur et son adresse. Il dompta les Solymes, les Amazones et les Lyciens, ensuite il épousa Philonoé, fille d'Iobatès, pour prix de ses belles actions, et après avoir prouvé son innocence. Antée, dévorée de remords, s'empoisonna.

Castor et Pollux.

On sait peu de chose de ces deux frères jumeaux, fils de Jupiter et de Léda. Ils ne sont célèbres que par leur intime amitié, et par leurs exploits sur mer contre les pirates. Ils suivirent Jason dans la Colchide, pour la conquête de la toison d'or, et s'aimaient si tendrement qu'ils ne se quittaient point. Jupiter donna l'immortalité à Pollux, qui la partagea avec Castor, en sorte qu'ils vivaient et mouraient alternativement. On leur dédia plusieurs temples. On les honorait comme dieux marins; cependant ils furent mis parmi les constellations : c'est ce qu'on appelle les jumeaux.

Orphée.

Ce prince des musiciens, était fils d'Apollon et de la muse Calliope. La mélodie de sa voix avait la vertu d'arrêter le cours des rivières, d'apaiser les tempêtes, d'attirer les animaux les plus sauvages, et de donner du mouvement aux arbres et aux rochers. Sa femme Euridice ayant perdu la vie par la piqûre d'un serpent, il descendit aux enfers et sa voix charma tellement Pluton, qu'il lui accorda le retour de sa femme, à condition cependant qu'il ne se retournerait pas jusqu'à ce qu'il fût sur la terre; mais son impatience lui ayant fait oublier les ordres qu'il avait reçus, il se retourna pour voir si Euridice le suivait. Aussitôt elle fut contrainte de rentrer dans les enfers. Orphée en eut tant de chagrin, qu'il ne voulut plus avoir aucun commerce avec les femmes. Les dames de Thrace, se croyant méprisées, le mirent en pièces pendant les fêtes de Bacchus. Il fut, dit-on, métamorphosé en cygne, et sa lyre (instrument de musique), fut mise parmi les étoiles.

Jason et les Argonautes.

Ætha, roi de Colchide, possédait une toison d'or que Phrixus, fils d'Athamas, avait apportée de Thèbes en Colchide. Ætha l'avait placée dans un champ consacré à Mars. Elle était suspendue à un arbre, et elle était gardée par un dragon qui ne dormait jamais, et par des taureaux qui jetaient du feu. Jason, fils d'Eson, fut envoyé par son oncle Pélias, roi de Thessalie, à la conquête de cette toison d'or. Plusieurs héros se joignirent à lui; et après diverses aventures, ils arrivèrent en Colchide. Jason ayant mis dans ses intérêts Médée, fille du roi, et grande magicienne, il vint à bout d'endormir le dragon, et de dompter les taureaux; il emporta la toison. Médée le suivit jusqu'en Thessalie, où elle rajeunit Eson par la force de ses enchantemens, et fit périr Pélias pour se venger de ce qu'il avait exposé Jason son époux, en l'envoyant à la conquête de la toison. Jason lui ayant été infidèle, elle brûla le palais de sa rivale, massacra les enfans qu'elle avait eu de lui et se retira à Athènes où elle épousa le roi Egée.

D. *Quels traits marqués de l'histoire des Israélites en Egypte et dans le désert, trouvez-vous dans l'his-*

toire des Argonautes pour la conquête de la toison d'or?
R. Les voici :

1. Athamas eut un fils nommé *Phryxus*, qui veut dire *ris*.

2. Il y eut une violente jalousie entre les deux premières femmes d'Athamas, Ino et Néphélé.

3. Néphélé fut renvoyé par Athamas.

4. Athamas fit mourir ou chassa Mélicerte qu'il avait d'Ino ; et, ayant quitté le pays qu'il habitait, il alla s'établir ailleurs par ordre du ciel, et y épousa une troisième femme.

5. La mort de Phryxus est ordonnée par les oracles; Athamas le conduit à l'autel, et tout près de l'immoler, un bélier, envoyé par Jupiter, se présenta et leur parla.

6. Pélias donne des ordres précis de faire mourir tous les descendans d'Athamas et d'Eole dans ses états. Les parens de Jason, encore enfant, firent semblant de l'enterrer, comme mort : cependant, par une nuit obscure, ils l'emportèrent, enfermé dans une boîte, dans l'antre de Chiron, où il fut élevé travaillant à la terre et gardant les troupeaux.

7. Jason paraît devant Pélias, demande la restitution du royaume. Pélias la lui promet avec serment, et, pour l'exposer à des dangers invincibles, il l'engage dans une navigation et une expédition sans apparence de retour, qui étaient le voyage à Colchos, et la conquête de la toison d'or.

1. Le nom d'Isaac, fils d'Abraham, signifie la même chose.

2. Comme entre Sara et Agar, à l'occasion de leurs enfans.

3. Comme Agar fut renvoyée par Abraham.

4. Abraham chassa Agar et son fils, changea souvent de domicile par ordre du ciel, et épousa Cethura en dernier.

5. C'est une copie infidèle du sacrifice d'Isaac.

6. Pharaon donne des ordres pour faire mourir tous les enfans mâles des Hébreux : les parens de Moïse l'exposèrent, dans un panier, sur les eaux, d'où il fut nommé Moïse. Quand il fut grand, il se retira dans la terre de Madian, et garda les troupeaux de Jethro, roi d'Arabie.

7. Dieu apparaît à Moïse, lui ordonne de se mettre à la tête de son peuple, de le conduire hors de l'Egypte dans la terre de Chanaan : Pharaon permit à Moïse d'aller avec le peuple dans le désert, où on espérait qu'il périrait, selon Josephe.

8. D'illustres héros de toute espèce se joignent à Jason: Lyncée, à la vue perçante; Orphée, dont le chant faisait suivre les forêts et les rochers, et arrêtait le cours des fleuves; Hercule, Thésée, etc.

9. Hercule disparut dans le voyage, refusa d'être le chef, et déclara que la gloire de cette expédition appartenait à Jason.

10. Les chefs font construire, sous la conduite de Minerve, le grand et célèbre navire Argo, avec lequel ils parcourent les mers, les fleuves, les terres; et comme il portait les héros sur les eaux, ils le portaient sur leurs épaules au travers des terres.

11. Le navire Argo renfermait un mât de chêne de la forêt de Dodone, qui apprenait à cette troupe les volontés du ciel sur sa conduite.

12. Quand on vit les enfans des dieux prêts à mettre à la voile, le roi et les sages de sa cour eurent beaucoup de peine à laisser partir tant de héros.

13. Pélias fut consterné et enragé, quand il apprit qu'Acaste son fils était parti secrètement.

14. Jason ordonna un sacrifice: le dieu invoqué par Jason lui promit son secours parmi le tonnerre et les éclairs.

15. Ils étaient déjà en mer, lorsque Chiron court au rivage, avec sa femme, portant le

8. Ce sont les chefs dont Moïse composa le sénat qui gouvernait le peuple.

9. Moïse mourut dans le voyage, et laissa à Josué l'honneur d'introduire les Hébreux dans la terre promise.

10. Moïse fit faire, suivant les ordres et le modèle qu'il en reçut de Dieu, l'arche d'alliance. Le peuple parcourut les déserts avec l'arche, et, au passage du Jourdain, les lévites la portèrent sur leurs épaules.

11. Dieu parlait et répondait de l'arche à Moïse, sur les doutes qu'il avait pour la conduite du peuple.

12. Quand les Israélites sortirent de l'Egypte, le roi et les grands firent réflexion qu'ils avaient eu tort de laisser aller ainsi ce peuple.

13. C'est la copie défigurée du fils aîné de Pharaon, mort la nuit du départ des Israélites avec les autres aînés des Egyptiens.

14. Ce sont autant de traits de l'histoire des Israélites.

15. Jéthro vient trouver Moïse dans le désert avec sa femme et deux enfans, et lui

petit Achille; il leur donne des avis, et fait des vœux pour eux.

16. Le navire arrive à l'île de Lemnos, où il n'y avait qu'un seul homme; les femmes le séduisirent : de là ils abordèrent à une île habitée par des géans effroyables, la terreur de leurs voisins; ils vinrent attaquer les Argonautes, Hercule les défit.

17. La mère des dieux fait sortir en leur faveur une fontaine dans un endroit sec où il n'y avait point d'eau.

18. Hercule rompt sa lance avec ses grands efforts, va en couper une dans la forêt; les Argonautes se rembarquent, et aperçoivent à l'aurore qu'Hercule leur manque : on veut rebrousser chemin; les vents s'y opposent, un dieu marin apprend qu'Hercule ne devait pas mettre le pied dans la Colchide.

19. Les Argonautes parcourent différens climats; ils arrivent chez le malheureux Phinée, aveugle, persécuté par les Harpies, qui enlevaient tout ce qu'il voulait manger, et répandaient des ordures et une odeur insupportable sur ce qu'elles laissaient; de sorte qu'il mourait de faim et de langueur.

20. Phinée fut délivré des Harpies par Zéthès et Calaïs, fils de Borée, qui les chassèrent dans la mer Ionienne.

21. Ils quittent Phinée, élèvent sur la mer un autel à

donne d'excellens avis.

16. Ceci représente la funeste station des Israélites avec les femmes Moabites et Madianites. Les espions rapportèrent avoir vu des géans d'une hauteur et d'une figure monstrueuse, auprès desquels ils ne paraissaient que des sauterelles; Moïse tue Og, roi de Bazan.

17. C'est la source abondante que Dieu accorda à Moïse, et qu'il fit sortir, d'un coup de verge, du rocher d'Oreb.

18. Moïse frappa deux coups sur le rocher par quelque défiance de la promesse de Dieu; Moïse est puni et disparaît; Dieu lui avait dit qu'il n'entrerait pas dans la terre promise.

19. C'est un reste de la tradition des ténèbres et des autres plaies dont Dieu frappa Pharaon, et singulièrement des insectes, des sauterelles, qui remplissaient sa maison, son lit, les fours, et toutes les viandes de ce prince et des Egyptiens.

20. Par les prières de Moïse et sur les promesses de Pharaon, les sauterelles furent emportées par les vents de la mer. Exode, c. 10.

21. C'est l'autel élevé par Moïse au pied du mont Sinaï

douze divinités, arrivent au détroit des îles Symplegades, et lâchent une colombe qui devait servir de guide au vaisseau.

22. Les Argonautes coururent différentes contrées inconnues; ils perdirent deux des leurs, entre autres Typhis le pilote; ils rendirent solennellement les derniers devoirs aux morts.

23. Ils rencontrèrent les enfans de Phryxus, ils se contèrent leurs aventures : Jason instruisit les enfans de Phryxus de son dessein. Enfin, avec l'assistance des dieux, ils arrivèrent dans la Colchide.

24. Le roi Eétès propose à Jason, pour avoir la toison d'or, des conditions insurmontables; les compagnons de Jason furent consternés des conditions proposées.

25. Argus les encouragea, et promit les secours de Médée, très-habile enchanteresse, qui savait arrêter l'activité des flammes, le cours des fleuves et des astres.

26. Les ennemis de Jason tournent leurs armes contre eux-mêmes; s'entretuent, et il n'en coûta à Jason que de faire rouler une pierre au milieu d'eux, comme Médée l'avait promis, et d'être le spectateur du carnage.

composé de douze pierres, selon le nombre des tribus.
La colombe est prise de celle que Noé avait fait sortir de l'arche lors du déluge.

22. *Les Israélites errèrent long-temps; ils parcoururent divers pays et divers peuples. Ils perdirent Aaron et Marie, frère et sœur de Moïse: on leur rendit les derniers devoirs.*

23. *Ils trouvèrent des obstacles prodigieux, ils rencontrèrent les Moabites et les Ammonites, descendans de Loth, neveu d'Abraham; enfin, ils parvinrent au fleuve du Jourdain.*

24. *Ce sont les obstacles que Dieu fit vaincre aux Israélites, et les prodiges qu'il opéra en leur faveur pour les mettre en possession d'une terre qui dévorait ses habitans.*

25. *Moïse, Caleb et Josué les rassurent, et Dieu mit Rahab dans leurs intérêts.*

26. *Un soldat Madianite conta à ses camarades qu'il avait vu en songe un pain d'orge cuit sous la cendre rouler du camp de Gédéon dans le leur, renverser une tente, et mettre tout le camp en déroute. Ce général se présenta contre leur armée nombreuse, avec trois cents hommes seulement, sans autres armes que des trompettes et des lampes,*

27. Médée endort le dragon qui veillait avec ses drogues, donne la toison d'or à Jason, et prend la résolution de se sauver avec les Argonautes.

28. Junon protége leur retour; une flamme céleste marqua la route qu'ils devaient suivre, et cette flamme, accompagnée d'un vent favorable, ne les quitta point.

29. Les Argonautes virent plusieurs îles, essuyèrent diverses tempêtes, entendirent une voix distincte qui sortait de la poutre de Dodone; enfin, après des écarts et des détours, qui ne sont ni croyables ni possibles, dont la fable orne leur retour, ils trouvèrent des peuples qui se nourrissaient d'une rosée délicieuse que le ciel faisait distiller dans ce pays.

30. Enfin, après avoir couru la Mauritanie, où ils virent le verger des Hespérides gardé par un dragon, où Orphée leur montra la source d'eau sortie d'un prodigieux coup de pied d'Hercule par le secours d'Apollon, ils cotoyèrent la Grèce et arrivèrent en leur pays.

suivant l'ordre qu'il avait reçu de Dieu; et il vit, sans combattre, les ennemis se troubler et tourner leurs armes les uns contre les autres.

27. Au bruit des trompettes, les murs de Jéricho tombent avec leurs fortifications. Les Israélites s'en rendent maîtres sans combat et sans résistance. Tout est saccagé, Rahab se sauve avec ses frères et ses parens.

28. C'est l'imitation de la colonne de feu durant le jour, qui conduisait les Israélites, et leur servait de guide dans les vastes solitudes du désert.

29. Copie des longueurs de la route extraordinaire du voyage des Israélites, et des dangers dont ils furent si souvent délivrés. La voix de la poutre représente le propitiatoire, d'où Dieu parlait aux Israélites et leur donnait ses ordres. La rosée n'est autre chose que la manne dont Dieu nourrissait son peuple.

30. L'idée du dragon des Hespérides, et de celui qui gardait la toison d'or, peut bien avoir été prise des serpens brûlans que Dieu, irrité, envoya contre les Israélites. La source d'eau est une imitation de la seconde source que Dieu fit sortir du rocher par des coups redoublés de verge, dans le désert de Pharan; elle peut être prise aussi de celle que Dieu fit sortir pour Samson de la mâchoire avec laquelle il défit mille Philistins.

C'est ainsi que la fable a défiguré l'histoire des Israélites. Les hommes de ce temps-là, et leurs enfans, occupés de la recherche des choses nécessaires et des commodités de la vie, n'avaient ni le soin ni le loisir de conserver par des histoires, ou par d'autres monumens, la mémoire exacte de ce qui s'était passé de considérable. Ils sauvèrent de l'oubli, par des traditions confuses, quelques faits éclatans, et des lambeaux des aventures les plus remarquables, avec quelque peu de noms des personnages illustres ; du reste, tout fut altéré et défiguré, et ne compose qu'un tissu informe, où il faut chercher les traits de ressemblance.

Cadmus.

Jupiter avait enlevé Europe, fille d'Agenor, roi des Phéniciens. Son père qui ignorait ce qu'elle était devenue, obligea son fils Cadmus à aller la chercher, et lui défendit de revenir sans lui en apporter des nouvelles. Cadmus, après d'inutiles perquisitions, consulta l'oracle d'Apollon pour savoir quel parti il devait prendre ; les dieux lui ordonnèrent de suivre la première vache qu'il trouverait au sortir du temple, et de demeurer au lieu où elle le conduirait ; ses compagnons y furent dévorés par un dragon, mais Cadmus tua le dragon, et sema ses dents par le conseil de Minerve ; il en naquit des hommes armés, qui s'entretuèrent ; il n'en resta que cinq, qui l'aidèrent à bâtir la ville de Thèbes. Il épousa ensuite Hermione, fille de Vénus et de Mars, dont il eut Sémélé, Ino, Antonoé et Agavé. Ayant consulté l'oracle, il apprit que sa postérité était réservée aux plus grands malheurs. Il se bannit lui-même de son pays pour ne pas les voir. Cadmus et sa femme furent changés en serpens.

La ville fut accablée de différens malheurs, et eut beaucoup à souffrir de la guerre civile qui s'éleva entre Étéocle et Polinice, qui étaient fils d'Œdipe.

Jugement de Pâris. — Sacrifice d'Iphigénie. — Guerre de Troie. — Fin de la Mythologie.

Thétis, après beaucoup de résistance, consentit que Pélée l'épousât. On choisit pour la solennité de ce mariage le mont Pélion, qui est dans la Thessalie; tous les dieux et toutes les déesses du ciel et de la terre y furent invités; les Ris, les Jeux et les Amours s'y trouvèrent en foule, pour donner du plaisir à cette belle assemblée. On y fit un festin magnifique et célèbre, où la discorde seule ne fut point appelée, parce qu'elle a coutume de mettre partout le désordre. Cependant elle ne laissa pas d'y aller : elle se glissa, par le moyen d'une forêt sombre et épaisse, jusqu'auprès de la table des déesses, et là, sans être aperçue, elle jeta au milieu d'elles une pomme d'or, sur laquelle ces paroles étaient gravées : *C'est pour la plus belle.* Ce fruit paraissait si beau, qu'il n'y eut pas une des déesses qui ne souhaitât de l'avoir; mais lorsqu'on vit les paroles qui étaient gravées dessus, il n'y eut que Junon, Minerve et Vénus qui prétendirent l'obtenir, et par leur rang et par leur beauté. Aucun des dieux ne voulut décider le différend, pour ne point s'attirer l'indignation de celles qui n'auraient pas la pomme. Pâris, fils de Priam, roi de Troie, fut d'un commun consentement choisi pour en juger. Sa mère, Hécube, étant grosse de lui, songea plusieurs fois qu'elle enfanterait un fils qui serait cause de la ruine de son pays : ce qui obligea son père de le donner à un soldat, pour le porter dans quelque forêt où il serait dévoré par les bêtes sauvages : mais la mère, touchée de la beauté de cet enfant, le fit nourrir secrètement par des bergers du mont Ida, où ce jeune prince s'occupait à des choses bien au-dessus de sa condition. Etant devenu grand, il s'acquit la réputation d'un homme très-équitable;

comme d'ailleurs il était parfaitement beau, cela fut cause que Jupiter le nomma pour arbitre entre ces trois déesses. Mercure lui ayant donc porté la pomme d'or, Pâris adjugea la pomme à Vénus, qui lui avait promis de lui faire avoir en mariage la plus belle femme du monde; il méprisa donc les richesses de Junon, et la sagesse de Pallas, pour avoir les bonnes grâces d'une femme. Par ce jugement, il attira la haine de ces deux déesses sur lui et sur sa nation. Il épousa OEnone, qui lui prédit les maux dont il serait un jour cause. Lorsqu'on célébrait les jeux à Troie, il y allait et entrait dans la lice où il remportait souvent la victoire sur Hector son frère sans le connaître. Comme on ne parlait que de ce berger, Priam voulut le voir. Après l'avoir interrogé sur sa naissance, il le reconnut pour son fils, et ne pouvant se refuser à sa tendresse, il le reçut et le plaça dans le rang qui lui appartenait de droit. On le choisit pour aller en qualité d'ambassadeur à Sparte, redemander sa tante Hésione que Télamon avait autrefois emmenée sous le règne de Laomédon. Etant arrivé, il fit sa cour à Hélène, femme de Ménélas, roi de Sparte, et l'enleva. Les Grecs se réunirent pour tirer vengeance d'un tel affront; et sous la conduite d'Agamemnon, roi de Micène, et frère de Ménélas, ils se disposèrent à aller faire le siège de Troie. Afin d'obtenir un vent favorable que les Grecs attendaient, on fit un sacrifice à Diane. Le grand prêtre Calchas, fameux devin, ayant annoncé que la victime qu'il fallait immoler était Iphigénie, fille d'Agamemnon, le roi la livra, et dans le moment qu'on allait l'égorger, Diane enleva cette princesse et mit une biche à sa place.

C'est l'histoire défigurée du sacrifice de Jephté, comme il est facile d'en juger en comparant la vérité avec la fable.

1. Agamemnon était un vaillant guerrier, choisi par les Grecs pour leur général et leur prince contre les Troyens.	1. *Jephté, fils de Galaad, était très-vaillant et grand capitaine. Les Israélites le choisirent pour faire la guerre aux Ammonites.*
2. Agamemnon envoie des	2. *Jephté envoie des ambas-*

ambassadeurs au roi Priam, pour lui demander satisfaction sur l'enlèvement dont on se plaignait.	sadeurs au roi des Ammonites pour demander raison de ses injustices, et du ravage qu'il était venu faire sur les terres d'Israël.
3. Agamemnon apprend de Calchas, l'interprète des dieux, qu'ils ne peuvent être appaisés que par le sacrifice d'Iphigénie, sa fille. Agamemnon est frappé et troublé de cette obligation.	3. Jephté marche contre les Ammonites, et fait vœu d'offrir en holocauste le premier qu'il rencontrerait après son retour : sa fille se présente à lui ; il déchire ses vêtemens, et s'écrie : Ma fille, faut-il que ce soit vous, pour mon malheur et pour le vôtre.
4. Iphigénie exhorte son père à l'exécution de son vœu, échappe aux larmes de sa mère, et court à l'autel pour être immolée. Quelques auteurs disent que les dieux substituèrent une biche, pour être immolée au lieu d'elle. Ils ont pris ce trait du sacrifice d'Isaac.	4. Jephté fait part de son vœu à sa fille, qui, pleine de fermeté et de religion, l'exhorte à l'accomplir. Elle fut pleurer pendant deux mois sur les montagnes, le déshonneur dont la stérilité était accompagnée chez le peuple d'Israël. Elle retourne vers son père qui remplit l'obligation de son vœu.

Les Grecs se rendirent maîtres de Troie, après un siège de dix ans, pendant lequel il se donna plusieurs batailles où les Grecs et les Troyens eurent alternativement l'avantage. Les capitaines les plus célèbres, du côté des Grecs, étaient Achille, Diomède, les deux Ajax et Ulysse. Du côté des Troyens, le seul Hector, fils de Priam, faisait balancer la victoire. Les dieux prirent part à cette guerre, et les uns favorisaient les Grecs, comme Pallas, Junon, etc.; les autres prenaient les intérêts des Troyens, comme Jupiter, Mars, Vénus, etc. Priam et toute sa famille périrent en cette occasion; la ville fut réduite en cendres, et les Troyens qui échappèrent au fer des Grecs, furent faits esclaves, excepté Antenor et Enée, princes Troyens, dont le premier alla s'établir dans l'endroit où est aujourd'hui la ville de Vénise; et le second, qui est Enée, après avoir erré sept ans, arriva en Italie, et bâtit une ville nommée Lavinium, du nom de son épouse Lavinie, fille de Latinus, roi des Latins. On prétend que les Romains tirent leur origine de ce prince Troyen.

La plupart des princes Grecs périrent misérablement. Agamemnon fut assassiné à son retour par les ordres de Clytemnestre sa femme, qui fut tuée par son fils Oreste; Diomède perdit tous ses compagnons et ne put retourner dans sa patrie; Ajax fut tué de la foudre comme il était en pleine mer; Ulysse fut errant pendant dix années. Ce roi d'Itaque était surtout renommé par sa prudence et ses artifices. Il évita l'enchantement des Sirènes, et se garantit de leurs piéges en bouchant les oreilles à ses compagnons, et en se faisant attacher au mât de son vaisseau. S'étant lié d'amitié avec Eole, dieu des vents, celui-ci, pour marque de sa bienveillance, lui donna des peaux où les vents étaient enfermés; mais quelques-uns de ses compagnons ayant ouvert ses peaux par curiosité, les vents échappèrent et firent un désordre affreux. Ulysse arriva enfin dans son royaume où il retrouva sa femme Pénélope qui lui était restée fidèle.

Ce sont là les dernières fables, et c'est à cette époque que finissent tous les récits de l'antique mythologie. Quelques princes ont été honorés de l'apothéose, Ovide a jeté quelques traits de merveilleux sur les premiers Romains; mais ces tributs d'adulation et de flatterie ne sont jamais identifiés avec l'Olympe des anciens Grecs.

DU BLASON.

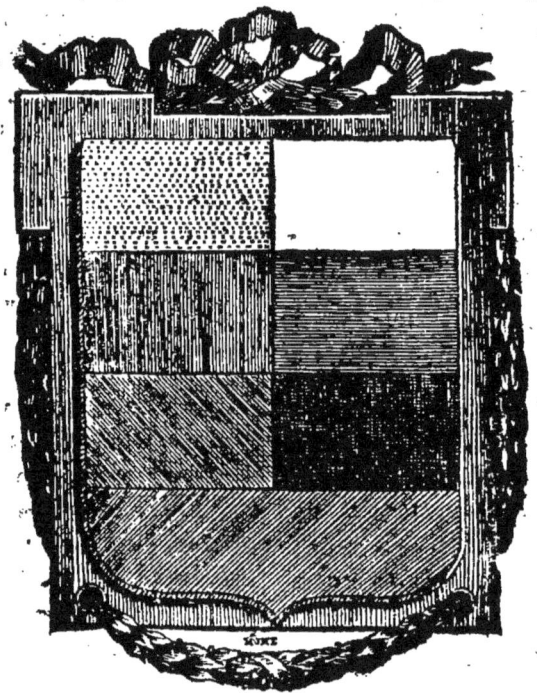

D. *Qu'appelez-vous Blason ?*
R. Ce mot, dont l'étymologie n'est pas bien connue, indique la *science des armoiries* qui apprend à en nommer toutes les parties dans leurs termes propres et particuliers.

D. *Quelle différence y a-t-il entre le Blason et l'Armoirie ?*
R. Le mot Armoirie se dit de la devise, et le mot Blason en est la description. Les armoiries sont des marques d'honneur, composées de certaines couleurs et figures représentées dans les écussons pour distinguer les familles nobles.

D. *Dans quel temps les armoiries ont-elles commencé à se perfectionner ?*
R. Depuis les expéditions de la Terre-Sainte, sous Louis le Jeune. On s'en servit pour distinguer les chefs des Croisés et leurs troupes respectives.

D. *En quoi consiste la science du Blason ?*

(439)

R. Elle consiste à connaître les *Métaux*, les *Émaux* et les *figures* des armoiries qu'on place dans l'écusson ou l'écu, fig. 1, et qui se représentent par des traits ou hachures dont on est convenu.

D. *Qu'entendez-vous par* métaux *et* émaux?

R. Les *métaux* sont l'or, qu'on marque par des points, 2; et l'argent qui est tout blanc, 3. Les *émaux* sont l'azur qui est bleu et qu'on représente

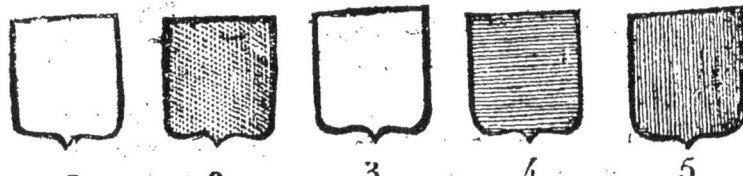

par des lignes horizontales, 4; le gueules, ou rouge par des traits perpendiculaires, 5; le sinople ou vert par des lignes diagonales de droite à gauche, 6; le pourpre ou violet par des lignes aussi diagonales de gauche à droite, 7, et le sable ou noir par des lignes croisées, 8.

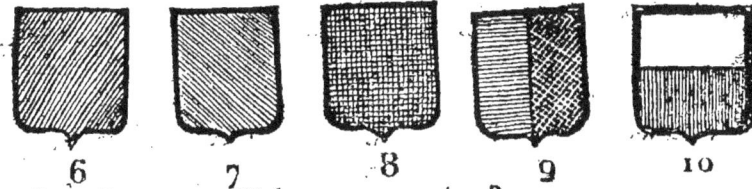

D. *Comment divise-t-on un écu?*

R. En parti 9, coupé 10, haché 11, taillé 12, écartelé 13, flanqué 14, écu sur le tout 15, gironné 16, tiercé en pal 17.

D. *Quelles sont les figures ou pièces honorables qui donnent de nouvelles divisions à l'écu?*

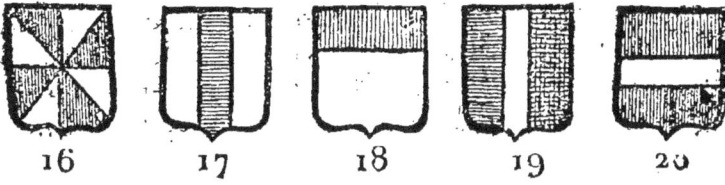

(440)

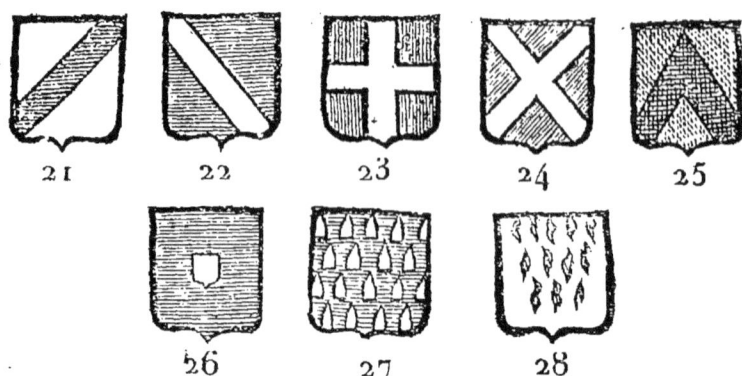

R. Ce sont, le chef 18, le pal 19, la fasce 20, la bande 21, la barre 22, la croix 23, en sautoir 24, le chevron 25, un cadre à l'entour 26, les pelleteries 27, l'hermine 28. On dit en parlant de ces figures, fascé, bandé, chevronné, etc. On compte encore beaucoup d'autres pièces honorables ; il y en a du premier et du second ordre.

D. *Quelle est la principale règle du blason ?*

R. C'est de ne jamais mettre couleur sur couleur, ni métal sur métal.

D. *Comment, selon les couleurs du blason, doit-on donner une livrée ?*

R. L'habit doit être suivant le champ, la veste et les culottes d'après la principale pièce de l'écu. Les passemens et aiguillettes se prennent des moindres figures de l'écu.

D. *Comment blasonne-t-on, c'est-à-dire explique-t-on les armes ?*

R. Il faut toujours commencer par le champ, et dire, par exemple : un tel porte d'argent au chef de gueules, fig. 18.

D. *Comment doivent être les supports ?*

R. Cela dépend d'un chacun.

D. *Comment distingue-t-on les couronnes qu'on voit ordinairement au-dessus de l'écu ?*

R. Par leur nature, chaque état ayant la sienne.

D. *Faites-nous connaître les couronnes de chaque état?*

R. Les voici : la couronne Impériale, fig. 1. La couronne de France 2, celle du Dauphin de France 3. La couronne des rois d'Espagne, de Sicile,

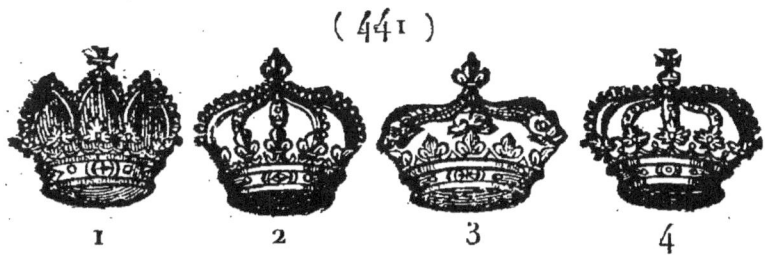

de Pologne, de Portugal, de Danemarck, de Suède, est un cercle d'or orné de fleurons et fermés de huit diadèmes, surmonté d'un globe cintré et sommé d'une croix 4. La couronne du roi d'Angle-

terre 5. La couronne des princes du Sang de France 6; celle du grand duc de Tocsane 7; celle des Archiducs, Electeurs et princes Souverains de l'Empire 8; celle des princes et comtes de l'Em-

pire 9. La couronne ducale 10; celles de marquis 11, de comte 12, de baron 13, de vicomte 14.

D. *L'écu étant quelquefois surmonté d'un casque au lieu d'une couronne, donnez-nous la raison de cette différence ?*

R. Le casque était la marque de chevalerie, comme l'écu était la marque de la noblesse. C'est dans les tournais et fêtes d'armes qu'on plaça le casque avec les ornemens au-dessus des armoiries.

D. *Distingue-t-on les casques de chaque état, comme les couronnes ?*

R. Oui. Ceux des rois et des empereurs étaient tous d'or, fig. 15. Ceux des princes étèient les mêmes, mais moins ouverts, 16. Les ducs et maréchaux de France l'avaient en argent fermés de 11 grilles, 17. Les gentilhommes l'avaient de même et grillés

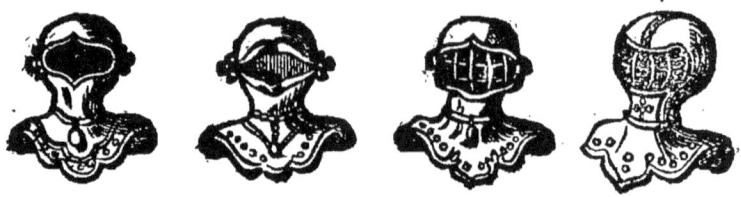

15   16   17   18

en tiers, 18. Les gentilhommes d'ancienne race non chevaliers le portoient d'acier poli et grillé, 19. Les nouveaux ennoblis d'acier poli, peu ouvert et non grillé, 20.

D. *Qu'y a t-il à remarquer outre les couronnes et les casques?*

R. La Thiare ou couronne du Pape, fig. 21.

19   20   21

D. *Pourquoi la nomme-t-on thiare?*

R. Parce qu'elle est composée de trois couronnes attachées à un bonnet.

D. *A-t-elle toujours été de trois couronnes?*

R. Non: d'abord ce n'était qu'un bonnet rond, entouré d'une simple couronne; mais Boniface VIII, vers l'an 1300, l'embellit d'une seconde couronne. Environ quarante ans après, Benoît XII, en ajouta une troisième.

D. *Quelle est la marque de la juridiction papale?*

R. Deux clefs passées en sautoir.

D. *Que remarque-t-on à l'égard des animaux qu'on trouve dans les armoiries?*

R. Qu'ils doivent toujours regarder le côté droit de l'écu, autrement on les dit contournés.

FIN.

TABLE DES MATIÈRES.

De la Religion, Page	7
Des Sciences et des Arts,	36
Grammaire en général,	37
Des Langues,	38
Abrégé de la Grammaire,	39
Orthographe française,	50
De la Lecture,	52
De l'Ecriture,	53
De la Sténographie,	58
De la Pasigraphie,	59
De l'Imprimerie,	ibid.
De la Prose,	61
De la Poésie,	62
De la Rhétorique,	76
De la Philosophie,	77
De la Théologie,	79
De la Jurisprudence,	80
De la Médecine,	81
De la Chirurgie,	82
De la Pharmacie,	83
De la Chimie,	ibid.
Des Mathématiques,	84
De l'Arithmétique,	85
De l'Algèbre,	94
De la Géométrie,	ibid.
Du Dessin,	98
De la Peinture,	104
De la Sculpture,	105
De la Gravure,	ibid.
De la Musique,	106
De l'Architecture,	111
De l'Optique,	113
De la Gymnastique,	ibid.
De l'art Militaire,	118
De la Navigation,	123
Du Commerce,	125
De l'Agriculture,	126
De la Fabrique du Papier,	127
Du Temps,	126
De la Chronologie,	133
De la Botanique,	139
Des Animaux,	149
Des Météores,	182
Du Vent,	185
Du Son,	186
De l'Eau,	ibid.
Du Feu,	188
De la Lumière,	189
De l'Aimant,	192
Tonnerre, Eclairs,	193
Des Feux follets,	194
Des Etoiles tombantes,	ibid.
Des Trombes,	ibid.
Trembl. de terre, Volcans,	195
De la Poudre à canon,	197
De la Cosmographie,	199
De l'Astronomie,	210
De la Sphère,	211
Abrégé de la Géographie,	217
Chapitre prem. Europe,	221
Article premier. France,	222
Division de la France,	224
Art. II. De l'Italie,	262
Partie septentrionale,	ibid.
Partie méridionale,	272
principales îles d'Italie,	273
Art. III. Iles Ioniennes,	275
Art. IV. De la Grèce.	ibid.
Art. V. De l'Espagne,	276
Art. VI. Du Portugal,	280
Art. VII. De la Suisse,	281
Art. VIII. des Pays-Bas,	284
Art. IX. Allemagne,	288
Art. X Autriche,	295
Art. XI. Prusse,	295
Art. XII. Iles Britanniq.	298
§. I. De l'Angleterre,	299
§. II. De l'Ecosse,	301
§. III. De l'Irlande,	302
Art. XII. Danemarck,	ibid.
§. I. Du Danemarck,	303
§. II. De l'Islande,	ibid.
Art. XIII. De la Suède,	304
Art. XIV. De la Russie	306
Royaume de Pologne,	309
Art. XV. De la Turquie,	310
§. I. Turquie d'Europe,	311
Chap. II. De l'Asie,	313
Art. I. Turquie d'Asie,	314
§. I. De la Natolie,	ibid.
§. II. De la Syrie,	315
§. III. De la Turcomanie,	ibid.
§. IV. Des îles de la Turquie d'Asie,	316
Art. II. De l'Arabie,	ibid.
Art. III. De la Perse,	317

Art. IV. De l'Inde, 318
Art. V. De la Chine, 322
Art. VI. Grande Tartarie, 325
§. I. Tartarie chinoise, ibid.
§. II. Id. Indépendante, 326
§. III. Tartarie russe, ibid.
Art. VII. Du Japon, 328
Chap. III. De l'Afrique, 329
Art. I. De l'Egypte, 330
Art. II. De la Barbarie, 331
Art. III. Du Sahara, 332
Art. IV. De la Guinée, ibid.
Art. V. De la Nigritie, 333
Art. VI. De la Nubie, 334
Art. VII. De l'Abissynie, ib.
Art. VIII. Du Congo, ibid.
Art. IX. Cafrerie pure, 335
Art. X. Cafrerie mélangée, 336
§. I. Du Zanguebar, ibid.
§. II. De la côte d'Ajan, 337
Art. XI. îles de l'Afrique, ibid.
§. I. Des îles à l'orient, ibid.
§. II. Des îles à l'occident 338
Chap. IV. De l'Amérique, ibid.
Art. I Id. septentrionale, 340
§. I. Du Canada et de la Louisiane, ibid.
§. II. Etats-Unis, 341
§. III. De la Floride, ibid.
§. IV. Du Mexique, ibid.
§. V. Nouveau Mexique, 342
§. VI. Des nouvelles découvertes, 343
§. VII. Des îles de l'Amérique septentrionale. ibid
Art. II. De l'Amérique méridionale. 344
§. I. De la Colombie, ibid.
§. II. Du Pérou. 345
§. III. Du haut Pérou, ibid
§. IV. Du Chili. ibid
§. V. Pays des Amazones, 346
§. VI. Du Brésil. ibid
§. VII. De la Guyane. 347
§. VIII. De la Plata, ibid
§. IX. Terre Magellaniq. 348

Chap. V. Océanie. ibid
Art. I. Archipel Indien, ibid
Art. II. Australasie, 350
Art. III. Polynésie, 351
De l'Histoire, 352
Des Empires d'Europe, 353
Empire d'Allemagne, 354
Confédération Germanique, 353, et 294
Empire Ottoman, 355
Empire de Russie, 357
Des royaumes d'Europe, 358
Portugal, ibid
Espagne, 360
France, 361
Angleterre, 368
Italie, 371
Naples et Sicile, ibid.
Savoie et Sardaigne, 373
Suède, ibid.
Danemarch, 375
Pays-Bas, 376
Pologne, 377
Prusse, 378
Saxe, 379
Bavière, ibid
Wurtemberg, 380
Hongrie, ibid
Bohême, 381
Etats-Unis, 383
Du Pape, ibid
Des Républiques, 384
Cartes Géographiques, 385
Enluminure des Cartes, 386
Merveilles du monde, 388
Des nouvelles mesures, 395
Abrégé de l'Histoire poëtique De la Fable en général, etc. 397
Des demi-Dieux ou Héros de l'antiquité. 418
Jugement de Paris.—Sacrifice d'Iphigénie.—Guerre de Troie.—Fin de la Mythologie, 421
Du Blason, 438

FIN DE LA TABLE.

... pour une ......
son instruction.
L'échange. Il a donné son cheval pour le mien ; j'ai donné ma tapisserie pour cent francs.

La destination d'une chose ou d'une personne à la place d'une autre. Il a pour lit une planche ; pour oreiller une pierre ; jouez pour le Roi.

L'être, *la qualité*. Ils l'ont laissé pour mort sur la place ; tenez-moi pour un malhonnête si, etc.

L'opposition. Je hais ce qu'il a pour lui ; elle est bon pour la fièvre.

Le parti, l'engagement, l'intérêt. Ce s'est déclaré pour le Roi ; je viens ici comme là ; tous les honnêtes gens sont pour lui ; plaider pour quelqu'un.

Ce son de ... prépositions marquent encore beaucoup d'autres significations.

Près de, proche de.

§ deux prépositions indiquent le *lieu*. Voir près de quelqu'un ; être logé près ... Proche de la ville : les maisons situées proche de la rivière.

...... aussi le *temps* et le *nombre*.

... je suis prêt quand ce point là ; pour ce et pour qui est de cette affaire, je ne veux point m'en mêler ; quant à lui, il en usera comme il lui plaira.

Sans.

Sans désigne la *séparation*, l'*exclusion*. C'est un homme sans honneur, sans jugement ; voilà une affaire qu'il faut terminer sans délai ; les soldats sans leurs officiers.

Sauf.

Sauf s'emploie pour marquer *restriction*, *exception*. Sauf votre honneur, Sauf votre meilleur avis. Sauf erreur de calculs. Il lui a cédé tous ses biens sauf une terre.

Selon, suivant.

Ces deux prépositions marquent la *conformité*. Selon vos ordres ; suivant vos ordres ; selon la loi de la nature ; suivant le cours ordinaire de la nature.

Selon indique encore *proportion*. Dépenser selon sa bourse : il sera payé selon qu'il travaillera.

Sous.

Sous est ... préposition ...

www.ingramcontent.com/pod-product-compliance
Lightning Source LLC
Chambersburg PA
CBHW070609230426
43670CB00010B/1467